Uwe Lohrans

ÜBER MYTHISCHES
FABEL – SAGE – MÄR
VOM LEBEN

D1720773

Uwe Lohrans

Über Mythisches

Fabel – Sage – Mär
vom Leben

Die Deutsche Nationalbibliothek verzeichnet diese Publikation in der Deutschen Nationalbibliografie; detaillierte bibliografische Daten sind im Internet über dnb.dnb.de abrufbar. Die Schweizerische Nationalbibliothek (SNB) verzeichnet aufgenommene Bücher unter Helveticat.ch und die Österreichische Nationalbibliothek (ÖNB) unter onb.ac.at.

Unsere Bücher werden in namhaften Bibliotheken aufgenommen, darunter an den Universitätsbibliotheken Harvard, Oxford und Princeton.

Uwe Lohrans:
Über Mythisches. Fabel – Sage – Mär vom Leben
ISBN: 978-3-03830-892-8

Buchsatz: Danny Lee Lewis, Berlin: dannyleelewis@gmail.com

Paramon* ist ein Imprint der
Europäische Verlagsgesellschaften GmbH
Erscheinungsort: Zug
© Copyright 2023
Sie finden uns im Internet unter: www.paramon.de

Inhalt

Zueignung

Es war einmal,
lang, lang ist es her,
vor vielen, vielen Jahren,
da bestanden die Kinder jeden Abend
auf einer Gute-Nacht-Geschichte.

Die hatte der Vater zu erzählen. Nur er. Das war sein Part in der Erziehung und der wurde ihm nicht streitig gemacht. Niemals! Wehe, wenn er es nicht rechtzeitig zum Zubettgehen heim schaffte. Dann gaben die Kinder keine Ruhe. Dann konnten sie nicht einschlafen. Ausgeschlossen, denn dann wären sie des Nachts von gruseligen Albträumen heimgesucht worden. Vatis Geschichte musste sein. Aber es ging nicht nur den Kleinen so – auch der Große wurde mit der Zeit süchtig nach dieser Tradition. Wenn Schlips und Anzug im Flur abgelegt waren, so waren die Sorgen und Probleme des Arbeitstages ja noch lange nicht abgelegt. Doch eine Geschichte, schon eine klitzekleine, – auf der Bettkante im Kinderzimmer erzählt – reichte völlig aus, und der Vater war wieder bei seinen Lieben angekommen.

Ganz weit weg waren nun die Sorgen, und ganz nahe die Familie. Das war ein Ritual der Zusammengehörigkeit, der Zuneigung und Geborgenheit, und jeden Abend musste es etwas Neues sein. Wiederholungen waren verpönt. Wenn es um ihre Gute-Nacht-Geschichten ging, waren die Kinder sehr anspruchsvoll.

Später lernten sie Lesen und wollten sich bei ihrer Lektüre vom Vater nicht mehr stören lassen. Sie lasen gar noch nachts, wenn der Vater schon im Bett lag, und dort von seinen Sorgen wieder aufgespürt wurde. Mit phantastischen Geschichten hätte er diese wohl wie früher abwimmeln können, aber ihm wollte keiner mehr zuhören. Die Kinder nicht und deren Mutter sowieso nicht;

die zog Spannenderes vor – von professionellen Geschichtenerzählern und in bewegten Bildern.

Später fanden die Kinder andere Partner zum Abendgruß und für den Gute-Nacht-Kuss. Das ist der Lauf der Welt, und wen sollte das mehr freuen als ihren Vater ...

Bevor er aber zum Großvater wird hat der Mann noch eine letzte Chance ...

Als ihrerzeit die Kindlein im Kommen waren, beschäftigten diese ihre Mutter in den letzten Schwangerschaftswochen so intensiv, dass die keine Lust mehr auf dicke Kriminalromane hatte.

Es begann jedes Mal eine »Kleine-Geschichten-Zeit«. Für allzu fein und knifflig Gesponnenes reichte die Geduld der werdenden Mutter nicht mehr. Und wenn sie dann nicht einmal selber lesen mochte, dann durfte sich der angehende Vater im Geschichtenerzählen üben. Da hörte sie ihm sogar zu, ohne Widerrede. Und die kleine Kugel in ihrem Bauch strampelte vor Behagen zu seinen Worten.

Jetzt ist es so weit. Nun werden Töchter zu Müttern. Da weiß ihr Vater natürlich, wonach ihnen der Sinn steht. Sieben mal sieben Abende lang wünscht der alte Dad noch einmal »Gute Nacht«.

Dann mögen die jungen Väter übernehmen ...

1. Der AAL – Buttje

Und es begab sich an einem schönen Wochenende, dass ein Systemtechniker am heimischen Computer saß und um nichts als seiner eigenen Erbauung willen in allerorten verstreuten Datenbanken herumsurfte. Dazu googelte er das weltweite Netz ein um das andere Mal durch und mit eines fand sich darin ein Aal namens Buttje. Jener Aal war nicht etwa ein Fisch, wie wir ihn aus der Räucherei kennen, nein, bei diesem AAL handelte es sich um etwas ganz Besonders.

Der Aal war eine akronyme Web-Site. Ei, fragte sich unser Systemtechniker, was mag denn ein Akronym wohl sein? Und er fand sehr schnell Antwort, denn er brauchte einfach nur in seinem Lexikon nachzuschlagen. Dafür hatte er sich nun keineswegs von seinem Arbeitsplatz entfernt. Er war nicht einmal aufgestanden, um an ein Bücherregal heranzutreten. Aber nicht doch ... Der Mann hatte auch kein angestaubtes Fremdwörterbuch gegriffen und in diesem geblättert. Mitnichten ... Was ein rechter Systemtechniker ist, der geht mit der Zeit und legt seine Lexika auf dem Bildschirm-Menü unter den Favoriten ab. Ohne kaum mehr zu bewegen als seine Augenlider und die Finger der rechten Hand, erfuhr unser Systemtechniker alsbald, dass man unter einem Akronym einen Begriff begreifen könne, der einen neuen Bedeutungsinhalt vermittelt, indem er aus den Anfangsbuchstaben oder -silben anderer geschaffen wurde. Solcherart Akronyme wären zum Beispiel die »UNO«, die für »United Nations Organization« steht, oder die PISA-Studie, für »Programm for International Student Assessment« oder Radar für »Radio detection and ranging« oder das Akronym selbst zum Beispiel bestehend aus »akros«, was im Griechischen soviel wie »Spitze« bedeutet sowie »onymos«, für »Namen«.

Da machte es »Klick« bei unserem Systemtechniker, er dachte an Milka (Milch und Kakao), Hanuta (Haselnusstafel), GAU (Größter Anzunehmender Unfall) sowie als Profi in seinem Fach natürlich an den DAU (Dümmster Anzunehmender User) und schon hatte er das Akronym als solches in seinem biologischen Rechner unter der Schädeldecke gespeichert. Allein ein AAL war ihm doch zum ersten Male untergekommen. Deshalb vertiefte er sich etwas gründlicher in die geöffnete Seite (Site) und fand heraus, dass ihm hier ein **A**rbeits-**A**gentur-**L**eiter namens Buttje ins Netz gegangen war. Verwundert las unser Mann von schieren Wundertaten der Arbeits-Agenten unter der Leitung ihres AAL-Buttjes. Hatten sie doch, wollte man dem Text Glauben schenken, gar vielen beschäftigungslos gewordenen Menschen geholfen, einen neuen Sinn im Erwerbsleben zu finden. Eitel Freude erwuchs so allerorten aus den guten Taten der Arbeitsagentur und ihres Oberbuttjes. Blühende Landschaften und ein fleißiges, dankbares Volk in Vollbeschäftigung.

Nun muss man allerdings wissen, dass unser Systemtechniker seit geraumer Zeit liiert war mit einer APE – Frau. Ferner sollte man auch wissen, dass es sich bei »APE« ebenfalls um ein Akronym handelte. Hinter jenen drei Buchstaben verbarg sich die »**A**lternative **P**artnerschaft zur **E**he«. In jener Zeit, von der hier erzählt wird, war ein lebenslanges Zusammenleben zweier Menschen unterschiedlichen Geschlechtes zwecks Bildung und Aufrechterhaltung einer Familie längst als archaischer Irrweg naiver Lebensplanung erkannt, belächelt und fast ausgestorben. Allerdings brauchte man diese Institution menschlichen Zusammenlebens nicht einmal zu verbieten. Es traute sich einfach niemand mehr ...

Die APE-Frau unseres Systemtechnikers war, wie es das Schicksal so wollte, arbeitslos gemeldet. Er filterte die Umgebungsdaten seiner APE-Gefährtin aus den Daten der AAL-Website heraus und stellte fest: das, was da vermeldet wurde, war blanker Unsinn. Es war schlicht und ergreifend geschönt, an den Haaren herbeigezogen, erstunken und erlogen. Man möge nicht mich fragen, wie es der Systemtechniker wohl angestellt haben mochte, die Site des AAL derart aufzuknacken. Er war der Computerfachmann, nicht ich – ich erzähle hier nur ein Märchen.

Erbost schrieb der Systemtechniker darauf eine Mail an den Webmaster der AAL-Site. Er schickte sie ab und ging sich ein Bier holen. Als er wieder zurückkam, ploppte ein neues Menü auf dem Bildschirm auf.

Unser Systemtechniker nahm zunächst einen tiefen Schluck aus der Flasche, las darauf den Text im Stehen, dann stellte er die Flasche ab und rieb sich verwundert die Augen. Der AAL-Buttje höchst selbst hatte ihm geantwortet. Umgehend! Und dabei trug sich dies an einem Wochenende zu, wie wir uns erinnern. In der Antwort aber stand:»Lieber unbekannter User. Wir danken Ihnen für Ihre Aufmerksamkeit. Da muss uns wohl aus Versehen ein Lapsus unterlaufen sein. Grundsätzlich veröffentlichen wir auf unserer Site nur gesicherte Daten, die zwei oder drei Mal von völlig unabhängiger Seite bestätigt wurden. Aber auch wenn neunundneunzig Prozent aller Informationen, die wir ins Netz stellen, über jeden Zweifel erhaben sind, ja sogar neunundneunzig Komma fünf Prozent – so haben Sie doch, lieber unbekannter User, genau das angeführt, was unter Umständen vielleicht tatsächlich nicht ganz einwandfrei so zu vertreten wäre. Die von Ihnen gemeldete Information wird selbstredend umgehend deleted. Für Ihren Hinweis danke ich verbindlichst und stelle Ihnen frei, sich einen Wunsch zu wünschen, den ich nach Kräften zu erfüllen bemüht sein werde. Nicht, dass Sie daraus irgendwelche weiteren Rechte meinen, ableiten zu dürfen. Aber allein die Gewissheit, nun zu hundert Prozent Wahrhaftigkeit vermelden zu können, ist es mir wert, Ihnen derart entgegen zu kommen. Mit freundlichen Grüßen Ihr AAL-Buttje.«

Unser Systemtechniker wusste schon lange, was er sich wünschen würde, wenn er mal zufälliger Weise einen Wunsch frei hätte. Er dachte an seine APE-Gefährtin. Als Systemtechniker war er ständig auf Reisen. Landauf – landab. Hier musste ein neues Büro lokal vernetzt werden, dort war ein Server abgestürzt. Das war Stress und harte Arbeit. Er freute sich jedes Mal, nach Hause zu kommen und seine liebe APE-Gefährtin wiederzusehen. Doch die begrüßte ihn schon seit geraumer Zeit nicht mehr voller Liebe, Verständnis und der ihm gebührenden Aufmerksamkeit. Im Gegenteil, wenn er die Tür aufschloss, so saß sie vor dem Fernsehapparat und sprach:»Ach, wie sollte ich mich freuen, dass du wieder da bist. Du hast es doch gut. Du bist unterwegs in einem Beruf, der dir obendrein Spaß macht, ich aber, ich armes Frauenzimmer, sitze hier und blase den lieben langen Tag nur Trübsal, denn das Berufsleben findet da draußen ohne mich statt. Hätte ich doch nur einen Job. Wie würde ich emsig mich drehen, wie wäre ich unermüdlich bemüht, und ebenso hochmotiviert würde ich darauf auch noch den Haushalt zu führen. Wie würde ich mir wünschen, dir am Abend gleichberechtigt und voller Liebe in die Augen zu schauen. Aber so lange ich hier nur ein fünftes Rad am Wagen bin, und du mich durchschleppen musst, fühle ich mich so erniedrigt, dass mir keine Freude mehr erwachsen will, ob du gleich daheim bist oder in der Fremde. Und dein Abendbrot kannst du dir auch selber machen.«

Nach solcher Art Worten holte sich unser Systemtechniker für gewöhnlich ein Bier aus dem Kühlschrank, setzte sich allein vor seinen Bildschirm und surfte sich virtuell schnell wieder fort. Nun aber konnte alles anders werden. Deshalb mailte er auch dem AAL-Buttje umgehend zurück:»Mantje, Mantje, Timpete, Buttje, Buttje in der Höh', ich wünsche mir von dir einen Job für meine Ilsebill.« Und dann verschickte er die von ihm selbst erstellten Bewerbungsunterlagen seiner APE-Gefährtin als Anlage. Umgehend erhielt er vom AAL-Buttje eine Eingangsquittung und noch bevor er die Flasche Bier zur Neige getrunken hatte, kam die Message rein, seine Ilsebill möge doch morgen am Montag da und da in einem Unternehmen gar nicht weit entfernt vorstellig werden. Sie brauche nur noch den Arbeitsvertrag unterschreiben, für alles andere solle schon gesorgt werden.

Oh war das eine Freude, als die Ilsebill am späten Sonntagabend diese Mail las. Sie herzte und küsste ihren Systemtechniker. Sie umfing ihn zärtlich und schwor ihm ewige Dankbarkeit und Treue. Das war denn ein Abend ganz nach dem Sinn unseres Computerexperten.

Am nächsten Morgen geschah auch wirklich alles so, wie es der AAL-Buttje versprochen hatte. Die Frau war von Stund an in Lohn und Brot und die Geschichte könnte hier eigentlich ihr Happy-End gefunden haben.

Sie ist aber keineswegs zu Ende.

Es gingen einige Wochen ins Land, da kam unser Systemtechniker eines Abends müde von einer Dienstreise zurück, doch anstatt ihn nun seine APE-Gefährtin wie in der vergangenen Zeit liebe Gewohnheit geworden, schon an der Tür begrüßte, lief diese nun aufgebracht im Wohnzimmer auf und ab und rang ihre Hände. »Ja, glaubst du denn, es würde mich freuen, dass du wieder da bist? Du hast es doch gut! Du hast einen Job, der dir Spaß macht. Überall, wo du hinkommst, wirst du anerkannt und wertgeschätzt. Aber ich arme Weibsperson werde für die übelsten Verrichtungen eingeteilt. Ich erfülle meine Pflichten ohne Dank und Anerkennung seitens der Vorgesetzten, und meine Kollegen halsen mir zusätzliche Lasten auf, wo sie nur können. Als wäre ich eine Sklavin, ein Mädchen für alles. ›Mach mal dies‹ heißt es ständig und ›mach mal jenes, aber sofort, wenn's denn ginge‹. Und warum denn dies noch nicht fertig sei und jenes auch noch nicht. Ich erlebe täglich die Hölle auf Erden. Ausbeutung pur, während der Herr des Hauses hochverehrt und geachtet seinem Tagwerk nachgeht. Und den ganzen Haushalt habe ich auch noch an der Backe. Ach, was bin ich unglücklich. Kannst du nicht deinen Buttje bitten, mir einen Job mit ein klein wenig mehr Respekt und Autorität zu verschaffen?«

Zunächst lehnte unser Systemtechniker dieses Ansinnen in Bausch und Bogen ab. Aber nachdem er dafür im Gegenzug drei Wochen lang nichts als die kalte Schulter seiner APE-Gefährtin zu sehen und zu spüren bekam, unternahm er denn doch einen Versuch.

Wieder mailte er dem AAL-Buttje und schrieb: »Mantje, Mantje, Timpete, Buttje, Buttje in der Höh', meine APE-Frau Ilsebill, will nicht so wie ick es will.«

Glaubt es, oder glaubt es nicht. Erneut chattete der Buttje mit ihm. »Ja, was will sie denn, deine Ilsebill? Hat das etwa nicht geklappt mit ihrem Job? Das hätte ich doch längst erfahren.«

»Nein, nein«, antwortete der Systemtechniker. »So weit ist schon ganz OK, was Du ihr da an Arbeit vermittelt hast. Aber diese Tretmühle da macht sie kaputt, und mich damit auch. Sie wünscht sich eine ihr angemessene Tätigkeit, weißt Du. Es ist mir ja sehr unangenehm, aber könnte ich Dich noch einmal bemühen?«

Der Bildschirm unseres Computerfachmanns begann darauf zu flimmern und zu flackern, und die Lautsprecher gaben knackende und zischende Geräusche von sich. Zunächst dachte der Systemtechniker an einen Worm, von dem er wusste, dass es sich hier auch bei diesem Wort ein Akronym handelte, aber mit dem Eingang der Antwortmail des AAL-Buttje hatten die Störungen ein sofortiges Ende.»Himmel-ALG und Solizuschlag!«, schrieb der Buttje.»So sind sie alle. Aber was soll's. Lasse ich diese Frau feuern, bringt das mir nur meine Statistik durcheinander; und wenn sie krank wird, ist auch niemandem geholfen. Also sei's drum. Morgen wird ihr ein Änderungsvertrag vorgelegt. Den braucht sie nur zu unterschreiben, und dann ist sie die Public Relations Managerin des Unternehmens. Da arbeitet sie auf der Chefetage, organisiert Pressekonferenzen und bereitet Messeauftritte vor. Ich denke mal, damit sind wir beide dann ein für allemal quitt. Also gehab dich wohl.«

Die APE-Gefährtin unseres Systemtechnikers ballte die Fäuste ob dieser Nachricht, und rief dann voller Energie:»Ja! Ja! Ja! Das ist es! Das kann ich! Ich wusste doch, dass auf deinen Buttje Verlass ist. Warum denn nicht gleich so, mein Lieber.« Bei diesen Worten lächelte sie ihren APE-Mann zärtlich an und um das Nachfolgende an jenem Abend wollen wir lieber den Schleier der Diskretion hüllen. Es sei lediglich erwähnt, dass die Frau zu später Stunde noch splitternackt vor ihrem Kleiderschrank stand und klagte, nichts zu haben, was sie in ihrem neuen Job anziehen könne. Doch unser Systemtechniker lachte nur darüber und hieß sie, ins Bett zurückkommen.

Auch an dieser Stelle wäre ein gutes Ende der Geschichte wohl gelungen, aber nichts da … das Leben geht immer weiter.

Nach gewisser Zeit kam unser Systemtechniker erneut von einer langen Reise nach Hause zurück und schloss sich die Türe auf. Auf sein Klingeln hin hatte niemand geöffnet, obwohl er doch schon draußen

Musik aus der Wohnung gehört hatte. Er stellte seinen Koffer in der Diele ab und trat in den Türrahmen zur guten Stube … allerdings nur kurz, denn er zuckte instinktsicher augenblicklich wieder zurück. Zum Glück waren seine Reflexe in Ordnung, denn im selbigen Moment flog ein leeres Sektglas um Zentimeter an seinem Kopf vorbei und zerklirrte im Flur vor der Garderobe. »Ha!«, hörte er aus dem Inneren des Zimmers seine APE-Frau rufen. »Ha! Noch so ein Versager.« Irritiert lugte der Heimkehrer um die Zarge. Da stand das von ihm geliebte Wesen schwankend vor dem Couchtisch und füllte eine Kollektion Gläser ab. Dabei handhabe sie die Flasche des teuren Schaumweines, als hätte sie eine Gießkanne in der Hand. Mit großer Geste goss sie kreuz und quer. Es plemperte und spritzte, auf den Tisch, auf die Polstergarnitur, auf den Teppich. »Big Boss, komm trink mit mir! Und wer will da mit noch mir anstoßen? Voila, du schleimiger Besserwisser en chanté! Und du, du neunmalkluger Schlaumeier, Prosit! Ja da schau her, unser gerissenes Cleverle ist auch dabei. Wohl bekomm's allseits!« Seine Gefährtin hatte mächtig einen in der Krone und prostete irgendwelchen imaginären Gestalten zu.

»Geht es dir gut?«, fragte unser Systemtechniker besorgt von Flur aus. »Gut? Ob es mir gut gehe, möchte der kleine Scheißer hier wissen. Ha,ha,ha … « Sie lachte hysterisch auf. »Natürlich nicht! Die machen mich fertig. Ja, was denkst denn du, wie einem zumute ist, wenn man stets und ständig nur lügen muss? Mit einem Lächeln auf den Lippen noch dazu. Mist muss ich herbeten, gequirlten Unsinn ablassen, den geistigen Dünnpfiff dieser debilen Herren in Worte fassen, und dann auch noch so tun, als ob ich ihren Schwachsinn ernst nehmen würde. Das ist eine Zumutung ist das.«

Weiter kam sie nicht, denn sie wurde von einem Weinkrampf geschüttelt. Sofort war er bei ihr, nahm seine APE-Frau in den Arm und entwendete ihr, ohne großes Aufheben zu machen, geschwind die halbleere Sektflasche. Als er sich umschaute, entdeckte er mehrere leere Pullen auf dem Parkett liegen. Das sah nach einer schlimmen Orgie aus.

Unser Systemtechniker redete beruhigend auf seine Gefährtin ein und versuchte sie ins Schlafzimmer zu drängen. »Nein. Nein! Du kriegst mich nicht ins Bett«, wehrte sie sich. »Das musst du mir glauben. Die können mir alle nicht das Wasser reichen. Das sind ja solche Nieten. Und so was führt ein Unternehmen, unfassbar! Du hör zu:«, mit diesen Worten krallte sie sich in seinem Pullover fest »Du musst deinen Buttje bitten, dass ich es mal allen zeigen kann. Denen werde ich's vormachen. Jawohl! Diese Pfeifenköppe sollen das große Wundern bekommen. Ich werde den Laden besser im Griff haben, als sie, diese Horde Spätpubertierender, kannste wissen – aber Hallo …« Und mit dem »Hallo« gab sie ihren Widerstand auf, knickte zusammen und ließ sich schlaff zum großen Bett hinziehen. Er machte sich nicht die Mühe, sie auszuziehen. Sie schlief schon.

Die soeben erlebte Szene hatte unseren Systemtechniker zutiefst aufgewühlt. So kannte er seine APE-Gefährtin gar nicht. So hatte er sie noch nie zuvor gesehen. Er machte sich große Sorgen um sie, als er im Wohnzimmer die leeren Flaschen einsammelte und mit einem Lappen bewaffnet versuchte, die größten Flecken des Besäufnisses wegzuwischen. Dabei dachte er nur das eine: Es muss Schluss sein mit diesem Job! Umgehend! Sofort!

Nachdem die häusliche Ordnung im Groben einigermaßen wiederhergestellt war, fuhr unsere Systemtechniker seinen PC hoch und nahm zu später Stunde noch Kontakt zum Buttje auf. Wie gehabt, schrieb er: »Mantje, Mantje, Timpete, Buttje, Buttje in der Höh', meine Frau, die Ilsebill, will nicht so wie ick es will.«

Der Buttje reagierte wiederum sofort auf den Anruf via Mail. »Ja, was will se denn noch, deine Ilsebill? Die kommt doch ganz gut rüber in ihren Auftritten. Ich habe sie neulich erst im Fernsehen gesehen. Das schwarze Kostüm steht ihr sehr gut. Kompliment. Du bist doch wirklich ein Glückspilz, mit dieser APE-Frau …« Aber unserem Systemtechniker war nicht nach Worten der Anerkennung zumute. Er schrieb vielmehr dem Buttje eine lange, eine ganz lange Mail. Kaum hatte er sie abgeschickt, spielte der Rechner verrückt. Es knatterte und heulte, der Bildschirm flackerte, und dann war der Computer abgestürzt. Betroffen ging unser Mann ins Bett. Erst die Frau down und nun auch noch die Technik! Das war zuviel an einem Abend.

Am nächsten Morgen schlief seine Gefährtin lange, aber unser Systemtechniker saß schon wieder über seinem Rechner und bastelte. Schließlich hatte er ihn wieder in Schuss, bootete und dann fand er im Outlook eine Nachricht des AAL-Buttje. Darin stand:

»Das ist my last call. Ich habe meine Domain gewechselt. Du wirst mich nie wieder erreichen. So viel aber noch zum Abschied. Deinem Wunsch bin ich nachgekommen. Deine APE-Gefährtin soll Vorstand jenes Unternehmens werden, für das sie bislang tätig war. Nun lass mich in Ruhe. Du brauchst mich gar nicht erst zu suchen, solltest Du für Deine Ilsebill wieder etwas Neues wünschen wollen. Du findest mich nicht mehr. Glück auf!«

»Danke, danke«, stammelte unser Systemtechniker, obwohl es der Buttje ja gar nicht hören konnte. Er wollte noch einen schriftlichen Dank abfassen, aber der kam wieder zurück. Die Verbindung war tatsächlich gekappt. Auch seine APE-Frau weinte Tränen, als sie den Ausdruck der Botschaft las. Warum aber, das vermag niemand mit Bestimmtheit sagen. Waren es ihre Kopfschmerzen nach dem gestrigen Exzess, oder war es die Gewissheit, nun auf dem Level angekommen sein, zu dem sie sich berufen fühlte? Weinte sie vor Glück, das geschafft zu haben, was sie angestrebt hatte, oder aus Dankbarkeit für ihren APE-Mann? Gleich wie, am Morgen darauf wurde sie Vorstand.

Jetzt aber, jetzt kann diese Geschichte langsam ein Ende finden. Gemach, gemach, wir haben es gleich geschafft.

Es verging abermals eine gewisse Zeit. Eines schönen Feierabends kam unser Systemtechniker wieder einmal von einer Dienstreise zurück, doch niemand öffnete ihm. Da schloss er eigenhändig die Tür auf. »Hallo!« rief er fragend. »Niemand daheim?« Und siehe an ... es war tatsächlich keiner da. Dafür fand er auf dem Wohnzimmertisch einen Zettel seiner APE-Gefährtin. Diese hatte ihm geschrieben: »Hallo, Du Loser«, stand da zu lesen. »Habe mir den goldenen Handschlag geben lassen und den Laden verkauft. Jetzt mache ich erst mal eine Weltreise, dann werde ich mich wohl in Monaco niederlassen. Auf einen neuen Job kann ich verzichten; meine Aktien und Immobilienanlagen fahren viel mehr ein, als du je mit Arbeit verdienst. Mach's gut. Es war eine schöne Zeit – aber jetzt geht's erst richtig los.«

Da war unser Systemtechniker wie erschlagen. Und nun ist die Geschichte wirklich zu Ende.

Tut mir leid.

Irgendwie schade.

Doch da ist nichts zu machen.

All diese Märchen aus der modernen Wirtschaft…

ich kann da keine Moral entdecken.

(Neu erzählt mit einer Verbeugung vor den Gebrüdern Grimm und vor Philipp Otto Runge, der mit der uns vertrauten Version des Märchens einst die Grimms zu ihrer berühmten Märchensammlung angeregt haben soll.)

2. Der fliegende Abt

Als ich aber nun gewisse Zeit im kaufmännischen Bereich eines mittelständischen Unternehmens beschäftigt war, fiel mir auf, dass der Betrieb nicht so brummte, wie er der Lehrmeinung zufolge hätte brummen müssen. So weit ich an Zahlen herankam, rechnete ich diese nach und bemerkte zu meiner Bestürzung, dass ich rechnen konnte, wie ich wollte, aber die Firma rechnete sich trotzdem nicht. Das ließ mir keine Ruhe und warf einen Schatten auf den frohen Mut, mit dem ich mich sonst an mein Tagwerk begab. Doch ließ ich mir nichts anmerken, tat optimistisch wie zuvor und versuchte nach Kräften, den gemeinsamen Arbeitseinsatz mit meinen Kollegen zu optimieren.

Eines schönen Abends aber, als die Belegschaft schon lange nach Hause entfleucht und nur noch mein großer Meister zugegen war, fasste ich mir denn doch ein Herz und redete ihn an. An jedes einzelne Wort kann ich mich heute nicht mehr erinnern, aber in etwa klang das so: »Oh Herr und Meister. Verschaffen Sie meiner armen Seele Ruhe. Bitte geben Sie mir Erleuchtung und Hilfe, das schwere Problem zu lösen, an dem ich schier zu verzweifeln drohe. Denn ich bin irritiert und verwirrt. Sie aber großer Meister, können mich wieder auf den rechten Pfad zurückführen, auf dass ich wieder sorgenfrei begeistert wandeln kann, für unser hehres Ziel, für Gewinn und Erfolg unseres Unternehmens.«

Die Gelegenheit war günstig, denn bevor ich den Meister solcherart oder ähnlich ansprach, hatte ich ihm Vollzug melden können; eine mir gestellte logistische Aufgabe war fristgemäß abgeschlossen. Darob milde gestimmt, lehnte sich der Meister auf seinem Chefsessel im Chefzimmer auf der Chefetage entspannt nach hinten und gab mir mit der Hand ein joviales Zeichen, dass ich mit dem Vortrag beginnen möge. Dann verschränkte er seine Arme vor der Brust und gewährte mir die Ehre, zuzuhören. Ich hub an, verwies zunächst auf einige bekannte Betriebsergebnisse, benannte diese als Zahlen und zog daraus Schlussfolgerungen, die ich jedoch vorsichtshalber als bloße Mutmaßungen bezeichnete. »Warum?«, so fragte ich endlich zusammenfassend. »Warum nur steckt unser großer und ehrenwerter Hauptinvestor, überhaupt auch nur einen Cent in diesen Laden? Das sieht doch ein Blinder, dass die Fuhre an die Wand gefahren wird. Könnte es vielleicht sein, dass hier lediglich Fördergelder für die Entwicklung abgefasst werden und anschließend die auf diese Art billig erworbenen Zertifikate und Patente ordentlich zu Geld gemacht werden sollen?«

Gespannt beobachtete ich meinen Meister, während ich noch sprach. Er regte sich aber nicht einmal auf, was üblicherweise leicht passierte, wenn ihm jemand widersprach. Nun, in diesem Fall hatte ich ja nicht Widerrede geführt, sondern zuerst gesprochen, noch dazu mit seiner ausdrücklichen Genehmigung. Allerdings merkte ich doch recht bald, dass er wohl eine andere Sicht auf die Dinge haben mochte. Er schüttelte während meines Vortrages mehrfach heftig den Kopf. Dann stand er auf und schloss das Fenster – vielleicht befürchtete er, es könne jemand mithören, was hier besprochen wurde. Was ich geäußert hatte, das war nun zwar gesagt, aber jetzt würde er sprechen. So wie er groß und breit vor mir stand, wirkte das wie ein Déjàvu – Erlebnis. Ich kam mir vor wie damals in der Schule, als ich dem Herrn Oberlehrer seine Matheaufgabe mit einem falschen Lösungsansatz versaut hatte. Mein Meister zog erst durch die Nase hoch, dann zog er sich die Hose hoch, schüttelte den Kopf und hob den Zeigefinger der rechten Hand. »Nee, also, weeste. Was du dir da so zusammenreimst«, sagte er schließlich. »Horch mal gut zu, was ich dir jetzt sage.« Ich lauschte begierig. Jetzt, jetzt werde ich eingeweiht in den tieferen und in den höheren Sinn unserer Unternehmung. Was nicht auf der Hand liegt, jetzt wird es mir gereicht. Das Verborgene wird mir enthüllt. Das mir Unfassbare in Worte gefasst. Im Banne der Verkündigung sog ich jedes einzelne seiner Worte begierig auf: »Das kann man nicht so sehen, wie du das hier gesagt hast. Da liegst du völlig daneben. Ich habe mich ja auch schon das eine und das andere gefragt, versteh mich recht. Aber ich kenne unseren Oberinvestor schon etliches länger als du, und außerdem spreche ich ihn immer mal wieder persönlich. Da heißt es nicht nur ›Guten Tag!‹ und ›Guten Weg!‹. Und deshalb ist mir auch ganz klar, wo unser

Oberhirte hin will. Ich werde dir sagen, warum der sich bei uns so engagiert. Warum er hier voll eingestiegen ist und sein Geld investiert. Die Antwort will ich dir geben, und die wird dich überzeugen …«

Ich war gespannt wie ein Flitzebogen. Gebannt hing ich meinem Meister am Munde.

»Der Mann tut das alles, ja, er macht das nur aus einem einzigen Grund: Er will Arbeitsplätze in der Region schaffen.«

Eine englische Sage geht, dass der Abt des Klosters von Tungland zu Beginn des 16. Jahrhunderts lauthals bekundet habe, auf selbst gebastelten Flügeln über den Ärmelkanal nach Frankreich fliegen zu wollen. Vom Volk bedrängt, eine Probe seines Könnens auf diese anmaßenden Worte hin abzuliefern, wich er nicht aus und nicht zurück, nein er kletterte vielmehr mit Schwingen aus Vogelfedern auf die Mauer des Klosters. Das massenhaft erschiene Volk hielt den Atem an und wurde so still, dass jedes Wort des Gebetes zu verstehen war, mit dem der Gottesmann oben auf der Klostermauer um himmlischen Beistand bat. Und als er »Amen« gesagt hatte, sprang er tatsächlich vor aller Augen in die Tiefe. Die Menge schrie auf …

Der Herr muss seinem Knecht wohl in der Tat beigestanden haben. Er hielt in diesem Fall seine schützende Hand nicht über ihn sondern darunter. Der Abt erwischte einen thermischen Aufwind, und der dämpfte seinen Sturz. Man sagt, es habe wohl schon so ausgesehen, als würde der kühne Mönch gleiten. Von Fliegen wollte man aber denn doch nicht sprechen. Egal wie. Abwärts ging's und der waghalsige Mann landete geradewegs in einem Misthaufen. Dieser dämpfte zwar seinen Aufprall, aber der Abt brach sich dennoch ein Bein. Damit war der Erstflug von England nach Frankreich erst einmal verletzungsbedingt abgesagt.

Anschließend wurde Ursachenforschung betrieben. Warum wohl hatte das Fluggerät solch eine schlechte Performance? Man zog das eine in Erwägung und untersuchte das andere. Schließlich ließ man das Volk Folgendes wissen: In den Flügeln aus Vogelfedern, waren nicht allein jene Federn verbaut, die zuvor erlegten Adlern, Möwen, Tauben und anderen ausdauernden Flugtieren ausgerupft worden waren, sondern auch solche von Hühnern. Das Hühnermaterial wäre sogar bei Weitem in der Überzahl gewesen. Diese Hühnerfedern aber hätten nun das natürliche – ihnen innewohnende – Bestreben gehabt, geradewegs auf den Misthaufen zu fliegen. Besagte Erklärung leuchtete ein. Das Volk gab sich zufrieden. Auf weitere Sondierungen wurde verzichtet. Immerhin hatte man sein Spektakel gehabt. Der Abt soll anderweitiger Verpflichtungen wegen später davon Abstand genommen haben, sein ursprüngliches Vorhaben in die Tat umzusetzen und über den Kanal zu segeln. Als sein Herr ihn zu sich rief, lag er zwar ebenfalls inmitten von Hühnerfedern, aber nicht auf dem Erdboden oder einem Misthaufen, sondern in seinem Federbett, und er meinte, alles auf Erden geklärt hinterlassen zu haben. Mit Flügeln aus Hühnerfedern landet man schlechterdings nur auf einem Misthaufen. Vielleicht hatten deshalb Lilienthal und die Wrights Hühnerfedern erst gar nicht in ihren Fluggeräten verbaut – und Boeing und Airbus kommen auch ganz ohne aus. Es scheint, was dran zu sein an der Erklärung ...

Man sollte manche Begründungen einfach so stehen lassen, wie sie verkündet wurden. Vor allem, wenn sie diesen Schimmer genialer Naivität an sich haben. Das ist Licht genug für unsereinen. Weiteres Hinterfragen könnte unter Umständen doch nur bestätigen, dass unser Unbehagen nicht ganz grundlos war.

»Ach, was für schöne Blumen.«

»Für dich, mein Schatz.«

»Oh. Und diesen Strauß schenkst du mir einfach so? Sag an, warum denn?«

»Weil ich dich liebe!«

3. Allen recht getan ...

Der junge Ingenieur hatte an seinem Rechner eine Konstruktion ausgetüftelt, die aus vielen Einzelteilen bestand: Kabel, Umlenkrollen, Stangen, Gelenkköpfen, Hebel und Pedalen. Er nutzte dafür ein Computerprogramm, das es ihm ermöglichte, sein Konstrukt aus jeder nur denkbaren Perspektive zu betrachten und in Bewegung zu setzen. Stolz und zufrieden mit sich lächelte der Schöpfer am Steuerpult des Datenkarussells, als er einer Krämerseele aus dem kaufmännischen Bereich seine Kreation demonstrierte. In der Tat konnte man meinen, eine grandiose Kamerafahrt auf dem Bildschirm zu erleben, einen Actionfilm. Alles drehte sich rings um das virtuelle Werk des jungen Ingenieurs herum. Ein jedes Detail ließ sich so betrachten, in beliebiger Größe und aus welcher Perspektive auch immer.

Nun galt es, das Erdachte zu materialisieren. Dazu gibt es in jeder gut sortierten Firma eine eigene Sparte von Mitarbeitern – die Besorger. Wie bei einer Schwimmstaffel werden diese Sportsfreunde in ihrer Spezialdisziplin ins Rennen geschickt, wenn das ingenieurtechnische Kreativpersonal seinen Part durchgezogen hat. Später folgt der Musterbau und danach wird das Wunderwerk – einen erfolgreichen Probelauf vorausgesetzt – in die Produktion aufgenommen und von aller Welt gekauft – koste es, was es wolle.

Jetzt also die Übergabe vom Konstrukteur an den Einkauf: »Aha, so soll das also einmal aussehen! Nun denn, ans Werk! Her mit der Stückliste, lasst es uns besorgen!«

Nicht von ungefähr kommen dem Begriff »Besorgen« mehrere Bedeutungsinhalte zu. Zum Einen assoziiert er so viel wie Einkaufen und Heranschaffen. Mittels systematischen Vorgehens ist herauszufinden, wer alles die vom Ingenieur gewünschten Teile herstellt und unter welchen Bedingungen jene Hersteller bereit wären, diese zu veräußern. Dabei ist immer auch dafür zu sorgen, dass sich möglichst wenige Verpflichtungen und Aufwendungen für das eigene Unternehmen ergeben, wenn man sich denn handelseinig wird. Schließlich sollte das Zeug auch noch kurz vor dem Zeitpunkt eintreffen, da es die Produktion benötigt wird.

Andererseits klingt bei der »Besorgung« genannten Verrichtung unüberhörbar die »Sorge« mit. Wenn der Besorger handelt, so treibt er Handel, und handeln sollte man immer mit äußerster Sorgfalt. Handeln heißt nicht allein, geschäftig zu sein, sondern Geschäfte zu tätigen. Bei Geschäften aber geht es stets ums Geld. Die Besorger sind naturgemäß die speziellen Sorgenkinder der jeweiligen Geschäftsführung, denn sie geben im großen Stil das Geld aus, das der Betrieb mit Mühe im Verkauf eingenommen hat. Ganz klar, dass sie immer zu teuer einkaufen. Immer! Wer daher in einer Firma von sich meint, wichtig zu sein, betrachtet sich schon aus diesem Grund persönlich herausgefordert, den Besorgern einiges aus seinem persönlichen Erfahrungsschatz auf die Suche mitzugeben; Tipps, Adressen, Faustregeln, Ansprechpartner … Das ist immer wohl gemeint, hält aber die Besorger nur auf, vor allem, wenn sich Leuten gefragt fühlen, die mit den jeweiligen Aufgaben rein gar nichts zu tun haben. Nicht einmal tangential.

Doch ein tolles Gefühl innerbetrieblichen Zusammenhaltes entsteht allemal, wenn sich alle um das Besorgen sorgen. Die Besorger allerdings finden sich in der Situation von Fußballtrainern wieder; jene sind bekanntlich ebenfalls von lauter Fachleuten umgeben, die meinen, diesen Job eigentlich viel besser machen zu können. Und je weiter weg vom Geschehen sie in ihren Sesseln sitzen, umso mehr Ahnung haben sie.

Es jemandem zu besorgen, hat schließlich noch eine weitere mitschwingende Bedeutung aus der Umgangssprache, und zwar die, einen Akt in der Art des geschlechtlichen Verkehrs zu einem guten Ende zu führen. Eine Verrichtung, die darauf hinausläuft, dass die beteiligten Partner möglichst gemeinsam zu dem Schluss kommen: »Ja! Na das hat ja dann doch mal wieder geklappt! Genauso hatte ich es mir gewünscht.« Auch wenn sie zuvor noch so sehr gestöhnt haben …

Allzu viele Teile hatte der junge Ingenieur für seine Schöpfung zwar nicht vorgesehen – aber seltene, rare, nicht gerade gängige. Manche wären sogar preiswert zu haben gewesen, doch da verlangten die Lieferanten Mindermengenzuschläge. Buchsen zum Beispiel kosten das Stück nicht mehr als fünfzig Cent. Prima – sollte man denken. Für das komplette System brauchte man keine zehn Euro für Buchsen auszugeben. Doch zu einem Nettopreis von zehn Euro nahm der Hersteller keinen Auftrag entgegen. Fünfzig Euro Mindestauftragsvolumen sollten es schon sein.

Nun ließen sich zwar durchaus Buchsen im Wert von zehn Euro ordern, aber auch in diesem Fall wäre die Rechnung in Höhe des Mindestbestellwertes ausgefallen – fünfzig Euro und nicht einen Cent weniger. Da bekommt ein Besorger Sorgenfalten. Weil er gehalten war, genau das heranzuschaffen, was durch die Konstruktion vorgegeben ist, blieb ihm nichts anderes übrig, als die Stückzahlen zu erhöhen oder sich mit der Produktion abzustimmen, ob die Jungs nicht noch andere Buchsen aus dem Katalog dieses Lieferanten gebrauchen könnten. Konnten sie aber nicht und deshalb wurde halt das Fünffache der eigentlich für das Projekt erforderlichen Menge geordert.

Aber zunächst benötigte der junge Ingenieur zu den Buchsen ferner zwei Befestigungsteile – eines auf linken Seite, das andere rechts. Für jede Befestigung hatte er nun unterschiedliche Schraubengrößen vorgesehen. Man möchte gar nicht glauben, wie viele Sorten von Schrauben es gibt! Sie variieren nach ihrer Stärke, nach der Form des Kopfes, nach der Form des Schlitzes für den Schraubendreher, der Länge des Gewindes am Schaft, der Steigung dieses Gewindes und natürlich nach dem Material, aus dem sie beschaffen sind sowie schließlich nach ihre Festigkeit und Oberflächenvergütung. Letzteres ist ganz wichtig für Schrauben, die später einmal der Witterung ausgesetzt werden sollen. Aber egal von welcher Sorte und Größe: immer nur zwei waren in diesem Fall gefragt – dumm nur, dass in einer Packung jedes Mal mindestens hundert enthalten sind, meist aber noch mehr. Kurz: es wurde recht teuer, weil ein Vielfaches, von dem geliefert wurde, was für den Musterbau gebraucht wurde. Immerhin hatte man damit für den Fall der späteren Produktionsaufnahme mehr als genug auf Lager. Der Besorger hatte in seinem Enthusiasmus tatsächlich angenommen, dass das zu materialisierende Teil, so wie es von dem Ingenieur vorgegeben war, mindestens noch viele weitere Male gebaut werden würde. Diese Annahme sollte sich jedoch bald als falsch erweisen.

Als alles eingetroffen war, strahlte der junge Ingenieur vor Freude, ließ sich die laut Stückliste erforderlichen Teile aushändigen und begann, seine Kreation aufzubauen. Er setzte sich dazu still in eine Ecke der Halle und werkelte dort herum. Wie er so saß und keinem etwas Arges tat, trat der Werkstattleiter an seine Seite und schaute ihm über die Schulter. Das war ein erfahrener Mann, und er sah mit schiefem Kopf dem Ingenieur bei seinem Tun zu. Man tauschte einige fachkundige Bemerkungen aus, und bei der Gelegenheit erfuhr der Besorger, welcher sich voller Neugier ebenfalls an den Ort des Geschehens begeben hatte, dass er die besorgte Sorte Stoppmuttern sogleich in die Tonne kloppen könne. Diese Muttern wären nämlich einfach nur Scheiße. Interessant und lehrreich war zu erfahren, dass sich Stoppmuttern beim Aufdrehen auf die Schraube faktisch festfressen. Infolgedessen bekommt man sie anschließend nicht mehr runter. Daher werden sie von anderen Leuten mit ingenieurtechnischer Qualifikation auch gern Sicherungsmuttern genannt (Abkürzung: SiMu!). Nun gibt es aber ähnlich der Angebotspalette für Schrauben und Buchsen auch im Falle der SiMus eine Fülle unterschiedlicher Sorten und das nicht nur in der Breite, sondern auch in der Tiefe des Programms. Zum Beispiel solche mit hohem Kopf und andere mit flachem. Ferner werden unabhängig von der Kopfform außerdem Muttern gehandelt, die man bei einem eventuellen späteren Versuch, die Verbindung mit der Schraube wieder zu lösen, kaputt macht, ohne aber die dazugehörige Schraube zu beschädigen. Da wirft man halt anschließend die Mutter weg, aber die Schraube kann erneut genutzt werden. Und es gibt Stoppmuttern, wie die in diesem Falle besorgten, die werden nicht allein selber zu Schrott, wenn man sie entfernt. Die Schraube ist dann auch hin. Das wurde denn sogleich dem jungen Ingenieur und dem verblüfften Besorger bei der Gelegenheit praktisch vorgeführt. »Da! Seht ihr? Geht nicht! Geht nur kaputt der Trümmer! Wer bestellt denn so was?«

Keine Frage, dass umgehend die beschafften Stoppmuttern in der Stückliste ausgetauscht und die vom erfahrenen Praktiker so nachdrücklich empfohlene Sorte nachgekauft wurde – und zwar in allen Größen, die der kreative Ingenieur für seine Konstruktion vorgesehen hatte, je eine Packung. Die jeweils achtundneunzig unversehrten SiMus der verworfenen Qualität oxydierten seitdem als so genannte tote Hunde in ihren Lagerregalfächern vor sich hin und wurden erst bei der nächsten Inventur wieder angefasst. Nach fünf weiteren Inventuren sollte sich Jahre später ein inzwischen neu eingesetzter Chef der Besorgungseinheit darüber mokieren, was für einen unsinnigen Ballast sein Vorgänger doch auf Kosten der Firma eingelagert habe. »Steht in keiner Stückliste!« Wohl wahr: in keiner aktuellen …

Wenige Wochen darauf war die Konstruktion unseres jungen Ingenieurs – mitsamt der neuen Sicherungsmuttern versteht sich – in die große Maschine eingebaut und funktionierte zu seiner großen Freude auch. Da trat ein Prüfingenieur an das komplette System heran. Das war ein externer Berater. Der ließ sich nur vor großen Höhepunkten im Hause sehen. Man hätte ihn auch gar nicht bezahlen können, wäre er jeden Tag vor Ort gewesen. So teuer war sein guter Rat. Der Mann zog die Stirn in Falten und ließ sich die Zeichnungen geben. Darauf meinte er, die Konstruktion habe viel zu viel Spiel. Dann baute er sich vor der Anlage auf und zog mit der rechten Hand an einem Hebel. Damit bewirkte er, dass sich seitlich eine Klappe hob und senkte. Es war genau das, was noch eben den jungen Schöpfer so stolz und zufrieden gestimmt hatte. Der Werkstattleiter trat auch hinzu, zog ebenfalls an dem Hebel und schüttelte den Kopf. »Schlaffi!« kommentierte er. »Das Ding hat so wenig Zug; das zieht keine Wurst vom Teller. Aber jetzt ist es nun mal drin. Sollen wir etwa den ganzen Scheiß umbauen?«

»Ja«, entgegnete der Prüfingenieur.

Der junge Ingenieur biss sich auf die Lippen und reichte dem Besorger am nächsten Tag eine Liste rein, darauf neue Teile, vorgesehen für stärkere Belastungen. Das müsse da drinnen nun mal alles straffer sitzen, habe der Prüfguru gefordert. Er sehe das ja anders, und er habe das auch anders gelernt, aber wenn man es halt so haben wollte, dann sollte man es auch so bekommen. An ihm würde es nicht liegen, dass jetzt der Termin drücke – und der war von heute aus gesehen vorgestern. Damit löste er beim Besorger die reinste Freude aus! Die deutsche Zulieferindustrie hatte nämlich sehnsüchtig auf diesen Auftrag gewartet, immerhin ging es um ganze zehn Gelenkköpfe einer gänzlich ausgefallenen Qualität. Es gab Firmen, bei denen herzlich über den Anruf des Besorgers gelacht wurde. Das war durchaus nicht bös gemeint. Man hielt ihn wohl für den Radiomoderator mit dem Spaßtelefon. Ja, natürlich wollte man gern einen Auftrag entgegennehmen. Aber Liefertermin in einem Viertel Jahr, und dann zweihundert Stück Mindestmenge.

Der Besorger sorgte sich darauf durch das weltweite Netz immer weiter hinaus aus der Region, bis er aus dem Land heraus und schließlich vom Kontinent herunter war. Erst auf der anderen Seite des Atlantiks wurde er fündig. Dank der Globalisierung waren die Teile dennoch in weniger als einer Woche eingebaut, aber man möge nicht fragen, was diese Aktion gekostet hatte; mitsamt Transport im Frachtflugzeug und Expresszuschlag. Für die handvoll Kugellager am Stiel hätte man sich ein ganzes Schraubenregal bestücken lassen können – in allen Größen.

Der Tag der Inbetriebnahme des Prototyps näherte sich. Die Nervosität unter der Belegschaft nahm zu. Der Chefkonstrukteur beraumte eine Beratung ein. So und so verkündete er, man habe noch einige zusätzliche Berechnungen sicherheitshalber in Auftrag gegeben. Und die hätten erbracht, dass es sich bei der technische Lösung, die der junge Ingenieur entworfen habe, um eine zwar neue und sicher zukunftsträchtige Lösung handele, aber sie berge auch Risiken in sich. In Anbetracht der Bedeutung eines erfolgreichen Probelaufes, habe er als Head of Design entschieden, man wolle auf der sicheren Seite bleiben. Potentielle Störfaktoren müssten proaktiv ausgeschaltet bleiben. Das heiße nun aber, dass man lieber eine bewährte Konstruktion in der Anlage haben wollte. In eine spätere Version des Endproduktes könne man dann ja immer noch auf die Kreation des jungen Ingenieurs zurückgreifen. Also raus, mit der ganzen Schose und Schema F wie gehabt rein. Der Werkstattleiter fluchte und der junge Ingenieur nagte trübsinnig an seiner Unterlippe. Dann verschoben die Kollegen aus der Halle für die nächsten Tage ihren Feierabend.

Nach dem erfolgten und erfolgreichen Probelauf addierte der Besorger gewisse Rechnungsbeträge zusammen und hielt es für besser, das Resultat niemanden wissen zu lassen.
Es fragte ihn aber auch keiner danach.

Ein Mann reitet auf seinem Esel nach Haus und lässt seinen Buben zu Fuß nebenher laufen.

Kommt ein Wanderer und sagt: »*Das ist nicht recht, Vater, dass Ihr reitet und lasst Euren Sohn laufen; Ihr habt stärkere Glieder.*«

Da steigt der Vater vom Esel herab und lässt den Sohn reiten.

Kommt wieder ein Wandersmann und sagt: »*Das ist nicht recht, Bursche, dass Du reitest und lässest Deinen Vater zu Fuß gehen. Du hast jüngere Beine.*«

Da sitzen beide auf und reiten eine Strecke.

Kommt ein dritter Wandersmann und sagt: »*Was ist das für ein Unverstand, zwei Kerle auf einem schwachen Tiere! Sollte man nicht einen Stock nehmen und Euch beide hinabjagen.*«

Da steigen beide ab und gehen selbdritt zu Fuß, rechts und links Vater und Sohn und in der Mitte der Esel.

Kommt ein vierter Wandersmann und sagte: »*Ihr seid drei kuriose Gesellen. Ist's nicht genug, wenn zwei zu Fuß gehen? Geht's nicht leichter, wenn einer von euch reitet?*«

Da bindet der Vater dem Esel die vorderen Beine zusammen und der Sohn bindet ihm die hintern Beine zusammen. Sie ziehen einen starken Baumpfahl durch, der an der Straße steht, und tragen den Esel auf der Achsel heim.

So weit kann's kommen, wenn man es allen Leuten will recht machen.

(Johan Peter Hebel, Der rheinische Hausfreund …)

4. Die Anemone – das Buschwindröschen

In dieser Geschichte geht es gar nicht um die Anemone, jedenfalls nicht vordergründig. Anemone wusste nicht einmal, wie ihr geschieht, als ihr das geschah …

In erster Linie ist dies die Geschichte von Zephyr und seiner Frau. Zephyr kam aus dem Westen; also bei den alten Griechen. »Zephyr« nannten die damals den Westwind. Der Westwind blies immer im Frühling, und brachte warme und feuchte Luft mit sich. Im Winter tobte sich der eisige Boreas über Hellas aus und im Sommer kam der heiße und schwüle Notus mit seinen Gewittern aus dem Osten oder gar der heiße Libs aus der libyschen Wüste Afrikas und der konnte einem schon den Atem nehmen.

Aber Zephyrs Hauch verspürte jeder gern, und wenn er mit seinem Bruder Boreas die Schicht wechselte, dann war der Winter vorbei. Das erste und beste Zeichen dafür war, dass überall die Blümelein unter dem Atem des Zephyr aufblühten.

Das ist ein ewiger Kreislauf. Alles beginnt jedes Jahr mit Zephyrs Hochzeit. Wenn er eintrifft, heiratet er die Nymphe Chloris.

Eigentlich war Chloris ja zu bedauern. Allein schon wie sie hieß! Die Arme trug einen Namen, in dem das Wort Klo unüberhörbar, gleich am Anfang ausgesprochen wird, und das ist ausgesprochen unangenehm für Nymphen. Die einen sagen so, die anderen so. Ich meine, es lag nicht nur an der ungestümen Annäherung Zephyrs, sondern ebenso an der mit ihrem Namen unzufriedenen Nymphe, dass die beiden im Handumdrehen ein Paar wurden. Sie hatte sich ihm wohl einfach quer in den Weg gelegt, als er über die Adria herangeweht kam, und ihm zugerufen: »Hej, Zephy! Sei bitte so frei und freie mich!«

Nun, sie war die erste Griechin, die er sah, und wir erinnern uns, er war fast ein Jahr nicht zu Hause gewesen. Chloris war gut gewachsen, eine rechte Augenweide, an der konnte sogar ein Wirbelwind hängen bleiben. Also nahm er sie. Es wurde Hochzeit gefeiert. Und wie das bis heute so der Brauch ist; bei dieser Gelegenheit durfte Chloris mit standesamtlicher Genehmigung ihren Namen ändern. Das tat sie umgehend und nannte sich von Stund an: »Flora«.

Flora, na klar, als Flora kennen wir sie gut. Flora ist eine Königin. In ihr Reich ordnen wir alle Pflanzen ein. So eine Königin hatte ebensolch Status wie heutzutage eine First Lady. Flora, die erste Dame im Hofstaat des Westwindes. Da war der Zephyr denn in der Tat eine gute Partie für Chloris alias Flora gewesen. Allerdings kam ihre Ehe nicht ganz ohne Wermutstropfen aus. Alles Weibliche im Land war nämlich zu Floras Leidwesen scharf auf den feuchtwarmen Atem ihres Gatten Zephyr. Dieser Luftikus sah aber auch wirklich blendend aus.

Und da gab es nun eine Praktikantin, die ihm irgendwann mal zu nahe kam. Es wurde der Königin der Blümelein zugetragen, dass ihr Gatte mit der kleinen Anemonika, beziehungsweise diese mit ihm, also ... Das ergab seinerzeit und ihrerzeit einen klassische Floral Office Konflikt. Da musste Flora halt zeigen, wer was zu sagen hat in ihrem Staate. Das möchte sein. Von solch einem kleinen Pflänzchen hat sich noch keine First Lady je den Mann ausspannen lassen. Und kurz entschlossen verbannte sie die Kleine in den Wald. Sofort. Fort. Auf Knall und Fall.

Die arme Anemoni ...! Das hat sie nun davon. Jedermann kann sie sehen bis auf den heutigen Frühlingstag in ihrer Unschuld, wenn's noch ganz kalt ist, ein kleiner weißer Farbtupfer unter kahlen Bäumen. Und wenn der Boreas auf Abschiedstour geht, dann pustet er ihr Kleidchen fort. Die Blütenblätter taumeln durch den kahlen Wald. Schnell wächst Gras drüber, und das bedeckt die Blöße unserer Anemone. Die Blätter sprießen und nun sollte alles gut sein für die kleine Frühblüherin. Aber so tief unten wie sie da steht, so dicht über dem Wurzelwerk, dringt bald kein Licht mehr durch die grünenden Baumkronen zu ihr hinab.

Sie im Schatten, tief im dunklen Wald und Zephyr, der sie nicht mehr finden kann, zurück bei seiner First Lady. Das war's denn ... Aber im nächsten Jahr wiederholt sich die Geschichte.

Allerdings wurde ihr von den Deutschen ein falscher Namen gegeben, der kleinen Anemone.

Nicht Buschwindröschen sollte sie heißen – von Bush kann ja wohl hier keine Rede sein.

Der Name Buschwindröschen ist völlig irreführend. Nein, auf gar keinen Fall »Buschwindröschen«!

Dann schon eher »Bills Wunschröschen«.

5. Arachne

Nein … Keinesfalls … Was über Arachne alles so erzählt wird, das ist mitnichten unmoralisch. Die Arachne-Sage hat durchaus ihre Moral. Dazu kommen wir aber erst später.

Zuerst die Geschichte:
Arache lebte vor vielen, vielen Jahren – mit unserer Zeitrechnung konnte damals noch niemand rechnen – in der Stadt Kolophon in Lydien. Die Gegend lässt sich auch heute finden, sowohl im Atlas als auch in Wirklichkeit, und zwar in der Türkei. Das unterscheidet diese Art Geschichten schon mal beträchtlich von irgendwelchen Phantasie-Storys, die vor allem auf Wunder, Zaubereien und Spezialeffekte in einer Umgebung setzen, die noch nie ein Mensch zu Gesicht bekam. Hier aber geht es um Menschen aus Fleisch und Blut, selbst wenn diese es zuweilen mit Göttern zu tun bekommen.

Doch zurück zu Arachne. Als zutrug, was von ihr überliefert ist, gehörte Lydien zum griechischen Herrschaftsbereich und so war auch Arachne eine Griechin. Damit ist ihr Leben Teil der antiken griechischen Sagenwelt geworden. Zum besseren Verständnis übersetze ich den Alt-Griechischen Text für euch ins Neu-Deutsche.

Arachne machte in Kolophon ihren Realschulabschluss, und anschließend bekam sie eine Lehrstelle in der Weberei einer gewissen Pallas Athene. Ihre Meisterin war aber nun niemand anderes als eine Tochter des griechischen Obergottes Zeus persönlich. Die hatte in der Stadt Kolophon ihr Gewebe-Gewerbe angemeldet und weihte die kleine Arachne zunächst in die Technik und später auch in die Kunst des Webens ein. Wie jede Kunst ist auch das Weben meisterhafte Kunstfertigkeit. Künstler und Magier beherrschen ihr Handwerk, also das Werk ihrer Hände, so brillant, schnell und sicher, dass uns das Resultat wie Zauberei anmutet.

Arachne war eine gute Auszubildende und die Stunden am Webstuhl machten ihr Spaß. In der Theorie haperte es zwar anfangs ein bisschen; sie brachte das mit dem Kett- und dem Schussfaden manchmal durcheinander, aber in praktischen Belangen war sie kaum zu übertreffen. Flitsch, flatsch flog das Schiffchen hin und her, und die Muster, die sie in die Stoffe reinwebte, waren alsbald fast ebenso gut wie die am Webstuhl ihrer Frau Meisterin entstandenen.

»Fast«, sage ich mal. Als Laie täte man sich schwer, wollte man auseinander halten, was von der Hand der Auszubildenden gewebt war und was die Meisterin gefertigt hatte, zumindest, wenn die Arbeiten beider erst einmal gemeinsam auf dem Tisch lagen. Den Unterschied machte weniger, was man da als Produkt in der Hand hielt, sondern eher, wer für das Design verantwortlich zeichnete. Das war so in etwa, wie der Unterschied zwischen dem Original eines Kunstwerkes und einer gut gemachten Kopie. Nehmen wir zum Beispiel irgendein bekanntes Gemälde. Das hängt in der Galerie unter Sicherheitsglas und kostet ein Vermögen. Die Leute stehen Schlange, um es zu sehen. Dafür bezahlen sie auch Eintrittsgeld. Das ist also das bewunderte Original! Und dann betrachten wir auf der anderen Seite eine Kopie dieses Gemäldes. Die muss ja keine böswillige Fälschung sein. Vielleicht handelt es sich dabei um ein Übungsstück eines angehenden Künstlers. Wir nehmen also beide Bilder, hängen sie nebeneinander auf und staunen. Die Figuren, die Farben, der Faltenwurf der Gewänder, der Lichteinfall, ja bis hin zum Pinselstrich bleibt es uns verborgen, welches von beiden wohl das hoch gepriesene Original sein mag. Beides meisterhafte Arbeiten – eine aber war früher da. Und wer sich die sich mal ausgedacht und dann auf die Leinwand gebracht hatte, der war das wahre Genie.

Als es nun zur Abschlussprüfung kam, ihrem Gesellinnenstück, da sagte Arachne:»Also Frau Meisterin, ich habe es jetzt satt, immer nur die vorgegebenen Muster zu weben. Ich will mal was Neues machen. Darauf werden die Leute vielleicht abfahren. Das wird geil.«

»Nein«, entgegnete ihre Chefin darauf.»Wenn du deinen Abschluss in der Tasche hast und dich selbständig machst, dann kannst du weben, was immer du willst. Aber in meiner Werkstatt wird hergestellt, was ich für richtig halte. Schließlich muss ich das Material dafür vorhalten.

Außerdem weiß ich, was die Leute hier für einen Geschmack haben und wie viel sie für unsere Stoffe und Teppiche zahlen. Wir machen hier keine Experimente, von wegen neue Muster und Dekore. Nachher bleibe ich noch auf dem Zeug sitzen, das du dir einfallen lässt. Und überhaupt, die Prüfungskommission will eine Pflicht-Arbeit von dir sehen, keine Kür.«

Das waren sehr vernünftige Argumente der Frau Meisterin. Doch Arachne wähnte sich missverstanden und hatte ihren Kopf für sich. Sie dachte nämlich schon geraume Zeit an gewisse Bilder aus dem Leben der griechischen Götter. Davon hatte ihre Frau Meisterin so hübsch anschaulich beim Weben erzählt, und Arachne konnte sich genau vorstellen, wie sie die in den Stoff hineingewebt bekäme. Dummerweise nur hatte sie kein Material für ihre Ideen zur Verfügung. Sie musste den täglichen Verbrauch immer ganz genau ihrer Chefin abrechnen. Allein für ihr Gesellenstück durfte sie endlich aus dem Vollen schöpfen. So kam es, dass sie anstelle des von der Prüfungskommission vorgegebenen Motivs ein Fantasy-Stück vorlegte, und zwar etwas, was ihr schon längere Zeit im Kopf herum gegangen war. Pikanter Weise handelte es sich dabei nun weniger um heroische Szenen … vielmehr um erotische.

Handwerklich soll es ja gut gemacht gewesen sein, sagte man jedenfalls. Bedauerlicherweise ist das Original nicht erhalten geblieben. Ich hätte es auch gerne mit eigenen Augen gesehen. So fehlt uns leider das Beweisstück. Ich kann mich für den Wahrheitsgehalt dieser Geschichte nicht verbürgen. Wir müssen uns folglich an das halten, was die Sage berichtet: Es soll ein Wandteppich gewesen sein, diese Belegarbeit, und in den hatte Arachne großflächig pornographisch anmutende Bilder hineingewebt.

Das war denn doch ein starkes Stück.

Aber was das Allerschärfste war, ihre Chefin war für jedermann auf dem ersten Blick erkennbar, in ihrer ganzen prallen Schönheit.

»Pfui, Spinne!«, rief Athene empört, als sie das fertige Stück vor sich liegen sah.

Und seit dem webt Arachne eben ganz eigene Werke – Spinnenweben nämlich. Tagaus tagein – und immer nach einem vorgegebenen Muster. Das ist nun das Ende vom Lied: Arachne ist zur Ur-Mutter aller Spinnen geworden. Die Biologen gaben der gesamten Klasse dieser Krabbeltiere Arachnes Namen.

Die Mediziner aber nennen die krankhafte Abscheu vor Spinnen »Arachnophobie«.

Soweit kann es also kommen, wenn man nicht auf seinen Chef hören will und lieber macht, was einem gerade in den Sinn kommt.

Deshalb lautet zu guter Letzt die Moral dieser Geschichte: »Hör doch auf rumzuspinnen – arbeite lieber!«

6. Das gute Bernauer Bier

Seit mir diese Geschichte zum ersten Mal unterkam, habe ich einen Film vor Augen: einen Werbefilm. Das ist **die** Story überhaupt, authentisch, prägnant, mit einer klaren Botschaft. Dieser Spot hat alles, was gute Werbung ausmacht.

Wir gehen dazu zurück ins 17. Jahrhundert. Es ist was für's Auge, da kann die Requisite Kostüme stellen, was die Kleiderkammer hergibt. Also Film ab, Kamera läuft.

In Großaufnahme ein Dreibein. Das ist ein klassisches Schuhmacherwerkzeug. So was wird doch noch aufzutreiben sein. Ein Dreibein war aus massivem Eisen und hatte so A4-Blatt-Höhe. Die Beine gingen im rechten Winkel ab, vorn liefen sie jeweils in Füße aus, über die das Schuhleder gestülpt wurde. Ein großer Fuß für Männerschuhe, ein mittlerer für Damenschuhe und ein kleiner. Wofür wohl der? Na klar doch, für den Nachwuchs. Da das drei Beine waren, die jeweils neunzig Grad zueinander standen, lagen zwei immer auf dem Podest auf, verliehen dem Ganzen Stabilität. Man konnte somit wunderbar auf dem dritten Sohlen festnageln oder mit entsprechendem Druck das Leder kleben. Dieses Dreibein sehen wir also mit einem in Arbeit befindlichen Schuh, auf dem herumgehämmert wird, und nun zoomt die Kamera langsam raus, so dass ein schwitzender Mann mit wildem schwarzen Bart ins Bild kommt. Das ist ein gemütlicher Typ mit Knollennase. Er hat eine Kittelschürze an, die Oberarme frei, mit Muskeln ordentlich bepackt. Ringsum ist es recht dunkel, aber der Mann und sein Arbeitsplatz – also der Schuh auf dem Dreibein – werden seitlich von links beleuchtet durch den Schein einer Kerze, die in einer Art Goldfisch-Glas brennt. Das Licht der Flamme wird durch das Glas verstärkt. Auch so eine sinnige Konstruktion unserer Vorfahren. Die sollte unbedingt mit rein's Bild.

Jetzt passiert Folgendes: Der Meister wischt sich mit dem rechten Unterarm den Schweiß von der Stirn. In seiner Hand immer noch der Hammer. Die freie linke Hand, kann er nicht dazu nehmen, die würde ja sein Gesicht bei dieser Geste gänzlich überschatten, denn wie gesagt, die einzige sichtbare Lichtquelle in der dunklen Werkstatt steht links von ihm. Ja das ist knifflig für die Beleuchter. Das glaube ich wohl. Und in dem Moment, wo er also mit einem wie ein Seufzer klingenden »Ahh« eine kurze Pause einlegt, da hört man im Off etwas klirren und scheppern, dazu eine keifende Frauenstimme. »Meine Vase, die schöne Vase! Hat doch dieser Teufelsbraten meine Vase zerschmissen.« Dann eilen Schritte heran, als wäre jemand auf der Flucht. Der Meister – der die ganze Szene über auf dem einen Fleck sitzen bleibt wie Buddha – steckt seine Linke aus und zieht einen strubbligen Burschen, so zwölf, dreizehn Jahre alt ins Licht der Kerze. Da hält jetzt die Kamera voll drauf. Er hat ihn am Ohr erwischt, und je heller das Gesicht des Knaben ausgeleuchtet wird, um so mehr verziehen sich dessen Gesichtszüge, weil: das tut ja weh. Aber er schreit nicht auf. Das muss man sich vorstellen, wie beim Zahnarzt unterm Bohrer. Es ist mehr ein Stöhnen. Dann ist er also voll im Licht und wehrt sich nicht mehr gegen die Zugbewegung seines Meisters. Da sieht man seine Sommersprossen und die abstehenden Ohren. Sein Gesichtsausdruck in diesem Moment ist etwas entspannt nach der überstandenen Tortur, aber auch ängstlich, weil er fürchtet, da kommt noch was nach. Und da passiert es auch schon. Der Meister hievt etwas mit der rechten Hand auf das Podest vor sich und lässt es mit einem Ruck aufsetzen, dass es scheppert.

Er hatte inzwischen den Hammer abgelegt, während er sich den Jungen schnappte, und einen Bierkrug gegriffen. Das braucht man noch nicht im Bild zu haben. Der Krug ist so ein großer aus Zinn mit einem Deckel obendrauf – so für als etwa einen Liter. Der steht jetzt neben dem Dreibein im Licht. Im Film sieht man aber immer noch das Gesicht des Jungen. Der Bursche zuckt zusammen, als er das Geschepper hört, und er blickt natürlich dahin. Nun zoomt sich die Kamera wieder zurück bis alle drei im Bild sind – der Meister, der Junge und der Krug. »Du Lausebengel. Was hast du denn jetzt schon wieder angestellt?« Das spricht der Meister eher vorwurfsvoll, er brüllt den Jungen nicht an. »Wenn dich die Alte erwischt, gibt's Ärger!« Das lässt eher vermuten, dass beide männlichen Personen Verbündete werden könnten. Der Meister hat jetzt auch das Ohr des Jungen losgelassen. Er weist mit der linken Hand auf den Krug. »Lauf und hole mir was für den Durst! Vielleicht hat sie sich schon wieder abgeregt, bis du zurückkommst!« Der Junge schnappt sich den Krug mit einem: »Jawohl, Meister!« Und will los. Jetzt fährt die Kamera wieder auf den Schuhmacher und der ruft dem Jungen hinterher: »Aber bring mir das gute Bernauer Bier!« Dann schmunzelt er in sich hinein. Es bleibt offen, lächelt er über die Streiche seines Lehrlings oder in Vorfreude auf den zu erwartenden Biergenuss? Und damit Schnitt.

Die nächste Szene – draußen – könnte vor der Nikolaikirche gedreht werden. Damit das Publikum auch realisiert, dass diese Story in Berlin spielt. Es ist Sommer, der Junge barfuss, kurze Hosen, offenes Hemd, eine Weste ohne Knöpfe drüber. Er kommt aus einem Haustor gestürzt mit dem großen Krug in der Hand. Und er murmelt vor sich hin: »Bernauer Bier, Bernauer Bier … ach nee, warum nur muss es denn unbedingt Bernauer Bier sein?« Dieses: »Muss es denn unbedingt Bernauer Bier sein?« ist ganz wichtig. Hier ist das Mikro voll gefordert. Und dann sieht man den Burschen losstiefeln. Er macht sich entschlossen auf den Weg, an der Kirche vorbei und an einer Kneipe. Das erkennt man an dem Schild auf dem ein Frosch zu sehen ist. »Paddenwirt« steht drauf, wenn wir die Szene schon mal in Alt-Berlin spielen lassen wollen. Und unter dem Schild hindurch marschiert der Knabe mit dem Krug auf und davon.

Dann folgt eine kurze Szene mit dem Panorama von Berlin aus dem 17. Jahrhundert im Hintergrund. Die Stadt etwas im Tal, denn Richtung Bernau ging es damals bergauf – heute zwar auch noch, aber das kriegt unsereiner im Auto gar nicht mehr mit. Im Film hört man jedenfalls den Burschen schnaufen und das vermittelt, dass er seinen Auftrag ernst genommen hat.

Schnitt! Und noch eine ganz kurze Weg–Szene. Jetzt ist er richtig auf dem Lande angekommen. Vögel zwitschern und Fliegen surren. Und dann Pferdegetrappel, von hinten kommend, an ihn vorbei. Wir sehen den Jungen in eine Staubwolke gehüllt, den Krug, als wolle er ihn schützen, mit beiden Armen vor seine Brust haltend.

Schließlich die nächste Szene, der Junge gelangt an eine Stadtmauer und wendet sich an die Torwache. Der Wächter mit Helm und Hellebarde steht gewichtig in einer Gruppe von weniger prächtig uniformierten Statisten, schaut von oben herab im Profil. Er fragt streng, nach dem woher, wohin und warum. Der Knabe mit zitternder Stimme angesichts dieser militärischen Autorität ebenfalls im Profil:»Ich komme aus Berlin und soll für meinen Meister den Krug mit gutem Bernauer Bier füllen!«Jetzt lacht der Wächter auf:»Ho,ho,ho« Ein ganz tiefes Lachen ist das. So ähnlich wie der Santa Claus in den Hollywood-Filmen lacht. Die Statisten treten heran und bilden einen Halbkreis um den Jungen, so dass die Kamera die ganze Gruppe vor dem Stadttor im Bilde hat. In diesem Arrangement stehen sie also da und lachen den Jungen aus.

»Das Bernauer Bier, mein Freund, wird doch überall ausgeschenkt. Ho, ho, ho. Überall!«kommt es dann vom Anführer der Wächter.»Unser gutes Bernauer hättest du dir doch auch in Berlin holen können. Ho,ho,ho. Da brauchst du doch nicht eigens hier herkommen. Bernauer Bier ist für die Welt gebraut!«Während man dazu die vor Staunen weit geöffneten Augen des Jungen sieht, der sich einmal von links nach rechts dreht und die ganze Mannschaft im Kreisrund anschaut, hört man die Gruppe als Männerchor.»Das gute Bernauer Bier, für die Welt gebraut – und für den Durst!«Der Wachoffizier legt dem Jungen seine Hand väterlich auf die Schulter, dreht mit ihm ab in Richtung nächster Gaststätte, und die ganze Truppe ruft nochmals:»Für die Welt gebraut und für den Durst!«Dann ist die Szene im Kasten.

Weiter geht's. Selber Ort, selbe Kameraeinstellung. Die selben Mitwirkenden auch ... In Großaufnahme die Kanne, der Junge hält sie vor der Brust. Sie ist voll. Das muss man sehen – dann klappt der Deckel runter. Der Wächter verabschiedet den Knaben, indem er ihn noch ein wenig geleitet. Hier fährt die Kamera schön mit, immer vor ihnen her.»Grüße deinen Meister aus Bernau. Ho,ho,ho! Möge er es sich schmecken lassen – das gute Bernauer Bier.« Und im Hintergrund fällt der Chor ein: »Für die Welt gebraut und für den Durst.«

Nächste Szene wieder unterwegs. Wir sehen die Sonne untergehen. Alles etwas in rötlichem Licht. Der Junge schleppt sich mit dem vollen Krug ab. Er schnauft. Dann hält er ein und wendet sein Gesicht in die Abendsonne.»Oh Gott!«, stöhnt er.»Das ist noch soo weit!« Pause. Er setzt den Krug ab.»Und nichts als Ärger wartet auf mich! Wie wird der Meister schimpfen … und die Frau Meisterin erst.« Pause. Dann ziemlich verzweifelt:»Und der Krug ist so schwer.« Man sieht, wie er sich auf einen mächtigen Stein setzt. So ein Findling am Wege. Diese große Klamotte ist wichtig für die weitere Erzählung. Die muss ein eigenes Profil vermitteln, was Kantiges. Ich wüsste ja, wo solche Findlinge rumliegen, aber der Regisseur wird schon die geeignete Location für diese Schlüsselszene finden … Wie der Junge sitzt, kommt auch gleich schon viel entschlossener von ihm:»Ich mag nicht mehr.« Und dann noch fester:»Ich will nicht nach Berlin zurück!« Und schließlich:»Ich geh in die Welt – wie das Bernauer Bier!« Dann springt er auf, bückt sich und fängt an zu scharren. Er buddelt ein Loch, in dem er den Bierkrug versenkt. Direkt neben dem großen Findling. Darüber wird die Szene allmählich verdunkelt. Mit Filter vor der Kamera. Die Technik kriegt das schon hin. Zum Schluss sieht man den Jungen faktisch nachts, wie er ein paar kleinere Steine über der Stelle, wo der Krug verbuddelt ist, zusammenfügt. Dann klatscht er sich die Hände sauber und wiederholt seitlich abgehend:»Ich geh in die Welt – wie das gute Bernauer Bier«
Und Schnitt!

Dann ein eingeblendeter Text wie im Stummfilm:»Berlin – zwölf Jahre später«.

Wir sind wieder im Nikolaiviertel. Das Haus des Schuhmachers. Das war am Anfang die zweite Einstellung, da kam der Junge mit dem Krug aus dem Tor. Alles wie gehabt. Ein sonniger Tag. Wir sehen und hören geschäftiges Straßentreiben rings um die Kirche. Die Kamera mit einem Schwenk am Kran fixiert sich auf einen jungen Reiter in schmucker Uniform. Der kommt forsch einher geritten, nicht zu schnell, kein Galopp, er ist ja nicht auf der Flucht. Aber zügig und entschlossen. Alles macht ihm respektvoll Platz, ein kleines Kind weist mit dem Finger bewundernd auf ihn, junge Mädchen stecken ihre Köpfe zusammen und drehen sich dann zu ihm um, ein Greis stützt sich auf seinen Stock, wendet sich mit der Bewegung des Pferdes mit und murmelt anerkennend lächelnd: »Sieh da, ein stolzer Reiter!« Darauf ein hüstelndes Lachen. Schließlich ist der Reiter vor dem Haus des Schuhmachers angekommen. Man hört ihn, entschlossen sein Pferd zum Halten bringen. «Brrrr!« Und das Pferd schnaubt durch die Nüstern. »Pühühühü«. Dann springt der junge Mann behende ab und klopft laut ans Tor, während er in der anderen Hand das Zaumzeug hält.

Und jetzt, während des Klopfens erfolgt ein Kamerawechsel. Wir sehen im Innern der Toreinfahrt ein altes Mütterchen heranschlurfen. »Komme ja schon. Wer wird es denn so eilig haben?« Sie schiebt den Riegel zur Seite. Aus dem Dunkeln der Einfahrt heraus aufgenommen, kommt der junge Reitersmann in seiner Uniform voll zur Geltung, wie er da im Sonnenschein mit seinem Pferd groß vor der Alten steht. Die stammelt nun ihrerseits ganz überrascht. »Ja, junger Herr ….? Haben sich wohl in der Hausnummer vertan? Was wünscht denn der junge Herr? Womit kann ich alte Frau dem jungen Herrn zu Diensten sein?« Während dessen schaut er sie lächelnd an, schräg von oben, er ist ja ein stattlicher großer Mensch, wie man sehen kann. Dann fragt er:»Ja gibt es denn hier keinen Schuhmachermeister mehr?«

»Doch, doch«, beeilt sich die Alte.»Aber gewiss doch. Natürlich benötigen der junge Herr neue Stiefel.« Und dann ruft sie nach Innen: »Kundschaft Paul, Kundschaft für dich!«

Wie die Alte sich umdreht, setzen sich auch der Reiter und sein Pferd in Bewegung in die Toreinfahrt hinein und die Kamera folgt ihnen und schwenkt weiter bis auf eine offen stehende Tür im Hof, hinter der sich die Werkstatt befindet, und aus der man es nun hämmern hört, wie ganz zu Beginn des Spots.

Das war's hiermit. Und gestorben ...

Die nächste Szene im Hof des Hauses, der junge Reiter hat sein Pferd angebunden. Der Meister mit der Knollennase nun aber mit grauen Haaren, doch hier auch wieder mit Schürze und freien Oberarmen, begrüßt ihn und fragt, ob es denn wirklich neue Stiefel seien sollten. »Jawohl!«, sagt der Reiter. »Aber bessere als diese hier«. Die Kamera geht runter auf seine Füße, und da glänzt das Leder auf. »Oho!« der Meister ist verblüfft »Der Herr trägt doch da eine ganz vorzügliche Arbeit.« Dann bittet er seinen Kunden, auf der Bank im Hofe Platz zu nehmen. Er wolle Maß nehmen für die Stiefel. Dabei zischt er seine Frau an, die immer noch herumsteht, sie möge dem jungen Herrn derweil was zu Trinken anbieten. Die Alte ab. Der Reiter hat inzwischen einen Stiefel ausgezogen und der Meister murmelt in seinen grauen Bart: »Eine ganz vorzügliche Arbeit, wirklich ganz vorzüglich.«

»Sie können das besser!«, kommentiert der junge Mann.

»Zu viel der Ehre, zu viel, aber versuchen tät ich's schon.« Inzwischen ist die Frau zurück und drückt dem Kunden einen Becher in die Hand. Der trinkt, wischt sich dann den Schaum von den Lippen und sagt genüsslich: »Das gute Bernauer Bier, für die Welt gebraut, und für den Durst.«

Darauf wendet er sich an den Meister und fragt, ob der nicht einen Krug vermisse mitsamt einem Gehilfen, so seit zwölf Jahren etwa. Und jetzt sieht man im Zeitraffer die beiden Alten wie sie ungläubig gucken, dann verblüfft die Hände zusammenschlagen, dann an ihren Kunden herantreten, ihn betasten, und immer wieder die Köpfe schütteln. Viele schnelle Schnitte, ein Bild geht ins andere über. Schließlich wieder in Normalaufnahme der Reiter, wie er seine Arme um das alte Paar legt und verkündet: »Ich werde Euch beweisen, wen Ihr vor Euch habt!«

Die letzte Szene des Films vor dem Findling am Weg zwischen Bernau und Berlin. Die beiden Alten stehen, der junge Mann kniet und räumt Steine beiseite. Dann gräbt er Sand aus. Er verwendet ein kurzes

Messer. Schließlich greift er in das Loch und hebt den Krug aus den ersten Szenen empor. Ein »Ohh« von den Alten begleitet ihn dabei. Jetzt zoomt sich die Kamera heran. Der Deckel wird geöffnet. Man sieht, da ist Bier drin. Der junge Mann lässt die Alten reinschauen. Dann reicht er erst seinem ehemaligen Meister und dann dessen Frau den Krug. Die trinken daraus, einer nach dem anderen. Man hört Glucksen und dann ein anerkennendes »Hmmm!« Schließlich trinkt auch der junge Mann. Drei, vier Schluck. Darauf setzt er den Krug auf seine Brust. Alle lächeln: »Das gute Bernauer Bier!«, sagt die Alte. »Für die Welt gebraut!« ergänzt ihr Mann. »Und für den Durst!«, vollendet der Reiter. Dann trinkt er weiter, drei, vier Schluck, setzt den Krug noch mal ab und sagt bedächtig, weil das das Fazit der ganzen Story ist: »Und … für eine … gute … Zeit!«

Das war's! Ist das nicht toll? Das ist **die** Bierwerbung schlechthin! Da geht doch nichts drüber. Das ist einfach nicht zu toppen!

P.S. Als obige Geschichte im Jahr 2005 geschrieben war, endete sie mit der launigen Bemerkung. »Diese Bierwerbung hat nur einen Haken, einen klitzekleinen, in Bernau gibt es schon seit Jahrzehnten keine Brauerei mehr.« Ein paar Freunde, die damals meinen Text lasen, stimmten mir zu. »Schade eigentlich.«

Ich suchte eine Zeit lang vergeblich nach einem Verlag, der meine Fabel-Fibel verlegen möge, hatte aber Dringenderes für den Lebensunterhalt zu tun, und ließ es dabei bewenden. Jetzt – fast zwanzig Jahre darauf – hat die Sage vom guten Bernauer Bier die Chance, von einem größeren durstigen Publikum aufgenommen zu werden. Ich ging alles noch einmal durch und stellte fest: In Bernau hat inzwischen doch eine Brauerei aufgemacht, nein, noch besser – es sind sogar mehrere. Da haben sie mir glatt die Pointe versaut. Aber ich bin darüber nicht sauer. Im Gegenteil! Wer in dieser Tradition tätig ist, der braut gewiss was Gutes – für die Welt und für den Durst und für eine … gute … Zeit. Prost!

7. Du hast keine Chance ... Mach was draus!

Was für ein blöder Satz, dachte ich, als ich ihn zum ersten Mal las. Heute, da ich um einiges älter und um etliche Lebenserfahrungen reicher bin, halte ich diesen Spruch für eine der klügsten Lebensmaximen überhaupt. Deshalb bemühe ich mich unverdrossen jeden Tag, etwas aus der Situation zu machen, in der ich mich am Morgen beim Wachwerden vorfinde. Ich strebe zur Arbeit wie ein Hamster zum Laufrad. Ich bringe mich ein, engagiere mich, ich lasse mich überzeugen, diskutiere, streite, kalkuliere, ich stimme mich mit diesem und jenem ab, komme ins Schwitzen, mache Überstunden, sehe Fortschritte, finde Anerkennung, und dann eines Tages, manchmal nach Jahren – bin ich doch wieder arbeitslos.

Ach, meine guten Kollegen. Sie hatten mir einen Abschied gegeben, der mich fast zu Tränen rührte ... Was ich diese Leute mochte ... na ja, die meisten jedenfalls. Nun das ist wohl auch normal. Mit dem einen kommt man dann besser zu recht, wenn man seltener mit ihm zu tun hat, mit einem anderen, wenn es bei einer gewissen Distanz bleibt, und mit dem Dritten, wenn man sich möglichst aus dem Weg geht. Die Vierte muss man mit ihren Eigenheiten zu nehmen wissen und der Fünfte braucht immer mal ein wenig Druck. Die Sechste möchte stets dreimal gebeten werden, aber mit dem Siebten versteht man sich blind.

Wir alle arbeiteten in dem Selbstverständnis zusammen: »Ich mache meine Arbeit, damit ihr eure machen könnt.« Und das ist gar nicht so selbstverständlich im Berufsleben. Aber es kann ein Team zusammenschweißen. Ich hatte mich bei ihnen wohl gefühlt, jeden einzelnen Arbeitstag, auch wenn es zuweilen arg stresste. Dann bekam ich anderes zu tun, und so bekam ich es auch mit anderen zu tun.

Gelegentlich des folgenden Jahreswechsels und den Feiertagen vorab gab es Grußkarten in beiderlei Richtungen zu und von den mir lange am nächsten Gestandenen. Was ich da las, war allerdings nicht sehr besinnlich, eher Besorgnis erregend. Die Geschäftsführung hatte unter Hinweis auf angeblich ausgebliebene Zahlungen für erfolgte Lieferungen nur einen Teil der Gehälter gezahlt … und das vor Weihnachten. Zu Beginn des neuen Jahres sollte die Belegschaft auf Kurzarbeit gesetzt werden.

Mitten in der Fastenzeit hatte ich mal wieder in der Gegend zu tun und schaute bei meinen ehemaligen Kollegen rein. Ich musste zunächst vor der Tür warten, denn man hatte das »Mädchen für alles« am Tresen im Eingangsbereich entlassen. Da sich gerade niemand im Vestibül aufhielt, wurde mein Klingeln nicht erhört. Dann kam das blonde Mäuschen aus der Buchhaltung vorbei, entdeckte mich vor dem Tore und ließ mich ein. Nachdem wir uns ausgiebig umarmt hatten, was mir in der Tat sehr angenehm war, zumal diese innige Begrüßung wegen meines unvermuteten Erscheinens spontan von ihr ausging, erfuhr ich, dass sie die gesamten Finanzen des Unternehmens nun alleine führe. Das hörte ich mit Erstaunen, denn sie hatte im vergangenen Frühjahr erst ihre Lehre abgeschlossen. Ihre Chefin war gegangen – von sich aus und nach einer heftigen Auseinandersetzung mit dem Geschäftsführer, wie ich erfuhr. So entschlossen hatte ich jene Kollegin allerdings gar nicht in Erinnerung. Die hätte sich doch niemals mit dem Big Boss angelegt? Und danach habe sie alles geschmissen? Da muss wohl schon eine arge Schieflage bei den Finanzen aufgekommen sein. Ich sprach der jungen Buchhalterin meine aufrichtige Bewunderung für ihren Arbeitseinsatz aus, worauf sie zutraulich wie eh darüber zu plaudern begann, was jetzt alles von ihr bewältigt werden müsse. Jeden Tag Überstunden. »Hei!«, verwunderte ich mich. »Ich denke, es ist bei Euch Kurzarbeit angesetzt?« »Naja!«, antwortete sie. »Ich arbeite länger und bekomme weniger Geld. Da bin ich nicht die Einzige. Das dürfen wir aber keinem erzählen. Ist ja auch egal, wenn wir nur die Arbeitsplätze damit sichern.«

Ich begleitete sie ein Stückchen, und wir kamen zum Verkauf. Nach dem Händeschütteln erhielt ich einen ausführlichen Bericht über die Vertriebsaktivitäten des Unternehmens seit meinem Weggang. Der Kollege von der verkaufenden Zunft war schon immer recht gesprächig, um nicht zu sagen geschwätzig, aber das ist wohl eine Berufskrankheit. Natürlich laste die ganze Verantwortung für die Firma wie stets auf ihm. Und wie immer werde er auch jetzt hängen gelassen. Von der Produktion sowieso, die nicht hinterher käme, das abzuarbeiten, was er an Abschlüssen reinbringe. Und von der Geschäftsführung, die in der Preispolitik nicht das kleinste Bisschen flexibel sei. Ohne Rabatte laufe nun mal nichts, was hier aber offenbar niemand begreifen wollte. Und dafür fahre er nicht nur werktags durch die Gegend, sondern binde sich auch noch die Wochenenden ans Bein. Ich sprach ihm meine Anerkennung aus. Ein ganz wichtiger Mann dieser Verkäufer, es habe mir schon immer imponiert, wie er das hinbekomme. Ich komplimentierte mich hinaus, und er rief mir hinterher: »Ist doch Ehrensache. Wir müssen hier die Arbeitsplätze sichern. Auf jeden Einzelnen kommt es an. Da werde ich nicht kneifen.«

Ich begab mich zur Arbeitsvorbereitung und wurde mit »Hallo« begrüßt. Ich schlug die vier anwesenden Kollegen mit der flachen Hand ab. Drei Mann gehörten zum Hallenpersonal, sie holten sich gerade die Arbeitsaufträge für den morgigen Tag ab. »Ich höre immer was von Kurzarbeit, aber hier ist ja volles Haus«, flachste ich.

»Und da müsstest du erst mal unsere Nachtschicht sehen«, antwortete der Erste unter dem Lachen der anderen. Der Zweite wischte sich demonstrativ imaginären Schweiß von der Stirn. »Seit du weg bist, brummt der Laden«, sagte der Dritte.

»Er bringt bloß nichts mehr ein«, ergänzte der Vierte. Und dann lachten wieder alle.

»Galgenhumor, weißte?,« meldete sich der Erste.

»Wer noch lachen kann ist nicht ganz tot«, kommentierte der Zweite.

»Oder er hat die Pointe nur noch nicht verstanden«, sagte der Dritte.

»Eigentlich baumeln wir schon längst am Strick«, schloss der Vierte die Frotzelei ab. »Der große Chef hat es uns nur noch nicht gesagt. Und deshalb hängen wir hier rum und lachen einfach weiter.« Und dann amüsierten wir uns alle über den gleichen Klang der Wörter »weiter lachen« und »weiter machen«.

Schließlich kam der Werkstattleiter und führte mich nach dem Wiedersehensritual spontan in der alten Wirkungsstätte herum. Er zeigte mir stolz einige Formen und Vorrichtungen, die ich noch nicht kannte. Die hätten Kollegen in der Freizeit gebaut. Diese Rationalisierungsmittel, so sprach der alte Praktiker, reduzierten die spezifische Durchlaufzeit bis zu zwanzig Prozent. Da hörte ich noch den Fachjargon aus einem Land vor unserer Zeit heraus. »Das waren klassische Neuerervorschläge, die kamen einfach so von den Jungs, ohne Forderungen nach Vergütung. Stell dir das mal vor! Und hier wurde wirklich Gehirnschmalz investiert, in diese Krücken.« Er tätschelte das Metall beinahe zärtlich. Ich sprach ihn auf den erkennbaren Ernst der Lage an. »Was willste machen?«, meinte mein ehemaliger Kollege. »Wenn es zum Weinen nicht reicht, muss man eben Lachen. Die Situation ist, wie sie ist. Die können wir nicht ändern. Aber wir können was aus der Zeit machen, die uns hier verblieben ist. Das Beste. Und das Beste ist – Arbeit abzuliefern, für die wir uns nicht zu schämen brauchen. Alles andere hat der Chef zu verantworten.«

Der König von Frankreich ritt eines Tages vor einem vornehmen Kloster vorbei. Da dachte er sich, das Kloster könnte sehr dienlich sein zu seinem Hofstaat. Er ließ demnach den Abt zu sich rufen und sagte, er höre, dass die Brüder im Kloster nicht so eifrig wären und nichts studierten; damit er sie nun zu besserem Fleiße im Studium aufmuntere, wolle er ihnen drei Fragen vorlegen; wenn sie ihm darauf nicht antworteten, wolle er sie alle aus dem Kloster jagen. Erstlich, sagte er, sollten sie ihm angeben, wieviel Sterne am Himmel seien. Zum andren, wie viel er, der König, wert sei. Zum dritten, was der König im Sinne habe. Auf dieses ritt der König fort. Der Abt aber und die Mönche wurden hierüber sehr betrübt, und sie dachten vergebens nach, wie sie auf diese Fragen antworten sollten.

Voll von diesen schweren Gedanken ging eines Tages der Abt bei der Mühle vorbei, die dem Kloster zugehörte. Da sah ihn der Müller und fragte ihn, warum er so traurig sei. Der Abt erzählte ihm, was ihm der König für

Fragen aufgegeben und dass sein ganzes Kloster verloren sei, wenn sie nicht zu bestimmter Zeit antworten könnten.

»Seid deswegen ohne Sorge«, sagte der Müller. »Ich will dem König schon statt Euer zur Antwort stehen.«

Er bat sich des Abtes Kleidung aus und reiste nach Paris zum König. Dieser fragte nun zum ersten, wie viel Sterne am Himmel seien. Darauf antwortete der Müller: »Eine Million weniger drei; wenns der Herr König nicht glauben will, so steige er hinauf und zähle sie selbst.« Darauf fragte der König weiter: wie viel er wert sei. Der Müller antwortete: »Neunundzwanzig Silberlinge; denn der König aller Könige ist um dreißig Silberlinge verkauft worden, also wird ja nun der König von Frankreich noch einen Silberling weniger gelten.« Zum dritten fragte der König: »Nun aber sage, was ich im Sinn habe.« Darauf der Müller: »Herr König! Ihr habt im Sinn und meinet, dass der Abt vor Euch stehe: Ihr irrt Euch aber, denn es stehet vor Euch des Abtes Müller.« Also waren die drei Fragen gut beantwortet.

Auch wird der Leser denken, der König sei damit zufrieden gewesen; da irrt er sich aber, denn der König hat nicht des Abtes Weisheit gewollt, sondern das Kloster.[*]

Der Krebs hatte meinen Onkel gepackt und fraß sich an ihm fest, der Schmarotzer, dass mein Oheim ganz leicht und durchsichtig wurde. Und er war doch ein starker, zupackender Mann gewesen, wie ich ihn all die Jahre über kannte. Aber nun ein Schatten, geschrumpft auf die Statur eines Halbwüchsigen, wie er da im Bett lag und flach atmend schlief. Ich war zu Besuch gekommen, saß auf einem Hocker am Kopfende seines Bettes und suchte in dem Greisengesicht auf dem Kopfkissen nach den mir vertrauten Zügen – vergeblich. Nach einer Zeit wachte er auf, bemerkte mich und lächelte. Da war dann doch noch etwas Vertrautes zu sehen mit einem Male: sein Lächeln. Das brachte nur er so hin. Das hatte ihm auch die Krankheit nicht genommen, den Klang seiner Stimme schon. Mein guter Onkel flüsterte nur noch. Er hatte sich nach

---

* Erzählung von Ludwig Aurbacher, In: »Zeitverkürzer, Deutsche Anekdoten aus fünf Jahrhunderten,« Reclam, Leipzig 1972.

dem Befinden meiner Familie erkundigt. Dabei tastete er mit der Linken nach meiner Hand. Sein Griff war leicht wie Pergament und fühlte sich kalt an. Ich wärmte seine Hand mit meinen beiden. Ich erzählte viel und laut, und er lächelte dazu. Dann zog er mich mit der Hand zu sich heran und raunte mir zu. »Im Sommer haben sie mir einen Monat gegeben. Ein Monat hat die Ärztin gesagt.« Er musste hüsteln. Dann fuhr er fort. »Ein Monat hat dreißig Tage. Ich habe schon hundert Tage mehr gewonnen.« Dazu glänzten seine Augen. Jetzt strahlte er wie früher, wenn er eine gute Geschichte erzählt hatte und sich zurücklehnte, um sich an der Reaktion seiner Zuhörer zu ergötzen. »Hundert!« Ich staunte ihn an. Der Mann wusste, wie es um ihn stand, aber seine Freude war echt. Noch einmal hauchte er »Hundert!«. Das klang wie ein Triumph, und das war auch einer.

Da trat meine Tante ins Zimmer und mit ihr mein Cousin, beider Sohn. Ich erhob mich, um ihn zu begrüßen und ihm den Platz am Bett seines Vaters zu überlassen. Aber mein Onkel winkte mich noch einmal zurück. Er hieß mich hinsetzen und bedeutete seinem Sohn, er möge doch mal den Kleiderschrank an der Wand gegenüber dem Bett öffnen. Die Schranktür wurde aufgesperrt, wobei mein Onkel dirigierte, als wolle er einem Orchester seinen Einsatz geben. Darauf kam im Schrank ein Fernsehapparat auf Kopfkissenhöhe zum Vorschein. »Was sagste dazu?«, fragte mich der Kranke. »Im Schlafzimmer einen Fernseher. Hätt ich nie geglaubt, dass ich mal so was haben werde. Wann immer ich will, vom Bett aus Fernsehen.«

Ich hatte schon von dieser Konstruktion seines Schwiegersohnes vernommen. Anerkennung. Das war praktisch.

»Sport gucke ich heute wieder«, flüsterte mein Onkel zum Abschied, und er lächelte dazu: »denn Sport hält fit!«

8. Cloelia oder die Crux mit der Eigeninitiative

In den allermeisten römischen Heldensagen geht es um Mord, Totschlag und Gemetzel auf dem Schlachtfeld. Da wird eine Tapferkeit gepriesen, die jeden der eigentlich zutiefst bedauernswerten Helden mit stolz erhobenem Haupt geradewegs in den Tod marschieren ließ. Rom zum Ruhme, nieder mit dem Feind! Ehrenvoll wird gestorben! Drauf und dran! Der römische Held haut nicht ab, sondern zu! Die Ehre Roms steht über allem! Und neben der römischen Ehre gibt es überhaupt keine andere Regel des Anstandes und der Moral. So sind sie, die römischen Sagen. Viel Testosteron, viel Blut, viel Fanatismus. Rom, Rom über alles!

Wenn einmal die übliche Ration Alkohol vor der Schlacht bei seinen Legionären noch nicht recht wirken wollte, gab der Centurion dergleichen Heldensagen zum Besten, um seine Leute aufzuputschen. Und alsbald schäumten die über vor Angriffslust.

Aber halt – ist es möglich? Mitten in dieser exzessiven Kriegs-Propaganda findet sich das erste Lehrstück für Zivilcourage. Eine Perle des gegenseitigen Respekts im großen Haufen Schlachtabfalls. Ganz unvermutet wird von Anstand, Ritterlichkeit und Fair-Play im Umgang mit dem Gegner berichtet. Man möchte dankbar aufatmen, wenn man das liest:

Cloelia war eine junge Römerin. Der römische Senat hatte sie mit neun anderen Mädchen und zehn jungen Burschen aus prominenten Familien der Stadt dem etruskischen König Porsenna als Geiseln überlassen. Cloelia gehörte mit ihren Gefährten zur jungen Generation der römischen High Society. Fünfhundert Jahre vor Christi Geburt. Die Geiseln waren als Garantie dafür gestellt worden, dass der Etrusker mit seiner Armee unbehelligt abziehen konnte. Der hätte Rom zuvor glatt überrennen können. Warum er es nicht tat, das ist eine andere Geschichte, eine von der blutrünstigen Sorte. Deren wahnsinnstoller Held, Mucius Scaevola, hatte seine Aktion zwar überlebt – allerdings für den Rest seines Lebens aufs Schlimmste verstümmelt. Immerhin wurden nach seinem Auftritt die Feindseligkeiten am Tiber, dem Fluss vor den Stadttoren Roms, eingestellt. Die Etrusker brachen ihr Feldlager ab und bereiteten sich auf den Heimweg vor. Als Unterpfand für eine sichere Rückkehr waren ihnen die zwanzig Halbwüchsigen aus gutem Hause überlassen worden. Man kann sich vorstellen, wie die Angehörigen der jungen Leute bei diesem Opfer jammerten. Aber schließlich wussten sie ihre Kinder am Leben. Und sie selbst konnten auch weiterleben, mitsamt Haus und Hof, allem Besitz und den anderen Familienmitgliedern. Nichts war zerstört, zerschlagen oder geraubt. Man hatte noch einmal Glück gehabt, Glück im Unglück ... Die zwanzig Geiseln sahen das allerdings nicht ganz so pragmatisch. Immerhin hatte ihre Biographie von einer Stunde auf die andere einen bösen Bruch bekommen. Sie waren entwurzelt und getrennt von ihren Lieben – von allem, was ihnen bisher im Leben irgendetwas bedeutet hatte. Ob sie jemals ihre Vaterstadt wiedersehen sollten, war völlig offen, als sie da im Lager der Feinde zusammenhockten und deren Aufbruch beobachteten. Am Morgen darauf, würden sie mit den fremden Soldaten fortziehen, irgendwohin, wo jene zwar zu Hause waren, sie aber nicht. Und sie würden niemals dort heimisch werden, das wussten sie. Wehmütig blickten sie aus dem Kriegslager der Etrusker über den Tiber-Fluss auf die Mauern ihrer Heimatstadt Rom. Da half aber kein Schluchzen und kein Schlucken, am nächsten Abend würden sie schon weit, weit weg sein. Ein Häuflein von zwanzig Halbwüchsigen inmitten der fremden Krieger auf dem Marsch in eine ungewisse Zukunft. Einige von ihnen weinten still vor sich hin. Cloelia war eine der Älteren aus der Gruppe der römischen Geiseln. Sie strich den Jüngeren übers Haar. Und dann sprach sie flüsternd auf ihre Gefährten ein. Sie hatte einen Plan. Einen Ausbruch aus dem Heerlager der Fremden im Dunkel der Nacht wollte sie wagen. Cloelia kannte eine Furt durch den Tiber. Die Etrusker hatten ihre Disziplin gelockert, nun da keine Gefahr aus dem belagerten Rom mehr bestand. Sie freuten sich darauf, gesund zurück in ihre Heimat zu kommen. Darin sah Cloelia ihre Chance. Die Etrusker feierten bis in die tiefe Dunkelheit hinein. Sie kümmerten sich gar nicht um die zwanzig jungen Römer in ihrer Mitte, halbe Kinder noch. Cloelia plante aufzubrechen, wenn die Etrusker eingeschlafen sein würden. Aus dem Lager heraus geschlichen, hinunter zur Furt, durch den Tiber gewatet, am anderen Ufer hoch und schon wäre man wieder daheim, noch bevor es die Wachen bemerkt hätten. Aber sollten sie dennoch sterben, dann immerhin auf heimatlichen Boden, vor den Toren Roms. (Wir sehen, auch diese junge Dame hatte im Fach Bürgerkunde auf der römischen Mädchenschule ein paar Kleckser Heldenmut von der triefenden Propaganda römischer Heldensagen abbekommen – das macht aber die ganze Story nur umso glaubhafter.)

Gesagt getan. Nach Mitternacht schlich der kleine Trupp davon. Natürlich wurde die Flucht bemerkt. Aber die Etrusker hatten inzwischen viel zu viel Zielwasser intus, als dass sie auch nur einen der Schar mit ihren Pfeilen im Tiber und noch dazu im Dunkeln getroffen hätten.

Große Aufregung nachtens in Rom. Zwanzig Familien wieder glücklich vereint. Aber während diese sich noch in den Armen lagen, beraumte der Senat schon eine Sondersitzung für den frühen Morgen ein. Das Volk jubelte und ließ die tapfere Cloelia mitsamt ihren Gefährten auf dem Weg dorthin hochleben.

Doch dann der Schock: Cloelias Aktion wurde nicht gelobt. Im Gegenteil. Die Senatoren tadelten ihre Flucht. Wenn Rom jemanden sein Wort gibt oder ein Unterpfand für dessen Wort, hieß es, dann hält sich Rom auch daran und erwartet dies ebenso von allen seinen Bürgern; selbst wenn es noch Kinder sein sollten. Folglich ... alle Geiseln wieder zurück zu den Etruskern! Hinter den Stadtmauern in Rom durften sie nicht länger bleiben!

Unvorstellbar dieses Wechselbad der Gefühle in den römischen Familien. Kind als Geisel hergegeben, getrauert, dann taucht es unvermutet wieder auf, und nun soll es definitiv und für immer der Gewalt der Etrusker überlassen werden. Wer wusste schon, wie die nun reagieren würden? Was macht König Porsenna wohl mit den Kindern, nachdem diese ihm gestern Nacht ausgebüxt waren und ihn mitsamt seiner ganzen Armee an der Nase herumgeführt hatten? Man flehte, bat und klagte weh, aber nichts half. Staatsräson ist unerbittlich und kennt keine Gefühle. So war das schon immer, und daran hat sich über die Jahrhunderte hinweg nichts geändert.

Die Etrusker rieben sich am Morgen ungläubig die Augen, als sie sahen, wie sich das römische Stadttor öffnete und die abhanden gekommenen Geiseln geschlossen als Gruppe zurückkehrten. Alle zwanzig. König Porsenna, der eben beim Frühstück noch fürchterlich auf die Römer geflucht hatte, ging in sich. Er aß noch einen Apfel, und dann ließ er Cloelia, die Anstifterin zu sich bringen.

Hier unterbreche ich als Erzähler mal die Geschichte, damit sich meine Zuhörer auch einen Apfel nehmen können. Und dann, während wir die Vitamine – und was da sonst noch drin sein mag in diesen Äpfeln – wirken lassen wollen, sinnieren wir mal ein bisschen über das Thema Eigeninitiative. Der Apfel als solcher, spielt dabei ja bekanntlich keine unbedeutende Rolle. Der erste überlieferte Biss in einen Apfel war bereits ein Akt selbständigen Handelns. Der ging übrigens auf das Drängen einer Frau zurück, wie wir uns an die alttestamentarische Geschichte vom Paradies erinnern. Männer scheinen von Natur aus mehr zur Bequemlichkeit zu neigen. Sie nennen das aber anders; sie sagen dazu »Disziplin«. Wird ihm untersagt, von den Früchten jenes gewissen Baumes essen, dann fragt Adam nicht, warum wohl dieses eigentümliche Verbot ausgesprochen wurde. Er hält sich einfach dran. Der Mann setzt doch nicht sein Paradies auf's Spiel … Und noch dazu für Obst. Ja, wenn es denn wenigstens etwas zum Trinken gewesen wäre …

So was kann wohl nur weibliche Personen kitzeln – die Neugier. Die »Neugier« trägt nicht umsonst einen weiblichen Artikel. Und was hatten Eva und Adam davon? Als sie ihre Neugier befriedigt hatten, stellten sie mit eins fest, dass sie nackt waren, mitten im Garten Eden …

An die nachfolgende Vertreibung als Strafe glaube ich – nebenbei gesagt – nicht recht. Solch eine heftige Strafe ergeht doch nicht für einen eher leichten Fall von Mundraub! Und schon gar nicht vom gütigen Vater ...

Eine viel logischere Erklärung wäre hingegen, dass Eva ganz von allein schreiend aus dem Paradies gerannt war, als sie mitbekam, dass sie nichts zum Anziehen hatte. Und Adam – der nach dem Biss in den Apfel zum ersten Mal bemerkt hatte, wie attraktiv diese Eva an seiner Seite doch war, Adam lief ihr halt hinterher. Auch er hatte ja inzwischen die Frucht vom Baume der Erkenntnis gekostet und sich darauf gefragt, warum er allein in der Grünanlage zurück bleiben solle? Und was würde er Gottvater wohl sagen, wenn der fragt, wo seine Eva hin sei? Überhaupt: Noch eine Rippe würde Adam nicht opfern wollen, um eine Gefährtin zu bekommen. Jetzt, nach dem Biss in den Apfel, konnte er sich an die Operation dazumal erinnern. Eine Rippe reicht! Und wer weiß, ob der Chefarzt so eine Eva wie diese beim nächsten Versuch überhaupt noch einmal hinbekommt. Allein macht's nicht einmal im Paradies Spaß. Auch dies ist eine Erkenntnis.

Sei es, wie es sei: Erkenntnisgewinn führt nicht zwangsläufig zu tieferem Seelenfrieden. Im Gegenteil ... Auf den ersten Akt der Eigeninitiative folgte aber nicht allein, dass wir das Paradies verloren, was schon schlimm genug war, sondern auch noch die Fähigkeit, zwischen »Glauben« und »Wissen« zu unterscheiden. Seitdem wir aus dem Garten Eden raus sind, glauben wir nur noch zu wissen ... Und jetzt wissen wir nicht einmal mehr, was wir glauben sollen. Bis eben ging es uns noch gut und wir hatten keine Sorgen, und dann ergreifen wir Eigeninitiative, wir verstoßen gegen ein Verbot, eine Ordnung, eine Gewohnheit, eine althergebrachte Sitte. Wir wollen etwas Neues kennen lernen, nur ein bisschen was umbauen im Paradies. Und siehe da ... wir können nicht mehr so leben wie vorher. Wir wollen es übrigens auch gar nicht mehr. Nach dem einen bewussten Biss ... Das Paradies ist darauf in jedem Fall verloren. Aber manchmal kann man eine neue Welt gewinnen.

Wir wollen aber noch einmal reinbeißen in so einen sauren Apfel aus dem früheren Obstgarten und über Cloelia nachdenken ... Die Reaktion von Autoritäten auf selbständige Entscheidungen fällt natürlich unterschiedlich aus. Man kann sie einfach nicht vorausahnen. Eigeninitiative hat ja immer auch etwas von Ungehorsam an sich. Manchmal kommt er wohl zupass, doch gar nicht so selten wird er abgestraft. Damit muss rechnen, wer beabsichtigt, das Korsett der ihn umgebenden Normen abzulegen. Dann braucht es eigenes Rückgrat. Die Reaktion des römischen Senats auf Cloelias Eigeninitiative war jedenfalls bezeichnend. Das ist ja auch das Phantastische an dieser Geschichte, sie ist überhaupt nicht sagenhaft. Bis hier hin jedenfalls, und so geht sie auch weiter einstweilen, denn nun zeigt sie nicht nur Tapferkeit, die Chloelia, sondern auch Disziplin. Sie fügt sich dem Beschluss des Senates. Sie findet sich drein und kehrt als Geisel wieder zurück zu den fremden Herren, mitsamt ihren Leidensgefährten.

Hmm .... Darüber müssen wir auch noch etwas nachsinnen. Vielleicht ist das sogar der eigentliche Kern der Story, die verborgene Message, der Sinn, warum inmitten des ganzen Mordens und Totschlagens römischer Vorgeschichte auf einmal ein Mädchen Hauptfigur einer Sage Roms wird und sogar am Leben bleiben darf. Die Botschaft aus dem alten Rom lautet: Es mag ja sein, dass eine oder einer in der Pubertät – und noch dazu im guten Glauben – über's Ziel hinausschießt, aber wenn diese Person sich zu guter Letzt einsichtig zeigt, und tut, was der regierende Senat von ihr verlangt, dann kann aus ihr doch noch etwas werden – sogar eine Sagengestalt. Wenn auf die Eigeninitiative Einsicht folgt, dann kann sich der Betreffende allerhöchster Sympathie sicher sein.

Jetzt ist Schluss mit der Vitaminpause. Die Geschichte geht weiter. Was? Wie? Jetzt wollt Ihr sie nicht mehr hören? Jetzt ist das langweilig mit der Cloelia, weil sie sich dem römischen Establishment angepasst hat?

Diese schrumpligen sauren Äpfel wirken in der Tat ganz erstaunlich ...

Cloelia handelte wie ein Mensch aus Fleisch und Blut, nicht wie eine entrückte Heldin. Und genau das ist der Grund, warum ich diese Geschichte nacherzähle. Gerade diese …

Na gut, ich mache es kurz und schmerzlos: Cloelia führt die Geiseln zum zweiten Male auf die Brücke über den Tiber in das Heerlager König Porsennas. Der lässt sie zu sich kommen, nachdem er seinen Apfel aufgegessen hat, und … damit hättet ihr wohl jetzt nicht gerechnet … er lobt sie. Ja. Vom Senat wurde sie eben noch abgekanzelt, um das mal gelinde auszudrücken. Dieser fremde König aber sagt ihr, dass er das ganz und gar cool finde von ihr als Römerin. Nicht allein der Entschluss, zu fliehen, zeige, was sie für eine Courage habe, vielmehr wäre gerade ihre Rückkehr Beweis einer starken, aufrichtigen und des Vertrauens würdigen Persönlichkeit. Ihm wäre als Staatsmann zwar klar, dass sie nicht ganz freiwillig zurückgekommen sei. Vielmehr hätten die Herrschenden in Rom sie wohl zurückgeschickt, um ihre eigene Verlässlichkeit und Zuverlässigkeit zu bestätigen. Da habe er die Stadt und ihre Bürger wohl zu Recht verschont. Leute dieses Schlages habe er überhaupt lieber als Partner für die Zukunft denn als niedergeworfene Gegner, denen man nicht recht trauen könne.

Alles Erkenntnisse zu denen ein Feldherr kommt, wenn er seinen Apfel aufgegessen hat …

Folgerichtig begnadigt König Porsenna unsere Cloelia und schickt sie mitsamt ihren Gefährten wieder nach Hause, nach Rom. Dann zog er ab – ohne Geiseln. Er brauchte keine mehr. Er wusste nun, es ist Verlass auf die Römer. Dann sind sie endgültig daheim, und da setzt großer, nicht enden wollender Jubel in Rom ein.

Dass Cloelia ein Denkmal erhält, war ja fast zu erwarten, nachdem wir die Pointe dieser Sage schon vorhin entdeckt hatten. Übrigens heißt es, sie wäre die erste Jungfrau, die auf einem Pferd sitzend dargestellt wurde. Das sollte ihre Tapferkeit betonen. Ist geschenkt, wir wissen es besser: Sie war ein Mensch wie du und ich.

Aber allein deshalb habe ich die ganze Geschichte nicht erzählt. Noch etwas anderes hat mich berührt. Und das treibt mich um, seitdem ich sie zum ersten Male las. Das muss ich einfach loswerden. Das sollten auch andere wissen. Das ist etwas, was nicht mit römischer Propaganda zu erklären ist, sondern nur mit wirklichem Respekt. Respekt vor dem Gegner, mit dem man es zu tun hat. Immer wird der andere schlecht gemacht, immer wird von ihm nur das Schlimmste und Abscheulichste berichtet. Das Reich des Bösen, der Antichrist, die verbohrten Fanatiker, die Unmenschen. Ich spreche nicht davon, wie spätere Sieger verklärt wurden oder sich propagandistisch in ein günstiges Licht setzen ließen. Ich meine die Darstellung desjenigen, mit dem man sich augenblicklich gerade auseinandersetzt.

Glaubt man der Sage von Cloelia, so stiftete der römische Senat nicht allein ihr ein Denkmal. Auch König Porsenna, der oberste Feldherr der Etrusker, bekam eines. In Rom!

Dies allerdings ist nun wirklich unerhört.

Davon hat man in der Geschichte der Menschheit bis auf den heutigen Tag kein zweites Mal vernommen, dass dem Gegner, dem Feind, dem Inbegriff des Bösen ein Denkmal gestiftet wurde, um dessen Ritterlichkeit zu würdigen.

Endet dann doch wie ein Märchen, diese Sage ...

9. Damenbesuch

Aus Berichten anderer weiß ich, wie sauer es sie ankommt, Wochen, Monate und Jahre in der Fremde zu verbringen, nur weil es die Arbeitsplatzsituation im Lande so gebietet. Es sind aber nur wenige Glückliche, denen am Hauptwohnsitz ihr Traum-Job geboten wird. Die anderen müssen sich halt auf die Suche begeben. Wo sie fündig werden, schlagen sie ihre Zelte auf, zumindest die Woche über. Doch auch wenn ihnen dort eine annehmbare kleine Zweitwohnung zur Verfügung steht, mit moderner Heizung, Audio-Video-Technik und allem Komfort, der dazu gehört, gediegen möbliert und Platz zur Genüge für mehr als eine Person, sie fühlen sich letztlich einsam dort, fernab ihres trauten Heimes. Darunter leiden sie. Sie telefonieren zu Feierabend lange mit ihrem Ehepartner in der Hauptwohnung und wissen nichts rechtes mit sich anzufangen.

Mir geht es nicht so. Ich fühle mich wohl in der Ferne. Und dabei liebe ich doch auch meine Frau. So es nur geht, fahre ich zum Wochenende heim zu ihr. Da freue ich mich drauf. Jedes Mal, spätestens ab Mittwoch- Abend. Wirklich …

Aber wenn ich wieder zurück in meinem Zimmer bin unterm Dach und über dem Dorf, dann bin ich auch nicht traurig. Nein, ich käme gar nicht auf die Idee, mich dort einsam und verlassen zu fühlen, und ich bin es auch nicht. Habe ich doch einen Computer dort zu stehen – mit Textprogramm, und mehrere gut bestückte Bücherregale, Keyboard und Gitarre.

Tagsüber bin ich egal unterwegs – auf Arbeit. Aber nach dem Abendbrot streife ich meine bequeme Hausmontur über – T-Shirt unterm Trainingsanzug – und stelle frisch gebrühten Tee auf das Stöfchen. Dann zünde ich noch eine Stumpenkerze an und setze mich an den Schreibtisch. Wenn alles so weit bereitet ist, dann bekomme ich Besuch, beinahe an jedem Abend.

Es sind junge Frauen, die mir Gesellschaft leisten. Damit ist das schon mal klargestellt und erklärt natürlich manches. Aber – diese jungen Frauen sind zugleich auch viel älter als ich. Und das macht diese Geschichte wiederum mysteriös. Ich mag sie alle sehr, jede Einzelne und eine wie die andere. Doch obwohl sie mir vertraut sind, wie gute Freunde – Freundinnen genauer gesagt – kann ich sie kaum beschreiben. Außer der Kerze im Stövchen auf dem Couchtisch leuchtet zwar immer auch mindestes die Schreibtischlampe, wenn sie bei mir sind – meine Besucherinnen. Trotzdem vermag ich wirklich nicht zu sagen, wie sie nun genau aussehen. Ich habe ihnen auch noch niemals die Tür geöffnet oder ihnen bei anderer Gelegenheit tief in die Augen geschaut. Sie klingeln nicht und klopfen nicht an. Sie haben wohl einen Zweitschlüssel zu meiner Wohnung. Ich empfange sie nicht in dem Sinne, wie man das üblicherweise tut, wenn man Damenbesuch bekommt. Ich mache mich nicht zurecht, werfe mich nicht in Schale, rasiere mich nicht und verspraye kein Parfüm im Raum. Das wäre alles unnötig. Darauf legen sie keinen Wert.

Ob und wann sie sich einfinden, lässt sich nie mit Sicherheit vorhersagen. Vorab geben sie keine Besuchstermine aus, ihr Erscheinen ist nicht zu garantieren. Immerhin handelt es sich um weibliche Personen, da darf man sich egal niemals allzu sicher sein. Offen bleibt auch stets welche der Damen erscheinen wird. Kommt diese dann allein oder bringt sie noch eine Schwester mit? Da darf ich mich jedes Mal auf's Neue überraschen lassen. Aber dieses Ritual, das sich unter uns mit der Zeit ergeben hat, es scheint auch ihnen zuzusagen. Ich denke, es gefällt ihnen wohl ein wenig bei mir. Sonst würden sie ja nicht immer wiederkommen. Und mir gefällt es sowieso, wenn ich sie bei mir habe. Ach, was heißt da »gefallen«, es ist einfach ein irres Gefühl sie in der Nähe zu wissen.

Natürlich bin ich meiner Frau treu. Die Beziehung zu meinen Besucherinnen ist eher platonischer Art. Ein Küsschen in Ehren vielleicht … soll schon mal vorgekommen sein. Aber dabei war ich noch nie der Versucher. Außerdem: wie sollte ich sie auch küssen? Wenn ich mich ihnen zuwenden will, verstecken sie sich geschwind vor mir. So ist es. Ich habe sie noch nie berührt, nicht eine einzige von ihnen. Sie kommen und stellen sich hinter meinem Rücken auf. Meistens eine, manchmal zwei oder drei. Das weiß ich erst, wenn es so weit ist. Das spüre ich genau. Sie reden auf mich ein, sie tragen mir etwas auf, bringen mich dazu, irgendetwas für sie zu tun. Und dem komme ich gern nach, denn ihre Einfälle bereiten mir großes Vergnügen. Aber sie wollen nicht, dass ich mich ihnen zuwende. Sie wollen kein Gespräch, keine Unterhaltung in herkömmlichen Sinne. Sie ziehen es vor, nicht angesprochen zu werden. Sie besuchen mich sozusagen inkognito – und sowieso nur, wenn ich allein bin. Ab und zu hält sich meine Frau ja auch mal ein Wochenende bei mir in der Provinz auf; wir haben nun einmal die zwei Wohnungen als Ehepaar. Da muss ich ja nicht immer zu ihr in unser Zuhause, sie besucht mich auch gelegentlich. Doch wenn sie dann da ist in unserer gemeinsamen Zweitwohnung, keine Chance, die stolzen Damen sind partout nicht zu bewegen, vorbeizuschauen. Sie kommen einfach nicht. Sie halten sich fern. Nur wenn ich allein bin, trauen sie sich zu mir. So scheu und sensibel sind sie.

Die jungen Frauen sind allesamt Schwestern und werden von jeher die Musen genannt. Sie sind die Töchter einer intensiven neuntägigen Urlaubsliaison des alten Schwerenöters Zeus mit der Titanin Mnemosyne. Letztere wurde von unseren attischen Ahnen als Urmutter der Erinnerung angerufen. Mama Memory sozusagen. Diese Titanin entband im Jahr darauf Neunlinge – sämtlich Mädchen. Als Töchter des höchsten der Götter und der Inkarnation des Gedächtnisses in weiblicher Gestalt waren sie bei den Griechen zunächst alle gemeinsam für Kunst und Wissenschaften zuständig. Später bekamen sie im Zuge der Arbeitsteilung von den Römern eigene Aufgabenbereiche zugewiesen. Doch eine Muse kommt selten allein. Das macht es ja immer so einzigartig, wirr und aufregend mit ihnen. Sie sind halt Schwestern und lieben es, gemeinsam aufzutreten.

Die älteste der Neunlinge heißt Kalliope. Sie ist die Muse der Philosophie. Sehr anspruchsvoll, abstrakt und rational veranlagt, diese Frau. Zuweilen mutet sie einem schon recht viel zu. Vor allem, wenn sie allein zu Besuch kommt und mir zum Abendtee ellenlange Vorträge hält. So trockenes abstraktes Zeug – ist aber trotzdem immer verdammt interessant. Einwände bringen überhaupt nichts. Am Ende behält sie sowieso immer recht …

Neues aus den Naturwissenschaften von der Astronomie bis hin zur Psychologie weiß Urania zu berichten. Ehrlich gesagt, habe ich ihr gegenüber ein schlechtes Gewissen. Urania gibt sich immer so viel Mühe, mir alles ganz genau darzulegen. Sie weist auf Querverbindungen zu anderen Wissensgebieten hin und belegt ihre Informationen mit Zahlen und Quellenangaben. Sie ist so akkurat, aber ich Unwürdiger verliere bald die erforderliche Aufmerksamkeit, um ihr zu folgen.

Der Klio hingegen bin ich umso mehr zugetan. Sie ist die Muse der Geschichtsschreibung. Ein wahres Osterhäschen, die kleine Klio; sie versteckt Dinge, Namen und Taten, bis man diese schon fast vergessen hat, und dann erst lässt sie diese wieder auftauchen. Zuvor waren sie bunt verpackt und toll anzusehen, aber nach dem Wiederauffinden erweisen sie sich als gewöhnlicher Tand und völlig reizlos. Manchmal allerdings geht es auch umgekehrt zu. Man freut sich wie ein Schneekönig, etwas wieder zu finden, das gestern noch völlig belanglos war. Und zu jedem dieser »Eier« weiß sie eine spannende Geschichte zu erzählen. Dabei wird ihr zuweilen geholfen. Zum Beispiel von Euterpe, der Muse des Frohsinns und des Flötenspiels. Euterpe hält mir auch die Noten, wenn ich mal am Keyboard sitze. Doch es ist verzwickt: Spiele ich so ein Stück meiner Frau vor. Es klingt nicht, es ist einfach nur mühselig, und mit ungelenken Fingern stakse ich über die Tasten. Aber wenn Euterpe bei mir ist, fahren die Endorphine in mir Achterbahn und die Finger tanzen nur so. Ich weiß auch nicht, wie es kommt. Es ist das selbe Instrument, doch ich höre mit eines ganz andere Melodien. Die pure Lust am Musizieren!

Wenn Euterpe und Klio zusammen auftauchen, wird es ein lustiger Abend. Die ganze Weltgeschichte voller Anekdoten. Ich vergesse die Zeit, wenn ich mit den beiden zusammen in Büchern stöbere.

Aber die Abende mit Erato erst ... sie hat sich auf die Gitarre spezialisiert – und außerdem auf Liebeslyrik. Ach meine Erato ... Das geht mir immer so ans Herz, was du mir einflüsterst.

Ihre Schwester Terpsichore hingegen ist eher für die Mandoline zuständig. Weil ich die jungen Damen ja noch nie persönlich zu Gesicht bekam, machte ich mich in einschlägigen Nachschlagewerken kundig. Da hieß es, Terpsichore werde stets mit einem Plektrum in der rechten Hand – zwischen Daumen und Zeigefinger – abgebildet. Ein Plektrum ist ein kleines Plättchen aus Schildpatt oder Plaste, mit dem man Metall-Saiten auf dem Instrument anreißen kann. Damit wird auf der Mandoline auch Tremolo gespielt. Darunter versteht der Zupfer ein Vibrieren des Plektrums über den Saiten: Ganz schnell hoch und runter. Wenn mir gelegentlich vor Aufregung die Hände zittern, dann weiß ich, an wem es liegt – Terpsichore hat sich mal wieder eingestellt.

Gänzlich ohne Instrument hingegen kommt Thalia aus. Sie ist die Muse der Komödie, zuständig für alle möglichen Verwechslungen, Doppelgänger, überraschende Auftritte und Gedichtrezitationen.

Singen können sie zwar alle, aber die unbestrittene Herrscherin im Reich des Liedgutes ist Melpomene. Es soll Leute geben, denen gesellt sie sich nur beim Bade zu. Allein schon ihre Anwesenheit reicht aus, und man lässt seine Stimme erklingen. Es kommt schlicht über einen. Man kann einfach nicht anders. Mir hat sie übrigens gesungen, dass sie auch für's Pfeifen zuständig sei. Wenn ich am Computer sitze und schreibe, habe ich übrigens immer nebenher Musik zu laufen. Ich kenne keinen einzigen Song-Text. Würde mich einer auffordern, irgendwann mitten im Alltag auch nur eine einzige Strophe aufzusagen; ich bräuchte ja nicht einmal zu singen, trotzdem bekäme ich den Text nicht zusammen. Garantiert. Aber abends allein im Zimmer, wenn eine CD eingeschoben ist, dann ohne nachzudenken, neben dem Schreiben, da singe ich mit. Und für's Summen ist Melpomene außerdem noch zuständig.

Zuweilen ist mir nicht zum Lachen zumute. Es läuft ja auf Arbeit nicht immer alles gleichmäßig rund. Und daheim die Lieben haben auch ihre Sorgen, während ich mich weit weg um Brötchen kümmere. Da kann ich nicht helfen, wie ich möchte; nicht einmal gut zureden. Nein, mir sind die Hände gebunden – und die Füße gefesselt. Ich sitze halt auf meinem Dorf, muss andern Tags wieder Geld verdienen und kann nicht dahin, wo einer mich braucht. In solchen Situationen spüre ich die Polyhymnia an meiner Seite. Diese Muse kann Mut geben und Trost spenden.

Das sind meine Besucherinnen. In meiner kleinen Wohnung fühle ich mich vor allem ihretwegen wohl. Da bin nicht nur ich zu Hause, da gehen auch sie ein und aus – meine Musen. Ich liebe diesen Ort.

Es gibt allerdings etwas, das sie hassen. Sie stürzen dann auf und davon. Hast du nicht gesehen, ruckzuck, sind sie verschwunden. In der Zimmerecke kauert ein schwarzer Kasten mit einer Glasfront vorn, die das Mobiliar spiegelt, wenn man drauf schaut. Der steht eigentlich meist nur rum und wird die Woche über vollgestaubt. Normalerweise tut der niemanden etwas, er belästigt und stört meine Musen nicht. Aber zu diesem Kasten gibt es nun eine Fernbedienung mit einem ganz speziellen Knopf. Wenn ich den drücke, und es flackert ein Bild in der Röhre auf, dann ist es aus, dann sind sie weg meine Musen. Verschwunden. Schlagartig.

Wenn einer seine Abende vor dem Fernseher absitzt, dann sagt man nicht von ungefähr, er amüsiere sich. »Amüsieren« aber ist nichts anderes als seine Zeit »ohne die Musen« verbringen – passiv und nur als Zuschauer aus der Ferne beteiligt.

Diese armen Menschen! Was die verpassen im Leben, wenn sie keinen Damenbesuch bekommen. Kein Wunder, wenn sie mit der Zeit depressiv werden über ihre trostlosen Amüsements.

10. Der Efeu

Die Geschichte von Tristan und Isolde ist so herzzerreißend traurig, dass ich sie hier gar nicht erst erzählen will. Noch erschütternder als das Schicksal von Romeo und Julia aus Verona und viel ergreifender als das von Leonardo de Cabrio und Kate Winslett im Titanic-Film. Nur soviel: es war den Liebenden von Anfang an klar, dass es nicht gut gehen konnte. Sie wussten, dass sie keine gemeinsame Chance hatten. Sie wehrten sich zwar nach Kräften gegen diese, ihre verhängnisvolle Liebe, aber die war stärker und kostete beiden am Ende das Leben. Dann wurden sie beigesetzt. Nicht nebeneinander. Oh, nein! An verschiedenen, einander entgegengesetzten, weit entfernten Ecken des Friedhofes wurden Tristan und Isolde nach ihrem Tod der Erde überlassen. Es verging ein Jahr und ein Tag, da sah man eine Pflanze aus beiden Gräbern sprießen. Genauer gesagt, zwei Pflanzen, aber doch von einer Art. Diese Pflanze mit den zwei Enden, wuchs von Tristans und Isoldes Grab aufeinander zu und bald hatte sie die zwei wieder vereint – es war Efeu.

Ich besuchte den jüdischen Friedhof in Berlin Prenzlauer Berg. Bei den Juden sind jene Orte, wo sie ihre Toten beisetzen, für die Ewigkeit vorgesehen. Wer einmal dort liegt, der bleibt da für alle Zeiten ruhen. Seine Grabstätte wird nicht nach einem Vierteljahrhundert für die Toten der nächsten Generationen freigeräumt. Ich ging seitlich und versuchte auf den Grabsteinen Namen zu entziffern. Dort standen Steine neueren Datums. Auch war am Boden Platz für noch lebende Zeitgenossen verblieben. In der Mitte aber ein grüner Teppich über den Gräbern – da kam ich nicht hin. Da konnte man nirgendwo treten. Da war kein Weg mehr. Das war alles überwuchert – der Efeu.

Solch Anblick inspiriert zum Nachdenken. Eine Pflanze schuf hier eine neue Gemeinde. Auf diesem Friedhof unter den grünen Ranken liegt eine Gemeinschaft Gleichgesinnter, Menschen aus verschiedenen Jahrhunderten, reiche und arme, Ahnen und Enkel, Fremde, Bekannte und

Verwandte, egal ob Freunde oder Rivalen. Die einen waren in ihrem Leben geehrt und respektiert, andere geächtet und verfolgt. Sie hatten gelebt, geliebt und gelitten hier in dieser Stadt. Sie hatten im Königreich Preußen gelebt, oder unter dem deutschen Kaiser, oder später in der Weimarer Republik. Die einen hatten den Faschismus erlebt, andere den Sozialismus, die Deutsche Demokratische und die deutsche Bundesrepublik. Wann auch immer ... als sie gestorben waren, fanden sie alle unter einer gemeinsamen Decke Frieden – gewebt aus ihrem Glauben und dem Efeu.

»Efeu und ein zärtlich Gemüt
heftet sich an und grünt und blüht.
Kann es weder Stamm noch Mauern finden,
es muß verdorren, muß verschwinden«

Dies ist ein Kommentar vom großen Menschenkenner und Gartenfreund Goethe.

Und da hat der Johann Wolfgang mal wieder trefflich beobachtet: So lange es überhaupt etwas gibt, an dem wir uns festhalten können, so lange klammern wir zärtliche Gemüter uns auch daran. Die Stämme hoch zur Sonne, über Mauern hinweg, als wäre nebenan zu finden, was hier versagt blieb, als ließe sich dort nie Erlebtes erleben. So machen wir uns breit auf Erden, über alle Hindernisse, Herausforderungen und Schranken hinweg. Wo jedoch für alle alles gleich ist; gleichmäßig (also – gleich mäßig) und gleich gültig (also – gleichgültig), dort kommen wir nicht zurecht.

Wir leben, wie der Efeu wächst ...
Wir leben, wo der Efeu wächst ...
Und unter dem Efeu werden wir ausruhen.

11. Eulenspiegel

Hat er nun gelebt oder nicht – darüber streiten sich die Gelehrten. Aber, dass Till im Jahre 2006 wieder zurückgekehrt war, davon haben sie allesamt keine Ahnung. Nur ich, und das ist kein Märchen; das ist nicht ausgedacht, das ist vielmehr hergeleitet – ohne jeden Zweifel und ganz exakt. Jawohl! Und mehr noch: Ich kann sagen, ich habe Till Eulenspiegel persönlich kennen gelernt. Dies ist mein Schluss, und der soll hier am Anfang stehen, denn es handelt sich um einen ganz besonderen Schluss, einen logischen Schluss nämlich. Er kam über mich wie eine Erleuchtung, auf dem nächtlichen Heimweg aus Hänschens Kneipe. Na gut, zugegeben, ein klein bisschen hatte ich schon intus, aber ich ging zielstrebig Schritt für Schritt und konnte noch immer klar denken, eigentlich sogar besser, will sagen – leichter, schneller und konsequenter als im nüchternen Zustand. Deshalb setze ich hier auch keine Gerüchte in die Welt, ich weiß, wovon ich spreche. Ich habe das Erlebte und Gehörte einfach nur neu kombiniert. Und damit war alles glasklar – ohne Zweifel: Er lebt! Jedenfalls war er vor gar nicht so langer Zeit noch unter uns. Am Mittwoch hatte ich ihn in meiner Kneipe an der Ecke getroffen. Mit wem ich mich da eingelassen hatte, war mir bis zum Abschiednehmen nicht bewusst. Aber als ich dann auf dem Heimweg über unsere Begegnung und das Gespräch nachdachte, da dämmerte es mir. Alles fügte sich wie ein Puzzle zusammen. Es war niemand anderes als Till Eulenspiegel, jawohl, deeeer Till Eulenspiegel, jener bewusste Schalk höchst persönlich, mit dem ich den Abend verbracht hatte.

Dabei war das eine ziemlich traurige Gestalt. Ein armer Kerl. Hockte da in der Kneipe rum und blies Trübsal. Von wegen Narr. Wenn man diese Berufsbezeichnung hört, denkt man doch gleich an die Typen aus den Comedian-Shows. Aber dieser Till hatte nicht eine einzige Pointe drauf. Der war auch überhaupt nicht komisch. Was der mir erzählte, war beim besten Willen nicht zum Lachen. Zugegeben, so ganz richtig tickte der zwar nicht, aber das ist so eine Sache mit dem Ticken und der Uhr. Ich will mal so sagen: Wenn es heißt, der Mann sei ein Schelm, dann sollte man doch annehmen dürfen, dass er die anderen austricksen kann, dass die Zeit für ihn spielt, und er am Schluss als der strahlende Sieger dasteht. Wenn er aber immer nur der Dumme ist, nicht zu recht kommt im Leben, sich in kein Team einfügt, und überall wieder abhauen muss, dann nennt man so einen wohl eher einen Versager. Da lob ich mir die Comedy-Clowns, die bringen die Leute zum Lachen, auch mal indem sie sich dumm geben, ok, ok, doch die verdienen mit ihrer Masche ein Schweinegeld. Diese Brüder ticken auch anders als das Publikum, aber richtig anders eben. Wer zuletzt lacht, lacht am besten. Und die lachen erst nach der Sendung ... wenn sie ihre Gage kassieren. Till Eulenspiegel dagegen ...

Mir tat er vom ersten Augenblick an leid, und da habe ich ihn halt freigehalten, den Abend über. Dafür bekam ich dann seine Geschichten zu hören. Nun könnte man sagen: »Reingefallen, bist ausgenommen worden. Darauf hatte der Bursche es doch angelegt!« Ist aber nicht so gewesen, denn von Anfang an war eines klar: der hat nix. Till starrte nämlich schon eine ganze Weile auf sein kleines Pils, als ich ihn zu mir an meinen Tisch einlud. Das war schon mal ganz entscheidend im Nachhinein betrachtet: Ich habe ihn angesprochen – nicht er mich. Und deshalb war auch zwischen uns von dem Moment an Eines vorbestimmt und zwar schon bei der ersten Runde: Ich gebe hier einen aus, ich ihm und nicht umgekehrt. Außerdem folgte aus dieser Konstellation noch etwas Anderes, und das läuft immer so ab, darüber braucht auch keiner zu diskutieren. Klar war also: ich zahle, und er schüttet mir dafür sein Herz aus – als Gegenleistung sozusagen. Ich hab das einfach im Blick, wenn ich einen allein an seinem Tisch rumsitzen sehe, der deprimiert in sein Glas starrt. Der hat was zu erzählen, und das muss er loswerden. So ein Typ stört natürlich, wenn ich selbst gut drauf bin, mit meinen Leuten mal ein Bier trinken will. Da dreh ich ihm eben den Rücken zu und lass ihn dann da hinten vor sich hin brüten. Soll er doch ...

Anders aber, wenn man, wie ich am Mittwoch, nichts Bestimmtes vorhat und sich beim Kneiper nur deshalb einfindet, weil es im Fernsehen mal wieder das Allerletzte gibt. Die Liga ist in der Winterpause. Da kommt auf allen Sendern doch bloß der Eintopf vom vorigen Jahr – nur neu durchgemischt und aufgewärmt. In dieser Zeit, die nicht mehr Hinrunde und noch nicht Rückrunde ist, lasse ich mich egal lieber in der Kneipe unterhalten, und das zum Beispiel auch dadurch, dass mir so ein armer Vogel sein Schicksal beichtet. Obendrein vollbringe ich damit noch eine gute Tat, indem ich diesen armen Teufel aushalte.

Ich war da auf einiges eingestellt. Zum Beispiel hätte ich wohl vermutet, dass ihm die Frau weggelaufen war, oder dass er seinen Job verloren hätte, dass er durch den Idiotentest gerasselt wäre und nie wieder an seine »Fleppen« rankäme. So was in der Art hätte ich mir für mein Geld schon ganz gern angehört – und zwar mit Gewinn. Jawohl Gewinn … Auch wenn ich für die Zeche aufkomme, haben solche elendigen Storys immerhin den Begleiteffekt, dass ich mich gut drauf fühlen kann, wenn ich sie höre, weil: Selber bin ich ja von dieser Art Schicksalsschlägen verschont geblieben.

Wie gesagt: Alles wäre mir recht gewesen, Unglück, Krankheit, Misserfolg. Aber der Mann erzählte mir ganz anderes. Und so wie das Gespräch ablief, gab es im Nachhinein betrachtet nur zwei Möglichkeiten, entweder der war aus der Klapsmühle entwichen, oder aber es war eben jener Till Eulenspiegel. Ich bin mir sicher, und zwar immer noch, jetzt sogar noch, Tage nach unserer Begegnung, und je öfter ich darüber nachdenke umso mehr: Das war kein Irrer, das war Till.

Ich will deshalb jetzt unser Gespräch so wiedergeben, wie es sich zugetragen hatte, und dann möge jeder selbst urteilen.

Till eröffnete mit einem Satz, den ich an dieser Stelle auch so erwartet hatte. Und zwar genau so. Er sagte nämlich: »Ach nee, das ist ja alles eine Scheiße hier. Das ist ja noch viel schlimmer als ich dachte. Ich fasse es einfach nicht. Wenn ich das gewusst hätte, ich wäre gar nicht erst zurückgekommen.«

Das ließ sich doch mal gut an. Und deshalb erkundigte ich mich aufmunternd. »Wo kommste denn her, und wie heißt du eigentlich?«

Er: »Ich bin der Till aus Mölln?«

Wir stießen an. Darauf ich mit einer Kopfbewegung: »Westen?«

Er nickte dazu. Nun fragte ich nach: »Und vorher? Vor Mölln.«

»Och alles Mögliche«, meinte er belanglos. »Eisleben, Magdeburg, Stassfurt, Quedlinburg.«

»Und dann biste rübergemacht?«, hakte ich nach, damit er mir nicht einschlief. Ich wollte ja unterhalten werden für mein Geld und nicht schweigend neben einem Loser in der Kneipe herumhocken.

»Jo«, kam es, »ist aber verdammt lange her.«

»Vorher oder nachher«, fragte ich.

»Viel früher.«

Ich nickte verstehend: »Naja«, nahm ich dann den Gesprächsfaden wieder auf. »Hat sich auch eine Menge verändert seit dem. Ist ja nicht alles schlecht so. Im Gegenteil. War aber auch nicht alles schlecht gewesen davor.« Er prustete verächtlich. Dann nahm er einen tiefen Schluck und meinte verdrießlich: »Und ich habe gewettet. Das war meine Idee mit der Wette. Hätte ich doch bloß diese Wette nie vorgeschlagen. Dabei hatte ich schon meine Ruhe gefunden. Aber nein, einmal noch wollte ich es wissen. Einmal noch, ein einziges Mal ... Deshalb bin ich überhaupt nur hier her zurückgekommen. Jedes Spiel habe ich drehen können, immer. Wie es ausgehen würde, da konnten sich die Leute nie sicher sein – ich aber wusste es schon vorher.«

Bei diesen Worten rückte ich etwas ab von dem Mann.

»Hat das jetzt was mit Fußball zu tun?«

Er schaute mich verblüfft an. »Woher weißt du das?«

In diesem Moment war ich ehrlich gesagt etwas unschlüssig, ob es wirklich so eine gute Idee gewesen war, mich mit dem Burschen einzulassen. Fehlte gerade noch, dass dieser Till aus Mölln einer von der kriminellen Sorte war. Doch egal wie, ich musst es genauer wissen. »Welches Spiel, welche Mannschaft, FC Machdebursch oder Halle?«, fragte ich, scharf und streng wie ein Kommissar im Verhör.

Er sah mich aber nur verständnislos an. »Wie jetzt?«

»Na, auf welches Ergebnis hattest du gesetzt? In welchem Spiel? Wen hast Du bestochen, Schiedsrichter oder Torwart, und was hattest du dran verdient?«

Darauf schüttelte mein Tischnachbar aber nur heftig den Kopf. Und dann entfuhr es ihm so laut, dass sich selbst der Wirt und die zwei Gäste am Tresen verwundert zu uns umdrehten. Mehr war übrigens nicht los zu dieser Stunde in der Kneipe. Und das war dann auch ganz gut so.

»Fußball, Fußball, Fußball. Warum bloß verlieren alle den Verstand, wenn es um Fußball geht. Ich hatte damit nie was zu tun, und ich wünschte, der wäre auch nie ins Spiel gekommen. Dann könnte ich hier nämlich noch etwas länger bleiben, aber so muss ich wieder zurück. Fußball hat mir meine Wette versaut. Ich bin ein Opfer, ein Opfer des Fußballs.«

Mein Gegenüber trank das Bier leer und knallte sein Glas in einer Geste der Enttäuschung auf den Bierdeckel. Der Wirt schaute immer noch prüfend zu uns rüber. Nun, da sich herausgestellt hatte, dass Till keinen Wettskandal inszeniert hatte, sondern anscheinend über den Tisch gezogen worden war, sprach ja eigentlich nichts dagegen, eine weitere Runde kommen zu lassen. Ich gab dem Wirt das Victory-Zeichen für zwei Bier, der nickte und machte sich ans Zapfen.

»Nun aber mal Butter bei die Fische«, drängte ich Till. »Was hast du gewettet und mit wem?«

Er winkte ab. »Glaubt mir sowieso keiner.«

»Ich schon«, versicherte ich. »Würde ich dir sonst hier einen ausgeben? Musst nur ehrlich die Wahrheit sagen. Vielleicht können wir ja noch was dran drehen. Hauptsache, du machst mit denen nicht gemeinsame Sache. Pack einfach alles aus!«

Inzwischen kam das neue Bier. Till bedankte sich artig und prostete mir zu. Da war ich mir sicher, dass der Abend noch interessant werden könnte. Nach der anfänglichen Ziererei zeigte sich der Bursche nun endlich gesprächig.

»Ich habe mit Petrus gewettet.«

»Petrus kenne ich nicht. Heißt so euer Wettbüro, ja?«

»Nee, Petrus hat die Schlüssel, und für's Wetter ist er außerdem zuständig.«

»Wetterwetten gibt es also auch«, sinnierte ich.» Na klar doch. Wetter haben wir ja immer. Fußball nur am Wochenende.« Und mit einem Male fiel es mir wie Schuppen vor die Augen. »Mann, da schmiert dein Petrus doch wohl nicht etwa die Meteorologen? Dass ich da aber nicht schon von alleine drauf gekommen bin. Ich hab mich nämlich schon gewundert, warum die so oft mit dem Wetterbericht daneben liegen, bei all der modernen Technik, mit der die arbeiten. Satelliten und so. Das ist ja ein Ding. Die kriegen also dafür Geld, dass sie uns erklären, das nächste Hochdruckgebiet zieht zum Wochenende rein. Prompt kaufen die Leute wie verrückt Grillwürste und dann regnet es.«

Till schaute mich erstaunt an. Damit hatte ich ihn sichtlich überrascht. Ich dachte tatsächlich schon wie ein Kommissar. »Behalt das aber lieber für dich«, raunte er mir zu. »Du machst dich nur lächerlich, wenn du davon erzählst. Die werden alles dementieren. Alle. Da kommst du nicht gegen an.«

»Das glaub ich dir«, entgegnete ich und stieß mit ihm an. »Siehst du, das glaube ich dir auch. Aber ziemlich mafiös scheint mir dein Petrus ja zu sein. Vor solchen Typen wäre ich an deiner Stelle lieber auf der Hut. Doch der Mann hat die Schlüssel, sagst du?«

Till nickte. »Genau. Der kann reinlassen, wen er will.« Darauf schwieg er bedeutungsvoll.

»Und mich hat er raus gelassen. Das ist nicht üblich. Weiß Gott, nicht.«

Da hatte er nun aber für meine Begriffe arg übertrieben

»Nun erzähl nicht. Das war vielleicht früher so, dass einer aus Mölln nicht wieder herkommt. Aber heutzutage ... fahren ja auch viele von uns rüber zu Euch, weil sie hier keine Arbeit finden.«

»Nicht doch. Du verstehst mich falsch«, korrigierte mich Till. »Ich meine … « Was er meinte, das sagte er aber nicht, er zeigte nur mit dem Finger nach oben. Ich folgte der Richtung und blickte zu Decke hoch. Da begriff ich.

»Chefetage! Na das ist klar. Da oben kommt kein Ossi rein. Da können unsere Leute fahren, wohin sie wollen. Darum braucht allerdings auch gar keiner zu wetten. Das ist egal klar wie Kloßbrühe. Prost.«

Weil meine grauen Zellen nun einmal aktiviert waren, kombinierte ich weiter und glaubte schließlich zu verstehen, was den Mann so deprimierte. »Du warst einer von den Top-Managern in dem Wettbüro von Petrus, aber dann hast du Bockmist verzapft und der hat dich rausgeschmissen. Stimmt's?«

Till runzelte die Stirn. »Nein, so war es auch nicht. Wir haben einfach nur miteinander gewettet. Und zwar, dass ich, wenn ich schon mal hierher zurückkommen dürfte, immer noch wie früher alle Leute an der Nase herumführen könnte.«

»Was meinst du damit?«, fragte ich verblüfft zurück. Hatte ich mich als Kommissar vielleicht verhört im Verhör? Aber er bestätigte: »An der Nase herumführen? Zum Narren machen, zum Besten halten, veralbern, verulken, verarschen, einen Spiegel vorhalten … «

»Ach nee.« So was konnte man dann wohl glatt Geständnis nennen. »Das habe ich ja nun wirklich noch nicht all zu oft gehört. Du gibst also selber zu, dass du uns damals nur verarscht hast, bevor du rüber gemacht bist.«

»Hüben wie drüben. Die Leute sind doch alle gleich.«

Ich schluckte und schaute ihn streng an.

»Na ja schon, das wissen wir mittlerweile auch, aber in Ordnung finde ich es trotzdem nicht, wenn du für alle nur Spott übrig hast. Man muss sich doch auch einbringen.«

Till lachte auf, aber nicht triumphierend, eher zynisch: »Falsch!«, rief er. »Falsch, falsch, falsch. Dein Satz ist falsch. Richtig wäre: Es muss was einbringen!«

Wenn der Bursche nicht so heruntergekommen ausgesehen hätte, wer weiß, vielleicht hätte ich ihm an dieser Stelle schon die Freundschaft gekündigt. Aber so wirkte das einfach nur komisch – allerdings auf eine derart traurige Weise, dass ich darüber nicht lachen konnte. Es war, als würde mir ein Tellerwäscher erklären, wie man Millionär wird, und zwar kurz nachdem er seinen Stapel Geschirr zertöppert hatte. Darüber konnte ich nur den Kopf schütteln.

»Und was hattest du so gemacht damals?«, fragte ich nach.

Darauf erhob er sich. Ich dachte erst, er muss aufs Klo. Aber nein. Dieser Mensch, der aussah wie ein Penner, stand also auf, deutete eine Verbeugung an und sagte bierernst: »Eulenspiegel.« Die Kneipe war immer noch fast leer. So fiel das keinem auf. Das wäre ja vielleicht peinlich gewesen, wenn der Laden voll gewesen wäre. Wirklich ein seltsamer Vogel, dieser Till. Dennoch glaubte ich, ihn verstanden zu haben.

»Ach so, du hast für den »Eulenspiegel« geschrieben damals. Witzchen über den real existierenden Sozialismus, he? Oder hast du Honecker-Karikaturen gemalt? Alles klar. Du wolltest das System verarschen. Ach nee, Mann, da wundert mich ja nun gar nichts mehr.«

Ich ließ ihn wieder setzen, wir tranken unser Bier aus. Dann fragte ich ihn: »Und wurdest du gedruckt, oder haben sie dich noch vor dem ersten eingesandten Artikel abgeholt?«

»Mich hat nie jemand geholt. Ich bin immer rechtzeitig fort gekommen … und heil dazu. Ich war stets ein freier Geist.«

»Naja«, bemerkte ich beim Aufstehen, denn jetzt drängte es mich mal hoch. »Besonders viel scheint dir dein freier Geist aber auch nicht eingebracht zu haben. So wie du hier rumhängst.«

Ich ging zum Klo, da musste ich an der Theke vorbei, und ließ noch zwei Bier kommen. Die standen schon auf dem Tisch als ich nach erfolgter Bedürfnisverrichtung zurück war.

»Zu Braunschweig verdingte ich mich bei einem Bäcker. Das war ein grober Kerl. Bei dem musste ich nachts arbeiten. Ich allein – er aber legte sich schlafen.«

Ich prostete dem Till zu: »Ausbeuterpack«, kommentierte ich.

»Nun fragte ich ihn, was ich denn backen solle zur Nacht. Ob er mich nicht wenigstens einweisen wolle. Aber er fluchte nur und schrie: Was wird wohl gebacken beim Bäcker, wenn nicht Eulen und Meerkatzen.«

»Davon hab ich schon mal was gehört«, bestätigte ich Tills Worte. »Eulen und Meerkatzen. Was es da aber auch alles gibt im Sortiment beim Bäcker. Fällt mir jetzt erst auf, wo du es sagst: Amerikaner, Kameruner und Berliner, Schillerlocken und Liebesknochen. Lerchen habe ich auch schon gegessen, aber Eulen kenne ich nicht. Die gibt es hier nicht. Muss wohl eine regionale Spezialität im Braunschweigischen sein. Was ist denn das?«

»Ich habe Sauerteig genommen und wie eine Eule geformt.«

»Was du nicht sagst, eine Eule so wie auf dem Naturschutzschild?«

Till nickte dazu.

»Mensch. Das wäre ja dann Öko-Brot. Und mit viel Körnern drauf sicherlich. Sag bloß, das hast du erfunden? Ist ja genial. Und wie ist das mit den Meerkatzen?«

Er wollte gerade antworten, aber da kam ich auch schon selber drauf, ganz von allein. Wie gesagt, meine grauen Zellen waren aktiviert, und ich hätte in der Stimmung selbst Sherlock Holmes alt aussehen lassen.

»Etwa Meerrettich. Das ist ja abartig. Wow, wie schmeckt denn das? Meerrettichbrot«

»Und wie schmecken dir wohl Pfefferkuchen?«, fragte er zurück.

»Da hast du auch wieder recht. Die Mischung machts wohl.« Der Typ schien doch was drauf zu haben. Dumm war er ja anscheinend nicht.

»Eulen und Meerkatzen, echt cool Mann. Und wie ist's gelaufen? Habt ihr viel verkauft von dem Zeug?«

»Na erst einmal hat der Meister mich rausgeschmissen.«

»Tatsache? Armer Kerl. Du hast die ganze Nacht für deinen Boss geschuftet, und am Morgen gibt er dir einen Tritt. Das nennst du dann

Leute verarschen, ja? Also ich wüsste mir was Besseres. Wärste du mal hier geblieben, hier wäre dir so was nicht passiert.«

»Nee, mit Sicherheit nicht«, bestätigte Till, und lachte darauf erst einmal über seine Formulierung, »mit Sicherheit«, als hätte er einen guten Witz gemacht. Das Bier schien zu wirken. Schließlich verebbte sein Lachen, und schlagartig war er wieder zerknirscht wie zuvor. »Doch nicht nur, dass er mich gefeuert hat, den Teig musste ich ihm auch bezahlen.«

»Aber das hast du doch wohl nicht gemacht? Till, sag, dass du diesen Leuteschinder nicht auch noch ausgezahlt hast. Du als Arbeitnehmer wirst doch wohl nicht etwa deinem Arbeitgeber noch Geld gegeben haben für deine Arbeit«. Doch er nickte erneut.

»Kann ja wohl nicht wahr sein!« An der Stelle musste ich das Gehörte erst einmal runterspülen. »Und da erzählst du mir, du wärst unterwegs, um die Leute zu veralbern? Legst eine Nachtschicht hin und am Morgen löhnst du den Chef noch für den Materialverbrauch? Der muss sich ja wirklich sehr verarscht vorgekommen sein. Also nee, nicht, dass der sich nicht gleich darüber totgelacht hat … «

»Hat er nicht, denn er meinte wohl, mit mir ein gutes Geschäft gemacht zu haben. Aber bis zum Abend hatte ich alles an den Mann gebracht. Bis auf den letzten Brotkrumen und das ergab dann sogar einen viel höheren Gewinn.«

»Das ist ja wohl auch das Mindeste. Nun rechne doch mal mit, Till. Erst einmal hattest du die Nacht über geschuftet, dafür hattest du ja noch keinen Cent gesehen, dann hattest du den Teig vorgeschossen und den Verkauf hattest du schließlich auch noch allein an der Backe. Irgendwann möchtest du da schon auf dein Geld kommen, bei dem Einsatz.«

»Ja, aber als das dem Bäcker zu Ohren kam, so verdross es ihn, und er kam gelaufen, dass ich ihm das Brennholz bezahlen sollte und Miete für die Nutzung seines Backofens zur Nacht auch noch. Aber da machte ich mich davon, und er bekam nichts.«

»Na Prost Mahlzeit! Warum bist du denn auch noch weggelaufen? Du warst doch im Vorteil. Da hast du also diesem Menschen die Kundschaft einfach überlassen. Mann, dabei hattest du ein neues Produkt entwickelt, in einer Nische sozusagen. Das hättest du ausnutzen müssen. So funktioniert das doch in der Marktwirtschaft, nicht das der Innovative wegrennt und der satte Monopolist seine Uralt-Rezepturen weiter für teures Geld an den Mann bringt. Till! Junge! Mit deinen Ideen, mit deinen Eulen und Meerkatzen, könntest du hier ganz groß rauskommen. Du wärst bei uns ein gemachter Mann. Im Handumdrehen. Das sage ich dir.«

»Wäre ich nicht«, entgegnete er und lächelte schief, »denn anschließend ist ja alles nur viel schlimmer geworden. In Braunschweig damals bin ich wenigstens auf meine Kosten gekommen. Ich habe den Bäckermeister gefoppt, gebe ich ja zu – aber heutzutage kann ich nicht einmal mehr das.« Till schüttelte traurig den Kopf.

»Hej«, versuchte ich ihn wieder aufzubauen, »keine falschen Sentimentalitäten. Nichts da von wegen Foppen. Du hast dem Mann doch alles ersetzt. Das war gar kein Verlustgeschäft für ihn. Glaub mir, es war ein Fehler, wegzulaufen. Vor jedem Gericht der Welt hättest du Recht bekommen. Und dann hättest du die Eulen und Meerkatzen auf den Markt geworfen und deinem Meister Mehlsack die Kundschaft weggenommen. Das wäre der richtige Denkzettel für den gewesen. Aber nee, du rennst ja immer nur weg mit deinem freien Geist.«

»Ich hab's ja versucht … «, raunte mir Till zu, als wollte er mir ein Geheimnis offenbaren.

Inzwischen war die Kneipe besser besucht. Links und rechts unterhielt man sich auch. Deshalb musste ich nachfragen.

»Was hast du versucht. Hast dich selbständig machen wollen. Mit 'nem Bäckerladen etwa? Wo? Hier in unserer Stadt?« Till nickte verschwörerisch.

»Eigene Bäckerei oder Franchising?«

»Nein, nein. Ich hab keine Fremden beschissen. Ich habe überhaupt niemanden beschissen früher nicht und jetzt nicht. Den Leuten einen

Spiegel vorhalten, ihnen zeigen, wie lächerlich sie sich machen in ihrem Sagen und Tun. Das ist mein Metier, aber auf ihre Kosten leben ... Ich kann das nicht. Wenn ich das alles hier sehe. Ich bring's einfach nicht übers Herz.«

»Was bringst du nicht übers Herz? Junge, nun lass dir doch bloß nicht alles Stück für Stück aus der Nase ziehen. Wen wolltest du nicht bescheißen? Finanzamt? IHK? Berufsgenossenschaft? Mensch, was bist du nur für eine ehrliche Seele?«

»Fußball.«, sagte mein Gast darauf. Meine grauen Zellen arbeiteten und liefen so heiß, dass ich sie mit einem großen Schluck kühlen musste, aber ich fand die Lösung nicht.

»Wieso Fußball? Wenn ich mich recht erinnere, sprachen wir eben noch über Backwaren. Wie kommst du jetzt auf Fußball?«

Mein Gegenüber schaute sich um, als fürchte er, man könnte ihn am Nachbartisch hören, dann rückte er näher zu mir und senkte die Stimme.

»Man erwartete, dass ich Geld für gewisse Brötchen bezahle. Und zwar wegen des Fußballs.«

Ich sah ihn groß an. »Till, ich verstehe dich nicht. Also beim besten Willen. Ich komme da nicht mit.«

»Nun, es gibt doch da diese Körnerbrötchen«, flüsterte er.

»Körnerbrötchen. OK. Kenne ich. Die gibt es.« Mir fehlte immer noch der rote Faden. Dabei hatte ich mich doch heute den ganzen Abend über im logischen Denken trainiert. Till nickte bedeutungsvoll: »Und diese Brötchen heißen Weltmeisterbrötchen.«

»Ja, genau. Weltmeister. Kenne ich auch ...« Aber mir wollte die Erleuchtung nicht kommen. Till schüttelte den Kopf über meine Begriffsstutzigkeit.

»Nun man veranstaltet wohl im Lande eine Weltmeisterschaft, im Fußball. Und die wird finanziert mit dem Geld von Weltmeisterbrötchen.«

»Echt?« Till nickte traurig. »Der Fußballverband hat sich beim Bundespatentgericht diesen Namen schützen lassen. Ich sage dir, es sind heutzutage Leute am Werk, die sind viel, viel gewiefter als ich es jemals war. Die nehmen es wahrlich von den Lebendigen. Da komme ich nicht gegen an. Ich muss zugeben, die Wette verloren zu haben. Mit meinen Streichen bin ich gegen die Schelme vom Fußballverband ein Unschuldslamm. Die treiben's mir zu arg. Das sind wohl Profis. Ich aber war immer mit Leib und Seele dabei. Ich war nur ein Amateur. Und deshalb muss ich jetzt zurück. Ist vielleicht auch besser so. Nehmt euch bloß in Acht!«

Damit erhob er sich und schwankte davon.

P.S. Armer Till Eulenspiegel, warum hast du bloß wieder einmal die Flinte vorschnell ins Korn geworfen? Der Bundesgerichtshof in Karlsruhe hat sich eigens für dich stark gemacht. Ende April, noch vor dem großen Spektakel, hat er die Weltmeisterbrötchen mit richterlichem Beschluss wieder zum Backen freigegeben.

Ganz so närrisch geht's denn hierzulande doch nicht zu.

Aber mit Petrus darauf wetten möchte ich lieber nicht.

12. Evas Tochter

Ein Lehrstück für jung verheiratete Männer

Und es begab sich eines Tages,
dass die Frau neben ihrem Mann lag
und von dem Schal erzählte, den sie jüngst gesehen,
ein weinrotes Stück aus feinstem Cashmere
bei allem Chic doch preiswert, kaum der Rede wert,
doch wenn er den ihr schenken wollte,
so etwas würde ihr gewiss gut stehen.
Und sie putze sich ja egal nur für ihn,
denn selber brauche sie gar keinen Schmuck.

Da lachte der Mann
aber das Weib ging hin, und legte sein Geld an.

Nur kurze Zeit darauf
trat sie vor ihren Gatten allein mit dem Schal bekleidet – der stand ihr
wirklich gut.
Doch sie fragte: Findest du nicht auch der Schal
wirkt gar nicht recht?
Es wäre doch vielleicht nicht schlecht
hätte ich dazu auch einen Hut
passend im Farbton versteht sich.
doch wenn du nicht willst, dann eben nicht.«

Da lächelte der Mann
aber das Weib ging hin, und legte sein Geld an.

Kaum eine Woche später,
warf sich die Frau ihrem Mann in die Arme und rief
ganz außer Atem:
»Ich hab sie gesehen, die passende Tasche
Zum roten Hut und dem Schal

Oh Schatz, die ist ein Traum
Das wäre ein Ensemble endlich mal.
Ganz gediegen Ton in Ton
So was kriegt keine andere von ihrem Mann.«

Da nickte der Mann
Aber das Weib ging hin, und legte sein Geld an.

So ein halbes Jahr vor Weihnachten
Setzte sich das Weib an den Tisch und begann
Ihren Wunschzettel zu schreiben.
Wie sie dem Manne ungefragt erklärte
Handelte es sich hierbei um einen roten Mantel.
Falls er ihr den schon früher zu schenken begehrte
würde sie ihm das gern anrechnen zum Fest.
Denn dann habe er was gut bei ihr.

Da schluckte der Mann
aber das Weib ging hin, und legte sein Geld an.

Der Mann wollte eines Abends ausgehen
mit seiner Gemahlin und meinte,
sie möge doch jene weinrote Montur
Bei dieser Gelegenheit tragen
Aber seine Gattin lächelte nur
wehmütig auf die Wäschetruhe blickend,
sie habe doch gar nichts
und für das rote
noch nicht einmal passende Schuhe

Da seufzte der Mann
aber das Weib ging hin, und legte sein Geld an.

Es sei wohl klar, sprach sie bald danach zu ihm
Dass sie sich nicht so blicken lassen könne
Sie brauche fürs Büro nun ein Kostüm
Passend zum Aufzug, mit einer Weste
sowie Rock und Hose zum Wechseln
Da begann er aufzubegehren.
Es wäre alles für's Spazieren draußen bisher
Und was sie jetzt wolle,
würde gar nicht recht dazu gehören.

Da fluchte der Mann
aber das Weib ging hin, und legte sein Geld an

Wie einstmals Eva von der Schlange angestachelt
den Adam schon versuchte
das Weib noch heut
dem Mann sein Paradies vergällt.
Evas Tochter spielt wie ehedem ihr Spiel
Dass sie ihm ihren Wunsch aufzwinge
bleibt allemal ihr Ziel
Und wenn sie's recht geschickt anstellt
Dann gibt's noch Kettchen drauf und goldne Ringe

So vergeht dem Mann sein Lachen,
doch sein Weib … geht hin und kauft sich neue Sachen.

13. Galatea

Vorortzug. Abend. Die Sonne ist bereits untergegangen. Im Waggon Deckenbeleuchtung. Eine junge Frau sitzt in Fahrtrichtung und liest. Die Bahn hält. Leute steigen aus; Leute steigen ein. Ein älterer Herr setzt sich auf die Bank, der jungen Frau gegenüber. Sie blickt kurz von ihrem Buch auf und registriert, dass sich da kein Penner in ihre Nähe begeben hatte, aber halt auch kein attraktiver Typ ihrer Generation. Die anderen Sitzbänke im Abteil sind ebenso von ein bis zwei Personen belegt, da ist es akzeptabel, dass der Zugestiegene bei ihr Platz nahm. Sie hat jetzt jemanden vis-á-vis und damit Ende der Aufmerksamkeit für den. Die Türen schließen sich, der Zug fährt los. Die junge Frau liest weiter. Der Mann sieht aus dem Fenster. In der Scheibe sieht er die junge Frau im Profil gegen die schwarze Nacht. Das Fenster ist ein perfekter Spiegel, dessen Bild nur ab und zu durch vorbeiflirrende Lichter gestört wird.

Dann wendet der Mann den Blick ab und sieht die junge Frau direkt an. Er stützt seinen Kopf in die linke Hand und lächelt. Da schaut sie auf, irgendwie instinktiv, als hätte sie gespürt, dass sie angestarrt wird. Aber gleich darauf schlägt sie die Augen wieder nieder, denn tatsächlich hatte er sie im Visier gehabt. Das verunsichert sie. Das ist nicht üblich in der Bahn. Selbst wenn sich zwei Reisende gegenüber sitzen, schauen sie sich nicht an. Man hält Distanz, hält sich zurück, hält sich möglichst eine Zeitung vor das Gesicht. Jeder fährt für sich allein in der Bahn. Man sucht keine Gemeinschaft und keinen Kontakt. Und schon gar nicht lächelt einer seinen Mitreisenden zu. Das ist nicht normal. Sie schaut wieder auf. Jetzt scheint der Mensch aus dem Fenster zu blicken, aber er lächelt weiter hintergründig. Da er den Kopf abgewendet hat, nimmt sie Gelegenheit, ihn zu betrachten. Sie lässt ihr Buch sinken. Aber sie weiß nicht, dass er ihr Spiegelbild die ganze Zeit über vor Augen hat. Auf einmal beginnt er zu reden, nicht so leise, dass sie es nicht verstehen könnte, und nicht so laut, dass es den Mitreisenden auf den anderen Bänken auffallen würde.

»Ich wusste es«, spricht der lächelnde Mann. »Ich wusste es, dass ich Sie eines Tages treffen würde. Ich habe Sie damals gezeichnet, auf Papier. Da war ich sechzehn oder siebzehn. Kunsterziehung hieß das Fach und der Lehrer hatte uns als Abschlussarbeit im letzten Schuljahr die Aufgabe gestellt, ein Selbstporträt anzufertigen. Das fand ich albern und unangenehm. Mit dieser Hausarbeit tat ich mich schwer. Ich wollte nicht ran. Am Sonnabend vor dem Abgabetermin setzte ich mich endlich nachts an meinen Schreibtisch, nahm mir widerwillig Bleistift und Papier, und stellte einen Spiegel ins Licht der Arbeitslampe.«

Der Mann bemerkt, dass die junge Frau wieder in ihr Buch schaut. Aber immerhin war sie nicht aufgestanden, als er zu reden angefangen hatte, und sie war auch nicht ans andere Ende der Bank gerutscht. Sie muss ihm wohl zuhören. Da erzählt er weiter.

»Am Montag sollten die Porträts abgegeben werden. Ich hatte es hinter mich zu bringen und zog die ersten Striche. Einen Kreis. Der Kopf geht immer aus einem Kreis hervor, wissen Sie. Und in der Mitte der Strecke vom Scheitel zur Kinnspitze liegt die Augenachse. Nach oben zu kann man drei Linien erkennen, ein Drittel über der Augenachse die Augenbrauen, zweites Drittel der Haaransatz über der Stirn. Und so geht es nach unten: Erstes Drittel Nasenspitze, zweites Drittel Unterlippe. Nase und Ohren sind ungefähr in gleicher Höhe und gleich lang. Am meisten Arbeit machen aber die Augen. Der Lidausschnitt ist nicht gleichermaßen gekrümmt oben und unten, sondern auf der Oberseite höher gewölbt und auf gar keinen Fall mandelförmig. Die Iris wird durch das Oberlid leicht verdeckt. Ich hatte kein ausgeprägtes Talent zum Zeichnen, wissen Sie, und ich war überhaupt nicht begeistert von dem, was ich da tat. Aber vor mir nahm etwas Gestalt an. Nur ... das war kein Selbstporträt; das war nicht ich.«

An dieser Stelle ist seine Erzählung offensichtlich interessanter geworden als ihre Lektüre, denn die junge Frau hat ihr Buch zugeklappt und schaut skeptisch, aber gebannt auf den Erzähler, der sie immer noch über den Spiegel in der Fensterscheibe beobachtet.

»Ich verglich das Gesicht in schwarz weiß mit dem im Spiegel und stellte fest: Ich hatte ein Mädchengesicht auf das Papier gebracht. Das kannst du morgen, bei Tageslicht korrigieren, sagte ich mir. Ein Porträt ist es ja schon mal, nur kein Selbstporträt eben. Dann ging ich ins Bett. Doch ich konnte nicht einschlafen. Ständig hatte ich dieses Mädchengesicht vor Augen, wie ich mich auch immer umdrehte. Schließlich stand ich auf und knipste die Lampe wieder an. Da lag das Blatt. Und ich stand davor und konnte meine Augen nicht abwenden. Nein, ich würde daran nichts mehr ändern, das da war ideal. Eher zeichne ich ein neues Porträt. Das Bild im Lichtkegel der Lampe hatte etwas von Perfektion. Ich rieb mit dem Zeigefinger leicht über die Bleistiftlinien, da verwischten sie und gaben einen Schatten. Jetzt wirkte das Gesicht auch noch räumlich, wie dreidimensional. Ich setzte mich nicht. So stand ich vor dem Tisch, mitten in der Nacht, eine Stunde vielleicht oder zwei. Ich konnte mich nicht satt sehen. Das Porträt war ja so was von gelungen. Faszinierend. Doch wie ich dieses Antlitz auf's Papier gebracht hatte, das wusste ich nicht zu sagen.«

Damit hört der Mann auf, ins Fenster zu starren und blickt der jungen Frau direkt in die Augen.

»Auf dem Blatt Papier war Ihr Gesicht. So wie sie mich jetzt ansehen, so haben Sie mich in jener Nacht schon einmal angeschaut.«

Die junge Frau lehnt sich zurück, irgendwie fasziniert von diesem Erlebnis; es amüsiert sie, aber es irritiert sie auch. Was will der Mann von ihr?

»Am nächsten Tag habe ich dann doch weitergemacht. Ich radierte auf der Zeichnung herum. An den Augen. Die Augen sind das schwerste, können Sie glauben. Meine Schöne schielte bei Tageslicht besehen etwas. Aber bevor ich diesen Fehler ausgemerzt hatte, war das Blatt durchgescheuert. Den ganzen Sonntag über saß ich und zeichnete Porträts. Was mir schließlich am meisten ähnelte, gab ich Montag ab. Doch ich bekam Sie nicht mehr hin. Dann ging ich in die Bibliothek und holte mir Literatur, Lehrhefte, Anleitungen zum Zeichnen. Wenn ich allein war, malte ich vor mich hin. Immer nur Gesichter. Jahrelang versuchte ich, Sie zurück zu gewinnen. Ich habe Sie niemals wieder aufs Papier bekommen. Und nun sitzen Sie hier im Zug. Endlich sehe ich Sie vor mir.«

Da erhebt sich die junge Frau und sagt: »Wissen Sie, ich muss jetzt aussteigen. Tut mir leid, ich bin verheiratet.«

Sie stellt sich an die nächste Tür, so dass der Mann sie noch sehen kann, bis der Zug hält und sie aussteigt. Sie hätte ja auch woanders hingehen können, weiter weg. Bevor die junge Frau geht, dreht sie sich aber noch einmal nach ihm um. Er deutet ein Winken an und beide lächeln sich zu. Tut mir leid, hatte sie gesagt, tut mir leid, ich bin verheiratet ... Tut mir leid. Ha! Dieses »Tut-Mir-Leid« tut ja so gut.

Ach Galatea ...

Galatea hieß das Geschöpf des Pygmalion.

Pygmalion war ein griechischer Bildhauer. Er verliebte sich in die von eigener Hand geschaffene Skulptur einer jungen Frau. Und durch die Kraft seiner Liebe wurde diese zum Leben erweckt – so der Mythos.

Das eine will ich euch mal sagen, Männer: Wie ihr das macht ist mir egal, doch dies hier ist meine Methode, Frauen anzubaggern.

Da habe ich das Copyright. Merkt euch das!

Und wehe einer versaut mir mein Ding mit der Galatea ...

14. Die drei Gleichen

Sei gegrüßt Atze, Bruderherz!

Wie geht es Dir, da unten im Süden? Ich hoffe, alles wohl auf und im Gange. Ich bin zurück im Alltag und stecke wieder drin in der Tretmühle. Die Woche über hier und Freitagnachmittag heim. Ist halt so, wenn es am Wohnort nicht genügend Arbeitsplätze gibt. Kommt die Arbeit nicht zu mir, muss ich zu ihr. So was Interessantes, wie hier, kriege ich egal bei uns zu Hause nicht angeboten. Du weißt, ich beschwere mich nicht. Fünf Stunden Fahrt am Wochenende lassen sich noch verkraften. Andere sind jeden Tag mehr als zwei Stunden mit dem Wagen unterwegs, um an ihren Schreibtisch zu kommen. Und nun rechne mal nach, was ich denen gegenüber schon an Zeit spare und erst recht an Tankgeld, dank meiner kleinen Wohnung hier. Mausi hat sich auch dran gewöhnt. Und nicht nur das. Ich glaube schon, dieser Rhythmus kommt uns beiden gelegen. Vier Tage lang hat sie Ruhe vor mir und drei verleben wir zusammen.

Dieses Leben hätte ich nicht gewollt, als die Kinder noch zur Schule gingen. Da möchte man sich wohl in ihre Erziehung einschalten als Vater. Aber die sind ja nun raus aus der Wohnung und kommen nur noch zu Besuch zu ihren Eltern, wenn überhaupt dann am Wochenende. Da fällt es ihnen gar nicht auf, dass ich werktags weg bin. Also, summa summarum: Es passt schon.

Doch jetzt muss ich Dich mal um was bitten. Es geht um meine Holde. Wie Du weißt, ist sie manchmal etwas eigen. Schwer zu nehmen halt. Aber auf Dich hat sie ja noch immer gehört. Es geht um folgendes: Vorige Woche waren wir, Mausi und ich, mal nach Thüringen runter gefahren. Jena, Weimar, Erfurt, Arnstadt, Friedrichroda, Eisenach. Wir hatten beide noch Resturlaub vom vorigen Jahr. Man bekommt doch jetzt überall ohne Probleme gute Übernachtungen, gerade außerhalb der Ferienzeit, und preiswert dazu. Es war ein schöner Urlaub ... so weit. Mal gründlich abgeschaltet. Wetter ging auch. Dummerweise hatten wir gegen Ende der Fahrt einen tüchtigen Krach miteinander. Da kann ich aber gar nichts für. Das wirst Du gleich verstehen. Du kennst doch die drei Burgen da kurz hinter Erfurt. Die kann man von der Autobahn aus gut sehen. Die drei Gleichen, werden sie genannt. Früher sollen sie auch optisch ähnlich gewirkt haben. Heute sind zwei davon mehr oder weniger Ruinen in unterschiedlichen Verfallsstadien. Und deshalb kann man eigentlich nicht mehr von »Gleichen« sprechen. Ein sehenswertes Ensemble bilden sie auf alle Fälle. Also, da haben wir gerastet und den Panoramablick genossen. Und dann habe ich Mausi von dem Mann erzählt, der die Burgen damals bauen ließ. Ich weiß nicht, ob Du die Geschichte kennst. Ich fasse sie Dir mal kurz zusammen: Es trug sich im Mittelalter zu Zeiten der Kreuzzüge zu. Irgendein Kaiser Friedrich zog gegen die Sarazenen und in seinem Gefolge war der Graf dieser Gegend. Der hieß Ernst der III. Lässt sich gut merken, wegen der drei Schlösser auf den drei Bergen hier. Dieser Graf war verheiratet, hatte Familie und Kinder, aber solch einen Kreuzzug musste man halt mal mitgemacht haben damals. Der Kaiser rief und alle kamen. Doch dann im gelobten Land unten wurde es ernst für Ernst, denn er geriet in Gefangenschaft. Dabei hatte er noch ausgesprochen Glück gehabt, man teilte ihn zur Gartenarbeit im Palast des Sultans ein. Wie ihn die Tochter des Sultans da in der südlichen Sonne mit freiem Oberkörper buddeln sah, verliebte sie sich über beide Ohren in den Thüringer. Die junge Dame war völlig hin und weg, und als sie dann noch erfuhr, dass ihr Gärtner daheim bei sich als ein hoher Herr galt, wollte sie mit ihm gemeinsam fliehen. Sie stellte nur eine Bedingung, er müsse sie heiraten. Es war ihr völlig egal, dass Graf Ernst bereits eine Ehefrau hatte; denn würde ihr Leben seinen Lauf vor Ort nehmen, hätte sie künftig ihren Gatten im Serail eben so wenig für sich allein. Dem Grafen Ernst war die Sarazenin auch nicht ganz egal, um das mal so zu sagen, schließlich war sie ja in ihn verliebt, und eine Frau, die einen Mann anhimmelt, ist dem immer sympathisch. Da dachte er ganz pragmatisch:»Bleibe ich hier in Gefangenschaft, haben Frau und Kinder daheim nichts mehr von mir. Ich darf ja nicht mal schreiben. Das ist, als wenn ich gleich tot wäre. Wagen wir aber den Ausbruch, habe ich eine Chance, meine Lieben wiederzusehen.« Die Tochter des Sultans fand sich obendrein sogar bereit, zum christlichen Glauben überzutreten, nur damit sie den Ernst heiraten könne. Das war denn schon ein gehöriger Liebesbeweis. Und sie erbrachte noch einen weiteren, denn bei der Flucht ließ sie einiges vom Schmuck und den Schätzen ihres Vaters mitgehen. Damit kamen die beiden dann nicht ganz unbemittelt in Italien an, wo sie auf dem Heimweg erst einmal in Rom Station machten. Der Graf begab sich zum Papst, um zu beichten und die verworrene Situation zu erklären. Der heilige Vater hatte ein Einsehen, interpretierte die geglückte Flucht als Gottes Willen, taufte die Sarazenin und hatte damit ein weiteres Schäfchen der großen Herde zugeführt. Darauf heiratete Graf Ernst sein Souvenir aus dem Morgenland und zog mit ihr über die Alpen heim nach Thüringen. In der Nähe seiner Burg ließ er seine Zweitfrau lagern und eilte heim zu Weib und Kind.

So, mein lieber Bruder, und jetzt kommt die wunderbarste Stelle der gesamten Geschichte. Seine ursprünglich angetraute Ehefrau sah die Situation genau wie der Papst. Sie war froh, ihren Mann wiederzuhaben und warf ihm keineswegs Sünde und Ehebruch vor. Im Gegenteil, sie war der Fremden dankbar, dass sie ihr und den Kindern den Mann und Vater nach Hause zurück brachte. Und dann sagte sie noch, sie wolle die andere wie ihre Schwester lieben. So sprach die Ehefrau und das war aufrichtig gemeint und kein Getue. Frau Nummer Eins zog also los und begrüßte die fernab der Burg wartende Frau Nummer Zwei. Der Ort, an dem sie sich zuerst begegneten, heißt bis heute Freudenthal. Phantastisch! Nicht wahr? Ein Mann, zwei Frauen, und wo die sich kennen lernen ist nicht Zickenkrieg, sondern Freudenthal.

Graf Ernst baute daraufhin noch eine Burg für die Sarazenin. Zwei Frauen unter einem Dach vertragen sich ja auf Dauer doch nicht so gut. Da war er denn drei Tage in der Woche bei der einen und drei Tage bei der anderen. Später dann baute er noch die dritte für sich, um dort seinen Sonntag in Ruhe zu genießen.

Das also habe ich meiner Mausi erzählt; das ist ja schließlich eine schöne Geschichte. Da freut man sich doch mit, mit dem Grafen. Wie ich da also voller Begeisterung den Bau der Burgen schildere, da zischt mich die Meine an:»Wie heißt das Weib?«

»Welche von beiden?«, frage ich zurück,»Was weiß ich, welchen Namen die Sarazenin hatte.«

»Ich will wissen, wie deine Tussy heißt, da wo du dich die Woche über rumtreibst!«

Ich bin ja so was von der Rolle gewesen. Also diese Unterstellung …

Wie kommt sie überhaupt darauf? Ich hatte da doch nur eine Sage wiedergegeben. Das wird man wohl noch dürfen. Und die eigene Frau, vermutet nach so vielen gemeinsamen Jahren, das wäre nur eine Überleitung, der ganze harmonische Urlaub und diese Inszenierung da an den drei Burgen und der Geschichte dazu. Sie nahm tatsächlich an, dass ich nun auch ihr eine Zweitfrau präsentieren wolle.»Ihr kommt tot! Beide!« Sprach's und redete nicht mehr mit mir. Bis heute nicht …

Findest du das nicht auch absurd, so zu reagieren? Ich weiß wirklich nicht, was das soll. Ich bin völlig geplättet. Dagegen hatte es der Graf Ernst damals ja im wahrsten Sinne des Wortes mit Edelfrauen zu tun …

Ich aber bin völlig unschuldig in Verdacht geraten und das so viele Jahrhunderte später … Wie kriege ich das mit Mausi nur wieder ins Lot?

Also, wenn ich Dich bitten dürfte, Atze, ruf mal bei Deiner Schwägerin an und mach ein bisschen schönes Wetter für mich, möglichst noch vor dem nächsten Wochenende.

Ansonsten, alles Roger …

Dein Bruder

15. Gottes Beweis

Manche Sätze sind denkwürdig. Es gibt solche Sätze, die sowohl des Bedenkens als auch des Nachdenkens würdig sind; und gelegentlich führen sie einen sogar zum Umdenken. Ein solcher Satz, der sich zwar als wahr erwiesen hat, so wahr ich das selbst erlebt habe, doch damit noch lange nicht zum Gemeingut des gesunden Menschenverstandes geworden ist, lautet: »Es gibt Tatsachen und Meinungen über Tatsachen, und Meinungen über Tatsachen sind ebenfalls Tatsachen.«

Nun bin ich ein schwacher Mensch und nicht imstande, der Welten Lauf zu ändern, indem ich allein aus eigener Kraft neue Tatsachen von der Art zu schaffen vermochte, die allseits zu bemerken wären. Da kam es mir in den Sinn, ob es vielleicht doch gelingen möchte, ein wenig Wirkung zu hinterlassen, indem ich an der Feinabstimmung dieser oder jener Meinung über Tatsächliches etwas zu drehen versuche.

Um die Probe auf's Exempel zu unternehmen, wollte ich, sieben mal sieben Geschichten aufschreiben. Diesen Vorsatz mag man im Freud'schen Sinne als eine Art Bewältigung der eigentlich schon tief ins Unterbewusste verdrängten Gedichtinterpretationen deuten. Damit quälen sich die Schüler von heute noch ebenso herum wie wir damals, als ich zur Schule ging.

»Was wollte uns der Dichter damit sagen?« Ha, was ich diese Frage gehasst hatte … Was er sagen mochte, das hatte er uns doch aufgeschrieben. Wie kommt unser allwissender Pädagoge dazu, sich anzumaßen, dem Autor noch ganz andere Absichten unterzujubeln? Die armen Dichter konnten sich meist ja nicht mehr dagegen wehren, dass ihr Werk im Deutsch-Unterricht seziert statt zelebriert wurde. Sie hätten längst ihren Geist aufgegeben, und nun wurde ihr Geist auch noch aus ihren Werken vertrieben – nach Lehrplan umgedeutet, neu abgeschmeckt und in kleinen Häppchen dem lernwilligen Publikum dargereicht, auf dass es sich keine eigenen Meinung bilde, sondern der vorgegebenen Lehrmeinung folge.

Dennoch wurzelt mein Erzählprojekt gerade in jener herzlichen Abneigung gegen Lehr- und Lehrermeinungen. Etwas, das ich – ähnlich dem Lebertran - ganz und gar nicht mochte, als ich dazu angehalten war, darüber mache ich mich heute mit größtem Vergnügen her, weil freiwillig. Das Vergnügen beginnt bereits mit der Themenauswahl. Womit ich mich beschäftige, ist allein meine Sache, und wie ich damit umgehe ebenso. Kein Lehrer schreibt die Aufgabe an eine Tafel. Erzählstil und Technik der Interpretation, die ich wähle – meine Sache. Die Gliederung kann ich beim Schreiben noch umstellen. Selbst den Ton des Textes kann ich nach eigenem Gutdünken ändern. (Allerdings kommt zumeist dann am Ende doch wieder eine Satire heraus. Aber das geht seit der Antike allen Geschichtenerzählern so: es fällt schwer, keine Satire zu schreiben – difficile est, saturam non scribere – Juvenal).

Ich habe mir also allseits bekannte Fabeln, Sagen und Märchen vorgenommen und will diese nach meinem Duktus neu erzählen, umdeuten, anders als herkömmlich fassen oder miteinander kombinieren. Nur eine Absicht sollte durchgehend zu bemerken sein – meine Interpretation der zuweilen uralten Texte möchte bitteschön ein klein wenig zum Be- und Nach- und Umdenken anregen.

Mord und Totschlag, blutige Rache und Amok interessieren mich nicht; so was kommt in meiner Sammlung nicht vor. Da hätte ich mich ja auch gleich mit der Fernbedienung vor den Fernseher setzen können, statt an die Tastatur vor dem Rechner. Ich schreibe nach Feierabend, und da wenigstens will ich selbst Regie führen und für einen guten Ausgang sorgen. Wenn es mir schon kaum tagsüber auf Arbeit gelingt und auch sonst selten genug im Umgang mit meinen lieben Mitmenschen …

Zudem suche ich mir nur solche Geschichten aus, für die es keine Urheberrechte zu berücksichtigen gibt. Über meine Deutungen will ich schließlich mit niemandem herumprozessieren.

Auf der Suche nach Material schlug ich nun auch in der Bibel nach. Da findet sich ja wahrlich Stoff in Hülle und Fülle. Das ist das gelobte

Land der Geschichtenerzähler. Begebenheiten, die vor langen, langen Zeiten niedergeschrieben wurden und ebenso alt sein mögen wie die griechisch-römische Sagenkollektion, wenn nicht sogar noch älter. Aber die olympischen Götter sind so etwas wie eine verflossene Schulliebe, an die man sich später einmal erinnert. Da kann man amüsiert und mit innerer Distanz erzählen, immer wieder neu. Das nimmt einem keiner krumm. Ach nein, was waren das doch für hübsche Geschichten gewesen dazumal …

Das Alte Testament hingegen … Das ist die heilige Schrift. Das ist praktizierte Religion, darauf berufen sich mehrere Glaubensrichtungen mit zig Millionen Anhängern bis auf den heutigen Tag. Das ist ganz heißes Eisen! Ob ich das anfassen wollte? Und dann auch noch daran festhalten … ?

Nicht auszuschließen, dass ich jemandes religiöse Gefühle verletze, wenn ich mir gerade aus diesem Fundus etwas zum Thema nehme, und dann der Abhandlung eine Pointe gebe, die nicht einmal den Schriftgelehrten eingefallen wäre. Man würde es mir wohl übel nehmen, wenn ich mir anmaßen wollte, diese Schrift, **die Schrift** auszulegen, wie ich es für richtig halte. Vielleicht würde sich manch Angehöriger einer praktizierenden Glaubensgemeinschaft auch darüber empören, was sich der Ungläubige da einbildet, kommentiert die Satzung seines Vereins und ist noch nicht einmal Mitglied.

Dabei hatte ich eine wirklich bemerkenswerte Geschichte im Sinne. Im zweiten Buch der Könige wird von einer Belagerung der Stadt Samaria berichtet. Die Einwohner hungerten und man handelte gar Taubenmist – das Viertel Kilo zu fünf Silberlinge. So steht es geschrieben … Na, Guten Appetit auch! Als es ganz schlimm wurde und sogar Kannibalismus unter der Stadtbevölkerung aufkam, stellte der König von Samaria den als Propheten eingereisten Jesaja, zur Rede.

»Siehe solches Übel kommt von deinem Herrn; was soll ich mehr von dem Herrn erwarten?«, rief er in staatsmännischer Pose aus. Er wollte damit zum Ausdruck bringen, dass Samaria wohl von dem einen und einzigen Gott des Jesaja verlassen worden sei, und dass es an der Zeit wäre, sich allmählich nach einer anderen ideologischen Schutzmacht umzusehen. Der Prophet aber erwiderte mit unerschütterlicher Überzeugung, dass nächsten Mittag die Not vorbei sein werde und man den Scheffel Semmelmehl zum Discountpreis von einem Silberling kaufen könne und zwei Scheffel Gerste zum selben Preis.

Diese Antwort mutete den Zuhörern wie ein Witz an. Allerdings konnte darüber keiner von ihnen mehr lachen. Zu arg waren alle vom Hunger geplagt. Man meinte nicht anders, als dass auch Jesaja über den bohrenden Schmerz in der Magengegend den Verstand verloren hätte.

Es war schon eine tragische Situation da in Samaria.

Zwischen den Lagern nun hielt sich eine Gruppe Aussätziger auf. Man ließ sie nicht rein in die Stadt, einerseits wegen ihrer Hauterkrankung und andererseits weil die Tore Samarias wegen der Belagerung seit langem geschlossen waren. Zu Essen bekamen die Kranken auch längst nichts mehr über die Mauer geworfen. Nicht einmal Abfälle. Die wurden in Samaria bis auf den letzten Krumen verwendet. So verblieben ihnen schließlich nur zwei Alternativen: Entweder sie starben an akuter Unterernährung oder die Angreifer rannten sie beim Sturm auf die Stadt früher oder später über den Haufen. An jenem Tag nun, als der König von Samaria dem Propheten Jesaja einen Paradigmenwechsel in Aussicht gestellt hatte, machten sich die vom Hunger gequälten Aussätzigen in ihrer Not auf, um bei den Belagerern einen schnellen Tod zu finden, oder etwas Brot. Was sie aber fanden, waren leere Zelte. Die gesamte feindliche Armee war aus unerfindlichen Gründen fluchtartig davon gestürmt und hatte darüber all ihr Proviant zurückgelassen. Die Kranken aßen und tranken sich erst einmal selber satt. Anschließend vermeldeten sie die neuartige Situation an der Stadtmauer von Samaria. Am nächsten Mittag, als die Fourage der feindlichen Armee eingesammelt war, und in Samaria zum Verkauf angeboten wurde, stellte sich heraus, das es sich dabei um solche großen Mengen handelte, dass das Angebot die Nachfrage um ein Mehrfaches überstieg. Und der Scheffel

Semmelmehl ging infolgedessen für einen Silberling weg – so wie von Jesaja prophezeit.

Und dann wollte ich dazu erzählen, wie ich im Jahre 1995 eines Nachts durch Litauen fuhr, und von der Miliz wegen überhöhter Geschwindigkeit gestoppt wurde. »Straf!« hieß es: »Budet Straf!«. Die verlangten hundertfünfzig D-Mark von mir. Aber so viel Geld hatte ich nicht mehr am Mann, nur noch fünfzig. Die bot ich der Verkehrspolizei auch an. Sie nahmen aber nicht mein Geld, sie nahmen mir die Fahrzeugpapiere ab. Am nächsten Morgen dann fand ich mich im Polizeirevier der Stadt Panevezyz ein, und versuchte zu klären, wie und ob ich überhaupt noch weiterkäme – mit meinen paar Deutschmark. Es war eine ziemlich hoffnungslose Situation. Ich, der Deutsche, aus einem fernen Land, wo gegen harte Währung Milch und Honig fließen, allein unter lauter Leuten, die nur russisch und litauisch sprachen und allesamt eine sehr unzutreffende Vorstellung vom Wohlstand der Bürger jenes westlich gelegenen Schlaraffenlandes hatten. Hundert Mark das müsste doch ein leichtes sein für den Deutschen. Der zückt das Bündel Scheine wohl lediglich aus Berechnung nicht. Man vermutete, ich wollte mit den litauischen Amtspersonen über die Höhe der Strafe handeln und hätte deshalb die fünfzig D-Mark als Gegenangebot vorgebracht. Aber ein litauischer Polizist feilscht nicht mit Rasern ganz gleich welcher Nationalität.

Ich versuchte über den Amtsapparat zu telefonieren, doch bekam ich keine internationale Verbindung. Der Vormittag ging dahin. Es war eigentlich alles aus. Aber dann ließ angesichts meiner sichtlichen Verzweiflung die mich vernehmende Polizeibeamtin, die Frau Milizionärin, die Amtsperson, von ihrem offiziellen Ton ab und fragte, ob mir geholfen wäre, wenn sie mir die hundert D-Mark borgen würde. Sie hätte einen solchen Betrag in ihrem Wohnzimmerschrank, weil ihre Tochter die Valuta in Deutschland bei der Erdbeerernte verdient habe. Ich starrte sie ungläubig an. Zwar hatte ich den Inhalt ihrer Frage lexikalisch verstanden, konnte ihn aber nicht einordnen – das war surrealistisch. Eine Amtsperson bietet mir an, ihr privates Vermögen für meine Ordnungswidrigkeit auszulegen … Kann es ja gar nicht geben.

Gab es aber. Wir fuhren zu der guten Frau nach Hause, und sie händige mir ihr Geld aus. Gänzlich ohne Quittung, ohne ein Pfand oder sonstige erwartete Gegenleistung.

So wahr ich hier stehe. Es ist die Wahrheit, die lautere Wahrheit und nichts als die Wahrheit. Mich hat eine litauische Milizionärin aus einer völlig ausweglosen Situation gerettet. Die Frau kannte mich überhaupt nicht. Wir haben uns bei jener Vernehmung zum ersten Mal gesehen. Hundert Mark, das war für sie fast ein Monatsgehalt – und das gab sie mir, ohne irgendwelche Hintergedanken.

Sie lieh es mir, dem fremden Temposünder, einfach so – aus Mitgefühl.

Eine Polizistin!!!

Das glaubt mir kein Mensch, denn das ist unglaublich. Das ist ein Wunder. Und doch ist es wahr … Lukretia Dudiene hieß mein rettender Engel.

Diese Geschichte hatte ich also auf dem Herzen, und sie sollte mit einem Che-Guevara-Zitat abgeschlossen werden: »Wer nicht an Wunder glaubt, ist kein Realist.«

Aber der Anstoß halt, der Anstoß meine Geschichte zu erzählen, den empfing ich aus der Bibel.

Schreib ich nun, oder schreib ich nicht? Mir ging diese Frage ständig im Kopf herum. Eigentlich tendierte ich doch mehr zu der Variante, es sein zu lassen, weil – ich will niemandem auf die Zehen treten. Und wen sollte ich denn fragen, welche Autorität um Erlaubnis bitten – den Papst etwa? Quatsch! Der heilige Vater war frisch im Amt und hatte nun wirklich Wichtigeres zu tun. Das fehlte dem gerade noch, dass ich nach Rom schreibe und ihn mit der infantilen Bitte belästige, ob er mir seinen Segen geben würde, eine kleine Geschichte aus der Bibel für nicht-religiöse Zwecke nachzuerzählen. Ausgeschlossen!

Man kann so was ja nicht einmal innere Zensur nennen. Zensur ist, wenn man etwas streicht, was geschrieben wurde. Ich würde mit dem Schreiben erst gar nicht anfangen. Ohne, dass mich irgendeine Autorität dazu ermutigt, das Wunder von Samaria als Aufhänger zu nehmen, auf keinen Fall. Doch wer sollte dieser »Autorität« sein? So war der Stand am vierundzwanzigsten Mai im Jahre des Herrn zwotausendundfünf.

Am fünfundzwanzigsten nach der Arbeit fuhr ich zum Fitness-Training. Das mache ich ein- oder zweimal die Woche. Ich sehe das nicht verbissen. In meinem Alter baut man auch keine Muskelpakete mehr auf. Es geht eher darum, den Abbau hinauszuzögern. Aber wenn ich schon einen Monatsbeitrag zahle, dann will ich mich in gut anderthalb Stunden jedes Mal auch ordentlich schaffen. Danach wird geduscht, und dann komme ich rechtschaffen müde heim.

So auch am letzten Mittwoch im Mai. Ich mixte mir eine Apfelschorle zurecht und ließ mich auf den Sessel vor dem Fernsehapparat plumpsen. Der läuft bei mir normalerweise nicht heiß, doch an diesem Abend war das Finale des Champions League – Wettbewerbes angesetzt. Es spielte der AC Mailand gegen den FC Liverpool. Ich schaltete kurz vor der Halbzeitpause ein. Da stand es 2:0 für Mailand. Dann sah ich das dritte Tor gegen Liverpool. Und mehr als das, ich sah, dass die Mailänder ihren Gegner völlig im Griff hatten, die wurden förmlich vorgeführt. Dann pfiff man Pause, und es kam Werbung im Fernsehen. Da schaltete ich den Apparat wieder aus. Ich hatte genug gesehen und ging zu Bett.

Am nächsten Morgen hörte ich beim Frühstück die Nachrichten im Radio. Zunächst wurden die Schlagzeilen der darauf folgenden thematischen Berichterstattung verlesen. Und da sagte der Sprecher, dass der FC Liverpool der neue europäische Champion sei.

Das war für mich der peinlichste Versprecher, den ich je gehört hatte. Wie konnte sich der Mann derart vertun? Es gab es ja nur das eine Spiel am Abend und nur diese zwei Mannschaften. Ich selbst hatte gesehen, welche von beiden auf dem Platz dominierte. Das aber waren auf gar keinen Fall die Liverpooler gewesen.

Doch dann folgte der ausführliche Bericht zum Spielverlauf vom Vorabend. Der ist inzwischen bekannt: Zu Beginn der zweiten Halbzeit schossen die Liverpooler drei Tore und nach der Verlängerung gewannen sie das Elfmeterschießen.

Da stand ich auf und trat ans Fenster – instinktiv. In solchen Situation braucht man Blickkontakt zum Himmel.

Das war doch nicht normal! War das ein Zeichen? Was war mir da offenbart worden? Diese Pointe ist nicht ausgedacht. Das kann jedermann nachlesen. Das wurde live übertragen und das Spiel gibt's sicher auch als Videokopie. Das mag ja unerklärlich sein; will sagen, es lassen sich keine rationalen Argumente für diesen Spielverlauf finden. Es ist jedoch tatsächlich so abgelaufen.

Da hatte ich die Ermutigung, auf die ich gewartet hatte.

Anders kann ich dieses Endspiel – Ergebnis nicht werten. Die allerhöchste Instanz hatte sich direkt eingeschaltet und mir damit die Freigabe für das Wunder von Samaria erteilt.

Gleichnishaft versteht sich – anders kommuniziert man mit uns Sterblichen ja nicht. Gott spricht nicht in ganzen Sätzen. Er teilt sich mit, indem er Tatsachen schafft.

Am fünfundzwanzigsten Mai 2005 als ich zu Bett ging geschah ein Wunder. Ich hatte dabei den Fernsehapparat ausgeschaltet und so bekam ich es gar nicht als Zeuge mit.

Aber, dass durch dieses Wunder – um mich dazu zu bringen, das hier aufzuschreiben – dass deshalb der FC Liverpool Europas Champion werden durfte … Nein, also Gottes Wege sind fürwahr unerforschlich, unberechenbar – und sehr, sehr denkwürdig. Oder was soll man sonst von solchen Tatsachen meinen … ?

16. Der Hahn und der Fuchs

Onkel und Tante Hahn leben ihre Tage in einem kleinen Häuschen am Rande der Metropole. Sie können die Umrisse der Hochhäuser jener großen Stadt ausmachen und zu Silvester prächtige Feuerwerke beobachten, ohne vom fernen Lärm belästigt zu werden. Eine hohe Hecke umgibt ihr Anwesen zur Straße hin; an den Seiten, wo die Grundstücke der Nachbarn angrenzen, ist sie niedrig. Man kann einander die Hände und anderes darüber hinweg reichen. Es herrscht gute Nachbarschaft dort, wo noch keine Einkaufszentren um die Ecke aus dem Boden schießen, sondern allenfalls Pilze, Spargel oder Erdbeeren. Alle wohnen gern in der Vorstadtsiedlung. Das merken auch jene Städter, die sonntags aus der Großstadt herausgeradelt und –spaziert kommen, zum Besuch oder nur zur Erbauung. Sie erfreuen sich am Anblick der bunten Blumen im jahreszeitlichem Angebot, sie horchen auf, wenn sie die tierischen Namensvetter von Onkel und Tante Hahn krähen hören, und sie ziehen tief und geräuschvoll durch ihre weit geöffneten Nasen die frische Landluft in ihre städtischen Lungen ein. Dann blicken sie voller Neid auf die Siedler, welche sich in ihren Gärten tummeln. Die Besucher aus der Hauptstadt seufzen tief, sehen sie Kinder auf den Wiesen Kobolz schlagen und seufzen:»So sollten unsere Kleinen auch aufwachsen können!« Ein jeder Städter wünscht sich, in der Siedlung ein Häuschen mit eigenen Namen am Gartentor – das treibt die Grundstückspreise in die Höhe und zieht die Spekulanten an.

Eines schönen Sommertages war Tante Hahn gerade bei Rübenverziehen. Dazu muss sich eine Gärtnersfrau ständig vornüber beugen. Diese Arbeitshaltung führt nach kurzer Zeit schon zu einem merklichen Ziehen im Rücken, gerade wenn man nicht mehr die Allerjüngste ist. So richtete sie sich alsbald auf und drückte das Kreuz durch, wobei ihr der alte Spruch in den Sinn kam:»Nichts ist so schön, wie wenn der Schmerz nachlässt!«

Da hörte sie von der Straße her eine Stimme.»Ja, man hat halt seine Müh und Plage mit der Gartenarbeit, nicht wahr, gute Frau.«

Tante Hahn drehte sich erstaunt über diese überraschende Anrede in Richtung der Stimme und bemerkte oberhalb der Hecke den behüteten Kopf eines gut vierzigjährigen Mannes. Der Hut wurde gezogen und wieder auf den Kopf gesetzt, worauf sich der Mund des Mannes zu einem breiten, freundlichen Lächeln verzog.

»Entschuldigen Sie bitte die Störung!«, sprach dann der Kopf mit sonorer Stimme erneut zur Tante Hahn. »Ich bin hier unterwegs und habe sie im Vorbeigehen bei der Arbeit gesehen. Was tun sie da eigentlich? Wenn ich fragen darf.«

Tante Hahn überlegte kurz, ob sie kurz angebunden antworten solle: »Dass geht sie gar nichts an!«, um dann im Beet weiterzumachen, aber ihr Rücken brauchte noch ein paar Minuten in aufrechter Stellung, um wieder ganz beschwerdefrei zu werden. Daher beschloss sie, auf die Frage einzugehen. »Die Rüben müssen verzogen werden, junger Mann, da werden sie dann umso größer, wenn jede für sich ausreichend Platz hat.«

Inzwischen bewegte sich der Kopf mit Hut in Richtung Gartenpforte. Dort kam er dann mitsamt dazugehörigem Körper als Komplettgestalt zum Vorschein. Der Körper steckte in einem Anzug, und wurde von einem leichten, hellen Sommermantel umhüllt. Jener Mensch dort am Tor, der nun einen schwarzledernen Pilotenkoffer ab- und sich darüber hinstellte, die Hände tief in die Manteltaschen gebohrt, schien sich in die Vorstadtsiedlung verirrt zu haben und zwar geradewegs aus einem Werbefilm. Die Tante mochte Werbung nicht, weil sie mitten in die schönsten Abendfilme gesendet wurde, und ihr jedes Mal die Handlungsabläufe durcheinander brachte. Aber ihr Mann, der Onkel Hahn, nahm die Unterbrechungen immer gern an, um gewisse Körperflüssigkeit auf die Toilette zu bringen und darauf erneut flüssigen Nachschub in Flaschen aus der Küche in die Wohnstube zu tragen.

»Sie sagen es, gute Frau. Sie haben ja so Recht. Wenn einer nur genug Platz hat, dann kann er sich ganz anders entfalten. Nun Sie selbst haben hier schön Platz. Nicht wahr? Ein großer Garten, ein Haus, eine

Garage, ein Remise auch, wie ich sehe. Sie wohnen wirklich in einem Paradies.«

»Ich glaube nicht, dass der Herrgott so viel Unkraut im Paradies zulassen würde«, entgegnete die Tante, deren Rückenproblem inzwischen abgeklungen war. Außerdem begann der Schauspieler aus dem Werbefilm ihr mit seinem Gerede inzwischen unangenehm zu werden, nicht sehr, aber es reichte hin. Daher wandte sie sich wieder den Mohrrüben zu. Genug geplauscht. Die Tante meinte nicht anders, als der Schauspieler werde schon weitergehen.

Als sie sich aber nach einigen Reihen wieder aufrichtete und nach der Pforte hinsah, stand der Mann immer noch da. Er hatte ihr die ganze Zeit über zugeschaut.

»Ihre Kinder werden's Ihnen wohl zu danken wissen«, rief er über die Gartenpforte.

»Was denn?«, fragte Tante Hahn nun unwirsch, denn sie fühlte sich allmählich von dem Schauspieler vor dem Tor belästigt.

»Nun, wie Sie sich hier abrackern, einigen Mohrrüben zuliebe und den Kindern natürlich auch. Zum Wochenende bekommen Sie dann bestimmt Besuch von der ganzen Familie. Dann können alle den frischen Möhrensalat essen. Erdbeeren, Rhabarber, Kirschen, Äpfel – es wächst ja alles bei Ihnen. Die Arbeit aber, die das macht, das sieht am Ende keiner. Ist es nicht so?«

»Was wollen Sie eigentlich?«, fragte nun Tante Hahn etwas genervt zurück.

»Ich will Ihnen einen Sechser in der Lotterie anbieten, gute Frau, mitsamt der Zusatzzahl. Eine Reise um die Welt vermache ich Ihnen, ein Leben in Saus und Braus und nie wieder werden sie Rückenschmerzen vom Rübenverziehen haben.«

Das war nun Anlass genug für die Tante, nach dem Onkel zu rufen, denn entweder der Mensch da vor der Gartenpforte machte sich über sie lustig, dann gehörte er vertrieben und verjagt, oder aber man sollte sich gemeinsam anhören, was er ihnen für die Zukunft zu bieten hätte.

Als der Onkel die Tante rufen hörte, unterbrach er alsbald mit einem Seufzer seine Beschäftigung im Geräteschuppen. Er mochte nicht gern in seinem Tun gestört werden. Erst eines ordentlich zu Ende führen, dann das nächste anfangen, war seine Devise, und diese war eigentlich auch seinem ehelichen Weibe gut bekannt. Dennoch verstand die sich immer darauf, ihn ein um das andere Mal aus seinem Tun herauszureißen, nur weil ihr irgendeine Frage in den Sinn gekommen war, oder weil sie unvermutet feststellte, dass sie für ihre weiteren Verrichtungen die Hilfe oder das Urteil ihres Mannes benötigte. Da sie aber ohne dem nicht weitermachen und von daher nur umso hartnäckiger insistieren würde, so blieb dem Onkel gar keine Wahl, als sich lieber eher als später zu seiner Frau zu begeben. Er fragte sich dabei, was der Hähnin beim Rübenverziehen wohl schon wieder Unvorhergesehenes widerfahren sein mochte, dass es ohne seine Anwesenheit nicht weitergehen wollte. Sein Unmut über die Tante war jedoch sofort gewichen, als er ihrem Kopfnicken folgend den Herren an der Pforte ausmachte.

Die Tante flüsterte dem Onkel zu, dass jener Mensch gekommen sei, ihnen ein Angebot zu unterbreiten, was sie aber ohne ihren Mann gar nicht habe hören wollen. Onkel Hahn legte seiner Frau begütigend seine Hand auf die Schulter, denn in einer solchen Situation hatte sie auch nach seinem Verständnis ganz recht getan, nach dem Herrn im Hause zu rufen. Dann ging er an ihr vorbei den Pfad zwischen den Beeten entlang auf die Gartenpforte zu. Der Schauspieler jedoch, als er sah, dass sein Annäherungsversuch von Erfolg gekrönt war und der Hausherr seine Kontaktaufnahme positiv aufgenommen hatte, zückte aus der Seitentasche seines Jackets ein Etui und entnahm diesem eine Visitenkarte.

»Gestatten Reinicke von der Fuchsbau Real-Estate-Immobilien- und Grundstücksverwertungsgesellschaft. Ich stehe hier bewundernd vor ihrem Paradies, das sagte ich bereits zu ihrer werten Frau Gemahlin, Herr …«, und hier drehte sich der Mann etwas seitwärts, als wolle er das Namensschild von Tante und Onkel Hahn an der Pforte lesen, wozu er natürlich schon ausgiebig Gelegenheit genug gehabt hatte, als er der Tante beim Rübenverziehen zugeschaut hatte. »Herr Hahn, ja, wenn ich nicht irre.«

»Sie irren nicht«, entgegnete Onkel Hahn statt einen »Guten Tag« zu wünschen. »Aus welchem Bau kommen Sie? Und was bedeutet »Regal es steht« eigentlich?« Der Onkel schaute mit skeptischer Miene auf das Kärtchen in seiner Hand. Er trug eine kombinierte Lesebrille mit Gläsern, die so geschliffen waren, dass deren untere Hälfte ihm Naheliegendes vergrößerte, während die obere weit entfernten Dingen klare Konturen gab. »Oder heißt das etwa »reale Stadt« auf ihrem Kärtchen?«

»Das ist Englisch.«, meinte der Mann vor der Pforte jovial. »Das spricht sich ›Rijäl Ästhet‹ und heißt »Grundstück« auf Deutsch.«

»Immobilie heißt auch Grundstück«, ergänzte Onkel Hahn.

»Genau!«, begeisterte sich der Fremde und hob beide Hände triumphierend in die Höhe, die Daumen nach oben gestreckt.

»Warum um alles in der Welt drucken Sie ein Wort in drei Sprachen auf ihre Karte? Arbeiten Sie so viel mit Ausländern zusammen?«

»Durchaus.« Herr Reinicke versuchte den Gesprächsfaden wieder in die Hand zu bekommen »Die Fuchsbau bedient für wahr ein internationales Klientel. Und das ist genau der Grund, warum ich mich erdreistet hatte, Sie oder besser gesagt, ihre Frau Gemahlin zu fragen, ob sie nicht ein Interesse daran hätten, mit unserer Hilfe ein Vermögen zu machen.«

Der Onkel, war schon drauf und dran gewesen, den Fremden hereinzubitten, auf's Grundstück zu lassen, nun aber zuckte er zurück.

»Also, Sie … Damit Sie gleich Bescheid wissen. Wir kaufen nichts von Ihnen. Von uns werden Sie kein Geld kriegen … «

Der Mann trat hinter seinen Pilotenkoffer zurück und hob erneut beide Hände, diesmal aber mit einer Geste, als wollte er sich ergeben. Dazu lächelte er breit und herzlich.

»Umgekehrt wird ein Schuh draus!«, rief er fröhlich. »Sie sind es, die Geld von mir bekommen sollen.« Onkel Hahn schaute sich verblüfft nach seiner Frau um. Die war inzwischen zu ihm getreten.

»Sie werden uns doch nichts schenken wollen, oder?«

»Doch. Ich schenke Ihnen ein Leben in Wohlstand und Wohlergehen, und ein Vermögen dazu. Einen Betrag auf dem Konto der Ihnen erlaubt, Ihrer Frau jeden Wunsch zu erfüllen.«

»Und wie kommen Sie dazu?«, fragte der Onkel mit der Hand auf dem Knauf der Gartentür.

Wenn das so war, dann sollte er den Mann vielleicht doch nicht auf der Straße stehen lassen. »Ich kaufe Ihnen ihr Haus ab.«

Da drehte der Onkel schnell die Hand nach links. Nun war die Tür verschlossen.

»Bedenken Sie doch mal, die ganze Plackerei, Tag aus Tag ein. Schauen Sie ihre Frau an. Der Rücken tut ihr weh von der Arbeit, und das schon bei dem kleinen Rübenbeet. Aber wie viele Beete harren außerdem noch auf die Hand der Gärtnerin? Ein Dutzend, zwei? Und alles Mühe und Plage. Solch ein wundervoller Garten wie der Ihre, der will gepflegt sein. Wie viel Quadratmeter sind das eigentlich?«

Ohne eine Antwort des Onkels abzuwarten, redete der Fremde weiter und trat dabei wieder näher an die Pforte heran.

»Vierhundert. Vielleicht sogar fünfhundert. Und alles bepflanzt. Im Frühling Umgraben und Säen, im Sommer Jäten und Wässern, im Herbst dann endlich die Ernte. Toll. Aber damit nicht genug. Was Sie da an Früchten drin haben, das muss haltbar gemacht werden, gesäubert, gewaschen, eingekocht oder eingeweckt. Arbeit über Arbeit und im Laden um die Ecke kostet ein Glas Kirschen 80 Cent. Da gibt es Pflaumen, die sind nicht madig und Äpfel ohne Druckstellen. In Zeiten der Not und des Mangels mag solch ein Garten eine Gnade sein, aber heutzutage sind Sie gestraft damit. Sie ackern und pflanzen und mühen sich und die Zeit vergeht. Es ist ihr Leben, bitteschön, wenn es Ihnen Freude bereitet, nur zu und weiter so, aber Sie machen sich nur ihre Knochen kaputt und die Knochen Ihrer lieben Frau noch dazu. Dabei könnten Sie ja auch mal verreisen. Geht aber nicht, weil die Pflanzen gegossen sein wollen und die Katze ihr Futter kriegen muss. Ich biete Ihnen Freiheit und Geld obendrein. Was wollen Sie mehr? Sie beziehen Rente und von mir bekommen Sie als Sahnehäubchen ein Sümmchen, dass Sie Ihre Tage von nun an in Hotels verbringen können oder auf Kreuzfahrtschiffen. Lassen Sie sich doch mal verwöhnen. Und Ihre Frau auch ... gönnen Sie ihr ein Leben als feine Dame. Sie könnten es sich leisten, wenn Sie auf mein Angebot eingehen. Noch sind Sie gesund, alle beide, aber was, wenn sie das Dach Ihres Hauses nicht mehr reparieren können? Dann regnet es Ihnen ins Schlafzimmer. Und was, wenn Sie im Sommer nicht mehr imstande sind, die schwere Gießkanne zu tragen? Dann verdorrt alles, was Sie über die Jahrzehnte mit so viel Müh und Liebe angebaut haben und das Unkraut wuchert den Garten zu. Haben Sie das nötig? Wollen Sie das miterleben? Nein. Ich kaufe Ihnen Ihr Häuschen ab. Ich mache Ihnen einen guten Preis.«

Die Tante drückte Onkels rechten Oberarm, als wollte sie damit Halt finden in dem Fluss der schönen Worte, den der Schauspieler über ihr Anwesen spülte. Sie meinte schon, dass ihr die Sinne schwänden, als sie den Onkel fragen hörte:

»Und was haben Sie denn dann mit unserem Grundstück vor, Herr Reinicke. Wollen Sie etwa selbst hier einziehen?«

»Gott bewahre!«, antwortete der spontan und das war sein nächster Fehler.

»Ich werde Ihre kleine Hütte abreißen lassen«, erläuterte Herr Reinicke. Bei diesen Worten durchzuckte es die Tante und den Onkel, aber der Mann an der Pforte bemerkte den Schock gar nicht, den seine Pläne auslösten, denn er sah sich schon als künftiger Eigentümer.

» ... da kommt nämlich ein Doppelhaus hin. Die Obstbäume hier rechts werden natürlich auch gefällt. Damit hätten wir noch mal Platz für ein weiteres Doppelhaus.« Herr Reinicke trat einen Schritt näher an die Pforte heran und wies mit dem Zeigefinger über den Zaun hinweg direkt an Onkels Gesicht vorbei ins Grundstück hinein. »Das dritte wird dort drüben stehen, wo Sie jetzt Ihre Garage haben. Das wären dann sechs Parteien, an die wir verkaufen können. «

»Aha, das ist ja sehr aufschlussreich«, meinte darauf der Onkel und seine Stimme wurde von einem Unterton getragen, der jedem, der ihn kannte, signalisiert hätte, dass mit Onkel Hahn nicht weiter gespaßt werden sollte. Der Fremde kannte ihn aber nicht.

»Und an welche Summe hätten sie denn so gedacht?«

»Nun, da möchte ich mich nicht auf Heller und Cent festlegen.«, wich der Herr aus dem Fuchsbau aus. »Da gehen ja dann auch noch die Kosten ab, die Sie vorab tragen müssen?«

»Wir?«, fragte der Onkel entrüstet zurück.

»Naja, die Abrisskosten zum Beispiel, und die Bodenanalyse. Kann ja sein, dass das alles hier kontaminiert ist.«

»Was?«, der Onkel bekam sich gar nicht mehr ein, über die Unverschämtheit jenes Kerls auf der anderen Seite des Zaunes. »Was für Minen sollen hier liegen? Konterminen? Wo sollen die denn herkommen, wir leben hier seit fünfzig Jahren.«

»Es müssen keine Minen sein. Die Schädlingsbekämpfung mit Chemie hat auch ihre Spuren im Boden hinterlassen. Eine reine Sicherheitsmaßnahme die Untersuchung. So was ist immer angezeigt, wenn es sich um Bauträgerfinanzierungen handelt. Kann ja sein, dass hier alles verseucht ist. Ich denke mal, garantiert fünfzig vielleicht sogar fünfundsiebzigtausend, haben sie am Ende cash in der Hand.«

Der Onkel schluckte. Diese Unverschämtheit war bodenlos. Dieser Mensch meinte tatsächlich, dass die Hahns für den Abriss ihres Hauses auch noch selber zahlen würden. Für wie bescheuert hielt er sie denn ...

Dann verschränkte er die Arme vor der Brust und sagte: »Wissen Sie, Herr Reinicke. Ihr Angebot liegt um hunderttausend unter dem, was man uns gestern bezahlen wollte. Wir haben ja jeden Tag Besuch von einem Immobilen oder Regal Ästheten. Neben dem Telefon im Flur liegt eine ganze Sammlung dieser Art Pappblättchen hier. Wenn meine Frau und ich meinen, wir könnten uns eventuell einigen, dann rufen wir vielleicht sogar zurück, steht ja immer eine Telefonnummer drauf. Aber ihr Kärtchen hier, das können sie gleich wieder mitnehmen. Was Sie uns zumuten ist weit unter unserem Niveau.« Sprach's, legte die Visitenkarte auf den Pfeiler der Gartentüre, drehte sich um, und ging betont langsam Hand in Hand mit der Tante durch den Garten zum Häuschen zurück.

Und wenn sie nicht gestorben sind, so leben sie noch heute glücklich und zufrieden vor der Stadt
– oder aber sie haben inzwischen tatsächlich verkauft,
– vorteilhaft versteht sich
– wie man Onkel Hahn kennt.

Hoch auf dem Baume saß auf Wacht ein alter Hahn,
ein Schlaukopf, witzig, sehr gescheit.
»He, Bruder«, rief der Fuchs ihn freundlich schmeichelnd an,
»aus ist jetzt endlich aller Streit!
In Frieden lebt die Welt seit heut!
Ich bring' die Botschaft dir, komm 'runter, lass dich küssen!
Doch schnell, ich werde eilen müssen,
an zwanzig Posten hab' ich heute noch zu begrüssen.
Du und die Deinen können jetzt,
von Angst und Furcht nicht mehr gehetzt,
was ihnen frommt, vergnügt genießen.
Jetzt sind wir Brüder allesamt!
Die Welt von Freudenfeiern flammt!
Zu feiern uns'ren Friedensschluss,
komm her, gib mir den Bruderkuss!«
»Freund!«, rief der Hahn, »dies ist bei Gott ein schöner Gruß!
Und keine Nachricht gibt's, die je ich höher priese
Als diese
Vom Friedensschluss.
Was doppelt mich dabei beglückt,
das ist, dass du sie bringst. – Doch seh' ich da zwei Hunde!
Sie eilen her! Ich glaub', dass mit derselben Kunde Man sie als Boten aus-
geschickt.
Sie laufen schnell, sie sind gleich hier!

Ich komm' zu dir, dann küssen wir
Und gleich gemeinsam, alle vier!«
Da rief der Fuchs:»Adieu, mein Weg ist noch sehr weit!
Vertragen wir den Kuss! Ich hab' jetzt nicht mehr Zeit!
Vielleicht ein andermal!« – Und unser Friedensheld
Gab wie der Teufel Fersengeld.
Verfehlt war seine Strategie.
Ihm hinterdrein der Witzbold schrie,
der Hahn. Er krähte vor Vergnügen,
Kein Spaß ist lust'ger als: Betrüger zu betrügen.

Jean de la Fontaine, Fabeln, Verlag Philipp Reclam jun. Leipzig 1976, S. 23 f.

17. Heiligendamm

Manche Sagen muten geradezu sagenhaft an. Und sie scheinen uns etwas ganz anderes sagen zu wollen, als die anderen Sagen sagen. Nach dem üblichen Muster ist zum Beispiel die Kunde vom Untergang Vinetas gestrickt: Die Stadt versank im Meer, so wird erzählt, weil ihre Bewohner übermütig und verschwenderisch geworden waren. Die Einwohner Vinetas lebten in Saus und Braus, protzten mit ihrem Besitz und ließen den lieben Gott einen guten Mann sein. Auf Atlantis soll es ähnlich zugegangen sein, und in Sodom und Gomorrha erst .... Dann kam die Strafe als Flut über sie und der Rest ist Plätschern.

Ganz anders hingegen die Sage vom heiligen Damm. Hier geht nichts unter oder verloren. Im Gegenteil ... Den heiligen Damm gab es als Belohnung für gute Führung. Von solcherart Gaben für brave Bürger berichten zwar andere Sagen auch, allerdings kommen die Belohnungen dann zumeist unerwartet. Man denke nur an den Sack mit Altlaub, den der Beschenkte nach seiner guten Tat verständnislos leerte. Allein den Sack als solchen, meinte er späterhin nutzen zu können. Zu Hause angekommen sollte er jedoch feststellen, dass einige Blätter der Ausschüttung widerstanden hatten. Sie waren drinnen geblieben im Sack und hatten sich auf dem Heimweg in pures Gold verwandelt. Von derartigen Effekten wird zwar in einigen Sagen berichtet, doch was man sich vom heiligen Damm erzählt, hatte eine ganz andere Botschaft. Nicht ein Mensch, nicht eine Gruppe, nein ein ganzer Volksstamm bemüht sich und bekommt als Anerkennung für seine kollektiven Anstrengungen exakt das Gute, was es angestrebt und gewünscht hatte, im richtigen Umfang, zur rechten Zeit und am rechten Ort.

Nicht zu fassen, was von Heiligendamm berichtet wird. Man höre und staune:

Die Menschen, die bei Doberan Richtung Meer hoch lebten, waren arm. Mecklenburger. Ihr kärglich Brot verdienten sie sich mit mühseliger Plackerei auf den Feldern und ab und an einem beschwerlichen Fischzug an der Ostseeküste.

Das war kein Honigschlecken. Aber es kam noch schlimmer. Eines Herbstes rollte Sturmflut auf Sturmflut an die Küste. Land wurde einfach weggespült. Ganze Ortschaften drohten von den Wellen ins Meer gerissen zu werden.

Da, angesichts dieser großen Gefahr, fanden sich die sonst so sturen und eigenbrötlerischen Mecklenburger zusammen und begannen zu beten, dass ihnen die Fluten ihre Heimat nicht gänzlich nehmen mögen. Sie versammelter sich in den Kirchen und riefen den Herrn an. Am Abend ging es los und sie hörten gar nicht mehr auf damit. So ist eben dieses Völkchen. Es dauert eine Weile, bis sie sich zu etwas entschließen, aber wenn sie erst einmal angefangen haben, dann ziehen sie das auch durch ...

Sie beteten und beteten bis Mitternacht. Da ließ der Sturm nach. Am Morgen darauf entdeckten die Menschen an der Küste einen Damm, der sich aus dem Meer erhob. Dieser Buckel Land in der See war so groß und lang und derart günstig positioniert, dass er die ganze Gegend bei nachfolgenden Fluten schützen konnte. Was er denn auch tat. Bis auf den heutigen Tag.

Weil aber die Eingeborenen glaubten, dieser Damm sei als Werk Gottes auf ihre Gebete hin erwachsen, so nannten sie ihn den heiligen Damm.

Ich war neulich in Heiligendamm.

Da ist was zu sehen, sage ich euch! Das solltet Ihr euch nicht entgehen lassen!

Auf nach Heiligendamm, Leute! Und beeilt euch, damit ihr diese Pracht noch erleben könnt!

Luxus pur. Und nicht nur das. Die neuen Herren vom heiligen Damm haben dieses Unikat der Mythologie jetzt eingezäunt und werden es wohl nur noch hochwohlgeborenen Herrschaften – oder gegen

Eintrittsgeld präsentieren. Irgendwie müssen die Baukosten für einen künftigen zweiten Schutzdamm ja vorfinanziert werden.

Jawohl, die werden da unbedingt einen zweiten Damm hochziehen müssen.

Wenn man sich erinnert, wie es Vineta und Atlantis erging, denke ich, ohne zusätzliche Sicherungsmaßnahmen ist dieses moderne Heiligendamm bestimmt nicht mehr lange über Wasser zu sehen.

18. Der Henkersknoten

(nach einer Berliner Sage)

Der Pöbel bleibt doch wie er war;
Das Schauspiel ist sein Laster.
Der Richtplatz einst die Bühne war,
Der Henker war Showmaster.

Der Trommel Wirbel schwellen an;
Die Gaffer drängen toll.
Man karrt den armen Sünder ran,
Der heute hängen soll.

Ein Taugenichts, ein Tunichtgut,
Führte ein Lotterleben
Und würgt die eig'ne Mutter tot,
Als sie ihm nichts wollt' geben.

Am Abend noch hört man ihn schrei'n,
Das sagte auch die Dienstmagd aus.
»Du, Alte, sollst es schwer bereu'n!«
So schallte es durch's Haus.

Am Morgen drauf fand man sie starr –
Und an dem Hals der Toten –
Was ganz besonders grausig war,
Ein dickes Seil mit Knoten.

Der Alten ganzer Schmuck und Tand
War fort. Geraubt die Nacht.
Als man den Sohn besoffen fand,
Stand der gleich in Verdacht.

Nüchtern bestritt er alles später,
Doch die Indizien wurden dichter.

Dieser Lump ist klar der Täter,
So sah es auch der Richter.

Sein Urteil fällte er genau,
Weil die Beweislast das verbürgte:
Tod durch den Strang an jenem Tau,
Was die Mutter einst erwürgte.

Das Publikum – es johlt und pfeift.
Der Delinquent steht krumm vor Bangen,
Als ihn der Henkersmeister greift,
Um ihn gleich aufzuhangen.

»Ich war es nicht! Ich war es nicht!
Ich bin an allem gar nicht schuld!«
So schreit verzweifelt jetzt der Wicht,
Derweil er in die Hose pullt.

Dafür erhält er viel Applaus,
Denn so was woll'n die Leute seh'n
And'rer Menschen Not und Graus
Macht erst das eigne Dasein schön,

Doch mitten drin in seinem Tun
Hält plötzlich ein der Henker.
Er prüft das Tatwerkzeug und nun,
Da sieht es aus, als denk er.

»Mich deucht der junge Mann hat recht,
Und das aus guten Gründen,
Denn diesen Knoten hier kann schlecht
Ein Laie jemals binden.

Den hat ein Profi fest geschlungen.
Das ist doch eines Henkers Werk.

Der ist dem Knilch hier nie gelungen.
Der Mörder ist nicht dieser Zwerg.«

Da fängt das Volk zu murren an,
Weil's gern jemand am Galgen hätt'.
Am Ende geht man heim und dann
Ganz ohne Hinrichtung ins Bett.

Doch wie man schon ein »Schade!« hört,
Greift sich der Henker seinen Knecht.
Der weicht zurück, ist blass, verstört,
Und wehrt sich nicht mal recht.

Er hat, so packt er auch gleich aus,
Die Alte umgebracht und dann beraubt.
Mit seiner Braut, der Magd im Haus.
Perfekt gemacht, hat man geglaubt.

Da kam der Sohn auf freien Fuß
Und brauchte nicht zu sterben.
Das Volk entbot ihm seinen Gruß,
Denn jetzt konnt' er was erben.

Statt seiner wurde aufgehangen
Das wüste Mörderpaar.
Das Volk ist fröhlich heimgegangen
Und fand die Show ganz wunderbar.

Merke, dass Du's nie vergisst:
Der Satz gilt um's Verrecken:
Was ein echter Fachmann ist,
der kann sich nicht verstecken.

19. Hiddensee

Wer mit einer Konfirmandenblase ausgestattet ist, der setzt sich in Gaststätten tunlichst an die Vorderseite des Tisches. Nichts ist peinlicher, als die befreundeten Mitzecher alle halbe Stunde zu bitten, sie mögen einen doch bitte mal durchlassen, denn es drücke schon wieder. Nicht, dass man sich genieren würde, die Freunde hochzuscheuchen, aber die frotzeln dann unausweichlich zurück, und das ist es, was sensible Gemüter stört.

Auf dem stillen Orte lässt man sein Wasser ab und ist so recht erleichtert, bis man es von nebenan Rauschen hört, als hätte jemand den Wasserhahn aufgedreht. Volles Rohr, und der dort hört überhaupt nicht mehr auf. Ja, wo holt er das alles um Gottes Willen her? Ob das wohl ein Urenkel jener Person ist, von der folgende Sage berichtet …?

Vor Zeiten lebten im Nordwesten der Insel Rügen – so in der Gegend um Schaprode – zwei Frauen, eine davon gutmütig und mildtätig, die andere aber, wie das so unter Nachbarn vorkommen mag, egoistisch und geizig. Eines unschönen Herbstabends klopfte es an der Tür der Geizigen. Draußen stürmte und regnete es. Sie öffnete die Tür und sah vor sich einen fremden alten Mann, der hungrig und zerlumpt aussah. Für die Hausherrin stand sofort fest, der Alte konnte sich ihre Ferienwohnung nicht leisten. Aber der wollte gar noch mehr als ein Nachtquartier. Meinte er doch tatsächlich, auch noch etwas zu essen und zu trinken bei ihr zu bekommen. Das grenzte ja schon fast an Bettelei! Mit dem Mann diskutierte sie erst gar nicht. Sie schnaufte verächtlich und knallte ihm die Tür vor der Nase zu. Sollte er doch zusehen, wo er bliebe. In dieser Jahreszeit wandert man schließlich nicht mehr ziellos durch die Gegend, und in dem Alter von dem Alten erst recht nicht.

Darauf wandte sich der Mann um, verließ den Hof der Geizigen und schleppte sich weiter bei Sturmgebraus die Landstraße entlang, bis dass er an das Haus der mildtätigen Nachbarin kam – Haus war vielleicht etwas übertrieben. Eine etwas größere Hütte, einen Bungalow bewohnte diese mit ihrer Familie, ein Gebäude, in dem andere bestenfalls ihre Sommergäste unterbringen würden. Die gute Frau jedoch bat den Wanderer umgehend herein ins Trockene. Sie teilte mit ihm ihren letzten Bissen Brot. Die Familie konnte nämlich erst zum nächstfolgenden Wochenende wieder Einkaufen fahren in den Supermarkt. Mit ihrem einzigen Auto war der Ehemann weg. Der hielt sich die Woche über in Hamburg auf, denn vor Ort auf der Insel Rügen und in ihrer Umgebung findet man heute wie damals nur schwer einen Job. Die Frau servierte dem Fremden eine Art Reste-Menü und entschuldigte sich gar noch dafür, aber der war mit allem ganz zufrieden. Dann legte sie sich zu ihren Kindern ins Bett schlafen und überließ dem Gast für die Nacht das Ehebett.

Am nächsten Morgen zog der Alte weiter und dankte der Frau vielmals für die erwiesene Wohltat. Er sprach, dass er ihre Gastfreundschaft nicht für umsonst in Anspruch genommen haben wollte. Deshalb wünschte er ihr, dass sie das Erste, was sie heute beginnen werde, nachdem er ihr Haus verlassen habe, den ganzen Tag lang tun solle, bis zum Abend. Die Frau lachte darüber und winkte dem Mann nach. Das war ja ein komischer Kauz, dachte sie bei sich. Hat kein Geld, schlägt sich mit Ach und Krach durch und zu guter Letzt bedankt er sich mit frommen Wünschen. Da er nun fort war, blieb ihr aber immerhin das Gefühl, eine gute Tat vollbracht zu haben. Dann machte sie sich an ihr Tagwerk. Ihre Tochter wuchs zusehends heran. Das im Frühjahr gekaufte Kleid passte schon nicht mehr. Die Frau dachte, sie könne etwas annähen und schaute in die Wäschetruhe, ob sie dafür noch geeigneten Stoff habe. Sie fand auch eine kleine Rolle und begann, diese auszumessen. Sie maß und maß und zog immer mehr Stoff aus der Truhe heraus. Das ging so fünf Minuten, zehn Minuten. Nach einer halben Stunde häufte sich hinter ihr schon ein ordentlicher Berg Tuch an, der gar nicht zurück in die Truhe gepasst hätte. Nach zwei Stunden war das Zimmer voll, gegen Mittag das ganze Haus, aber sie konnte einfach nicht aufhören, sie maß und maß immer weiter. Inzwischen räufelten sich die Stoffbahnen bereits auf dem Hof. Als die Tochter aus der Schule kam, staunte sie nicht schlecht. Ihr zuhause sah aus, als wäre Christo am Werke gewesen. Aber inmitten dem ganzen Deko-Zeug stand ihre Mutter mit einer Elle in der Hand und zog Bahn um Bahn von dem guten, teuren Gewebe aus der Tür heraus. »Lauf doch mal schnell zur Nachbarin«, hieß die Mutter sie, »und hole eine große Schere. Wir müssen das ganze Zeug auf einzelne Rollen schaffen, noch bevor es anfängt zu regnen.«

Aber das Kind stand mit offenem Munde da, und konnte nicht glauben, was es sah.

»Na, mach schon!«, rief die Mutter nun mit Nachdruck.

Da rannte die Kleine hast du nicht gesehen zur Nachbarin, wie es die Mutter ihr aufgetragen hatte. Die Nachbarin war aber eben jene geizige Person, von der wir am Anfang der Geschichte schon erfahren haben. Erst wollte sie ja ihre Schere nicht hergeben. Mit so was fängt man gar nicht erst an. Heute wollen die Nachbarn die Schere haben, und morgen denken sie, sie könnten sich ein Pferd ausleihen oder den Fernseher. Und weiß man's, ob man alles wieder zurückbekommt, und wann und wenn dann in welchem Zustand? Doch die Nachbarstochter war so was von aufgeregt; sie hüpfte von einem Bein auf's andere und stotterte wirres Zeug zusammen. So kannte man sie denn doch nicht. Deshalb sagte sich die Geizige: »Sei wachsam! Irgendwas ist hier nicht recht geheuer. Davon musst du dir dein eigenes Bild machen!«

Also suchte sie ihre Schneiderschere heraus und machte sich mit der Kleinen ihrer Nachbarin auf den Weg. Schon weit vor dem Häuschen ihrer ärmlichen Nachbarin kringelten sich die ersten Meter Tuch. Als sie dann aber ankamen, da stand die Mutter der Tochter schon bis zur Hüfte in einem textilen Bade. Und sie maß und maß und konnte gar nicht aufhören. Das Schlimmste war aber für die geizige Frau, dass sie nur sehr langsam und umständlich erfuhr, was hier eigentlich vorging, denn so recht unterhalten konnte sie sich nicht mit ihrer Nachbarin. Die unterbrach ständig ihre Rede, um irgendwelche Zahlen zu verkünden. Und das ging so bis zum Sonnenuntergang. Dann war das Maß voll. Wenigstens war es schon Herbst, wie wir uns erinnern können. Da geht die Sonne ja wieder zeitiger unter. Immerhin reichte die Menge Stoffes, die sich auf dem Grundstück der Mildtätigen angesammelt hatte, um der ganzen Familie nicht geringen Wohlstand zu bescheren. Der Vater musste später auch nicht mehr bis Hamburg fahren, um Geld zu verdienen. Er baute eine Feriensiedlung auf der Insel und man lebte von nun an jahrein, jahraus in Saus und Braus.

Nachdem die Geizige aber bestätigt bekam, was sie sich bereits ahnungsvoll zusammengereimt hatte, dass nämlich der alte Penner vom Vorabend hinter all dem wunderbaren Reichtum ihrer Nachbarsleute stecke, da raffte sie sofort ihre Röcke und überließ die Nachbarin mitsamt der Schere ihren Stoffballen. Sie rannte dem Landstreicher hinterher, den sie gestern so schroff abgewiesen hatte. Nun führen über die Insel Rügen nicht allzu viele Wege. Wenn ein Wandersmann an einem Abend irgendwo aufkreuzt, dann kann man sich in etwa denken, in welcher Richtung er sich nächsten Tages davongemacht haben mochte. An irgendeiner Stelle muss er schließlich mit der Fähre wieder übergesetzt werden. Die Geizige hatte das auch ganz richtig erahnt, und sie traf prompt den Alten am Ufer stehend. Da redete sie ihn an und tat so, als habe sie das schlechte Gewissen übermannt. Ob sie das denn nicht wiedergutmachen könne, fragte sie, was eher rhetorisch gemeint war, und sie drängte den Mann, doch bei ihr Quartier zu nehmen. Dabei hatte sie aber nur im Sinne, dass er auch zu ihr sagen möge, was sie nach seinem Abschied beginne, solle den ganzen Tag über andauern. Sie wusste schon genau, was sie machen wollte: nicht Tuche messen, nein: Geld zählen!

Nun, der Alte war nicht nachtragend. Er folgte ihr – der Fährverkehr war sowieso unterbrochen. Es dunkelte schließlich schon und stürmisch wurde es auch wieder. Etwas Besseres konnte ihm von daher kaum geschehen. Also begleitete er die Frau zurück zu ihrem Hof, dann ließ er sich bewirten und schließlich konnte er bequem im weichen Gästebett übernachten.

Fairerweise verabschiedete er sich am nächsten Morgen von seiner Gastgeberin mit den gleichen Worten, die er auch zu ihrer Nachbarin gesagt hatte. Was sie als Erstes zu tun beginne, das sollte sie den ganzen Tag über nicht mehr lassen können. Dann zog er los.

Die Geizige war nun ganz aufgeregt. Noch vor dem ersten Hahnenschrei war sie aufgestanden, lange vor ihrem Gast, und hatte schon mal voller Vorfreude nach der Geldkassette geschaut. Sie hatte Kaffee gekocht und auch zwei, drei Tässchen getrunken, bis der Alte endlich wach geworden war.

Nun war der Kerl weg. Jetzt konnte sie sich ans Geldzählen machen ... aber vorher musste sie schnell noch mal was loswerden. Sie rannte über den Hof, hin zu dem Häuschen mit dem ausgeschnittenen Herz und ...

Ja.

Genau.

Da saß sie nun, und strullte vor sich hin.

Die Grube konnte diese Fülle bald nicht mehr fassen; sie lief über und am Nachmittag bildete sich ein großer See, der heutzutage Schaproder Bodden heißt. Die Frau spülte weiter bis sie am Abend endlich erlöst war und einhalten konnte. Da war es aber schon geschehen. Hiddensee, was bis zu jenem Tage ein Teil der Insel Rügen gewesen war, Hiddensee war ein für allemal abgetrennt.

Mit der Fähre kann man heutzutage von Schaprode auf Rügen nach Neuendorf auf Hiddensee übersetzen. Keine Bange. Man riecht nichts mehr. Aber lustig, wenn es heißt: um auf Hiddensee Urlaub zu machen, müsse man sich erst einmal einschiffen.

Gar nicht auszudenken, die Geschichte hätte sich im Sommer zugetragen – dann wäre Hiddensee jetzt so klein wie der Ruden.

(nach: Die Volkssagen von Pommern und Rügen. J. D. H. Temme, Berlin 1840, Nr. 127.)

20. Das Himmelsschlüsselchen (Primula veris)

Eines Tages fiel dem Petrus, der den Torwächter an der Himmelspforte gibt, sein Schlüsselbund runter. Nun liegt der Club, den er zu bewachen hat, ziemlich weit oben, um das mal so zu sagen. Im wahrsten Sinne des Wortes eine Top-Adresse. Da kann sich so ein Concierge nicht einfach bücken und die Schlüssel wieder aufheben. Was von dort oben runterkommt, von ganz weit hinterm Mond, sozusagen, das zerplatzt schon beim Eintritt in die Erdatmosphäre. Peng! Und dann wird es wie ein Wasserstrahl, wenn er durch die Tülle einer Gießkanne fließt, in alle Richtungen fein verteilt. Genau so erging es auch dem Schlüsselbund. Leuchtete kurz auf wie eine Sternschnuppe und dann barst er auseinander. Am Morgen darauf alle Schlüssel weit und breit verstreut.

Kam ein Wanderer des Weges und sah was glänzen. Er bückte sich und staunte. So was Niedliches aber auch. Was mochte das nur sein? So was hatte er ja hier noch nie gesehen.

Doch es war gar kein himmlischer Schlüssel. Er hielt vielmehr eine Blume in der Hand, eine ganz gewöhnliche kleine Pflanze ...

Was der Mann nicht wusste, war, dass wir Menschen hienieden niemals das Göttliche so fassen, anfassen und erfassen können, wie es ist, und wie es sich den höheren Wesen darstellt. Der Schlüssel zum Himmel fühlt sich unsereinem wie eine Blume an, riecht auch so und zu guter Letzt sieht der auch noch so aus wie ein Blume. Ganz nett eigentlich, aber dass Petrus deswegen den himmlischen Schlüsseldienst kommen lassen musste, das können wir uns hier unten in unserer Einfalt gar nicht vorstellen.

Und was das wieder gekostet hat, erst recht nicht ...

Gestern fand ich eine Büroklammer – die war wohl aus einem Sündenregister höheren Ortes heraus gefallen.

Und der Sechser neulich, den ich auf der Bahnhofstreppe aufhob, der gehörte zu einem himmlischen Lottogewinn.

Ich fand einen Pfifferling im Wald. Das war ein Tropfen vom göttlichen Pils.

Früher hätte ich gedacht, der weiße Fleck, der mit einem klatschenden Geräusch auf meine Schulter gefluppt war, wäre ein Vogelschiss gewesen. Heute weiß ich es besser und erweise Gottvater für dieses Zeichen meinen Respekt.

Es war ein Kommentar, und der kam von ganz oben. Man muss das nur richtig zu deuten wissen, denn es handelte sich um göttliche Literaturkritik. Die war zwar nicht euphorisch ausgefallen – aber der Volksmund meint, in jener Konsistenz bringe sie Glück.

Warum auch nicht? Dann wird es halt ein Scheißbuch – Hauptsache ein Bestseller.

Das wäre mir dann für wahr wie ein Schlüsselchen zum Himmelchen.

21. Der ISOL

Ich war neu in der Firma und lief eines Tages Bernhard über den Weg. Bernhard war keiner meiner direkten Vorgesetzten, aber er schien ein wichtiger Mann zu sein, denn er hatte ein eigenes Büro. Also protestierte ich nicht, als er mich zu einem Einweisungsgespräch in sein Zimmer zog, obwohl ich eigentlich reichlich um die Ohren hatte. Sein Office vermittelte den Eindruck eines arg strapazierten Mannes, der wohl gewisse Probleme mit der Ordnung und Systematik zu haben schien. Aktenstöße stapelten sich auf seinem Schreibtisch und dem Schrankregal daneben. Als Bernhard sich setzte, verschwand er fast hinter dem Papier. Dann schob er die Stapel auseinander und das sah aus, als hätte er sich eine Schießscharte in die Mauer seiner Festung gehauen. »Sie sehen ja, was hier los ist!«, hub er an. »Alles bleibt an mir hängen. Aber so ist das eben. Es geht einfach nichts ohne mich, denn ich bin verantwortlich für die Einhaltung der Qualitätsrichtlinien unseres Produktes. Ich sage mal als Stichwort: ISO9000, das werden sie ja schon mal gehört haben. Das ist sowohl hohe Philosophie wie tägliche Praxis, denn Qualität steht bei uns nun mal ganz oben an. Deshalb arbeite ich auch direkt dem Geschäftsführer zu. Er ist sozusagen der Kommandeur unseres Unternehmens und ich sein Stabschef. Ich sichere das Funktionieren aller Abteilungen, ihr Zusammenwirken entlang der Fertigungslinie bis zum fertigen Produkt. Jeden und alles muss ich ständig im Blick haben. Der Kommandeur führt unsere Armee, er sagt, **was** zu tun ist, aber ich sage, **wie** es getan werden muss. Dem Kommandeur arbeiten noch andere, ihm unterstellte Truppenführer zu. Die Leiter von Konstruktion, Produktion, Vertrieb, der Finanzabteilung und so weiter. Aber ich, ich bin für alle zuständig. Für alle und alles! Allein. Diese Verantwortung müssen sie sich mal vorstellen ...! Und deshalb ist es wichtig, dass Sie verstehen, mit wem Sie es hier zu tun haben. Ich kann sonst ganz ungemütlich werden! Doch wir wollen ja gut zusammenarbeiten, im Interesse der Qualität.

Und ich möchte ein für allemal klarstellen: Auch in Ihrem Bereich, müssen Sie sich an meine Vorgaben halten. Die Qualibibel, wie ich dieses Kompendium mal augenzwinkernd nennen will, ist mein Werk. Da habe ich die Gebote des Qualitätsmanagements grundlegend und für alle zur Beherzigung ausformuliert. So was Ähnliches gab es vorher tatsächlich nur bei Moses. Bei dem war natürlich alles viel einfacher strukturiert. Das Handbuch für das Qualitätsmanagement eines modernen mittelständischen Unternehmens ist ja viel komplexer. Und deshalb müssen Sie das verinnerlichen, was da an Prozedere, an vorgeschriebenen Handlungsabläufen zu Ihrem Arbeitsgebiet drin steht. Wenn Sie sich daran halten, dann können Sie gar nichts falsch machen.

Ich habe faktisch alle denkbaren Problemsituationen in Kategorien zusammengefasst und dann grafisch als Flussdiagramm in Haupt- und Nebenprozessen dargestellt, wie man mögliche Fehler eliminiert – noch bevor sie auftreten. Natürlich ist das Leben bunt, und es scheint so, als hätte man es immer wieder mit neue Konstellationen zu tun. Doch in Wirklichkeit, und da stimmt mir auch unser Vorstand zu, handelt es sich immer nur um neue Kombinationen der alten bekannten.

Ganz entscheidend, sage ich mal, ganz entscheidend ist das Audit. Da brauchen Sie keine Angst zu haben, da reißt Ihnen niemand den Kopf ab. Da wird Ihre Arbeit eingeschätzt. Nach einer bestimmten Zeit der Einarbeitung, gucken wir uns an, wie sie die Gebote der Qualibibel befolgen, und ob Ihnen dabei weiter zu helfen ist. Denn Qualität ist etwas, das kann gar nicht gut genug sein.«

Schwer beeindruckt erzählte ich meinem Chef von der Begegnung mit Bernhard, dem Qualipapst, und fragte nach dessen Qualibibel. Die stehe irgendwo im Netz, meinte er.

Und dann gingen wir zur Tagesordnung über …

Der russische Dichters Iwan Krylow hatte es wohl auch mal mit solch einem Bernhard zu tun bekommen.

Als Zeus, um zu bevölkern seine Welt,
ins Leben rief der Wesen bunte Menge,
ward ihnen auch der Esel beigesellt.
Doch – war es Absicht, war es das Gedränge
Der unruhvollen Schaffenszeit –
Genug, es gab der Gott sich eine Blöße,
der Esel hatte nur des Eichhorns Größe.
Dem Esel war das bitter leid,
denn niemand achtete fast seiner.
Gern hätt* er sich hervorgetan –
Er wollte hoch hinaus, wie einer –,
allein mit seiner Zwergfigur
schämt er sich auch zu zeigen nur.
Da tritt den Gott der Esel an
Und zieht die Stirne kraus
Und bittet um ein größer Körpermaß;
Denn so zu leben, sei ein schlechter Spaß.
»Ich halt' es«, spricht er, »nicht mehr aus.
Die Löwen, Panther, Elefanten
Sind überall gar hoch geehrt;
Wohin sich meine Ohren wandten,
hab' ich von ihnen nur gehört.
Warum hast du den Eseln denn gegrollt,
dass niemand ihnen Achtung zollt,
und niemand über sie ein Wort verlor?
Hätt'ich auch nur die Größe wie die Rinder,
ich tät'gleich Leu'n und Panthern mich hervor,
und von mir sprächen Mann und Weib und Kinder.«
Es ging seitdem kein Tag vorbei,
der Esel sang vor Zeus die selbe Litanei,
dass es zuletzt den Gott zu arg beschwerte,
und er die Bitte ihm gewährte.
Der Esel war nun ein recht großes Vieh,

erhielt dazu auch eine wilde Stimme,
dass, wenn der graue Herkules nun schrie,
der Wald erbebte wie bei der Löwen Grimme.
»Was mag das für ein Tier denn sein?
Es hat wohl Hauer, Hörner ohne Zahl?«
So fragt man sich und macht sich viele Qual.
Doch ward noch nicht ein Jahr verstrichen,
da wussten alle, was ein Esel ist,
und da war alle Furcht gewichen.
Des Esels Dummheit wird zum Sprichwort nun,
und schweren Fronen muß er tun.

Was hilft ein hoher Wuchs, ein hoher Stand,
wenn sich kein hoher Sinn damit verband.

(Iwan Andrejewitsch Krylow, Fabeln, Verlag Philipp Reclam jun. Leipzig 1973, Reclams Universal Bibliothek Band 143. 4. Auflage)

22. Der Jungfern-Sprung auf dem Oybin

(für Max)

Ein Mädchen ging nach dem Oybin
Dort wollt sie ihren frommen Sinn
Im Kirchlein recht erbauen
Und dann den Berg beschauen.

Da plötzlich trat ihr in die Quer
Ein schnöder junger Mönch und der
Wollt sie bethörn und küssen
Mit Schmeichelein und Rissen.

Die Jungfer floh vor diesem Bär.
Der tolle Mönch dicht hinterher. -
Doch stand sie bald mit bleichem Munde
Vor einem dunklen tiefen Grunde.

»O, Himmel«, rief sie.»Gib mir Krafft.
Damit mich nicht der Mönch errafft
Spring ich jetzt froh und munter.
Vom Felsen hier hinunter!«

Die Jungfer sprang. Ihr Sprung gelang.
Dem Herrgott sagt' sie ihren Dank.
Der Mönch tat mit den Tatzen
Die Glatzen sich zerkratzen.[*]

Um Gottes Willen!
Das sollte ihr niemand nachmachen!
Das ist ja lebensgefährlich!
Was da alles hätte passieren können!

---

* Die Verse sind dem Internet-Auftritt der Tourist – Information des Kurortes Oybin entnommen (Stand 2005).

Und wenn dann vielleicht noch das Auge des Gesetzes den Sprung beobachtet hätte ... nicht auszudenken.

Besagtes Auge wollen wir an dieser Stelle nicht auf die Jungfer werfen, und wir wollen es schon gar nicht zudrücken. Es soll vielmehr auf die Rechtslage schauen:

In Deutschland darf man sich nur auf zugelassenen Fluggeländen in die Luft begeben – ob nun nach oben oder (ganz gleich wie schräg) nach unten. Für Gleitschirmfliegen erteilt der Deutsche Hängegleiterverband als Beauftragter des Bundesministeriums für Verkehr die Start- und Landeerlaubnis nach § 25 des Luftverkehrsgesetzes. Der Deutsche Hängegleiterverband überprüft die flugtechnische Eignung des Geländes indem er anerkannte Sachverständige zur Inspektion hinschickt und dann aufgrund ihrer Stellungnahmen Erlaubnisbescheide erteilt.

Für den Oybin liegt ein solcher Bescheid nicht vor.

Folglich beging der Jungfer, bei der es sich ja nicht um ein gefallenes Mädchen handelt, sondern um ein geflogenes, eine klare Ordnungswidrigkeit.

Und es kommt noch schlimmer: Der Deutsche Hängegleiterverband setzt für jegliche fliegerische Aktivitäten Beauftragte ein, die für die Luftaufsicht zuständig sind. Schließlich muss einem doch klar sein, bevor man zum Absprung anläuft, woher der Wind weht, und mit welcher Thermik man rechnen kann. Dieser Beauftragte ist vor dem Start zu konsultieren. Im obigen Text steht kein Wort geschrieben, ob die junge Luftfahrerin dem im Interesse ihrer eigenen Sicherheit nachgekommen wäre.

Ferner ist zu klären, ob die Jungfer überhaupt für ihr Fluggerät ausgebildet war. Sie sollte dazu mindestens sechzehn Jahre alt gewesen sein. Selbst wenn wir einmal annehmen wollen, dass sie vertraut war in der Steuerung ihrer Unter- und Oberröcke so ist doch eines offen geblieben: Hatte sie überhaupt eine Fluglizenz oder nicht?

Nun mag man argumentieren, dass es sich in diesem Falle de facto nicht um einen Akt des Fliegens gehandelt haben mochte, sondern eher um einen Sprung, einen Rettungssprung. Das macht die Sache aber auch nicht leichter für die junge Dame. Im Gegenteil …

Fallschirme müssen gemäß der Luftgeräteprüfverordnung vom Luftfahrtbundesamt (LBA) zugelassen sein. Dazu ist eine Musterprüfung durchzuführen. Womit hat sich denn die junge Dame abwärts begeben? Wäschestücke! Haben wir dazu etwa eine Papierlage? Wurden die Röcke der Jungfer von einem LBA – anerkannten luftfahrttechnischen Betrieb für Rettungs- und Sprungfallschirme gepackt und inspiziert? Hatte sie vor ihrem Sprung ihr Rettungsmittel auf Einsatzfähigkeit hin überprüft? Alle diese Fragen müssen wir negativ beantworten. Folglich haben wir es hier nicht mit einer einzigen Ordnungswidrigkeit zu tun, sondern mit einer ganzen Serie von Verstößen gegen die Luftgeräteprüfverordnung.

Man kann ihr nicht einmal Fahrlässigkeit unterstellen, denn die Jungfer sprang mit Vorsatz. Das kommt teuer.

Dafür kann die junge Dame bis zu einem halben Jahr einziehen und muss mit einer Geldstrafe bis zu einhundertachtzig Tagessätzen rechnen.

Das alles wusste der Mönch, der sich ihr da in den Weg gestellt hatte. Nichts anderes begehrte er, als die wagemutige Jungfrau davon abzuhalten, sich ihren Kick zu holen, indem sie vom Oybin springt. Und allein aus diesem kühlen Grunde schlug er die Arme über dem Kopf zusammen, als sich diese unvernünftige Person trotz seiner Vorhaltungen in die Tiefe schwang.

Weil die sich doch strafbar machte in ihrem Leichtsinn …

So war das nämlich in Wirklichkeit!

23. Des neuen Kaisers Kleider

Damit ist dem Hans Christian Andersen ein ganz großer Wurf gelungen. Das ist ein Non-Plus-Ultra-Märchen. Und doch geschehen hier keine Wunder. Niemand nimmt eine andere Gestalt an. Es tritt auch kein lebendiges Spielzeug auf, und Blumen können auch nicht sprechen. Es geht vielmehr zu, wie im wirklichen Leben. Völlig absurd ...
Den Titel der Geschichte kennen wir alle, aber wer weiß aus dem Stand noch die Pointe?

Nun, da fasse ich mal kurz zusammen: Hauptperson ist ein Staatsoberhaupt von der eitlen Sorte, ein selbstgefällig Regierender, der alle Tage Modenschauen veranstaltet, mit sich selbst als Model. Diese hochgestellte Persönlichkeit war nun Betrügern auf den Leim gegangen. Die hatten sich als Hofschneider mit der Behauptung beworben, sie wären imstande, seiner Majestät einen Anzug aus ganz besonderem Stoff zu weben. Einerseits garantiere das Material dem Träger allerbesten Tragekomfort, andererseits wirke es als eine Art Lackmus, mit dem man zugleich auch die Höhe seines eigenen Intelligenzquotienten und die IQ's der Leute in seiner Umgebung testen könne. Wer nämlich dieses besondere Tuch und seine Struktur erkennen könne, der sei klug. Wer nicht, der wäre hingegen strohdumm. Die Burschen ließen sich gut bezahlen, kauften die teuersten Webstühle der Welt und machte sich ans Werk; allein niemand aus dem Hofstaat des Kaisers konnte erkennen, was sie da eigentlich fabrizierten. Man sah sie nur herumwerkeln. Den Kammerherren des Kaisers erging es nicht anders als seinen Ministern. Während ihnen von den Betrügern erläutert wurde, was für ein ausgefallenes Dekor vor ihnen ausgebreitet liege, sahen sie nichts anderes als Luft. Das hätte allerdings auf Grund der Prämisse der Betrüger aber bedeutet, dass sie einfach zu dumm wären, das exquisite Gewebe wahrzunehmen. So fürchteten die Bediensteten um ihre Anstellung. Sie taten, als hätten sie den Stoff tatsächlich vor Augen und brachen in Bewunderung aus.

Der Kaiser, dem sie von Dingen vorschwärmten, die sie selbst gar nicht wahrgenommen hatten – der erste Mann im Staate – sah allerdings ebenfalls nichts. Da er aber in Begleitung seines Gefolges zur Anprobe gekommen war und seine Mannschaft sich vor Entzücken kaum einholen konnte, tat auch er, als würde er da eine Kollektion Armani-Anzüge vor sich haben. Er wählte aus, was ihm anempfohlen wurde und bezahlte den ausgebufften Webern ihre Luftnummern auf dem Tisch fürstlich, ach was sage ich: kaiserlich. Und was dann kam, das ist so köstlich beschrieben, das kann ich nur im Original wiedergeben, und zwar mit allem Respekt vor Hans Christian:

Der Kaiser legte alle seine Kleider ab, und die Betrüger taten so, als ob sie ihm jedes Stück der neuen Kleider anzögen. Sie fassten ihn um den Leib und taten, als bänden sie etwas fest, das war die Schleppe; der Kaiser drehte und wendete sich vor dem Spiegel.

»Ei, wie gut das kleidet! Wie herrlich das sitzt!«, sagten alle.

»Welches Muster, welche Farben! Das ist eine kostbare Tracht!«

»Draußen stehen sie mit dem Thronhimmel, der über Eurer Majestät in der Prozession getragen werden soll«, meldete der Oberzeremonienmeister.

»Ja, ich bin fertig!«, sagte der Kaiser. »Sitzt es nicht gut?« Und dann wandte er sich nochmals vor dem Spiegel, denn es sollte scheinen, als ob er seinen Putz recht betrachte.

Die Kammerherren, die die Schleppe tragen sollten, griffen mit den Händen nach dem Fußboden, gerade als ob sie die Schleppe aufhöben. Sie gingen und taten, als ob sie etwas in der Luft hielten; sie wagten nicht, es sich merken zu lassen, dass sie nichts sehen konnten.

So ging der Kaiser in der Prozession unter dem prächtigen Thronhimmel, und alle Menschen auf der Straße und in den Fenstern riefen: »Gott, wie sind des Kaisers neue Kleider unvergleichlich; welch herrliche Schleppe hat er am Rock, wie schön das sitzt!« Keiner wollte es sich merken lassen, dass er nichts sah, denn dann hätte er ja nicht zu seinem Amt getaugt oder wäre sehr dumm gewesen. Keine von des Kaisers Kleidern hatten solches Glück gebracht wie diese.

»Aber er hat ja nichts an!«, sagte ein kleines Kind.

»Herrgott, hört die Stimme der Unschuld!«, sagte der Vater, und der eine flüsterte dem anderen zu, was das Kind gesagt hatte.

»Er hat nichts an, dort ist ein kleines Kind, das sagt, er hat nichts an!«

»Aber er hat ja nichts an!«, rief zuletzt das ganze Volk. Und der Kaiser bekam eine Gänsehaut, denn es schien ihm, sie hätten recht, aber er dachte bei sich: ›Nun muß ich die Prozession aushalten‹ Und so hielt er sich noch stolzer, und die Kammerherren gingen und trugen die Schleppe, die gar nicht da war. *

Nach Andersen bestand die Pointe nicht etwa darin, dass seine Majestät die Wahrheit, die das Volk erkannt und gerufen hatte, zur Kenntnis nahm, in sich ging und Schlussfolgerungen zog. Nein, meine Lieben! Der Meister aller Märchenerzähler, Hans Christian Andersen, kannte die Politiker seiner Zeit besser. Die nahmen doch simple Fakten, die jedermann und jede Frau aus dem Volk erkennen konnte, gar nicht erst zur Kenntnis. Da standen sie aber so was von drüber. Der Kaiser stolzierte folglich weiter einher als wäre alles bestens und die ganze Regierungsmannschaft tat es ihm gleich. Er hatte die Parole ausgegeben: Jetzt erst recht! Das bringen wir zu Ende! Wir lassen uns nicht von unserem guten Weg abbringen! Weiter geht's! Dieses Volk ist aber auch so was von dumm, dem werden wir es schon zeigen. Immer nur weiter so! Rückwärts nimmer!

Das soll sich sogar im wirklichen Leben zugetragen haben.

Ähnlichkeiten mit lebenden Personen natürlich ausgeschlossen.

Apropos: »Bin ich denn nur von Idioten umgeben?«. Da kann ich auch ein Lied von singen. Aber das ist so ungereimtes Zeug, das schreibe ich besser auf.

---

* Hans Christian Andersen: Die Galoschen des Glücks. Taschenbibliothek der Weltliteratur. Aufbauverlag Berlin und Weimar, 2. Auflage 1990.

Mein Herr Kaiser war kein Staatsoberhaupt sondern oberster Firmenlenker und damit in seiner Firma eine eben solche Autorität wie irgendein Schlossherr im Märchenreich. Mein Herr Kaiser war beileibe kein eitler Gockel, sondern ein ambitionierter Unternehmer. Seine Devise bestand darin, immer einen Schritt schneller zu sein als der Wettbewerb, und dann noch einen höheren Ertrag zu erzielen. Die Produkte, die bei Herrn Kaiser hergestellt wurden, hatten einen Unique Selling Point (USP). Das heißt auf Deutsch, sie unterschieden sich in irgendeiner Eigenschaft von vergleichbaren Erzeugnissen anderer Hersteller. Solch ein USP ist ein besonderes Verkaufsargument, das den Kunden dazu bewegen soll, sich für diesen einen speziellen Artikel zu entscheiden, und nicht für etwas anderes von der Konkurrenz. So ein USP kann eine einzigartige Gebrauchseigenschaft sein, ein auffallend schnittiges Design aber auch ein sensationell niedriger Preis, ein ganz eigener Service, oder aber auch, dass es beim Kauf eine Tüte Gummibären gratis dazu gibt. Letzteres wäre vielleicht ein ganz besonders dämlicher USP, aber lieber das, als alles so zu machen, wie die anderen auch, meinte Herr Kaiser. Der USP ist auf die Forschungstätigkeit ganz besonders umtriebiger Marketingexperten zurückzuführen. Die haben ihn entdeckt und so beschrieben, damit ihre Ausarbeitungen sich von denen anderer Ökonomen unterscheiden. Es geht unter Wirtschaftswissenschaftlern praktisch genau so zu wie in der Wirtschaft. Sie produzieren allerdings nichts Handfestes, sondern Theorien, die sie für Geld an den Mann bringen müssen. Davon leben sie, und sie wissen, das Publikum liebt das Originelle. Deshalb sind diese Experten ja auch so kreativ. Sie denken sich fortwährend neue Modelle mit faszinierenden Bezeichnungen aus; von »A« – wie der AIDA-Regel – bis »Z« – wie der Zielgruppen-Orientierung –, und den USP nicht vergessen.

Mein Herr Kaiser war am guten Rat seines Marketing-Beraters deshalb so interessiert, weil er nun mal seinen Gewinn im Verkauf machte und diesen Gewinn gern weiter erhöhen wollte. Für die Ratschläge des Beraters gab er dann einen beträchtlichen Teil des Gewinnes wieder aus, aber erstens konnte er das steuerlich als Aufwand absetzen und zweitens lernte er von Beratern viel. Die USP*s zum Beispiel waren ihm vorher auch kein Begriff gewesen …

Sein Marketing-Berater stellte ihm eines Tages einen gewissen technischen Berater vor, einen ganz besonderen Spezialisten. Der Mann hatte nämlich eine gänzlich neue Idee für eine wesentliche Baugruppe des Kaiser-Produktes. Man möge mir ersparen, diese genauer zu beschreiben. Es gibt schon genug unverständliche Bedienungs- und Bauanleitungen auf der Welt. Nur so viel: Keine Maschine und kein Fahrzeug kommt ohne diese Systeme aus. Alle Welt verwendet sie. Sie arbeiten hydraulisch. Das heißt: Dadurch, dass irgendwelche teuren Öle von einem Zylinder in einen anderen gepumpt werden, entsteht ein Unterdruck und der löst dann eine gewisse mechanische Bewegung aus. Jener technische Berater kam nun mit dem Vorschlag, das Ganze künftig pneumatisch zu betreiben. Mit Luft ginge es viel besser, meinte der Experte. Luft kostet nichts, Luft gibt's überall, sie ist leichter, und sie hinterlässt keine Flecke, wenn eine Stelle im System undicht wird. Diese Lösung wäre viel preiswerter und – hier ergänzte der kaufmännische Berater des Herrn Kaiser – das wäre mal ein unschlagbarer USP.

Zwar beschäftigte Herr Kaiser eine ganze Konstruktionsabteilung mit Ingenieuren, aber die hatten sich noch nicht mit dem betreffenden Bauteil beschäftigt, da es bislang als solches komplett zugekauft wurde. Herr Kaiser ließ sich die Beträge aufrufen, die sein Betrieb an den Hersteller jener Bauteile monatlich, jährlich und seit Produktionsaufnahme zahlte. Darüber kam er zu der Erkenntnis, dass das ihm ganz schön teuer zu stehen komme. Er trommelte seine Ingenieure zusammen und lud auch die Berater dazu ein. Der technische Berauter entwickelte seine Idee. Die Ingenieure, von der Thematik etwas überrascht, konnten im Detail nicht mitdiskutieren. Sie räumten ein, dass so etwas wohl im Prinzip möglich wäre, aber es habe sicher seine Gründe, wenn keiner der Wettbewerber in Vergangenheit und Gegenwart jenes Bauteil mit Luft betreibe. Der fremde technische Ideengeber lächelte nur über diese Äußerungen und meinte, dass halt eine gewisse Betriebsblindheit hier wie dort Einzug gehalten habe. Menschen neigten nun einmal dazu, gewohnheitsmäßig lieber an Überkommenem festzuhalten. In Anbetracht der gegebenen Wirtschaftslage würden wohl viele Unternehmer ein solches Investitionsrisiko scheuen, denn es dauere naturgemäß seine Zeit, bis sich solcher Art technische Neuerungen weltweit durchsetzen. Allerdings stünden dann gewaltige Umsätze in Aussicht, ergänzte ihn der Marketing-Berater. Der sprach dann im Weiteren von einem technologischen Quantensprung, zu dem man hier und heute ansetze könne, und sagte zu, sich um Fördermittel kümmern zu wollen. Aus dem Stand skizzierte eine Projektplanung. Der erste Schritt würde eine Machbarkeitsstudie sein.

Die lieferte er dann auch prompt zwei Monate später ab. Dafür bekam er ein Honorar in Höhe des Gehaltes aller Mitarbeiter der Konstruktionsabteilung zusammen. Gleichzeitig traf eine modellhafte Berechnung der Funktionsweise des pneumatischen Bauteiles ein, verfertigt vom technischen Berater. Der stellte eine Rechnung in selbiger Höhe. Beide Materialien bekam ein junger Hochschulabsolvent auf seinen Tisch. Der Leiter der Konstruktionsabteilung sagte sich, das wäre doch mal eine schöne Herausforderung für jemanden, der gerade seinen Abschluss gemacht habe, und der junge Mann möge dieses Projekt im Hause begleiten. Dieser vertiefte sich folglich in die Unterlagen und bildete sich seine Meinung.

Zum nächsten Meeting mit den Beratern wurde auch der junge Ingenieur mit hinzugezogen. Es ging hier schon um eine konkrete Investitionsplanung und die Auftragserteilung für ein Muster des pneumatisch zu betreibenden Teiles. An der Stelle meldete sich nun der junge Mann zu Wort. Er hatte sein Studium mit Bravour und innerhalb der Regelzeit hinter sich gebracht. Darauf konnte er sich schon was einbilden, und das tat er wohl auch. Außerdem beschäftigte er sich bislang nur mit Technik und nicht mit Diplomatie. Daher sagte er sinngemäß, das mit dem Muster könne man sich schenken, denn das ganze Vorhaben sei technologischer Blödsinn. Selbst wenn es unter Laborbedingungen einigermaßen funktionieren sollte, in der Praxis könne es aus diesen und jenen Gründen nicht eingesetzt werden. Die Anwesenden waren wie vor den Kopf geschlagen. Die aufgeführten Gründe konnten sie zwar nicht kommentieren, denn der junge Mensch sprach da irgendwelches Fachchinesisch. Aber jetzt, wo man schon so weit gekommen war, alles wieder auf Stopp setzen! Da machte man sich ja lächerlich. Die Anträge für Zuschüsse vom Wirtschaftsministerium waren doch schon eingereicht. Dieser Absolvent hatte ja gar keine Vorstellung davon, was er da anrichtete. Und noch dazu in diesem Ton ...

In der Wirtschaft geht es etwas anders zu als im Märchen oder in der hohen Politik ... Herr Kaiser steht heute noch seinem Unternehmen vor und seine Autorität unter seinen Mitarbeitern blieb unbestritten, obwohl er die Fertigung des Musters trotz des Einwandes des jungen Ingenieurs in Auftrag gegeben hatte. Das Muster liegt im Archiv der Firma. Es funktionierte sogar halbwegs nachdem noch einige zusätzliche speziellen Vorrichtungen und Sicherungen installiert worden waren. Die Bedienung war damit allerdings arg aufwendig und kompliziert geworden. Die betreffende Baugruppe wird weiterhin hydraulisch betrieben und von der Firma des Herrn Kaiser zugekauft.

Die Berater des Herrn Kaiser werden ebenfalls nach wie vor als Experten konsultiert, vor allem der Marketing-Fachmann. Hier handelt es sich schließlich um seriöse Ratgeber. Kein Vergleich mit den windigen Burschen, die Andersens Märchen-Kaiser etwas vorgewebt hatten. Externe Consulter von heute sind studierte Leute, und was die für Referenzlisten und Expertisen vorzuweisen haben .... .

Offiziellen Verlautbarungen zufolge wurde das Projekt des technischen Beraters allein der hohen Kosten wegen ad acta gelegt. Es konnte nun einmal nicht durchfinanziert werden. Das Wirtschaftsministerium habe wohl eine in Aussicht gestellte Förderung zurückgezogen. Externe Gründe also ... politische noch dazu.

Der junge Ingenieur aber war kurze Zeit nach jenem Meeting entlassen worden ... einfach nicht teamfähig der Mann.

24. Das Lächeln Friedrichs des Großen

Über den preußischen König, Friedrich II., gibt es viele Anekdoten. Ich finde besonders bemerkenswert, wie er seine Untertanen dazu gebracht haben soll, die Kartoffel als Grundnahrungsmittel zu schätzen. Diese Geschichte ist – und zwar ganz im Sinne des Wortes, wie ich dazu bemerken möchte – sowohl des Bemerkens als auch des Merkens wert.

Also merket auf: Eines Tages kamen dem König von Preußen Studien unter, in denen Botaniker das schon Jahrzehnte zuvor aus Amerika eingeführten Nachtschattengewächs namens Solanum tuberosum propagierten. Sie priesen die Knolle jenes in Europa bislang nur als Zierpflanze angebauten Gewächses ihrer vielen guten Eigenschaften wegen: Nährwert, Stärke, Kohlehydrate, Eiweiß und so weiter. Das gilt heutzutage immer noch wie damals, war zu jener Zeit aber nur einem kleinen Kreis von Akademikern bekannt. Nun aber fand es die besondere Aufmerksamkeit von König Friedrich dem Zweiten, vor allem als er von der Anspruchslosigkeit der Kartoffel in Bezug auf ihre Anbaubedingungen las. Märkischer Sandboden würde völlig ausreichen, um dieses Gewächs aus den südamerikanischen Anden auch im kargen Brandenburger Land gedeihen zu lassen. Man sollte zwar immer mal wieder mit der Hacke durch die Furchen ziehen und Erde anhäufeln, damit kein Licht an die Knollen herankomme, aber an Kräften für solcherart Arbeiten mangelte es in Preußen nicht. Bei relativ geringem Aufwand versprach diese Pflanze eine große Versorgungsleistung, und was das Beste war: über Winter ließen sich die zu bergenden Knollen einlagern und somit lange nach der Ernte noch verwerten. Man konnte sie sogar auf dem Ofen rösten und durch Aufgießen heißen Wassers obendrein eine Art Kaffee brühen. Kaffee trinken war gerade in Mode gekommen. König Friedrich sann egal danach, die teuren Kaffee-Importe irgendwie abzulösen. Ihm gelang es. Nachfolgenden Herrschern nicht, die hatten nämlich seine Methode nicht verstanden. Die hatten eine andere Vorstellung vom Umgang mit dem Volk und wurden von ihrem Volk daher später auch nicht mit dem Rufnamen »Der Große« bedacht.

Den Konsumenten im Königreich, die sich bis dato hauptsächlich von Grütze und Haferschleim ernährten, könnte mit den Erdäpfeln eine merkliche Bereicherung ihres recht einseitigen Speiseplanes auf den Küchentisch zu legen sein und das gerade in Zeiten der Not, schlussfolgerte der Landesvater; Zeiten der Not kamen während seiner Regentschaft häufiger vor. Letzteres war namentlich auf die riskanten und nicht ausschließlich sieg- sondern auch verlustreichen Kriegszüge Friedrichs zurückzuführen.

Nun hatte König Friedrich als Prinz bei seinem Vater Wilhelm gelernt, wie man mit dem Volk tunlichst nicht umgehen sollte. Von jedem König, jedem Leiter, Chef oder Lehrer kann man nämlich etwas lernen, und wenn es nur das Eine sein sollte: Was man selbst nie und nimmer und auf gar keinen Fall tun würde, sollte man je in ähnliche Situationen geraten. Über König Wilhelm dem Ersten, des großen Friedrichs Vater, wird berichtet, dass er zuweilen höchst selbst mit der Rute auf die Leute einhieb, den eigenen Sohn inklusive, um alle mittels derart schlagkräftiger Argumente dazu zu bewegen, dem Willen ihres Monarchen nachzukommen. Die Resultate majestätischer Züchtigung fielen denn allerdings eher schlecht als recht und langfristig schon gar nicht so wie gewollt aus.

Im Gegenteil ...

Aber wir wollen König Wilhelm ruhen lassen und zurückkehren zu seinen Sohn, dem späteren König Friedrich und dessen Kartoffel-Kampagne. Nachdem der König das Nahrungspotential der amerikanischen Knolle erkannt hatte, befahl er eben nicht die Bürger Berlins zum Schloss, damit die sich je eine Kartoffelstaude abholten und diese bei Strafandrohung aufpäppelten. Nein, Friedrich verfolgte eine völlig andere Strategie.

Er ließ in dem damals wie heute zu Naherholungszwecken genutzten Berliner Tiergarten einen Acker abstecken und umpflügen sowie anschließend von seinen Soldaten bewachen. Auf neugierige Fragen aus der Bevölkerung, wurde beschieden, dass der König also hier gedenke, eine ganz besondere Delikatesse für die Hofküche heranzuziehen. Zur Bekräftigung dessen wurde auch noch ein Holzzaun rings um das Feld und ein Schilderhäuschen aufgestellt. Jedem Berliner Bürger kam dieser Zaun zwangsläufig beim nächsten Spaziergang in die Quere. Die hölzerne Absperrung war nun genau so hoch, dass ein Erwachsener darüber schauen konnte, und man sah, dort wächst etwas völlig Unbekanntes heran. Die Soldaten der hauptstädtischen Garnison waren zudem angewiesen, Auskunft zu erteilen. Eine exotische Pflanze, erläuterten sie den Passanten, etwas völlig Ausgefallenes habe sich der Herrscher da kommen lassen. Nicht das Kraut sei es, was er begehre, und erst recht nicht die Frucht, die sei sogar giftig, nein auf die Wurzel, die Knolle, wäre er erpicht. Die Knolle könne man sowohl kochen als auch braten oder in Öl sieden. Die ideale Beilage ... und falls ihm der Sinn danach stehe, dann könne Majestät sie auch als Hauptgericht verzehren.

Zuweilen schaute selbst der König nach seinem Feld. Damit wurden der königliche Acker und die fremdländische Pflanze zum Gesprächsgegenstand nicht allein in der Berliner Society sondern auch an Tischen des gemeinen Volkes. Als dann der Herbst kam und die ersten königlichen Kartoffeln geerntet wurden, herrschte großer Besucherandrang entlang des Ackers. Die Anzahl der Wachsoldaten war verdoppelt wurden, und alle hatten einen klaren Befehl bekommen: Sollte sich irgendeiner der neugierigen Berliner erdreisten, nach Einbruch der Dunkelheit über den Zaun zu klettern und Kartoffeln ihrer Majestät zu stiebitzen, dann wird ganz konsequent ...

... weggeguckt!

Jawohl! Mundraub auf dem königlichen Acker wird einfach ignoriert! So lautete der königliche Befehl Friedrichs.

Die Berliner holten sich die Knollen. Ist doch klar. Sie probierten die Rezepte aus und waren sich einig: Das kommt nicht nur im Schloss auf den Teller. Und vor allem eines: dieses herrliche Gefühl, vor den Augen der Wachmannschaft dem König seine Delikatesse geklaut zu haben.

Faktisch von der Gabel Ihrer Majestät weg. Das gab der Speise eine ganz eigene Würze. Man bezeichnete sie deshalb in Preußen auch nicht als Erdapfel, wie anderswo, im Habsburgischen zum Beispiel. Man nannte sie vielmehr liebevoll Kartöffelchen, und in diesem Wort klingt doch wirklich noch der rare Trüffel nach.

Ob die Anekdote nun wahr ist oder nicht, dafür kann ich mich nicht verbürgen. Ich war nicht dabei. Ich versichere, sie ist nicht auf meinem Mist gewachsen. Doch sollte das sich einer ausgedacht haben und König Friedrich nur wegen seiner Popularität als Spiritus Rektor der Aktion benannt haben, so dürfte auch der ein kluger Kopf gewesen sein. Immerhin hat er ein ganz wichtiges Prinzip in diese Geschichte gekleidet: Man kann niemanden zwingen, etwas Neues anzunehmen, selbst wenn der andere dafür nicht einmal auf alt Gewohntes verzichten müsste, und auch nicht, wenn das Neue zu dessen eigenem Nutzen und Vorteil wäre. Er wird dennoch protestieren und darauf beharren, so weiterzumachen, wie er es immer getan hat. Aber gebe man ihm die Chance und das Gefühl, in einer bestimmten Richtung sein Glück machen zu können, so wird er da suchen und es unweigerlich finden – selbst unter Anstrengungen und Mühsal.

Das ist des Großen Friedrich große Weisheit: Alle wollen sich als Gewinner sehen. Der größte Gewinner ist jedoch, wer es dann auch noch so aussehen lässt, als ob die anderen den Hauptgewinn ziehen, wenn sie das tun, was er sich von ihnen erwünscht hatte.

Sollte es sich wirklich damals so zugetragen haben, wie die Anekdote berichtet, dann bekenne ich mich als Verehrer Friedrichs und nenne ihn ebenso gern den Großen. Das ist ja wohl wirklich die hohe Schule der Menschenführung. Und es sollte in jedem Basisseminar für Politikwissenschaftler als ein Musterbeispiel für alternativen Managementmethoden erörtert werden. Was mit Zwang durchgesetzt werden muss, wird nur so lange befolgt, wie der Zwang spürbar bleibt. Wofür sich die Menschen aber selbst entschieden haben, aus freien Stücken ohne erkennbare Bevormundung, daran halten sie fest – ein Leben lang und mit Dankbarkeit. Nachfolgende Generationen – noch hunderte Jahre später – ebenso …

Zu der Zeit als ich mit mir herumpubertierte, geriet ich zuweilen auch mehr oder minder heftig an meinen Vater, der zumeist anderes wollte als ich. Eines Abends nach einer erneuten Klarstellung, wer von uns eigentlich der Herr in dem Hause meiner Kindheit war, fasste ich mir doch ein Herz und versuchte, frei von emotionalen Trotzaufwallungen auch mal etwas Merkenswertes zu bemerken. »Ich bin jetzt sechszehn«, hielt ich ihm vor. »Ich hab einen eigenen Ausweis. Die Lehrer in der Schule siezen mich. Sogar die Polizei. Ich bin kein Kind mehr, und die Zeit, da du mich erzogen hast, die ist vorbei. Das kannste aber wissen.«

Mein Vater setzte jedoch erstaunlicher Weise nichts dagegen. Er schaute zu meiner Mutter. Diese hatte bei meiner Rede den Kopf abgewendet, so dass ich nicht ihr Gesicht sehen konnte. Mein Vater aber dachte kurz nach, und dann sagte er: »Gut. Wenn du das so willst, dann erziehen wir dich von heute Abend an eben nicht mehr.«

Meine Mutter schaute jetzt wieder zu mir, und ich sah, sie lächelte, und Vater lächelte sie an – sie lächelte er an übrigens, nicht mich.

Na, dachte ich, na, was wird das nun? Worauf will er jetzt hinaus? Aber es kam nichts mehr. Hatte ich mich durchgesetzt? Ich fühlte mich gut drauf. Dieser Punkt ging endlich mal an mich, dachte ich.

Von wegen nicht mehr erzogen.

Es kam mir aber so vor …

Wenn wir uns später zuprosteten, bei Geburtstagen oder sonstigen Anlässen, dann lächelt mein Vater heute noch so wie damals. Er lächelt das Lächeln Friedrich des Großen …

25. Lassmann

Mein Freund Wolfgang kennt diese Geschichte viel besser. Er weiß alle Details, wo sie sich zutrug, wann das genau war, und in welchem Verhältnis die Personen tatsächlich zueinander standen. Hierbei handelt es sich nämlich um eine wahre Geschichte. Jedenfalls war sie mal wahr, so wahr sie Wolfgang in einem Archiv ausgebuddelt hatte, das er zu irgendwelchen Forschungszwecken durchforsten musste. Dummerweise sind wir uns durch die Wirren des gegenwärtigen Erwerbslebens aus den Augen geraten, so dass ich ihn beim Versuch der Nacherzählung nicht zu Rate ziehen kann. Sicher bringe ich alles kunterbunt durcheinander, und die Pointe verderbe ich wohl auch noch. Aber das weiß ja nur Wolfgang, und ich hoffe, dass er die Gelegenheit nutzen wird, meine Missverständnisse richtig zustellen, auf dass wir mit diesem Trick die Weichen umstellen und die Geleise, auf denen unsere Züge des Lebens fahren, wieder aufeinander zu führen lassen.

Lassmann war Bauer. Er lebte irgendwann im 18. Jahrhundert. Er hieß aber nicht wirklich so. Diesen Namen habe ich ihm gegeben. Und zwar dachte ich nach, bei welchen Namen Wolfgang ihn damals genannt haben mochte, als er mir die Geschichte erzählte. Ich dachte und dachte, nach und nach, aber es wollte mir partout nichts mehr zurückkommen aus der fernen Erinnerung. Da sagte ich mir: »Lass Mann!« Und das war's dann.

Lassmann hatte seinen kleinen Hof am Rande des Dorfes in dem sich diese Geschichte zugetragen hatte; am Dorfeingang sozusagen. Man könnte allerdings auch sagen – am Dorfausgang. Das ist eine Frage des Standpunkts. Jedenfalls brauchte er immer seine Zeit von sich daheim bis hin zum Zentrum der dörflichen Gemeinschaft, zum Beispiel sonntags zum Gottesdienst. Er traf jedes Mal als letzter dort ein. Manchmal war er so spät dran, dass er nur noch das »Amen« am Ende der Predigt des Pfarrers hörte. Wenigstens kam er immer noch rechtzeitig genug, um mit den anderen Bauern im Dorfkrug die Predigt auszuwerten. Dort blieb Lassmann dann allerdings bis zur Schließzeit, denn er musste sich von jedem einzelnen seiner Nachbarsleute genau erklären lassen, was der Herr Pfarrer wohl mit diesen oder jenen seiner Worte gemeint haben mochte. Lassmann brauchte Zeit dafür, denn er wollte alles recht verstehen. Nachher hätte er noch etwas falsch mitbekommen, und in solch einer dörflichen Gemeinschaft war es wichtig, einheitlichen Sinn zu zeigen. Zusammengehörigkeit ist: An der richtigen Stelle zu fluchen und dann zu lachen, wenn alle lachen. Nicht umgekehrt ...

Damals war es so geregelt, dass die Bauern zwar ihr Stück Acker, Weide und Wiese mitsamt dem Wohnhaus, den Scheuern und Ställen nach Gutdünken bewirtschaften konnten. Es stand ihnen sogar frei, dazu Knechte und Mägde einzustellen. Und auch der Ertrag ihrer Arbeit kam ihnen zu. Sie konnten über ihre Ernte und ihre Tiere verfügen – nur eben nicht ganz über alles. Einen Teil musste sie teilen, denn das Land, was sie da bebauten, war nicht eigentlich ihr Eigentum. Es gehörte vielmehr zum Grundbesitz eines Edlen, Grafen, Fürsten oder gar der Krone direkt – dem König also, der es dann zumeist über einen Amtmann verwalten ließ. Von denen hatten die Bauern vertraglich nun die Zusicherung, ihren Flecken bestellen zu können, und auch an ihre Nachkommen zu vererben. Allerdings bestand die Herrschaft auf einigen Gegenleistungen – Hand- und Spanndienste zum Beispiel. Schließlich hatte die Herrschaft ja auch eigene Felder, und die mussten ebenfalls bestellt werden. Deren eigenes Personal reichte dazu nicht aus. Das hielt man aus Kostengründen niedrig. Also verpflichtete man die Bauern der Umgebung. Insofern diese eigenes Gesinde hatten, konnten ja die Knechte geschickt werden. Aber wer seine Scholle selbst bestellte, der hätte zerreißen wollen, denn auch auf seinem Acker stand das Korn reif. Doch Freistellungen gab es nicht. Jeder hatte seine Tage im Monat bei der Herrschaft zu absolvieren. Und war die Ernte endlich eingefahren, dann musste man der Herrschaft auch noch etwas vom Eigenen abgeben. Das »Etwas« fiel unterschiedlich aus. Es lag zumeist im Ermessen des Amtmannes oder des Gutsherrn oder wer immer es auch war, der das bestimmen konnte.

In dem Jahr, von dem die Chronik erzählte, die mein Freund Wolfgang unter Bergen von Papier gefunden hatte, fiel die Ernte in jenem Dorf ganz besonders prächtig aus; das Erntedankfest folglich auch. Es herrschte eitel Freude und gute Stimmung. Die jungen Leute tanzten schon und die Alten rauchten Pfeife zum Gerstensaft. Nur einer fehlte in dem Treiben – Lassmann. Der war wieder einmal nicht rechtzeitig fertig geworden auf seinem Hof, aber schließlich meinte er doch, seinen Pflichten gegenüber Haus und Vieh genüge getan zu haben, wusch sich die Hände unter der Pumpe, zog seine Sonntagsjacke über, setzte seinen Hut auf und begab sich auf den Weg durch's menschenleere Dorf, dahin von wo Musik erklang. Unter der Linde, neben dem Dorfkrug und gegenüber der Kirche war alles Volk der Umgebung versammelt. Gerade als Lassmann hinzutrat, setzte die Musik aus und nachdem der Trubel etwas abgeebbt war, nahm einer der reicheren Bauern das Wort. Der hielt eine Rede. Er dankte Gott für die reiche Ernte, aber die hätte noch ertragreicher ausfallen können, meinte er, nämlich, wenn man nicht so viel bei der Herrschaft beschäftigt gewesen wäre, sondern mehr Zeit und Kraft für die eigenen Felder zu Verfügung gehabt hätte. Das sahen alle anderen ebenso – auch Lassmann. Weil dem nun so war, so schlug der Redner vor, dass morgen, also am Morgen nach dem Erntedankfest, alle Bauern des Dorfes hinfahren sollten zum Gutsherrn, um ihm ein Geschenk bringen, eine Kuh, oder ein Schwein oder eine Gans. Damit wollten ihn gnädig stimmen, auf dass er ablasse von der lastenden Fron der Dienste, und jeden Bauern wenigstens einen Tag im Monat zusätzlich freistelle. Das war eine lange Rede, eine sehr lange mitten im Fest. Zwar war Lassmann soeben erst hinzugekommen, aber die anderen waren ja schon geraume Zeit zugange. Alle waren froh, dass die Rede nun zu Ende war, alle wollten weiterfeiern und alle waren einverstanden mit der Aussicht, künftig weniger für die Herrschaft arbeiten zu müssen, und mehr Zeit zu haben daheim auf dem eigenen Hof. Außerdem waren nicht alle im Publikum Bauern, das Gesinde brauchte ja nichts abzugeben.

Nun besaß nicht ein jeder eine Kuh, die zu wenig Milch gab. Einfach so ein Tier hergeben, für nichts? Verschenken sozusagen? Und

Mehl stand auch nicht säckeweise auf dem Hof herum, bei keinem. Bauer Lassmann ließ sich ganz genau erklären, was an Vorteilen zu erwarten wäre. Wenn er sich denn überhaupt von etwas trennen würde, dann von seinem alten, faulen Hahn. Anderes nicht und mehr auch nicht. Allerdings dafür künftig ein paar Tage mehr Zeit für seinen Hof zu haben, das wäre schon eine willkommene Gegenleistung für den Gockel. Vielleicht konnte man mit dem Gutsherrn sogar noch darüber handelseinig werden, dass Lassmann für diese Gabe seine Dienste im Winter erbringen dürfte und nicht im Sommer. Das wäre dann der Hahn auf alle Fälle wert. Lassmann überlegte schon, was er alles mit der so gewonnenen Zeit anfangen würde. Die anderen Bauern hatten ähnliche Gedanken und darüber sprachen sie während des Festes bis in die späte Nacht hinein, immer lauter und fröhlicher, je mehr sie dazu tranken. Alle waren sich einig, dass das mal eine gute Idee gewesen war.

Am nächsten Morgen wurde Bauer Lassmann von seinem Nachbarn geweckt. Der stand, bereits abmarschbereit auf Lassmanns Hof, da lag jener allerdings noch im Bett. Er hatte den Hahnenschrei am frühen Morgen nicht gehört. Der Hahn war ja alt und nicht mehr so stimmgewaltig Während der Nachbar schon loszog, zog sich Lassmann erst einmal an. Dann wurde das Vieh gefüttert und darauf musste er auch selbst noch frühstücken. Schließlich machte er sich daran, den Hahn einzufangen. Dieser war zwar alt und faul, aber noch lange nicht so siech, dass er sich einfach hätte greifen lassen. Als das Tier endlich im Korb steckte, Deckel drauf und zugebunden, da krakeelte er allerdings nicht mehr lang herum und hatte sich alsbald mit seinem Schicksal abgefunden. Dann musste Lassmann sein Pferd aus dem Stall holen und anspannen. Es brauchte eben alles seine Zeit.

Aber dann, dann ging es doch noch los. Bauer Lassmann ließ seinem Gaul die Zügel lang, der war ja auch nicht mehr der jüngste. Als er in der Mitte des Dorfes ankam, dort wo gestern noch gefeiert wurde, hörte er vom Wirt, dass die anderen schon vor Stunden aufgebrochen wären. Und er wäre mal wieder der letzte. Sputen solle er sich. Lassmann winkte ab, das kannte er ja, und so kannte man ihn, aber alle wussten auch, sie könnten sich auf sein Kommen verlassen.

Als Lassmann gerade das letzte Haus des Dorfes passiert hatte, stutzte er. Die Bauern des Dorfes waren bereits auf dem Rückweg vom Schloss und kamen ihm in einem breiten Tross entgegen. Er ließ sein Gaul anhalten und wartete auf die Heimkehrer. Die wirkten etwas verkatert, als sie dann bei Lassmann eintrafen. Kein Wunder, waren sie doch nach dem gestrigen Fest viel eher als Lassmann aufgestanden und hatten sich mit samt ihren Gaben zum Gut begeben. Dort waren sie auch empfangen worden, berichteten sie. Jeder durfte sein Geschenk übergeben und seinen Wunsch vortragen. Danach aber wurden sie wieder nach Hause geschickt. Sie würden schon hören, hieß es. So richtig gut war ihre gestrige Idee wohl nicht angekommen. Lassmann zündete sich eine Pfeife an und überlegte, ob er nun allein auf's Schloss fahren sollte. Er schaute zum Himmel, bemerkte entfernt eine dunkle Wolke und entschied sich, umzukehren. Das rettete dem Hahn das Leben.

Kurze Zeit darauf wurde erlassen, was die Bauern jenes Dorfes im Folgejahr an Diensten zu erbringen hatten. Die fielen im gleichen Umfang aus wie zuvor. Darauf wurde aber auch verkündet, was ein jeder künftig als Abgabe zu entrichten hatte. Ebenfalls wie zuvor, allerdings zusätzlich für alle Bauern des Dorfes noch das, was sie in jenem Jahr als Extra-Gabe zum Schloss gebracht hatten. Der eine eine Kuh, der andere ein Schwein, der dritte eine Gans.

Nur von Bauer Lassmann wurde nichts mehr verlangt als zuvor schon gehabt.

Wäre dies eine erdachte Geschichte, müsste man wohl fragen: »Was wollte uns der Dichter damit sagen?« Und darüber ließe sich streiten.

Geschichten, die das Leben schreibt und zuweilen in Archiven ablegt, hätten uns aber auch etwas sagen, zumal wenn sie denn für die heutige Zeit wiederentdeckt werden. Das meinte jedenfalls mein Freund Wolfgang.

Und das ist unbestritten.

Aber auch wenn ich ihm da gern folgen möchte, bitteschön – ganz langsam.

26. Mein Lieblingsmärchen

Ich lebe gefährlich. Meine Frau kann hexen.

Damit will ich im eigenen Interesse nicht gesagt haben, sie wäre eine Hexe, aber ein unheimliches Gefühl beschleicht mich zuweilen schon.

Zum Beispiel: Sie sitzt vor dem Fernsehapparat im Wohnzimmer. Ich halte mich in meinem Arbeitszimmer auf. Sie kann mich nicht sehen, und sie hört mich auch nicht rumoren, zum einen, weil ihr Programm mit Ton gesendet wird und zum anderen, weil auch bei mir im Zimmer Musik aus den Lautsprechern klingt. Dann kommt der Moment, wo ich Platz nehme, mich in den Sessel setze, die Beine hoch und genau in diesem Augenblick ruft sie mich mit einem Sonderwunsch zu sich rüber. Das passiert immer wieder. Dafür gibt es keine physikalische Erklärung. Gerade, wenn ich drinnen sitze im tiefen Sessel und keine Minute vorher. Ich weiß wirklich nicht, wie sie das macht.

Sie kann auch Schlüssel auftauchen lassen, die ich überall gesucht habe. Das wäre ja noch nichts Besonderes – aber sie zaubert das vermisste Schlüsselbund an einer Stelle hervor, nämlich dort, wo ich gerade eben erst nachgeschaut hatte. Und da war es nicht gewesen; das kann ich bezeugen. Doch, was das Schlimmste ist, sie hat sogar ein Märchen verschwinden lassen. Das muss man sich mal vorstellen! Sie zaubert einfach in der Literaturgeschichte herum und nimmt mir mein Lieblingsmärchen weg.

Das kann ja wohl wirklich nicht mit rechten Dingen zugehen. Nein, es ist unmöglich. Dieses Märchen kann sie nicht in Luft aufgelöst haben. Wo ich es doch gelesen hatte. Ich erinnere mich ganz genau, denn ich hatte es nicht schlechthin irgendwie gelesen, sondern ich hatte es vorgelesen – und zwar meinem Kinde vor dem Zubettgehen. Vor langer, langer Zeit. Aber selbst, wenn die Jahre vergehen, und ich das eine oder andere mittlerweile vergessen haben mag. Dieses Märchen ist keine Fiktion. Es hat existiert.

Ich denke mal, ach was sage ich – ich hoffe inständig – dass es sich bei dem Verschwinden des Märchens nur um einen Trick handelte so wie bei dem Magier im Varieté. Ich vermute, dass andere Interessierte mein Märchen wieder auffinden können, dass nur mir allein die Frau eine Blockade in den Sehnerv zwischen Auge und Großhirn gehext hat, so dass ich es nicht entdecken kann, obwohl es noch da steht im Märchenbuch und nicht gelöscht worden ist. Ich wünschte, dass es um dieses, mein Lieblingsmärchen, so stünde wie um die Schlüssel; es ist immer noch da, es entzieht sich mir nur und nur mir allein. Wenn sie es wollte, wäre sie imstande, und schaffte mir mein Märchen wieder herbei, die Frau; aber sie will ja nicht.

Ich kann es nämlich schon aus dem einen Grunde nicht finden, weil es ihr nicht zugesagt hatte. Sie mochte es nicht. Darauf hat sie dann einen Bann drüber gesprochen. Und seither habe ich keinen Zugang mehr. Doch es ist es nach wie vor mein Lieblingsmärchen. Seit dem erst recht. Ich hatte es zwar damals an jenem einem Abend vor langer, langer Zeit zum ersten Mal gelesen, aber sofort war ich von dem wunderschönen Text angetan, der Handlung, den beiden liebenswerten Hauptpersonen und schließlich von der originellen Pointe.

Ich kann mir natürlich erklären, warum meiner emanzipierten Frau dieser märchenhafte Text missfiel. Schon mit dem Titel, der Überschrift, eckte ich an. Gleich nachdem ich diese Gute-Nacht-Geschichte unserem Kind dargeboten hatte, wollte ich sie damals auch meiner Holden erzählen.

»Weißt Du, was ich unserer Tochter heute Abend vorgelesen habe?«, fragte ich noch immer begeistert. Das war mehr eine rhetorische Frage, denn die Frau war in der Küche beschäftigt und schien nicht recht an der Antwort auf die Frage interessiert zu sein. Deshalb gab ich sie auch gleich selbst: »Wie's der Alte tut, ist's immer recht!«.

Schweigen.

»Um Gottes willen!«, entgegnete dann die Frau und Mutter. »Sie ist doch noch ein Kind.«

Das Kind erschien auch auf's Stichwort und beklagte sich, dass es nicht einschlafen könne. Es brauche unbedingt etwas zu trinken.

»Ja, das glaube ich, dass es dich jetzt graust, ins Bett zu gehen«, pflichtete die Mutter entgegen ihrer sonstigen Gewohnheit bei. »Wo der Vati dir aber auch solche Horrorgeschichten erzählt. Da muss man ja schlecht träumen.«

»Hej, was soll das?«, empörte ich mich. »So hör doch mal zu! Hier kommen überhaupt keine wilden Tiere vor oder Drachen, die kleine Mädchen fressen. Niemand muss ins Turmverlies. Es gibt kein Gemetzel, alle bleiben am Leben und gesund. Es ist überhaupt sehr lehrreich, denn es heißt ja nicht umsonst ›Wie's der Alte tut, ist's immer recht!‹«

»Genug!«, rief die Frau, und die Tochter begann auf der Stelle zu heulen.

Während sich meine Damen ins Kinderzimmer zurückzogen, schlug ich das Kinderbuch wieder auf und las das Märchen noch einmal für mich im Stehen. Und aus dem Gedächtnis heraus versuche ich es jetzt hier wiederzugeben. Es mag ja sein, dass ich das eine oder andere in der Erinnerung verklärt oder verwechselt habe. Umso besser für den, der das verzauberte Märchen irgendwo findet. Da bitte ich ihn hiermit, die Originalversion so schnell und umfassend wie möglich zu publizieren. Damit alle was davon haben; damit dieser verwunschene Schatz gehoben werden möge; damit sich alle Ehemänner künftig daran ungehindert erbauen dürfen!

Im Augenblick ist das nämlich nicht möglich. Das Märchen bleibt verschwunden, und dabei habe ich sogar das Internet bemüht. Dort gibt es diese Suchmaschinen, die finden einem jeden Text der Welt. Irgendeine Gedichtzeile eingegeben und plopp werden einem im Handumdrehen Dutzende Verweise gegeben. Da reicht ein kurzer Klick und schon hat man die ganze Lyrik auf dem Bildschirm. Aber nicht so mit meinem Lieblingsmärchen. Ich trug dem Programm auf, nach »immer recht« zu suchen. Was offenbarte sich mir da? »Die Partei, die Partei hat immer recht« und »Mutter hat immer recht«. »Das Sozialamt hat immer recht« sowie »Die Bibel hat immer recht« Aber auch: »Das Recht dient immer der Verwirklichung von Wertvorstellungen.«Und»Er braucht immer recht lange«, bzw:»Obwohl die Bildqualität immer noch recht gut ist, lässt die Benutzerfreundlichkeit zu wünschen übrig.«Da versuchte ich es eben mit:»Wie's der Alte tut.«Nun las ich:»Der alte Klopper tut es immer noch«und:»Die alte Technik tut sich schwer…«wie auch:»Dieses Kraut tut seit alters her gut.«Alles sicher lehrreiche Texte, aber kein Hinweis auf mein Lieblings-Märchen. Da wuchs der Respekt vor den Zauberkünsten meines Eheweibes ins Unermessliche, denn sie hatte mal wieder ganze Arbeit geleistet. Sogar das mächtige WorldWide-Web fügte sich ihrem Bannspruch aus einer Zeit, als das Netz noch gar nicht virtuell geknüpft worden war.

Doch vielleicht schaffen wir es gemeinsam, das versunkene Märchen wieder auftauchen zu lassen. Ich gebe den Inhalt aus der Erinnerung vor, und Ihr nehmt die Bücher zur Hand, um das Märchen neu zu entdecken.

Der Alte lebte mit seiner Alten glücklich aber in sehr bescheidenen Verhältnissen auf dem Lande. Da es auf den Winter zuging, ihre Vorräte jedoch gering waren, wurden sie sich schnell einig, dass etwas von ihrem bisschen Eigentum zu Geld gemacht werden müsse, um ausreichend Verpflegung über die kalten Monate im Hause zu haben. Das Pferd sollte auf den Markt gebracht werden, schlug der Alte vor und seine Frau unterstützte ihn darin, denn dieses Tier brauchte am meisten Futter und Pflege ohne, dass es im Winter irgendetwas Verwertbares wie Milch oder Eier lieferte. Außerdem würde es von all ihrem Besitz den größten Erlös bringen. Also zog der Alte gelegentlich des nächsten Markttages los. Er bekam das Pferd auch verkauft, und von dem eingenommenen Geld kaufte er eine Kuh, aber diese tauschte er dann gegen ein Schwein mit einem gewissen Wertausgleich, das Schwein gegen einen Hahn und diesen wiederum gegen einen Sack voller Äpfel, die als Bratapfel gedacht waren. Darauf hatte er noch etwas Geld über und ging ins Wirtshaus, wobei er in Vorfreude auf das Gesicht, das seine Alte machen würde, schon mal ein paar Äpfel in die Ofenröhre legte. Die zischten da dann vor sich hin. Über dieses Geräusch wurde eine Gruppe englischer Touristen, die in dem Gasthaus auch gerade Station machte, auf den Alten aufmerksam. Man kam ins Gespräch und die Engländer vernahmen voller Erstaunen, wie ihr Gesprächspartner ein gutes Pferd über eine handvoll Tauschaktionen in einen Sack schrumpliger Äpfel verwandelt hatte und sich darüber noch spitzbübisch freute, als hätte er ein Bombengeschäft gemacht. Da man solch eine Story nicht alle Tage geboten bekommt, amüsierten sich die Weitgereisten köstlich. Dann sagte einer:»Wart's ab, Väterchen. Auch wenn du jetzt noch ganz stolz auf den Handel bist, komm' du mal nach Hause, da wird deine Alte aber zetern.«

»Nicht doch.«, hielt ihm der Alte entgegen.»Meine Frau wird mich bewundern und loben für mein Geschick. Sie wird alles gutheißen, was ich hier in der Stadt gemacht habe. Dafür ist sie ja meine Alte.«

Darüber bekamen sich die Engländer nun gar nicht mehr ein, und sie schlossen eine Wette ab: Sollte der Alte tatsächlich Recht haben und von seiner Frau gelobt werden, wenn er ihr von seinem Marktbesuch berichtet, dann wollten sie ihm eine Summe zukommen lassen, dass sich die beiden Alten gleich einen ganzen neuen Hof errichten lassen könnten. Wenn die Alte ihm aber Vorhaltungen machen und ihn einen Deppen schimpfen würde, der sie nur in den Hungertod führe, dann erwarteten sie nichts weiter von dem wunderlichen Kauz, dann wäre der ja schon genug gestraft. Immerhin hätten sie dann aber einen einzigartigen, unvergesslichen Programmpunkt auf ihrer Reise erlebt. Und deshalb wurde beschlossen, umgehend gemeinsam aufzubrechen und den Alten nach Hause zu begleiten.

Gesagt getan, sie erreichten über kurz oder lang auch die ärmlichen Hütte und sahen, wie die Alte herausgestürzt kam, um ihren Mann nach seiner langen Reise zu begrüßen. Der war zwar nicht einmal einen Tag lang weg gewesen, aber dennoch schien sie ihn schon sehnsüchtig erwartet zu haben. Der Alte stellte seine Begleiter vor. Man setzt sich, und dann erzählte der Mann von seinen Geschäften.

Die Frau war nicht vorgewarnt. Ihre Reaktionen waren also nicht geschauspielert oder eingeübt, sondern spontan und ehrlich gemeint. Erst erzählte der Alte, wie er das Pferd verkauft hatte. Da war die Frau noch des Lobes voll, aber als er berichtete, dass er von dem erhaltenen Betrag eine Kuh gekauft habe, da klatschte sie in die Hände und freute sich wie ein Kind darüber dass, man im kalten Winter jeden Tag werde warme Milch trinken können. Doch dann sprach er davon, dass er das frisch erworbene Rindvieh wieder für eine Sau hergegeben habe. Da schüttelte die Alte ihr graues Lockenhaupt und die Engländer meinten schon, jetzt habe der Alte die Wette verloren, aber sein Weib sagte: »Nein, was ist mein Alter doch vorausschauend und klug. So eine Kuh ist ein anspruchsvolles Rindvieh, aber die Sau frisst, was man ihr hintut, und wenn dann noch ein Wurf Ferkel dazu kommt, brauchen wir uns um den Braten zum Fest keine Sorgen zu machen.« Nun fuhr der Alte in seiner Erzählung fort, und kam dazu, dass er das Schwein gegen einen Hahn weggegeben habe. Da küsste ihn seine Frau vor Entzücken und rief, dass den Hühnern im Hofe schon lange ein Hahn gut getan hätte. Zu Ostern werde man nun ganz bestimmt viele niedliche Küken herumzuwuseln haben. Die Engländer waren über diese Reaktion ganz erstaunt. Noch mehr verwunderten sie sich aber, als die Frau des Alten diesem nicht im Geringsten darüber gram war, dass er auch den Hahn wieder hingegeben hatte, um den Sack mit Bratäpfeln zu erstehen. »Äpfel!«, rief sie aus. »Du hast uns Äpfel mitgebracht! Ja, da haben wir ja gleich etwas zu essen und müssen nicht erst eine Kuh durchfüttern oder ein Schwein, bis wir uns daran laben können. Das war sehr weitsichtig, mein lieber Alter. Aber sag, wo hast du unsere ausländischen Gäste kennen gelernt?« Nun gab der Alte auch noch zu, dass er von dem übrig gebliebenen Geldbetrag ins Wirtshaus gegangen wäre und sich auf die getätigten Geschäfte, etwas Gutes zu essen und zu trinken geleistet hätte. Da stimmte ihm seine Frau zu und sagte: »Wie's der Alte tut, ist doch immer recht. Das Mahl hattest du dir aber wirklich verdient nach all dem mühseligen Handeln. Und wärest du nicht ins Wirtshaus gegangen, so hättest du ja auch unsere Gäste gar nicht kennen lernen können. Und das wäre schade gewesen, denn Besuch zu haben, ist immer ein Freude.« Da applaudierten die Fremden, zückten ihre Börsen und blätterten den beiden Alten ein Vermögen hin.

So in etwa ging die Geschichte.

Als das Kind endlich Ruhe gegeben hatte, trug ich sie im gedruckten Wortlaut meinem Weibe vor. Die kommentierte nichts. Das hätte mich allerdings schon stutzig machen müssen, denn das ist nicht ihre Art. Schließlich verdrehte sie die Augen und seufzte.

»Ich weiß gar nicht, was du hast!«, begehrte ich auf. Ich war nach der erneuten Lektüre des Märchens auch auf's Neue leicht enthusiasmiert »Ist das nicht wirklich köstlich?«

Meine Frau schaute mich an, als hätte ich ihr gesagt, dass ich von nun an Napoleon genannt werden möchte.

»Und allen ist es wohl bekommen. Du kannst es ja auch mal sagen.«, forderte ich sie keck heraus.

»Was? Was soll ich sagen?«, fragte sie mich entgeistert.

»Na: ›Wie's der Alte tut, ist's immer recht‹«

Sie murmelte tonlos etwas vor sich hin, allein der Satz kam nicht über ihre Lippen.

Und das muss er wohl gewesen sein, der Bannspruch, denn seitdem finde ich das Märchen nicht mehr.

27. Der Lohn der Cleveren

Herr Schwab war Einkaufsdirektor, Kettenraucher und zutiefst von sich überzeugt.

»Bei mir arbeiten nur die Besten, ha, ha«, verkündete er bei meinem Bewerbungsgespräch und lachte nervös. »Ich kann nur die hellsten Köpfe gebrauchen, Leute mit strategischem Blick, die knallhart verhandeln können, ha, ha, ha. Im Einkauf liegt der Gewinn. Ein Prozent Einsparung bei den Materialkosten führt zu ebenso vielen Mehreinnahmen, als würden wir den Absatz um ein Zehntel erhöhen. Ein Zehntel, ha, ha, ha, das geht in die Millionen, verstehen Sie die Größe der Aufgabe?«

Ich war beeindruckt und dankbar fortan in die Einkaufsschule des Herrn Schwab gehen zu dürfen. Vertreter und Reisende ließ er grundsätzlich eine halbe Stunde warten, wenn er sie denn überhaupt empfing. Das war jedes Mal wohl kalkuliert und keine Laune des Chefs. Es konnte passieren, dass sie nach dem dritten Kaffee gesagt bekamen, der Herr Einkaufsdirektor sei heute zu sehr eingebunden. Und das, obwohl sie sich doch angemeldet hatten … Aber wenn ihre Verkaufsabteilung seinen Vorstellungen nicht gefolgt war, dann mussten sie es halt ausbaden bzw. aussitzen.

Gingen schriftlichen Angebote ein, so griff Schwab zum Telefon: »Also hören Sie mal gut zu, ich wollte eine Maschine kaufen, nicht ihre gesamte Firma, ha, ha, ha. Also sehen Sie mal zu, was Sie machen können. Für den Preis kriege ich ja auch eine neue, ha,ha,ha. Zehn Prozent müssen Sie runter, mindestens. Sonst geht der Auftrag woanders hin, ha, ha, ha.« Dann knallte er den Hörer auf, und steckte sich zufrieden eine Zigarette an. »Immer die Daumenschrauben anlegen!«, dozierte er. »Die kalkulieren sowieso alle mit einem Puffer. Auf unsre Kosten kriegt der Bursche keinen Prämienurlaub auf Mallorca, ha, ha, ha.«

Einmal kam ich mit einer von mir vorbereiteten Bestellung zu ihm, damit er dieser seinen Segen gebe. Er zündete sich eine neue Zigarette an, las und griff zum Telefon. »Pah, das ist doch nicht verhandelt!«, knurrte er mich an. Der Auftrag hatte einen Wert von 200 Euro. Er diskutierte eine halbe Stunde mit dem Verkaufschef des Lieferanten, inhalierte in der Zeit drei Glimmstengel. Er bat, bettelte und stellte langjährige Geschäftsbeziehungen in Frage. Er drohte und fluchte und ... bekam schließlich einen Nachlass von fünf Euro.»Na, bitte!«, triumphierte Herr Schwab.»Schreiben Sie das neu, und lassen Sie künftig auch nicht locker. Immer an das Wohl der Firma denken, ha, ha, ha!« Ich verkniff mir die Bemerkung, dass wohl allein schon das Telefonat mit fünf Euro in Rechnung gestellt werden dürfte. Die eigens für mich inszenierte Show, in der sich der Einkaufschef für fünf Euro zum Clown macht, war allerdings schlichtweg unbezahlbar.

Vier Angebote standen für Stecker und Sockel zur Auswahl, zweimal Deutschland, je einmal USA und Niederlande, doch Schwab buddelte eine Offerte aus Malaysia aus. Die dreifache Menge an Teilen als Bestellungs-Mindestcharge aber zum halben Preis.»Clever denken, ha, ha, ha. Es wird Zeit, dass ihr das auch mal macht! Weltweitweb. Man muß es nur nutzen. Einmal Transportkosten, und das reicht dann auf zwei Jahre.« Bis das Zeug endlich eintraf, wäre wohl die Produktion zum Stillstand gekommen. Doch wir bekamen in letzter Minute mit Mindermengenzuschlag noch einen Überbrückungsposten von einem der überteuerten einheimischen Anbieter.

Und dann konnte man fast die Hälfte der weitgereisten Stecker wegschmeißen. Die verbogen sich schon, wenn sie der Elektriker nur anguckte. Unsere Reklamation wurde von den Asiaten mit der freundlichen Bemerkung abgeschmettert, wir würden falsches Werkzeug benutzen. Waren Stecker und Sockel erst einmal miteinander verbunden, hielt das Produkt zwar wie es sollte, aber bis dahin, hatten die Jungs aus der Produktion einen entschieden höheren Material-, Nerven- und Zeitverbrauch.

Clever gemacht, denn im Einkauf waren tatsächlich Kosten reduziert worden. Zwar war der Produktionschef von dem Zeug überhaupt nicht begeistert und merkte das auf der folgenden Dienstbesprechung auch an, aber Herr Schwab konterte mit den eingesparten Beträgen. Schließlich verkündete er mit seinem meckernden Lachen gar, welche Umsatzsteigerung die Produktion schaffen müsste, um dem Effekt seiner Beschaffung gleichzukommen. Da gab der Werkstattleiter entnervt bei.

Mit meinen Lehrjahren unter Herrn Schwaab hatte es ein Ende, als er eine Herzattacke erlitt. Böse Zungen behaupteten später, er habe sich gewehrt, in den ersten Rettungswagen getragen zu werden; er wollte sich erst noch ein zweites Transportangebot kommen lassen.

In einer der Sagen, die auf der Insel Rügen erzählt wurden, geht es um einen Bauern aus dem Orte Rothenkirchen. Von diesem Mann ist sogar der Name überkommen: Johann Wilde. Er soll eines Tages einen gläsernen Schuh gefunden haben und beim Betrachten desselben auf die richtige Vermutung gekommen sein, dass das Schuhwerk einem Zwergen aus der Gegend abhanden gekommen sein müsse, als dieser es mit dem Tanzen zu wild getrieben hatte. Da er als Kenner der Sagenwelt des Nordens wusste, dass Zwerge nur über ein einziges Paar Schuhe verfügen, dachte er bei sich, dass das Kerlchen wohl sicher einen ordentlichen Preis zahlen werde, um sein verlorenes Gut zurückzubekommen. Zur nächsten Mitternacht wagte sich Johann Wilde daher noch einmal an den Fundort und rief mehrmals laut, dass unter dieser und jener Adresse ein gläserner Schuh zu kaufen wäre. Der Sage nach klopfte es tags darauf auch prompt an seiner Tür, und eine zierliche Person habe da gestanden und sich als Kaufmann ausgegeben. Der kleine Besucher gab an, gehört zu haben, dass unter dieser Anschrift ein gläserner Schuh zu erwerben sei. Wilde war einer von der cleveren Sorte, wie man aus der Geschichte bis hierher schon mitbekommen haben mag, und deshalb kam er von sich aus nicht mit seiner Preisvorstellung heraus, sondern ließ seinen Besucher bieten. Der war bereit, tausend Taler zu zahlen – für einen Schuh! Das muss man sich mal vorstellen – ein Schuh gegen tausend Taler! Aber der Bauer hielt sich nun einmal für clever, und er tat das Gebot als Quark ab. Er hatte sich nämlich etwas anderes als Finderlohn gedacht: In jeder Furche, die er mit seinem Pflug ziehe würde, in jeder Furche auf seinem Acker wolle er, so lange er lebe, einen Dukaten finden. Da ging die Feilscherei los, aber schließlich willigte der Kleine ein. Unter hanseatischen Kaufleuten gilt das gesprochene Wort und der Handschlag. Deshalb gibt es über dieses Geschäft keine schriftliche Dokumentation, es war halt ein wirklich sagenhafter Deal. Johann Wilde rückte den Schuh raus, dann spannte er umgehend an und machte sich auf seinen Acker. Und tatsächlich, es war so, wie abgemacht. Eine Furche runter gezogen und beim Wenden brachte die Pflugschar einen Dukaten aus dem Erdreich ans Licht. Jedes Mal. Das schien denn in der Tat clever gemacht ...

Nun, bis hierher schon ... aber nun kommen wir zum zweiten Teil der Geschichte. Johann Wilde pflügte die ganze Nacht durch. Er hielt am Feldrain nur ein kurzes Nickerchen im Morgengraun. Dann machte er sich wieder ans Werk. Von den ersten erpflügten Beträgen kaufte er sich Ersatzpferde, denn ein Gespann allein wurde ihm zu schnell müde. Er pflügte und pflügte, aber nicht nur im Frühjahr, auch den ganzen Sommer über, von Sonnenaufgang bis weit nach Mitternacht. Jede Furche brachte einen Dukaten und im Herbst war Johann Wilde schon völlig entkräftet. Als er aber gar noch den Winter über den Schnee pflügte, meinte auch seine Frau, er sei närrisch geworden. Das Ende dieser Sage geht so:

Als der zweite Frühling kam, ist er eines Tages hinterm Pflug hingefallen wie eine matte Novemberfliege und vor lauter Golddurst vertrocknet und verwelkt ... Seine Frau aber fand nach ihm einen Schatz, zwei große vernagelte Kisten voller heller, blanker Dukaten. Und seine Söhne haben sich große Güter gekauft und sind Herren und Edelleute geworden. So macht der Teufel zuweilen auch große Herren. Aber was hat das dem armen Johann Wilde gefrommt?« [*]

---

[*] Rügen. Sagen und Geschichten. Ausgewählt und herausgegeben von Heinz Lehmann, Demmler Verlag 1990.

Im Berliner Stadtteil Weißensee gibt es eine Roelcke-Straße. Die kann man durchaus als eine Hauptverkehrsader in Richtung Stadtzentrum bezeichnen. Sie ist benannt nach einem Gärtner aus Charlottenburg, der in den siebziger Jahren des 19. Jahrhunderts auf die clevere Idee kam, in einer bis dato vorwiegend landwirtschaftlich genutzten Gegend ein Immobilienentwicklungsprogramm aufzulegen. In Berlin weht zumeist Westwind. Ruß und Abgase der Industriebetriebe im Zentrum zogen damals nach Osten. Da gab es ja noch keine Rauchgasentschwefelungsanlagen und dergleichen. Wer konnte, siedelte sich also westlich der Stadt an. Aber immer mehr Leute kamen auf der Suche nach Arbeit in die Reichshauptstadt. Und die wenigsten hatten genug Geld für den Goldenen Westen. Das brachte Hermann Roelcke auf eine großartige Idee. Er verkaufte seine Charlottenburger Gärtnerei und erwarb dafür im fernen Osten am Weißen See Land, parzellierte es und ließ Mietswohnungen draufbauen. Den Proletariern konnte es egal sein, was sie da einatmeten. Hauptsache, sie hatten ein Dach über dem Kopf. Seine Idee wurde auch angenommen. Die Migranten aus den Provinzen siedelten sich in der Tat zahlreich auf seinen Parzellen an und Roelcke war ein gemachter Mann. Übrigens, falls sich jemand wundern sollte, warum es in der Gegend da eine Charlottenburger Straße gibt, das hat nichts mit innerberliner Patenschaftsbeziehungen zu tun. Das geht auf das Heimweh eines Wessi-Unternehmers im wilden Osten zurück. Herrn Roelcke ist das dortige Umfeld nämlich nicht wirklich gut bekommen. Bei der nachfolgenden Wirtschaftskrise, dem Gründerkrach, verlor er sein Vermögen wieder. Darüber verlor er dann auch noch seinen Verstand. Es wird berichtet, dass er im Herbst die abgefallenen Blätter der Laubbäume aufgesammelt haben soll, glatt strich und zählte. Er meinte nicht anders, als Geldscheine gefunden zu haben – am Weißen See.

Vom Cleversten der Cleveren aber berichtet die griechische Sage. Der Mann hieß Sisyphos und war so clever, dass er selbst Gottvater Zeus alt aussehen ließ. Schließlich bekam er sogar noch den Tod unter seine Gewalt. Ein paar Tricks lang jedenfalls. Zu guter Letzt musste er aber doch hinab in den Hades. Dort halfen ihm dann keine Kniffe mehr, er hatte einen großen Stein einen Hang hoch zu stemmen, und immer dann, wenn er oben ankam, rollte der Brocken wieder hinunter. So muss er stets auf's Neue anfangen, sich schinden und schuften und es hilft ihm alle Cleverness auf Dauer gar nichts, der Stein bleibt einfach nicht oben liegen. Er rollte ewig auf »Anfang« zurück. Das war eine exemplarische Strafe der Götter: Ohne Feierabend endlos und ergebnislos Steine schieben und das für ein paar clevere Entscheidungen ...

Na gut, heute ist Sisyphus nicht mehr allein am Werk. Der hat im Laufe der Zeit Gesellschaft bekommen.

Ich habe Leute kennengelernt, die waren nur zu ertragen, wenn ich mir vorstellte, wie sie dereinst Steine bergauf rollen.

Glück auf, Herr Schwab!

28. Der Lorbeer

Apollo hatte den furchtbaren Drachen Python besiegt. Über dessen Höhle wurde später das berühmte Orakel von Delphi platziert, und Apollo höchst selbst soll sich bereit gefunden haben, dafür den Schirmherren zu geben. Jener Drache Python war so gewaltig gewesen, Georg und Siegfried hätten ihn nicht gemeinsam bezwungen. Dafür bedurfte es schon eines echten Gottes.

Nach getaner Arbeit feierte der Sieger sein Schlachtfest. Und wie der Held so in bester ausgelassener Stimmung war und dem Nektar zusprach, dem wohlverdienten, ausgerechnet in diesem Moment musste ihm so ein kleiner Wicht mit Pfeil und Bogen über den Weg laufen. Der sah aber auch zu drollig aus. Apollo bekam sich vor Lachen gar nicht mehr ein. Er gab dem Bürschlein belustigt einen leichten Tritt, so dass der Winzling Purzelbäume schlug. Apollo hieb sich vor Lachen auf die Schenkel. Der halbnackte Zwerg da trug Waffen mit sich herum, und drohte ihm gar noch mit diesem Kinderspielzeug. Hallo, wer war er denn? Gott und Drachentöter in Einem!

Der Kleine hieß bei den Griechen Eros, die Römer nannten ihn später Amor, und dass einen dieser Bursche auf's Korn genommen hat, merkt man immer erst an den Folgen. Den Schützen bekommt man als Sterblicher nicht zu Gesicht, stattdessen sieht man jemanden anderes, und von dem kann man die Augen einfach nicht mehr lassen. Apollo aber hatte ihn erkannt, das Bürschlein. Immerhin war auch Apollo ein Gott. So konnte er sehen, wie Eros einen Pfeil aus seinem Köcher nahm, ihn in den Bogen einspannte, visierte und abzog.

Gegen die Wirkung des Pfeils war der göttliche Drachentöter ebenso machtlos wie wir Menschen. Der Miniaturpfeil, dieser lausige Splitter, traf Apollo im linken Arm unterhalb der Schulter. Natürlich zupfte er ihn sich sofort heraus, aber als er dabei den Kopf leicht nach links drehte, erblickte er sie – Daphne! Daphne, die Tochter, des Flussgottes Peneios.

So eine Schönheit aber auch! Apollo hatte im selben Augenblick das Geplänkel mit Eros vergessen. Er sah nur noch Daphne und eilte zu ihr hin.

Doch Eros war noch lange nicht quitt mit dem übermütigen Apollo. Er zog seinen nächsten Pfeil, legte ihn in den Bogen und zielte nun auf die schöne Daphne.

Amor hat zumeist seine Munition paarweise sortiert und schießt einen Pfeil auf den Mann, den anderen auf die Frau. Einen blauen Pfeil und einen roten. In diesem Fall jedoch nicht. Hier ergänzten sich die beiden Pfeile nicht farblich.

Was die hübsche Daphne traf, war von der gleichen Farbe wie der Pfeil, der den Drachentöter geritzt hatte. Und das machte sie ganz wild – allerdings nicht auf Apollo, nein, sie entflammte für Artemis, die Göttin der Jagd und … Apollos Schwester.

Apollo war aber nun mal ein Kerl, ein ganzer Kerl, ein Gott von einem Mann … doch als solcher der Daphne von selbigem Augenblick an höchst widerwärtig. Das konnte nicht gut gehen. Wie sich Apollo auf sie stürzte, trunken von Nektar und Liebe, da kannte sie nur noch eines: Fort! Nichts wie weg von diesem grässlichen, lüsternen Verfolger.

Und sie entkam ihm, indem sie sich verwandelte. Andere sagen, Zeus hätte ihr eine andere Gestalt gegeben. Das sähe dem wohl ähnlich, dem alten Spielverderber. Er selber … na, da schweigen wir lieber, aber dem Apollo gönnt er so was nicht. Andererseits hätte das egal nicht mehr geklappt mit den beiden, denn Eros hatte die Daphne mit seinem Pfeil ja sozusagen umgepolt.

Egal wie, Apollo stürmte von Begierde getrieben hinter der Fliehenden einher, und als er sie endlich greifen konnte, da stand sie still. Ganz still. Sie sollte sich auch niemals mehr rühren. Was Gott Apoll umarmte und an sich drückte war ein Baum; der Lorbeerbaum.

Apollo lehnte sich an den Stamm und atmete tief durch. Dann begriff er, was vorgegangen war, und ihn übermannte göttliche Trauer. Er zwackte ein paar Zweige ab und wand die sich als Kranz um den Kopf.

So konnte er wenigstens etwas von dem geliebten Wesen immer um sich haben. Fortan kannte man ihn nur noch als den Gott mit dem Lorbeerkranz.

Bei den Menschen wurde es dann Sitte, Siegertypen solch einen Lorbeerkranz aufzusetzen.

Menschen verstehen die Götter immer falsch. Diese beiden hier hatten unbestritten viel verloren, Apollo ebenso wie Daphne, der eine seine Liebe, die andere ihre Bewegungsfähigkeit.

Eigentlich eine ziemlich traurige Botschaft. Doch nicht allein genug damit, dass die Menschen die Götter falsch verstehen, sie interpretieren ihr Missverständnis dann auch noch verkehrt. Die Botaniker benannten nicht etwa den Lorbeerbaum nach Daphne sondern den kleinen Seidelbast, dessen bloße Berührung Hautreizungen hervorruft. Dieses Zwergengewächs hätte der große Gott wohl gewiss nicht umarmt. So innig noch dazu. Und dessen Blätter hätte er sich nie und nimmer auf die Stirn geklemmt. Schließlich war er doch kein Masochist, der Apollo ... Aber ausgerechnet jene Pflanze heißt heutzutage Daphne Mezereum. Ihre Blätter ähneln denen des Lorbeers irgendwie. Das reichte den phantasielosen Wissenschaftlern aus für die Namensgebung.

Hier ist nach Pythons Tod ja wirklich alles durcheinander gekommen. Gibt diese Geschichte überhaupt einen Sinn?

Ich denke schon ...

Auch ein Gott, der mit mächtigen Ungeheuern fertig wird, sollte sich davor hüten, über kleine Leute zu spotten.
Und schon gar nicht sollte er sie mit Füßen treten.

29. Das Menetekel von Köpenick

Es begab sich, dass die Bürgerschaft zu Köpenick im Brandenburgischen wohlhabend geworden war und sich ein neues Rathaus erbauen ließ. Dank der günstigen Lage ihrer Gemeinde unweit der Reichshauptstadt prosperierten Verkehr und Gewerbe. Das alte Rathaus wurde zusammen mit der angrenzenden Polizeiwache kurzerhand abgerissen, und auf diesem komplexen Grundstück inmitten der Köpenicker Altstadt erwuchs zu Beginn des letzten Jahrhunderts im vergangenen Jahrtausend ein prächtiges Verwaltungsgebäude in einer bemerkenswerten Symbiose aus Jugendstil und märkischer Backsteingotik. Prunkstück ist der Ratssaal im zweiten Stockwerk des Bauwerkes. In Mannshöhe umfassen Kiefernholzpaneele die zweihundert Quadratmeter Eichenparkett unter Kronleuchtern. Leinwände mit Eichenblatt und Greifenmalereien sind als Tapeten über den Paneelen bis hoch an den eichenen Deckensims gespannt. Links der wuchtigen Eingangstür wird der Saal von einer bis an die Decke reichenden fünfschiffigen gotischen Fensterfront erleuchtet, die in ihrer Erhabenheit an ein überdimensionales Kirchenfenster erinnert und jedermann im Raum feierlich und würdevoll stimmt. Wer jedoch durch die eiche Eingangstür hineingekommen und wenige Schritte in den Raum gegangen ist, der möge sich umwenden und zurückschauen. Dort – über der Tür – kann er es genau erkennen: das Menetekel von Köpenick. Diese geheimnisvolle Schrift an der Wand.

Als dazumal das Menetekel im Palast des babylonischen Königs Belsazar erschien, stürzte sie eine Großmacht erst in Verwirrung und dann ins Verderben. Davon steht geschrieben in der heiligen Schrift. Wir können es im Alten Testament nachlesen. Der König feierte ein ausgelassenes Fest und ließ – weil er es sich in seiner Machtvollkommenheit halt leisten konnte – den Wein in rituell genutzten Pokalen der jüdischen Exilgemeinde kredenzen. Als die Stimmung am schönsten war, schrieb eine unsichtbare Hand – genau im Blickfeld des Königs an die Wand des Festsaals – etwas in einer unbekannten Schrift. Keiner der Anwesenden konnte etwas mit dem gesprayten Piece anfangen und eilends herbeigerufene Gelehrte auch nicht. Belsazar ließ schließlich einen Übersetzer namens Daniel kommen. Der erkannte an der Wand aramäischen Zeichen:»Mene Tekel Uparsin« stünde da, was auf Babylonisch so viel bedeute, wie:»Gewogen und zu leicht befunden«. Daniel interpretierte dies als eine Art Blitzmeldung – Breaking News – wonach die Regentschaft Belsazars von höchster Instanz gerade ein ganz schlechtes Rating bekommen habe. Der Herrscher dürfte wohl nicht mehr allzu lange auf seinem Thron sitzen. König Belsazar verfiel darauf in Panik und mit ihm die gesamte Feiergesellschaft. Das Durcheinander eskalierte. Noch in derselben Nacht wurde er von seinen eigenen Leuten umgebracht. Damit hatte sich schon mal Teil 1 der Voraussage Daniels als richtig erwiesen. Babylon – Belsazars Reich – wurde kurz darauf von den Persern eingenommen und verschwand von der politischen Landkarte des Altertums.

Wir können das Menetekel heute nicht mehr sehen, fotografieren oder ein Mauerstück als Beweis präsentieren. Hin und verfallen ist jener Palast. Nichts als sagenhafter Staub ist übrig geblieben.

In Köpenick jedoch ist ein Menetekel renoviert; voller Stolz präsentiert man es in frischen Farben seit der Einhundertjahrfeier des Rathauses.

Als im Jahre 1905 hier die erste Ratstagung stattfand, debattierten Köpenicker Kommunalvertreter unter einem Motto, das über der Eingangstüre geschrieben war. In großen Lettern stand da zu lesen: »Gerechtigkeit!« und darunter in kleineren Buchstaben:»Erhöret das Volk!« Das verstanden die Abgeordneten als ihren Wählerauftrag. Das war ihr Bestreben, der Sinn ihres Diskutierens. Allein, über ihren Disput verging die Zeit. Vor dem wunderschönen Fenster versank bereits die Sonne in der Dahme, die sich in Sichtweite mit der Spree mischt. Die Deputierten redeten unentwegt aufeinander ein, aber sie konnten sich nicht darauf einigen, wie des Volkes Stimme in Köpenick Gehör zu schaffen wäre. Als es allmählich zu dämmern begann, erklärte der Bürgermeister, man möge getrost noch eine halbe Stunde weiter diskutieren, aber dann gelte es wohl oder übel endlich zur Beschlussfassung kommen. Daraufhin schauten sich alle Ratsmitglieder im Saale um und stellten voller Verwunderung fest, das es diesem einer Uhr ermangelte. Nun war man sich sofort einig und fasste den Beschluss, erst einmal eine Wanduhr in Auftrag zu geben, bevor man sich zu weiteren Sitzungen einfinden wollte. Dieser und jener Ratsherr mokierte sich gar darüber, wie es angehen konnte, dass hier mitten im Preußenland, wo doch alles pünktlich und akkurat zugehe, nicht mal an eine Uhr im Versammlungsraum der Köpenicker Bürgervertreter gedacht worden sei. Da käme einen ja doch glatt das Rathaus zu Schilda in den Sinn. Dort hatte es keine Fenster gegeben, hier keinen Chronometer.

Gesagt getan, bis zur nächsten Beratung war die Uhr beschafft, für viel gutes Bürgergeld, denn es handelte sich um einen Expressauftrag. Darauf schritt der Bürgermeister in Begleitung des Hausmeisters und dessen Gehilfen den Sitzungssaal ab, um einen geeigneten Platz zu finden, an dem die Uhr angebracht werden könnte. Doch ringsum gab es überall nur gutes Panel, und das wollte man nicht beschädigen. Die kunstvoll verzierten Leinwände erst recht nicht. Da gab der Bürgermeister die verhängnisvolle Anweisung: »Die Uhr kommt über die Tür!«

Und so geschah es. Ohne Widerspruch bohrten die Gehilfen des Hausmeisters die Befestigungsschrauben in den hehren Bürgerauftrag: »Gerechtigkeit! Erhöret das Volk!«

Als sich die Stadtverordneten zur nächsten Sitzung auf ihren Plätzen niederließen, da sahen sie bei einem Blick auf die Uhr nicht allein die Uhrzeit sondern von Stund an auch das Menetekel, allein sie verstanden dessen Botschaft nicht mehr, und sie ahnten daher nicht, was die Stunde geschlagen hatte. Immerhin begannen sie alle ihre nachfolgenden Sitzungen pünktlich und schlossen diese auch stets in der vorgegebenen Zeit ab – preußisch korrekt.

Doch der Schicksalsspruch war über Köpenick gefällt.

Er lautete, wie ihn ein jeder noch heute über der Tür zum Sitzungssaal entziffern kann: »Gerkeit Erhörolk!«

Im Unterschied zu Belsazar geriet aber niemand in Panik angesichts dieses Textes. Man nahm ihn gar nicht zur Kenntnis: Nicht im Kaiserreich, das bald darauf im ersten Weltkrieg unterging, nicht in der Weimarer Republik, die dem faschistischen Tausendjährigen Reich weichen musste und nicht in der Deutschen Demokratischen Republik, die auch schon wieder längst Geschichte ist. Aber ein Menetekel wirkt, sogar wenn man es ignoriert.

Ein Jahr nach der Entstehung des Menetekels von Köpenick lachte die ganze Welt über die Stadt. Da hatte Schuster Voigt in einer Uniform aus dem Kostümverleih den Befehl über einen kleinen Trupp Soldaten übernommen, das Köpenicker Rathaus besetzt, den Bürgermeister verhaften lassen und die Stadtschatulle mitgenommen. Seitdem gibt es ein neues Wort im Deutschen, die »Köpenickiade«. So nennt man es, wenn irgendein Dahergelaufener ein hohes Amt lächerlich macht.

»Gerkeit Erhörolk!«

Fünfzehn Jahre später hatte die einstmals prosperierende Stadt Köpenick ihre Selbständigkeit verloren und wurde der Metropole Berlin eingemeindet.

»Gerkeit Erhörolk!«

Heutzutage ist Köpenick nicht einmal mehr ein Stadtbezirk Berlins. Es gehört zu Treptow.

»Gerkeit Erhörolk!«

Das Köpenicker Rathaus ist geschlossen. Es wird dort mal wieder gebaut. In dem renovierten, prachtvollen Sitzungssaal finden sich auch keine Stadtverordneten mehr zusammen. Von daher wäre er nach Abschluss der Bauarbeiten eines schönen Tages allzeit und für jedermann zugänglich, um das Menetekel der preußischen Demokratie zu besichtigen und in sich zu gehen ... oder außer sich zu sein.

Jedem nach seinem Belieben.

Auch für Schulklassen ist das Rathaus von Köpenick als Ziel für Exkursionen im Fach Sozialkunde anzuempfehlen. Vielleicht kann die nächste Generation ja ihren Staat vor dem Schicksal seiner Vorgänger bewahren:

»Gerkeit Erhörolk!«

30. Metamorphosen

Hei, was ist denn los, Junge? Bauchschmerzen?

Ach nee, Liebeskummer? Was hat sie dir denn angetan?

Wie – nichts? Sie beachtet dich gar nicht? Hmm ...

Also das eine sage ich dir von Mann zu Mann: alles läuft letztlich auf zwei Fragen hinaus: Wie kommst du an sie ran? Das ist die Erste. Und dann: Wie sicherst du dir ihre Aufmerksamkeit, und zwar auf Dauer? Diese Fragen stehen seit hunderten Jahren. Ha, was sage ich, seit Jahrtausenden. Das sind die wirklich großen Fragen der Menschheit. Alles andere ist zweitrangig ...

Nun gibt es allerdings darauf schon einige Antworten. Da kann man sich bei unseren Altvorderen bedienen. Wir müssen nicht alles neu erfinden und uns auf dem Weg zum Ziel einen Korb nach dem anderen abholen. Einer, der genau Bescheid wusste, war Ovid, ein Dichter aus Rom. Der Mann lebte so ziemlich genau vor zweitausend Jahren, aber er wird auch in Zukunft nicht vergessen werden. Und das aus gutem Grund, hatte er doch für uns Männer Antworten auf jene beiden Fragen parat, die schon damals zum Ziel führten; und die gelten heute immer noch. Es gibt keinen Grund, warum sich daran etwas ändern sollte. Als gelernter Dichter versteckte er allerdings seine Antworten in Geschichten, und die muss sich unsereiner erst einmal erschließen. Dabei will ich dir gern helfen, mein Junge. Ovids wichtigste Erkenntnis war, dass wir Männer uns immer wieder was Neues ausdenken müssen. Jedes Mädchen, jede Frau ist mit einer speziellen, ganz eigenen Taktik zu überraschen und zu gewinnen. Deshalb nannte Ovid eines seiner Fachbücher zu diesem Thema auch »Die Metamorphosen«, was auf Deutsch »Verwandlungen« heißt. Immer was Anderes eben.

Die zweite Ovidsche These lautet: Man sollte stets ein paar gute Geschichten abrufbereit haben. Eine gute Story sichert dir das Interesse der Mädchen. Auch das gilt heute genau so wie damals. In diesem Punkt gibt es keinen Unterschied, da können sich die Zeiten ändern und die Jahrhunderte vergehen. Ach, was rede ich hier von Jahrhunderten, ganze dutzende von Jahren auch. Wenn ich zum Beispiel morgens vom Balkon runterschaue, dann blicke ich direkt auf einen Schulweg – vom Bahnhof zum Gymnasium. Die Schüler kommen da heute einher wie wir zu meiner Zeit. Sehen wir mal von den Pärchen ab, die sich schon gefunden haben, laufen dort die Jungs, hier die Mädchen – und die Mädchen schnattern durcheinander. Es klingt, als ob die alle gleichzeitig sprechen. Aber, wenn mal ein gemischter Pulk ankommt, dann führt immer ein Junge das Wort, und die Mädchen hören ihm zu, oder sie lachen. Da sind sie, die sonst so Redseligen, mal still und hören zu. Der das Wort führt, steht in jedem Fall im Mittelpunkt; er ist das Zentrum der Aufmerksamkeit; denn er ist es, der was zu erzählen hat. Und da sind sie ganz Ohr. Mädchen wollen unterhalten sein, weißt du. Das gilt für alle und ein für alle Mal.

Mag sein, das erschließt sich dir jetzt vielleicht nicht beim ersten Reinsehen in die Metamorphosen. Deshalb will ich es dir anhand einer Geschichte von Ovid rüberbringen. – der von Vertumnus und Pomona.

Vertumnus war ein römischer Gott. Die Römer hatten ihre Götterschar bekanntlich weitgehend aus der griechischen Mythologie übernommen. Weil die Römer aber Latein sprachen und nicht Griechisch, so nannten sie Gottvater Zeus statt Jupiter. Dessen Frau Hera hieß bei ihnen Juno, aus dem Gott der Schmiede Hephaistos wurde Vulkan, aus der schönen Aphrodite Venus und so weiter. Aber trotz dieses Namenswechsels blieben die Zuständigkeiten und auch das Verhältnis der Götter untereinander wie gehabt. Auch die Sagen, die man sich über die Götter erzählte, waren da wie dort die gleichen. Dennoch gab es gewisse Unterschiede. So mischten sich die Götter Roms nicht mehr ständig in das Leben der Menschen ein, wie noch in Griechenland. Dort hatte ja fast jede Familie, die was auf sich hielt, irgendwo im Stammbaum einen göttlichen Urahn aufzuweisen. Als die Römer anschließend Weltgeschichte schrieben, stiegen die Götter nicht mehr vom Olymp herunter, um höchst selbst in menschliche Geschicke einzugreifen, wie sie das noch im Krieg um Troja taten. Was sich die Römer von ihren Göttern erzählten, waren Geschichten, in denen die Götter unter sich blieben mit ihren Abenteuern. Die kamen nicht mehr – wie es im Theater die Schauspieler zuweilen tun – von der Bühne runter und mischten sich unters Publikum. Bei den Römern ging es eher zu wie im Kino. Die Götter agierten oben auf der Leinwand und die Menschen saßen unten und sahen ihnen zu. Die Römer waren praktisch veranlagte Menschen. Sie hatten eine natürliche Abneigung vor der Vorstellung, dass ein Gott einfach so daher käme und ihren Lebensplan aus irgendeiner Laune heraus durcheinander brächte. Vielmehr teilten sie ihren Göttern jeweils bestimmte Aufgaben zu. Ja mehr noch, die römischen Götter hatten sich nützlich zu erweisen, um Anerkennung zu finden. Das war dann allerdings doch ein etwas anderer Umgang mit den Unsterblichen als noch bei den Griechen. Die griechischen Götter entzogen sich immer wieder den ihnen zugedachten Aufgaben trotz der Opfer, die man ihnen bracht und machten, was sie wollten. Die Römer hingegen waren mehr auf Pflichterfüllung fixiert. Und das zogen sie dann auch mit ihren Göttern konsequent durch. Man verehrte die Gottheiten schließlich, man baute ihnen Tempel und opferte ihnen, da durfte man ja wohl auch eine Gegenleistung erwarten.

Wenn es aber nun für bestimmte Aufgaben noch keinen zuständigen Gott vom griechischen Olymp gab, dann griffen die Römer halt auf ihr eigenes regionales Reservoir an sagenhaften Gestalten zurück und stellten diese den anderen kurzerhand zur Seite. Der Vertumnus war so einer. Sein Name leitet sich aus dem lateinischen Wort »vertere« her, und das heißt so viel wie, »sich drehen« oder »wenden«. Vielleicht ist's auch genau umgedreht gewesen, nämlich dass Vertumnus der Namensgeber für das Wort war. Das weiß man bei diesem Gott eben nicht genau. Egal wie, wir können es drehen und wenden, Vertumnus steht für Veränderung, und als solcher war er unter anderem für den Wechsel der Jahreszeiten zuständig. So viel Information vorab zu Vertumnus muss sein, denn sein Name ist heute nicht mehr geläufig.

Ovid berichtet uns in seinem Fachbuch unter anderem davon, wie dieser Vertumnus seine Liebe findet und gewinnt. Wobei »gewinnen«

nicht der richtige Ausdruck ist, denn der muss sich die Zuneigung seiner Angebeteten erst erarbeiten, er verdient die sich im wahrsten Sinne des Wortes. Und das ging so: Vertumnus, der Gott der Jahreszeiten verliebt sich in die Göttin der Früchte. Diese hieß Pomona und wurde von den Römern für die Obsternte verantwortlich gemacht. Eigentlich war sie ja nur eine Nymphe, eine Göttin zweiter Ordnung sozusagen, aber wir wollen das nicht auf die Goldwaage legen, zumal es sich um eine weibliche Person handelt, und die sind sowieso allesamt nur als Göttinnen erster Klasse zu verstehen, das heißt, wenn man sie überhaupt verstehen kann.

Pomona lebte auf einem Grundstück mit Garten. Dieser Garten war wie ein riesiges Gewächshaus, nur ohne Dach. Da blühte und grünte und reifte alles gleichzeitig. Unter ihrer Hand gedieh das Obst, das es nur so eine Freude war. Für mehr interessierte sich Pomona allerdings nicht. Wie es außerhalb des Gartens in der Welt zuging, war ihr egal. Und am allerwenigsten kümmerte sie sich um irgendwelche Burschen. Sie meinte, dass die egal nur darauf aus wären, die reifen Früchte aus ihrer Plantage zu stiebitzen. Da irrte sie aber! Schließlich waren nicht allein ihre Früchte, sondern auch die Gärtnerin selbst attraktiv.

Egal wie, der Vertumnus hätte keine Chance gehabt, wenn er einfach in Pomonas Garten hereinspaziert wäre. Aber nachdem er sie einmal über den Gartenzaun erblickt und sich in sie verguckt hatte, musste er rein. Sie kam ja nicht raus.

Wie ging er nun vor? Zunächst checkte Vertumnus ab, in welcher Erscheinung er von der schönen Gärtnerin akzeptiert werden könnte, und dann nahm er eben jene Gestalt an. So was ist nun kein Problem für einen Gott des Wandels. Er entschied sich, als Greisin an Pomonas Gartenpforte zu läuten. Dem hutzligen alten Mütterchen öffnete seine Auserwählte ohne Bedenken ihre Gartenpforte.

Ja, na klar, Junge. Du bist nicht Vertumnus und du musst auch keine Travestie-Show für deine Flamme abziehen. Aber die Situation abchecken solltest auch du erst einmal. Höre hin, wovon sie so erzählt. Du musst herausfinden, wofür sie sich interessiert. Was sie gern mag.

Welche Filme haben ihr gefallen? Liebt sie Musik? Und was liest sie? Dieses Buch solltest du dann auch lesen, und am besten noch ein anderes vom selben Autor. Dann hast du schon mal ein Thema, über das du dich mit ihr unterhalten kannst. Das ist der Tipp, den dir der alte Ovid gibt. Du musst ihr erscheinen als einer, dem sie vertrauen kann. Aber das ist nur der erste Schritt. Immerhin kommst du so erst einmal an sie ran. Nun ist es allerdings durchaus möglich, dass es da im Umfeld deiner Angebeteten noch andere Jungen gibt. Lass dich nicht abschrecken, immerhin gehörst du nun auch dazu. Sie akzeptiert schon mal deine Anwesenheit. Allerdings willst du ja was ganz Besonderes von ihr. Dazu musst du nun ihre spezielle Aufmerksamkeit erregen. Und das geht am besten, wenn du ihr auch etwas Besonderes bieten kannst. Du musst sie – bildlich gesprochen – fesseln. Mit Geschichten zum Beispiel. Geschichten machen sich immer gut. Wer was zu erzählen hat, dem hören andere zu. Zuhören bedeutet, dem Erzähler Aufmerksamkeit schenken. Nur wenn du ihre Aufmerksamkeit erhältst, immer neu bewahren kannst, dann folgt sie dir schließlich auch, wohin du willst.

Ovid lässt daher seinen Vertumnus – als Greisin – der Pomona ebenfalls eine Geschichte erzählen. Die handelte von zwei Menschen, dem jungen Iphis und der schönen Anaxarete. Ist jetzt ein bisschen kompliziert, mit den vielen Namen, nicht wahr. Mach Dir nichts draus, Namen sind Schall und Rauch, auf die Story kommt es an. Und die geht so: Er sieht sie und ist hin und weg. Sie aber nimmt ihn überhaupt nicht zur Kenntnis. Das ist ja die gängige Ausgangslage, so wie bei Dir und Deiner Kleinen, und wie bei Vertumnus und Pomona auch. Er schmachtet, und sie bemerkt ihn gar nicht. Schließlich schafft Iphis es aber doch mal unter vier Augen mit ihr zu sprechen – so geht die Story, die der Vertumnus erzählt – und da überrumpelt Iphis die Anaxarete gleich mit:»Ich liebe dich. Sei mein.« Das ging jedoch viel zu schnell für sie. Darauf war Anaxarete nicht vorbereitet. Die hatte sich ja nicht mal mit ihm verabredet. Die Begegnung der beiden hatte sich rein zufällig ergeben, aus der Sicht von Anaxarete jedenfalls. Und da dachte sie, dass dieser Iphis halt einen Spaß macht. Aber er meinte es ernst, bitter ernst: »Wenn du meine Liebe nicht erwiderst, dann bringe ich mich um!«, rief er voller Leidenschaft. Und darüber lachte das Mädchen natürlich erst recht. So was macht doch kein vernünftiger Mensch, sich das Leben nehmen wegen eines Fremden.

So. Nun denk mal an das, was ich Dir vorhin sagte. Zunächst in ihren Kreis aufgenommen werden, dann ihre Aufmerksamkeit erregen, und dann erst, wenn Du schon einigermaßen miteinander vertraut mit ihr bist, dann darfst Du auch mal mit Deinen Gefühlen rausrücken. Einer, der dem anderen fremd ist, das ist im wahrsten Sinne des Wortes ein Fremder. Einen Fremden kann man aber nicht lieben. Das ist niemandem zuzumuten. Davon also erzählt Vertumnus der Pomona. Besser gesagt, Ovid erzählt, und Ovid meint Dich, mein Junge. Er will Dir damit sagen, Du kannst keinen Eindruck bei Deinem Mädchen hinterlassen, wenn Du Dich versteckst und sie von weitem anhimmelst. Und er will sagen, Du machst Dich nur lächerlich, wenn Du dann Knall und Fall vor ihr auftauchst und von Liebe redest. Da ist der Reinfall vorprogrammiert. Unter uns gesagt, dieser Iphis, über den da erzählt wird, war ein Versager auf der ganzen Linie. Er hatte ja nicht einmal eine Ausweichvariante, um seine Angebetete zu umwerben. Nur dieses Eine: hier bin ich, und nun liebe mich gefälligst. Da sich der Iphis so tölpelhaft anstellt, genießt bis hier her Anaxarete die Sympathie des Erzählers, also Ovids Sympathie, oder die von Vertumnus, oder meine. Egal wer, das auch immer erzählt. Bei allen guten Geschichten muss sich der Zuhörer ja irgendwie mit jemandem identifizieren können. So geht das uns und auch den Zuhörern. Die Mädchen sehen sich da gleich in der weiblichen Hauptrolle. Das läuft im Unterbewusstsein ab, alle sind sie Cinderella, Schneewittchen und Prinzessin Diana. Und der Pomona bei Ovid erging es nicht anders. Wie die Gärtnerin diese Geschichte vernahm, da stellte sie sich natürlich unwillkürlich selbst in der Rolle der Anaxarete vor, und amüsierte sich köstlich, als sie hörte, dass der verliebte Iphis aus dem Nichts heraus einen Heiratsantrag machte.

Bis hier her war alles gut. Doch an dieser Stelle nun, in dem Augenblick, als er seine Flamme lächeln sah, als er merkte, wie sie seinen Worten folgte, da drehte Vertumnus, der Gott des Wandels, den Lauf seiner Erzählung um. Er lässt den Iphis tatsächlich Selbstmord begehen.

Das ist jetzt natürlich eine sehr schroffe Wendung. Bis eben war es eine Komödie, eine Farce sogar, und auf einen Schlag wird die Geschichte zur Tragödie. So ist das in der Literatur und manchmal auch im Leben.

Da ist nun Iphis tot. Furchtbar. Alle sind erschüttert, dass sich dieser Mensch mir nichts dir nichts einfach das Leben genommen hat. Das ist tragisch. Auch die Pomona schaute da ganz ungläubig und erschüttert auf. Das machen alle Zuhörerinnen in dieser Situation. Eben haben sie noch über den Hampelmann von Iphis gelacht, jetzt ist er aber tot, und da bekommen sie natürlich Mitleid mit dem armen Kerl, der nicht mehr hampeln kann. Da wollen sie nicht dran schuld sein. Damit will keine etwas zu tun haben. Und deshalb folgt hier ein erzählerischer Trick des Ovid, ein Kniff, an dem man übrigens seine große Meisterschaft als Erzähler erkennt. Ovid bietet der Pomona die Chance, sich von Anaxarete zu distanzieren. So wie man eben noch eines war mit der Goldmarie und im nächsten Moment gar nichts mit der Pechmarie am Hut hat. Das waren zwar zwei Figuren. Ovid schafft es aber mit einer, indem er Anaxarete ganz anders auf die Todesnachricht reagieren lässt als es Pomona eben noch getan hatte. Anaxarete soll gelacht haben, als sie vom Tod des jungen Mannes hörte, lässt er den Vertumnus erzählen. Da ist Pomona gleich auf's Neue erschüttert. Vertumnus hat ihr natürlich angesehen, wie sehr es seiner schönen Zuhörerin ans Herz ging, dass diese Anaxarete, von der ihr hier berichtet wurde, so gänzlich ohne Gefühl, so eiskalt war. Pomona wäre nicht so. Pomona zeigte Entsetzen. Das war es aber, was ein Vertumnus an Feed-Back brauchte. Und deshalb vertieft Ovid oder Vertumnus in seiner Erzählung dieses Mitgefühl. Er setzt noch eines drauf. Und das geht so: Als auf dem Weg zum Friedhof der Trauerzug an dem Haus der Anaxarete vorbei kam, ging diese immer noch nicht in sich und verspürte kein Mitleid mit dem, der da aus Hingabe für sie sein Leben hingegeben hatte. Nein, im Gegenteil. Sie trat auf den Balkon und schaute neugierig hinunter, wie man Iphis in Richtung Friedhof trug.

Nun, da die Geschichte so eine Wendung nimmt, da schüttelt jede göttliche Zuhörerin heftig ihr schönes Haupt. Da empfindet sie keinerlei Identifikation mehr. Deshalb kommt jetzt der Erzähler zum abschließenden Clou. Kaum hatte sie den unglücklichen Jungen auf seiner Bahre liegen gesehen, da verwandelte sich die herzlose Anaxarete in einen Stein. Ein Standbild. Nichts als ein kalter Stein. Eine schöne Gestalt – aber kalt und ohne Herz. Die Skulptur der Anaxarete soll dann später im Venustempel der Gemeinde aufgestellt worden sein – zur Warnung an alle stolzen jungen Damen.

So geht die Story, die Vertumnus der Pomona erzählt – immer noch in Gestalt der Greisin. Und darauf ergänzte er, wenn Pomona sich dem Vertumnus – in seiner normalen Erscheinung, als Mann – genau so kalt gegenüber zeige wie diese Anaxarete dem Iphis, dann werde es ihr im nächsten Jahr in die Obstblüte schneien. Aber dieser Drohung hätte es schon nicht mehr bedurft, denn Pomona war von der Erzählung so angetörnt, dass sie der Alten sagte, sie wolle den Burschen jetzt kennen lernen, der sie derart liebe. Denn sie, Pomona, habe durchaus Gefühle und wisse diese auch zu zeigen. Kaum hatte sie das gesagt, stand der auch schon vor ihr. So weit Ovid. Ist das nicht toll?

Nein, ich meine nicht, dass Vertumnus seine Pomona gewann. Darauf war ja die ganze Sage von Anfang an ausgerichtet. Einen göttlichen Misserfolg hätte uns Ovid wohl kaum berichtet. Aber hast du das mitgekriegt? Die römischen Götter brauchten Geschichten von uns Menschen, um selber klar zu kommen. Was würden die Götter ohne uns nur anfangen!?

Und nun Kopf hoch, und mach dich ran an die Kleine.
Die Götter wollen was Neues erfahren.

31. Mit der Zeit mag man sich an manches gewöhnen – an sein Alter nicht ...

Und hat sich einer endlich mit seinem Alter abgefunden, ist er längst schon wieder viel älter. Ich habe es aufgegeben, die Jahre von mir Unbekannten schätzen zu wollen. Ich liege immer daneben, und so manche wunderbare Freundschaft endete, nachdem ich das Ergebnis meiner Schätzung verkündet hatte. Auch kommentiere ich nicht mehr Fotos, die mir zur Begutachtung vorgelegt werden – egal ob die darauf Porträtierten männlichen oder weiblichen Geschlechts sind. »Das soll gut getroffen sein? Ich bitte dich, sehe ich etwa wirklich so alt aus, oder was?«

Ähnlich ergeht es mir mit Komplimenten, im Sinne von: »gut gehalten«, oder »Respekt vor dieser Leistung«. Darauf gibt es egal nur ein empörtes: »Ja, denkst du vielleicht, ich gehöre schon zum alten Eisen?«

Man kann es einfach keinem Recht machen. Ebenso wie über neunzig Prozent der Führerscheinbesitzer von sich meinen, sie würden weit besser Auto fahren als der Durchschnitt, sehen sich neunundneunzig Prozent der Alten jünger als ihr Geburtsdatum vermuten ließe. Und das ist auch gut so ... Älter zu wirken, als man tatsächlich ist, lohnt sich nur für Fünfzehnjährige, die im Kino einen als jugendfrei eingestuften Film sehen wollen, oder geeignete Partygetränke beschaffen müssen. Das ist so ziemlich das einzige Alter, in dem man sich begründeter Weise auf das freuen kann, was einen in den kommenden Jahren erwartet.

Eine sinnige umgangssprachliche Kreation unter der heutigen Jugend ist die Anrede »Hej Alter«. Das ist für wahr ein diskriminierungsfreier Ausdruck, denn ein bestimmtes Alter haben nun einmal alle Menschen; und wenn sich gar zwölfjährige Knaben mit diesen Worten begrüßen, müssen auch wir Betagten uns keine Sorgen machen, man würde uns fortan nicht mehr zum Kreis der Unternehmungslustigen zählen. Das ist das Schöne an den Mitmenschen, alle klatschen sich mit einem »Gib mir Five, Alter« beim Wiedersehen ab.

Über das Altern werden keine Märchen erzählt, denn in den Märchen führt alles zu einem Happy-End. Senioren-Geschichten hingegen sind der pure Horror. Ausnahmen bestätigen die Regel. Die folgende Erzählung ist eine und wurde von den Brüdern Grimm aufgeschrieben:

Es war einmal ein steinalter Mann, dem waren die Augen trüb geworden, die Ohren taub, und die Knie zitterten ihm. Wenn er nun bei Tische saß und den Löffel kaum halten konnte, schüttete er Suppe auf das Tischtuch, und es floß ihm auch etwas wieder aus dem Mund. Sein Sohn und dessen Frau ekelten sich davor, und deswegen musste sich der alte Großvater endlich hinter den Ofen in die Ecke setzen, und sie gaben ihm sein Essen in einem irdenen Schüsselchen und noch dazu nicht einmal satt; da sah er betrübt nach dem Tisch, und die Augen wurden ihm nass. Einmal auch konnten seine zittrigen Hände das Schüsselchen nicht festhalten, es fiel zur Erde und zerbrach. Die junge Frau schalt, er sagte aber nichts und seufzte nur. Da kaufte sie ihm ein hölzernes Schüsselchen für ein paar Heller. Daraus musste er nun essen. Wie sie da so sitzen, so trägt der kleine Enkel von vier Jahren auf der Erde kleine Brettlein zusammen. ›Was machst du da?‹ fragte der Vater. ›Ich mache ein Tröglein‹, antwortete das Kind, ›daraus sollen Vater und Mutter essen, wenn ich groß bin.‹ Da sahen sich Mann und Frau eine Weile an, fingen endlich an zu weinen, holten alsofort den alten Großvater an den Tisch und ließen ihn von nun an immer mitessen, sagten auch nichts, wenn er ein wenig verschüttete.*

Schlimmer dran soll der Sage nach die Mutter einer Bäuerin aus dem Dorfe Mellenthin auf der Insel Usedom gewesen sein. Die wurde sogar geschlagen, und zwar von ihrer eigenen Tochter. Das möge man sich mal vorstellen. Die alte Frau wurde von ihrer Tochter verprügelt, wenn sie ein paar Tropfen Suppe bei Tische verkleckerte. Das arme Mütterchen. Das ist doch furchtbar! Ja, das ist schier unfassbar! Und der Himmel strafe denn auch das herzlose und brutale Frauenzimmer. Nach

---

* Kinder- und Hausmärchen der Gebrüder Grimm

ihrem Tod wuchs die Hand, mit der sie ihre Mutter einstmals geschlagen hatte, aus dem Grabe heraus.

Gruselig! Man geht da so über den Kirchhof und denkt an nichts Schlechtes – außer an Gießen und Harken – und plötzlich bleibt man irgendwo mit dem Hosenbein hängen. Man schaut nach, was da wohl wäre, ein Strauch, eine Wurzel? Doch nein! Eine Knochenhand! Schock, Schreck und Ekel! Oh, was für ein Fluch! Der hatte es vielleicht in sich! Die tapfersten Männer Mellenthins fanden sich auf dem Friedhof ein und sichelten die Hand über dem Grabhügel ab. Dann verbuddelten sie diese unter den Kompost. Aber am nächsten Tag war eine neue Hand nachgewachsen. Und so ging das Tag um Tag weiter. Gegen die Hand, die die Mutter einst geschlagen hatte, war kein Kraut gewachsen, nein, die wuchs wie Unkraut. Man verbrannte sie, man verscharrte sie, man versenkte sie im Balmer See. Aber es half alles nichts. Am Morgen darauf streckte sich die Hand doch wieder aus dem Grabhügel empor. Zur Mahnung, zur Abschreckung, ein Zeichen der Schande – dass niemals wieder jemand sich erdreistete, seine Mutter oder Vater zu schlagen …
Schließlich kam der Pfarrer des Sprengels auf die Idee, die abgetrennte Hand in einen Holzkasten zu legen, diesen fest zu verschließen und in der Kirche des Dorfes hinter dem Altar in den Boden einzulassen. Gesagt getan, und damit war dann auch tatsächlich der Fluch gebannt. So geht jedenfalls die Sage, und die ist durchaus glaubhaft. Es steckt ja auch eine gewisse Logik dahinter, denn sonntags versammelte sich immer die Gemeinde komplett in der backsteinernen Kirche; Groß und Klein, Mutter und Vater, Kind und Kegel und alle erflehten sie gemeinsam ein hohes Alter in Frieden, im Kreise der Lieben und ohne Schläge erleben zu dürfen. *

Wanderer, kommst du nach Mellenthin, so wirst du den Holzschrein mit der Knochenhand vergeblich in der Kirche suchen. Er ist gerade beim Tischler. Er wird restauriert. Er war ja auch schon fast zerfallen, schließlich handelte es sich hier um eine Sage aus dem Mittelal-

---

* Usedom, Sagen und Geschichten. Neu vorgestellt und erzählt von Egon Richter, Demmler – Verlag Schwerin, 5. Auflage 2000.

ter. Heutzutage braucht es eine neue Kiste. Und wahrscheinlich sogar eine größere ...

Es geht nämlich ein Gerücht um im Lande. Es möchte zwar keiner daran glauben, dass sich irgendjemand eine solche Frechheit herausnehmen könnte ... Aber hinter vorgehaltener Hand munkelt man doch, dass gewisse lose Gesellen, dass also gewissenlose Gesellen sich tatsächlich mit dem Gedanken trügen, mit der abscheulichen, unvorstellbaren Absicht, dass sie sich erdreisten wollten – nein, man möchte es nicht für möglich halten, aber nun muss es heraus – kurz: dass sie uns an die Rente wollten! Bis ins siebenzigste Lebensjahr solle man sich plagen, bevor man einen Anspruch erlange, sein ein ganzes Erwerbsleben lang eingezahltes Geld als Altersrente genießen zu dürfen. Das wäre dann vielleicht ein Schlag auf unsere alten Tage ... Daran könnte sich wohl keiner mit der Zeit gewöhnen ... in keiner Zeit und in keinem Alter. Das sage ich dir; eh Alter, gib mir die Pfeife!

Aber wir wissen immerhin, wie man dem begegnen könnte – mit einer großen, fest verschließbaren Kiste vom Tischler in Mellenthin, für den Fall, dass solch ein frevelhafter Erlass jemals zur Unterschrift kommen könnte. Diese Hand sollte doch für wahr zum Grabe herauswachsen ...

32. Narkissos

Die Narzisse blüht zur Osterzeit – frisch, duftend und honiggelb. Blumen – und Pflanzen überhaupt – sind für gewöhnlich weiblichen Geschlechts. Das möchte auch so sein und versteht sich von selbst. Man muss vorsichtig, sorgsam, ja liebevoll mit ihnen umgehen; sie wollen gepflegt sein, im Lichte stehen und sie duften betörend. Außerdem verschenkt sie ein männlicher Mensch üblicherweise an einen weiblichen, nicht aber umgekehrt. Der Kaktus stellt hier die berühmte Ausnahme von der Regel dar. So stachlig, wie er ist, führt er seinen maskulinen Artikel auch zu recht. Es gibt noch ein paar andere männliche Gewächse, den Huflattich zum Beispiel. Der schlägt sich überall durch – eine Pflanze wie ein Kerl. Der Nieswurz ist auch so einer.

Aber ausgerechnet die zarte Narzisse soll einen männlichen Namensgeber haben. Dass ich nicht lache … Hier muss eine Verwechslung vorliegen.

Schauen wir uns die Geschichte mal etwas näher an:

Narkissos war der griechischen Sage zufolge ein junger Bursche, der eines schönen Tages sein Spiegelbild in einem Teich erblickte. Von dem, was er da schaute, soll er so fasziniert gewesen sein, dass er seine Augen nicht mehr habe abwenden können. Bevor ihn aber sein eigenes Spiegelbild derart verwirrt hatte, war er mit einer Nymphe liiert gewesen. Die hieß Echo. Mit der war er durch den Wald getollt. Sie hatten wohl so ein unschuldiges Haschmich gespielt. Jedenfalls war er aus dem Wald heraus über die Wiese und geradewegs bis an das Ufer jenes stillen Teiches gelaufen. Echo war keine Nixe, sie hatte mit Wassertümpeln nichts im Sinn und blieb am Waldrand zurück. Von dort rief sie nach ihrem Narkissos. Sie säuselte und lockte, gurrte und schrie schließlich, was ihre Stimme hergab, ohne dass der Bursche auch nur eine Reaktion darauf gezeigt hätte. Er habe sie verschmäht, sagt die Sage von der unglücklichen Nymphe. Darüber sei sie mit der Zeit ganz aufgelöst gewesen, so dass nichts mehr von ihr übrig blieb als der Klang ihrer Stimme. Narkissos jedoch hockte weiter am Teichrand und guckte fortwährend nur auf den Wasserspiegel, bis er sich schließlich in jene Narzisse verwandelt hätte.

Diese Story will sich mir einfach nicht erschließen. Der Erzählung zufolge habe der Narkissos da im Teich sein Spiegelbild gesehen, und sich Knall und Fall in sich selbst verliebt. Ich muss doch sehr bitten. Stundenlang vor dem Spiegel zu stehen und sich anstarren, das ist ja nicht gerade ein besonders markanter männlicher Zug.

Ich tippe vielmehr auf eine Fehlinterpretation jener Situation in der griechischen Sage. Die Geschichte könnte sich möglicherweise etwas anders zugetragen haben. Vielleicht konnten die alten Griechen den tatsächlichen Sachverhalt nur deshalb nicht richtig deuten, weil ihnen der Umgang mit der modernen Technik fehlte. Mit dem Wissen von heute, stellt sich das damalige Ereignis folgendermaßen dar.

Wahrlich, ich sage euch: Narkissos interessierte sich überhaupt nicht für sein Spiegelbild im Wasser. Nein, nein, er bediente vielmehr eine Spielkonsole, und was ihn so faszinierte, war nichts anderes als der Monitor, also das Display. Außerdem hatte er noch Kopfhörer übergestülpt. Da konnte er die Echo ja auch gar nicht rufen hören.

Wenn wir die Sage in diesem Sinne interpretieren wollen, haben wir auf einmal eine ganz und gar logische und alltägliche Erklärung. Das lässt sich jederzeit ganz einfach überprüfen. Selbst wenn die Mädchen ansonsten fast immer die volle Aufmerksamkeit der Jungen finden, eine Ausnahme gibt es doch: und zwar dann, wenn der betreffende Bursche sich gerade mit irgendeinem Spiel beschäftigt. Da ist er als Spieler voll gefordert. Mit allen Sinnen. Sonst heißt es sehr schnell: »Game over«. Deshalb haben sich da die jungen Damen da gefälligst rauszuhalten. Nicht etwa in sein Spiegelbild hatte Narkissos sich versenkt, nein: in ein Spiel. Und infolge dieser Hingabe nahm Narkissos seine Umwelt nicht mehr wahr.

Echo wiederum verschwand auch nicht auf Nimmerwiedersehen. Sie rief und schrie in ihr Handy. Ja, gewiss doch, aber zuletzt sprach sie auf einen Anrufbeantworter, und diesem teilte sie nichts anderes mit, als dass sie jetzt die Nase voll habe von der Warterei und nicht daran denke, sich so lange am Waldrand zu langweilen, bis Narkissos auf dem höchsten Level in seinem Spiel angekommen wäre. Der Anrufbeantworter hatte aber eine Macke. Und jetzt passierte Folgendes: Der alte Grieche, der damals Zeuge des Vorganges geworden war, und dem wir die Geschichte von Echo und Narkissos verdanken, der sah zwar, wie die Echo ungehalten im Wald verschwand, doch als er ihr nach wollte und an die Stelle kam, wo er sie eben noch gesehen hatte, hörte er nur die immer wiederkehrende Schleife aus der AB-Ansage: »Sprechen sie nach dem Piepton, Piepton, Piepton ... «

Weg war sie und nur ihr Echo blieb dem Mann im Ohr. Dann drehte der sich um, und jetzt vermisste er den Narkissos am Ufer. Der Junge hatte sich allerdings mitnichten in die kleine gelbe Blume verwandelt, die da am Teich stand. Er hatte sich überhaupt nicht verwandelt. Er war nur einfach weggegangen. Denn inzwischen hatte er sein Spiel beendet und einen guten Grund ganz schnell zu verschwinden, musste er doch seinen Kumpels mitteilen, wie viele Punkte er gerade gescort hatte. Er war nämlich in den Top-Ten angekommen.

Es gibt übrigens auch noch eine einfache, logische und plausible Erklärung dafür, warum der Narkissos bis heute nicht wieder gesehen wurde: der Junge spielt immer noch.

Wie absurd, eine Blume nach Narkissos zu benennen ...

In Wirklichkeit stand Narkissos Pate für den Begriff der »Narkose«. Könnt Ihr aber wohl glauben ...
     Es würde mich gar nicht wundern, wenn eine der nächsten Generation Spielekonsolen den Markennamen Narkissos erhält. »Narkissos« würde alle Male besser zu diesen Geräten passen als zu kleinen Blümchen. Und einen Werbeslogan könnte ich mir für dieses Produkt dann auch noch vorstellen:
     »Narkissos – schalte an und du kannst abschalten!«
     Oder besser noch:
     »Narkissos – wer gewinnen will, hat schon verloren!«

33. Die Mühlen des Nordens

Für manch einen bedeutet das höchste Glück ein Sechser im Lotto, für manch anderen ein Ferrari – für die Völker im Norden ist es eine kleine Mühle.

Gelegentlich wird in den Nachrichten vermeldet, dass es mal wieder jemand geschafft haben soll, den Jackpot zu knacken – der bleibt dann in der Regel lieber anonym. Wir kennen seinen Namen nicht, aber wir wissen: Es gibt ihn, irgendwo im Lande lebt er und schaufelt seine Kohle um – der glückliche Unbekannte. Die Mühle des Nordens aber, jene Quelle unerschöpflichen Glücks ganzer skandinavischer Völkerschaften, dieses Wunderwerk hat noch keiner von uns je gesehen.

Man erzählt sich, das Maschinchen habe in etwa die Größe von Großmutters Kaffeemühle. Und wie diese Mühle könne man sich jene wohl ebenfalls zwischen die Oberschenkel klemmen. Das sei aber dann auch alles, was die nordische und die anderen Mühlen dieser Welt an Gemeinsamkeiten hätten. Zum Beispiel bräuchte man nicht einmal an der Kurbel zu drehen, um die Mühle des Nordens in Gang zu setzen. Man fixiert sie einfach, spricht einen Text aus der Gebrauchsanleitung und schon fängt sie an zu mahlen. Gänzlich ohne Stecker in der Steckdose oder Akku – fast wie ein Perpetuum Mobile. Das Gerät wird also akustisch gesteuert. Da ist wohl irgendwo ein Mikro eingebaut. Aber, was der größte Clou ist; man braucht oben gar keine Kaffeebohnen aufzufüllen, damit unten gemahlener Kaffee raus kommt. Nein, sie wird mit überhaupt nichts gefüttert. Die zermahlt auch nicht irgendetwas Festes zu pulvrigem Mehl. Die Maschine dreht sich und schnurrt und wie von Zauberhand füllt sich ihre Lade mit allem, was das Herz begehrt. Man muss es sich nur laut und deutlich gewünscht haben. Auch fertigen Kaffee, wie aus der Espressomaschine, kann man dieser Mühle entnehmen, und das, ohne vorher Wasser, Kaffee und Milch aufzufüllen. Einfach die Tassen runter gehalten und den richtigen Spruch gesagt, schon kann das Kaffeekränzchen beginnen. Tee gibt sie auch. Und Kaffeesahne versteht sich – fettarm, aber bitte sehr. Dann der nächste Spruch und jedes Mal, wenn unten die Klappe aufgetan wird, hat man ein frisch gebackenes Stück Kuchen in der Hand. Nun kann man diese Mühle auch zum Abendbrot anwerfen. Da mahlt sie halt Schwarzbrot, Schinken, Käse und Bier. Und wenn es sein soll sogar Rühr- oder Spiegeleier. Alles auf Zuruf!

Die Finnen nannten das Gerät Sampo. Ihre Mühle konnte praktischer Weise auch Geld mahlen. Das würde heute aber nicht mehr funktionieren, denn Finnland hat auch den Euro eingeführt, und das täte der Zentralbank schon auffallen, wenn sich die Geldmenge plötzlich drastisch erhöht. Aber früher, als sie noch ihre Finnmark hatten, da dichteten die Finnen dankbar ein ganzes langes Epos über ihre Mühle. Vers auf Vers. Bei den Griechen wagte sich Homer an solch ein Werk. Sein Thema: ein Abenteurer, der Jahre braucht, um wieder heim zu finden. In dem deutschsprachigen Grundsatzwerk compiled by Wolfgang von Eschenbach geht es um einen gewissen Siegfried. Alles Mord und Totschlag und am Ende wird der ganze schöne Schatz im Rhein versenkt. Die Finnen hatten keinen Dichterfürsten, der ihnen ihr Nationalepos in Verse gefasst hätte. Sie brachten ihr Werk, die Kalevala, durch Selberreimen, Auswendiglernen und Weitersagen zusammen – doch was hatten sie auch für ein wunderbares Thema, in den langen Winternächten bei knurrendem Magen und mit dem wenig Proviant, der ihnen vom kühlen Sommer und der zumeist spärlichen Ernte übrig geblieben war. Das Kalevala ist ein dickes Buch von tausenden Strophen. Alle im wahrsten Sinne des Wortes Volksmund.

Das Sampo, die Mühle des Nordens, war danach von einem Schmied namens Ilmarinen für die Fürstin des Nordlands erdacht und gebaut worden. Dafür erhielt er deren älteste Tochter zur Frau. In Gold oder Geld war die Mühle überhaupt nicht aufzuwiegen. Da gab es halt die Tochter. Die war gewiss eine adäquate Gegenleistung für solch ein technisches Wunderwerk. Doch hielt das Glück nicht ewig. Eines Tages wurde die Frau des Schmiedes von wilden Tieren angefallen und überstand die Attacke nicht. Da trauerte der Mann, und dann versuchte er, sein Weib als Modell nachzubauen – in Gold sogar. Aber mit diesem Produkt war nicht so viel anzufangen wie mit einer echten Frau aus Fleisch und Blut. Ilmarinen, dem das Alleinsein nicht zusagte, machte sich letzten Endes erneut zu seiner Schwiegermutter ins Nordland auf, diesmal um deren jüngere Tochter, seine Schwägerin, heimzuführen. Aber wie es so geht im Leben, wenn die Technik gut funktioniert, Reparaturen nicht erforderlich sind, und man meint, der Preis sei ein für alle Male abgegolten; eine zweite Rate erhielt er für das Sampo nicht. Die jüngere Tochter gab es nicht im Guten. Da entführte er sie kurzerhand. Doch statt sich dreinzufinden, nervte die jüngere Schwester ihren Schwager und angehenden Gatten auf dem Heimweg mit ständigem Gejammer und Gezeter.

Darauf zog dieser schließlich die Notbremse.

Das hat jetzt zwar nichts mehr unmittelbar mit dem Sampo zu tun, erklärt aber auch etwas, und deshalb nachfolgend einige Runen aus dem Kalevala, dem Epos der Finnen. Die Szene, die man sich dazu vorstellen muss ist, wie der Ilmarinen allein – ohne Frau in seiner Begleitung – wieder bei sich daheim um die Ecke kommt, und von seinem Nachbarn begrüßt wird. Die Finnen haben übrigens nicht umsonst den Pisa-Wettbewerb gewonnen, die unterhielten sich schon damals ganz besonders stilvoll. Das hörte sich so an:

»Bruder du, Schmied Ilmarinen,
Weshalb bist du trüben Sinnes,
hast die Mütze schief geschoben
Bei der Rückkehr aus Pohjola?
Wie denn lebet jetzt das Nordland?«
Sprach der Schmieder Ilmarinen:
»Wie soll's Pohjola nicht leben?
Dorten mahlt der Sampo fleißig
Lärmet stets der bunte Deckel,
Mahlet einen Tag zum Essen
Mahlt den zweiten zum Verkaufen

Mahlt den dritten zum Verwahren.
Also sage ich die Wahrheit,
Wiederhole ich die Worte:
Wie soll's Pohjola nicht leben,
Wenn der Sampo ist im Nordland
Dort ist Pflügen, dort ist Säen
Dort ist Wachstum jeder Weise
Dorten wechsellose Wohlfahrt.«

So viel zu der viel gerühmten Mühle und ihrer segenbringenden Wirkung. Alles Top, alles Super. In Nordeuropa herrschte »wechsellose Wohlfahrt«. Der Ilmarinen hatte halt ein echtes Spitzenprodukt da oben abgeliefert. Und dennoch traf er »trüben Sinnes« bei sich zu Hause ein – allein. Nun mag man als Mann Verständnis haben, für das, was er mit seiner Auserwählten anstellte, als sie da unterwegs nicht aufhören wollte, zu krakeelen und zu jammern. Es ist ja ein langer Weg gewesen. Und die Leute waren zu Fuß damals. Er hatte keine Möglichkeit vielleicht in ein anderes Abteil zu gehen oder auch nur Kopfhörer aufzusetzen. Die kaute ihm unablässig ein Ohr ab, die ganze Strecke über, während er sie ohne Navigationsgerät südwärts führte. Irgendwann brannten ihm halt die Sicherungen durch. Aber er tat ihr nicht weh. Er stopfte ihr auch nicht den Mund mit einem Knebel. Und er zwang sie nicht mit Gewalt oder deren Androhung, bei ihm zu bleiben. Er war ein finnischer Gentleman. Er murmelte vor sich hin: »Perkele Saatana, Jumala auta« – was übersetzt ins Deutsche so viel heißt wie:

Da begann Schmied Ilmarinen
Seinen Zaubersang zu singen
Sprach im Zorne seinen Bannspruch
Zauberte sein Weib zur Möwe,
Dass sie auf den Klippen kreischte,
An des Ufers Spitzen schreie.
In dem Gegenwinde schwebe.[*]

---

[*] Kalevala. Das Nationalepos der Finnen, Hinstorff Verlag Rostock 1968, 1. Auflage

185

Fort war sie und gibt seitdem keine Ruhe mehr. Tucholsky hatte schon richtig beobachtet, als er feststellte, die Möwen sehen alle aus, als würden sie Emma heißen – aber sie hören sich in der Tat auch noch so an. Emma – die Schwägerin von Ilmarinen.

Zurück zu unserer Mühle. Außer der gedrechselten finnischen Kalevala-Version gibt es noch eine schlichte norwegische. Die ist zwar recht lang zum Nacherzählen aber immerhin kürzer als das Kalevala und kurzweiliger obendrein. Außerdem erklärt sie ein noch weiteres Phänomen. Sie geht so:

Es waren einmal in alten Tagen zwei Brüder. Der eine war reich und der andere arm. Als der Julabend herankam, hatte der Arme keinen Happen Brot und keinen Bissen Fleisch im Hause.

Da ging er zu seinem Bruder und bat ihn, er möge ihm doch zum Fest um Gottes Barmherzigkeit willen, etwas aus seiner Vorratskammer schenken.

Hier muss ich noch mal kurz unterbrechen, weil sich der geneigte Leser bestimmt fragen wird, aus welchem Anlass sich der Arme zu seinem Bruder auf den Weg gemacht habe. Es handelt sich nicht etwa um einen Abend im Juli, wie man denken könnte, wenn man an der Stelle einen Druckfehler unterstellt. Nein! Man möge sich bitte hier vielmehr an eine kollektive Festlichkeit namens Julklap erinnern. Richtig! Das sollte denn zuletzt kurz vor Weihnachten gewesen sein. Man kann sich vorstellen, dass es von jenem Zeitpunkt im Dezember bis zur nächsten Ernte noch ein gehöriges Stück hin war. Das sah also gar nicht gut aus für die Versorgungslage des Armen.

Es war wohl nicht das erste Mal, dass er den reichen Bruder um Unterstützung anging. Der war immer geizig gewesen, und auch jetzt sah er den armen Bruder mit scheelen Augen an.»Wenn du mir versprichst, worum ich dich bitten will, bekommst du eine ganze Speckseite«, sagte der Reiche.
Der Arme versprach es sofort und bedankte sich noch obendrein.

»Hier hast du eine Speckseite«, sagte der Reiche und warf sie dem Bruder hin. »Und jetzt scher dich zur Hölle!«

»Was ich versprochen habe, werde ich halten«, sagte der Arme, nahm die Speckseite und zog ab.

Er wanderte den ganzen Tag. Als es dunkel wurde, kam er an ein Gehöft, aus dem es ihm hell entgegenleuchtete. ›Hier wird's wohl sein‹, dachte er.

Vor dem Holzschuppen stand ein alter Mann mit langem Bart und hackte Holz für die Festtage.

»Guten Abend«, sagte der mit dem Speck.

»Guten Abend!«, erwiderte der Alte. Wo willst du denn so spät hin?«

»Ich muß zur Hölle. Hoffentlich bin ich hier auf dem richtigen Weg«, gab der arme Mann zur Antwort.

»Oh ja, da bist du schon richtig, das ist hier«, sagte der Alte. »Aber ich will dir einen Rat geben. Wenn du hineinkommst, werden sie dir alle deine Speckseite abkaufen wollen. Denn Speck ist etwas Seltenes in der Hölle. Aber gib ihn nur für die Handmühle her, die hinter der Tür steht! Wenn du wieder herauskommst, will ich dir zeigen, wie man die Mühle einstellt und anhält. Sie kann einem allerhand nützen.«

Der Mann mit dem Speck dankte für den guten Rat und klopfte beim Teufel an. Er wurde eingelassen, und es kam so, wie es der Alte vorausgesagt hatte. Alle Teufel, große und kleine, umringten ihn wie Ameisen eine Made, und einer überbot den anderen, um den Speck zu bekommen. »Eigentlich wollten meine Frau und ich ihn zum Julfest essen«, sagte der Mann. »Aber weil ihr so versessen drauf seid, werde ich ihn wohl euch überlassen. Aber wenn ich ihn hergebe, dann mache ich es nur für die Handmühle, die dort hinter der Tür steht.« Von der wollte sich aber der alte Teufel ungern trennen, und bot dem Mann alles mögliche andere zum Tausch an. Doch der bestand auf der Handmühle, und der alte Teufel rückte sie wohl oder übel heraus.

Als der Mann wieder auf den Hof hinauskam, fragte er den Holzhauer, wie man die Mühle einzustellen und anzuhalten habe. Und als er es gelernt hatte, bedankte er sich schön und ging heim, so rasch er konnte. Es schlug aber doch schon Mitternacht, als er zu Hause anlangte.

»Wo in aller Welt hast du nur gesteckt?«, fragte seine Frau. »Ich habe Stunde um Stunde hier gesessen und gewartet und hatte nicht einmal zwei Stückchen Holz unter den Grütztopf zu legen!«

»Ja, ich konnte nicht früher kommen. Ich hatte allerlei zu besorgen und einen weiten Weg. Aber jetzt sollst du sehen!«, sagte der Mann, stellte die Mühle auf den Tisch und forderte sie auf, zuerst eine Kerze zu mahlen, dann ein Tischtuch und darauf Essen und Bier und alles, was man sich sonst noch Gutes zum Weihnachtsschmaus wünschen kann. Und die Mühle mahlte eines nach dem anderen.

Die Frau bekreuzigte sich einmal übers andere Mal und wollte wissen, wo ihr Mann die Mühle herhatte. Aber damit wollte er nicht heraus. »Wo ich sie herhabe ist einerlei. Du siehst, die Mühle ist gut, und das Mühlwasser friert nicht ein«, gab er zur Antwort. Dann ließ er sich Essen und Getränke und sonstige guten Dinge für alle Festtage mahlen und lud zum dritten Tag seine Freunde und Verwandten ein; er dachte es sich, schön, einmal Gastgeber zu sein.

Als der reiche Bruder die vielen Vorräte sah, wurde er neidisch, weil er seinem Bruder nichts gönnte. »An Julabend war er so abgebrannt, dass er zu mir kam und mich in Gottes Namen anbettelte, und heute gibt er einen Festschmaus, als wäre er ein Graf oder gar ein König!«, sagte er. »Aber wo in Teufels Namen hast du nur all deinen Reichtum her?«

»Den habe ich gefunden hinter der Tür«, gab der Bruder mit der Mühle zur Antwort. Er hatte keine Lust, Rechenschaft abzulegen. Aber im Verlaufe des Abends, als ihm die Getränke zu Kopf gestiegen waren, konnte er nicht länger an sich halten und brachte die Mühle herbei. »Hier siehst du, womit ich mir meinen Reich-

*tum verschafft habe«, sagte er und ließ die Mühle dieses und jenes
mahlen.*

*Als der Bruder das sah, wollte er die Mühle für sein Leben gern
haben. Und nach langem Hin und Her sollte er sie auch bekommen.
Aber dreihundert Taler musste er dafür geben, und der andre durfte
die Mühle noch bis zur Heuernte behalten.*

*»Bis dahin kann ich mir Vorräte für viele Jahre mahlen lassen«,
dachte er. Und man kann sich vorstellen, dass die Mühle in dieser
Frist nicht rostete. Bei Beginn der Heuernte ging die Mühle an den
Bruder. Aber der andere hatte sich wohl gehütet, ihm zu zeigen, wie
sie anzuhalten war.*

*Der Reiche nahm die Mühle mit nach Hause. Am nächsten
Morgen ließ er seine Frau auf's Feld gehen, damit sie hinter den
Schnittern das Heu ausbreitete. Das zweite Frühstück wollte er
heute selbst fertigmachen. Als die Frühstückszeit herankam, stellte
er die Mühle auf den Küchentisch und sagte:» Mahl Hering und
Milchsuppe, und das rasch und gut!« Und die Mühle fing an, Hering
und Milchsuppe zu mahlen. Zuerst mahlte sie alle Schüsseln und
Tröge voll, und nachher floss alles auf den Fußboden. Der reiche
Bauer fummelte an der Mühle herum, um sie zum Stillstand zu
bringen. Aber soviel er auch an ihr herumfingerte, die Mühle mahlte
immer weiter, und die Milchsuppe stieg in der Küche so hoch, dass
der Mann fürchtete, in ihr zu ertrinken. Da riss er die Stubentür
auf, doch es dauerte nicht lange, bis die Mühle auch die Stube voll-
gemahlen hatte. Mit Mühe und Not konnte der Mann unter der
Flut von Milchsuppe die Türklinke finden. Als er endlich die Tür
aufbekam, hielt ihn nichts mehr in der Stube. Er stürzte auf den
Hof hinaus. Aber Hering und Milchsuppe flossen hinter ihm drein
und überschwemmten den Hof und die Felder.*

*Die Frau hatte fleißig Heu ausgebreitet und wartete nun auf das
Frühstück. Schließlich sagte sie zu den Schnittern:»Mein Mann hat
noch nicht gerufen, aber wir gehen jetzt trotzdem. Vielleicht kommt
er mit der Milchsuppe nicht zurecht, und ich muss ihm helfen.«*

Also machte sie sich mit den Schnittern auf den Weg. Da sahen sie den Bauern angerannt kommen, und hinter ihm Hering und Milchsuppe heranströmen.

»Ach, hätte doch jeder von Euch hundert Mägen! Seht Euch vor! Ertrinkt nicht in der Suppe!«, schrie der reiche Bauer und stürzte davon, als wäre ihm der Satan auf den Fersen. Er rannte zur Hütte seines Bruders und bat ihn:»Nimm um Gottes willen die Mühle zurück! Aber sofort! Wenn sie noch eine Stunde weiter mahlt, kommt das ganze Kirchspiel in Hering und Milchsuppe um!«

Doch der Bruder wollte die Mühle nur zurücknehmen, wenn er noch einmal dreihundert Taler bekäme. Und dem Reichen blieb nichts anderes übrig, er musste sie ihm auszahlen.

Jetzt war der arme Bauer gar nicht mehr arm, hatte er doch Geld und die Mühle dazu. Es dauerte nicht lange, da hatte er sich einen Hof gebaut, viel stattlicher als der seines Bruders.

Er firnisste die Gebäude mit purem Gold, das ihm seine Mühle gemahlen hatte. Da der Hof dicht am Ufer lag, leuchtete und glänzte er weithin über den Fjord. Alle, die vorübersegelten, wollten den reichen Mann im Goldhof begrüßen. Und alle wollten die Wundermühle sehen, die schon weit und breit berühmt war. Gab es doch niemand, der nicht von ihr gehört hatte.

Einmal kam auch ein Schiffer, der die Mühle sehen wollte, und fragte, ob sie auch Salz mahlen könne.»Ja gewiss, Salz kann sie auch mahlen«, antwortete der Besitzer. Als der Schiffer das hörte, wollte der die Mühle kaufen, und koste sie sonst was. Denn er dachte:»Wenn ich die Mühle habe, muß ich nicht mehr so weit übers Meer segeln und Salzladungen holen.« Zuerst wollte sie der Mann nicht hergeben. Aber der Schiffer bat und bettelte so lange, bis er sie ihm für viele, viele tausend Taler verkaufte. Der Schiffer nahm die Mühle auf die Schulter und machte sich eiligst davon, weil er fürchtete, der Mann wolle sie wiederhaben. Er nahm sich auch keine Zeit zu fragen, wie sie einzustellen und abzustellen war, sondern rannte, so schnell er konnte, zu seiner Schute.

Als er ein Stück aufs Meer hinausgesegelt war, stellte er die Mühle auf und sagte: »*Mahl mir Salz, und das schnell und gut!*« *Nun ja, die Mühle begann Salz zu mahlen, dass es nur so spritzte. Als der Schiffer das Schiff voll hatte, wollte er die Mühle anhalten. Aber was er auch an ihr herumdrehte, die Mühle mahlte emsig weiter, und der Salzberg wurde höher und höher. Und das Schiff sank tiefer und tiefer und schließlich auf den Grund. Seitdem steht die Mühle auf dem Meeresgrund und mahlt noch heutigentags Salz. Und darum ist das Meerwasser salzig.*[*]

Aber schließlich wurde die Mühle doch geortet und geborgen. Die Skandinavier haben sie vor gar nicht so langer Zeit wieder an Land geholt. Natürlich stand darüber nichts in der Presse. Das geschah bei Nacht und Nebel, in einer ganz geheimen Aktion. Dann haben sie die Mühle in einem Bunker versteckt, irgendwo kurz vor dem Nordkap. Da steht sie nun und mahlt und mahlt. Erdgas zum Beispiel, Handys auch und Einzelteile von Möbeln, die man nur noch zusammenbauen muss, Köttbullar und Smörebröd nicht zu vergessen ...

Ja, was denkt Ihr denn, wo das alles herkommt?

---

[*] Norwegische Märchen, Reclams-»Universal-Bibliothek Band 402, 3. Auflage Leipzig 1977

34. Olympisches Spiele

Die Zeit des Aufbegehrens ist vorbei. Götter und Titanen haben sich wieder vertragen. Kronos bekam von seinem Sohn ein Altenteil auf dem Olymp zugewiesen. Da kann der Alte nun seine Tage absitzen und auf die Welt schauen. Kronos hat sich dreingefunden und Zeus das Regieren überlassen. Er genießt stattdessen Nektar und Ambrosia und sinnt über die Zeitenläufe nach. Manchmal spielt er auch mit seinem jüngsten Enkel.

Zeus hat einen späten Nachkömmling. Der Steppke heißt Kairos. Alle Göttinnen sagen, der Kleine komme nach seinem Großvater. Kairos ist ein Gott der Zeit – ganz unbestritten – allerdings kann er auch den Vater nicht verleugnen. Ein pfiffiges Bürschchen, und so flink …
Kairos ist unter den Göttern für die günstige Gelegenheit zuständig, der Gott der großen Chancen. Kairos ist der junge Herr des richtigen Zeitpunktes für goldrichtige Entscheidungen. Während sein Großvater Kronos Sekunde um Sekunde, Stunde um Stunde und Jahr für Jahr vergehen lässt, steht Kairos für den einen ersehnten Augenblick, da das große Los gezogen wird.

Allerdings vermag nur derjenige die Gunst der Stunde zu nutzen, der auch imstande ist, Kairos festzuhalten, und das ist gar nicht so leicht. Nicht allein, dass Kairos geflügelt daherkommt. Er entzieht sich behende jeglichem Zugriff. Das liegt nicht zuletzt auch seiner Frisur; die Locken kringeln sich über seiner Stirn, während hinten im Nacken alles kahl rasiert ist. So lässt er sich nur schwer beim Schopfe packen.

Auf diese Weise beschreiben Leute mit Phantasie den ewig jungen Kairos. Lehrerpersönlichkeiten würden hingegen sagen: Der alte Kronos verkörperte den Griechen die quantitativen Aspekt der Zeit, Kairos hingegen den qualitativen.

»Opa, lass uns Mensch-Ärger-Dich-Nicht spielen!«, ruft der junge Gott und zieht zwei Lehmfiguren aus seiner umgehängten Tasche. »Das sind Karl und Heinz, und um die wollen wir würfeln. Wer am weitesten kommt, hat gewonnen.« Kronos lächelt seinem Enkelsohn milde zu.

»Gerade habe ich die Sanduhren umgedreht. Da kommst du mit deinem Spielchen gerade recht, mein kleines Kairösslein. Gut, so lass uns also spielen. Aber du musst mir versprechen, diesmal nicht zu schummeln.«

»Ich weiß gar nicht, was du meinst Opa, ich und schummeln? Ich nutze die Regeln nur besser aus als du. Und deshalb gewinne ich eben. Du wirst es sehen, ich gewinne auch diesmal wieder. Ich nehme den Karl. Du kannst den Heinz haben.«

Kronos schüttelt amüsiert den Kopf über so viel Siegesgewissheit. Diesen Charakterzug hat der Kleine wohl von seinem Vater Zeus geerbt.

»Also gut. Lass uns beginnen. Wir würfeln, und merken uns die Augenzahl. Vierzig Wochen braucht so ein Mensch bis er auf die Welt kommt. Wer von uns zuerst bei vierzig ist, kann sein Menschlein ins Spiel bringen.«

Die Olympier beginnen zu würfeln. Während Kronos noch Augen zusammenzählt hat Kairos den Karl bereits auf's Spielfeld gesetzt, und zwar mitten hinein ins Jahr 1960 und in eine Stadt mit Namen Potsdam unweit Berlins.

»Hej, was machst du da?«, brummt der Alte. »Du bist noch gar nicht bei vierzig angekommen. Mit vierzig Wochen werden die Menschen geboren. Bei vierzig Punkten wird eingesetzt und nicht eher. Mach das bitte so wie ich mit meinem Heinz.«

»Zu spät. Karl war eben eine Frühgeburt, haha … Außerdem habe ich ihn jetzt ausgespielt und kann ihn nicht mehr zurücknehmen. Tja, Opa gewusst wann. Ich bin Erster. Jetzt hat mein Karl sechs Wochen Vorsprung und du musst weiterwürfeln. So eine Frühgeburt kommt zwar nicht allzu oft vor bei den Menschen, ist aber auch nicht ungewöhnlich, hat mir Tante Demeter gesagt.«

»Na gut«, brummt Kronos. »Das werde ich mir merken.« Er würfelt bis er genau bei vierzig angekommen ist und aktiviert daraufhin seinen Heinz ebenfalls nach Potsdam.

»Juhu, juhu«, triumphiert Kairos dazu.

»Was ist? Wieso freut es dich, dass ich nun auch dabei bin? Ich habe nur sechs Wochen Rückstand aufzuholen. Das ist ein Klacks. Mein Heinz wird bald zu deinem Karl aufschließen.«

»Ja, Opa, aber nur bis die beiden im sechsten Lebensjahr angekommen sind.«

»Wieso ausgerechnet bis zum sechsten? Mein Heinz zieht das noch viel länger durch.«

»Im sechsten Lebensjahr kommen die Menschleinfiguren in die Schule, und ich habe meinen Karl vor dem Stichtag eingesetzt«, erläutert Kairos den Grund seiner Freude. »Dein Heinz muss noch ein ganzes weiteres Jahr auf die Schule warten. Da kann mein Karl schon lesen. So sind die Regeln bei den Menschen halt, Opa. Du siehst, ich kenne mich aus bei diesem Spiel. Auf die erste Kreuzung der Wege freue ich mich jetzt schon.«

Für diejenigen unter uns, die noch nie bei einem olympischen Mensch-ärgere-dich-nicht-Spiel gesetzt wurden, oder die nicht recht wissen, wie ihnen hienieden geschieht, sei erklärt, dass sich in bestimmten zeitlich nicht genau definierten Abständen die Spielfiguren einander begegnen und zur Erbauung der Götter Konflikte austragen müssen. Das nennt sich »Kreuzung der Wege« und gehört zu den Spielregeln im olympischen Mensch-Ärger-Dich-Nicht. Wer da punktet, kann ordentlich was gutmachen.

Karl und Heinz trafen sich zum ersten Male im Alter von vier Jahren in einem Buddelkasten. Karl war von seinem Großvater auf den Spielplatz mitgenommen worden. Der Großvater setzte sich auf eine Bank, und begann Zeitung zu lesen. Karl krabbelte im Sand herum und füllte die Ladefläche seines Lastautos mit Sand. Kurz darauf traf Heinz dort ein. Seine Mutter setzte Heinz auf den Rand des Kastens und legte ihm dazu einige Buddelformen in den Sand. Dann wandte sie sich ab und widmete sich dem erst ein paar Wochen alten Brüderchen von Heinz. Die Jungs waren unter sich. Karl wollte den Sandkasten für sein Auto und sich allein haben. Der Neuankömmling störte ihn. Er steckte seine

Buddelschippe in den Sand und schnipste ein Ladung Sand auf Heinz. Der stutzte, aber erst als ihm zum dritten Mal Sandkörner um den Kopf flogen, griff er sich zwei seiner Kuchenformen, füllte sie bis oben hin und stapfte dann – die eine in der Rechten, die andere in der Linken – auf Karl zu. Karl blieb sitzen. Als Heinz vor ihm stand, regnete der Inhalt der beiden Sandformen auf Karl hinunter und prompt fing der an, lauthals zu schreien. Sein Großvater kam sofort herbeigeeilt, Heinzens Mutter auch.

»Haben Sie das gesehen?«, rief der alte Mann empört. »Ihr Sohn hat meinem Enkel den Sand über den Kopf geschüttet. Na, das ist ja vielleicht ein Früchtchen.«

Die junge Frau war außer sich. »Das hat er ja noch nie gemacht. Mein Heinz ist so ein lieber Junge. Ich verstehe das gar nicht. Entschuldigen Sie bitte. Das ist gar nicht seine Art.« Der Großvater nahm den kleinen Karl in den Arm und tröstete ihn. »Die Haare voller Sand. Alles schmutzig. Wenn ich gewusst hätte, was hier für Kinder spielen, wäre ich mit meinem Enkel gar nicht erst hierher gekommen.«

Heinzens Mutter versetzte darauf ihrem Filius einen Klaps, dass der nun auch laut aufheulte. Dann zerrte sie ihn zum Kinderwagen seines Bruders, und sie verließen den Spielplatz. Karl blieb zufrieden im Sandkasten zurück und spielte so lange für sich allein weiter, bis sein Großvater mit der Lektüre fertig war.

»Das ist ja ein starkes Stück!«, Kronos knurrt ungehalten in seinen Bart, »und ich kann nicht einmal eingreifen, ohne gegen die Regeln zu verstoßen. Dein Karl hat angefangen. Ich hab es genau gesehen.«

»Tja, Opa, so geht das Spiel. Du hast es gesehen und ich hab es gesehen – aber sonst kein Mensch. Mein Karl hat eben die Umstände für sich genutzt. Was kann ich dafür, dass sich dein Heinz erwischen lässt. Weiter geht's. Ich liege vorn.«

Die Götter lassen etwas Zeit vergehen, dann kommen Karl und Heinz an die nächste Kreuzung. Für Kronos und Kairos gibt es übrigens weder Vergangenheit noch Zukunft. Den Unsterblichen geschieht alles in der

Gegenwart. Sie stehen über der Zeit. Das ist uns Menschen nicht gegeben. Wir sind nur ihre Spielfiguren.

Die Jungen waren acht Jahre alt, als sie erneut aufeinander trafen. Diesmal ging es ohne Feindseligkeiten ab, jedoch nicht ohne Geschrei. Man spielte auf einem Sportplatz ein paar hundert Meter östlich der Siedlung, in der Karl wohnte, und ein paar hundert Meter westlich der Wohnung von Heinz und seiner Familie. Dieser geringe lokale Unterschied hatte immerhin bewirkt, dass sie sich jahrelang nicht über den Weg gelaufen waren. Karl ging in eine andere Schule als Heinz und war schon in der zweiten Klasse, während Heinz sich noch als ABC-Schütze an unsinnigen Texten mit dem Alphabet abmühte. Sie bolzten zusammen mit anderen Jungen auf dem Sportplatz herum. Karl war der beste Spieler auf dem Platz. Mehr als ein Dutzend Mal versenkte er den Ball im Netz von Heinz. Bei Karl stimmte einfach alles. Ballbeherrschung, Timing, Schnelligkeit. Die Mitglieder beider Mannschaften erkannten das neidlos an. Dann legten sie eine Pause ein, um zu verschnaufen. Karl wischte sich den Schweiß von der Stirn. Schließlich meinte er, dass er jetzt etwas zu trinken organisieren werde, und fragte, wer mitkommen wolle. Heinz und sein Freund, dessen Name nichts zur Sache tut, wollten. Heinz hatte eine trockene Kehle bekommen, auch wenn er im des Spiel nur den Torwart gegeben hatte, musste er doch seine Hintermannschaft mit lautem Rufen dirigieren. Trotz allem Gebrüll war Karl immer wieder zum Schuss gekommen. Ein Schluck Limonade würde jetzt gut tun. Und auf dem Wege könnte er sich mit dem Spitzenmann der anderen Mannschaft anfreunden. Die anderen Jungen blieben zurück und im Gras sitzen.

»Holen wir was von dir zuhause?«, fragte Heinz.

»Nö, wir gehen zur Kaufhalle.«

»Ach, haste Geld bei?«, interessierte sich der Freund von Heinz.

»Geld«, schnaufte Karl überlegen. »Muss man denn unbedingt Geld haben, wenn man nur was zu trinken holen will?«

»Du willst doch wohl nicht etwa klauen?«, Heinz war erschrocken.

»Mensch. Ich klau doch nicht. Diebstahl ist, wenn man mit etwas in der Hand, aber ohne zu zahlen aus dem Laden verschwindet, versteht ihr. Einfach was wegnehmen. Das mache ich nicht. Was ich organisiere, das wird schon bezahlt. Passt mal gut auf, wie das geht.«

Inzwischen waren die drei Jungen an dem Supermarkt, der hier Kaufhalle hieß, angekommen. Karl ging etwas voran, die zwei anderen folgten gespannt. Es war Nachmittag. Beste Einkaufszeit mit vielen Kunden. Karl trat als erster in den Verkaufsraum. Er nahm sich keinen Einkaufswagen. Karl bummelte kreuz und quer durch die Halle. Dabei schaute er sich aufmerksam die Leute an, die die Wagen schoben. Schließlich ging er schnurstracks in die Getränkeabteilung und griff sich zwei Flaschen Limonade. Heinz und sein Freund hinterdrein. Sie sahen verwundert zu, wie Karl die Flaschen in einen Korb hineinlegte, in dem sich schon einige Flaschen befanden. Der Wagen gehörte zu einem älteren Herrn, der immer wieder auf einen zerknitterten Zettel schaute, den er ständig aus seiner Jackettasche herausholte, kurz drauf sah und dann erneut wegsteckte. Er hatte seinen Wagen für eine kleine Weile stehen gelassen hatte, um im Regal nebenan nach irgendetwas zu suchen.

Karl verließ dann das Geschäft, wobei er an der Kasse höflich die dort mit ihren Einkäufen wartenden Erwachsenen bat, ihn durchzulassen. Er sagte laut: »Dankeschön«, und begab sich in den Vorraum.

Heinz und sein Freund blieben zurück, bis der alte Mann mit seinem Einkaufswagen an der Kasse war. Er bezahlte und packte danach alles in zwei ausgebeulte Stofftaschen. Eine hob er hoch und legte sie in den Wagen. Dann verließ der Mann, sichtlich geplagt vom Gewicht seiner Besorgungen die Halle. Er schob den Wagen mit der linken Hand und trug in der rechten den zweiten Beutel mit Flaschen. Heinz und sein Freund folgten ihm gespannt. Heinzens Kehle wurde immer trockener und kratziger vor Spannung. Draußen setzte der Mann die Tasche mit den Flaschen ab und schob den Wagen zurück in die Reihe. In dem gleichen Moment kam Karl um die Ecke, griff sich zwei die Flaschen Limo aus dem Beutel und gab mit ihnen in der Hand Fersengeld.

Der alte Mann war gerade dabei, seinen Einkaufswagen in die Reihe der leeren Wagen zu schieben und die zweite Tasche an sich zu nehmen. Er hatte von der Aktion in seinem Rücken gar nichts mitbekommen. Eine Frau hinter ihm sah aber Karl mit den Flaschen wegrennen. »Hallo!«, rief sie. »Ich glaube der Junge hat ihnen gerade was aus der Tasche gestohlen.« »Was?«, der Alte drehte sich um. »So ein Lausebengel aber auch.« Er begab sich zu seinen Einkäufen zurück und fischte seinen Merkzettel aus der Jackettasche. »Was fehlt mir denn jetzt?« Er beugte sich über seinen Einkauf und zählte nach. Dann stellte er fest, dass alles da war, was er besorgen wollte. »Mir kann er nichts weggenommen haben, gute Frau«, sagte er erleichtert. Heinz und seinem Freund blieb der Mund offen stehen.

Als der Alte weggeschlurft war, rannten sie Karl hinterher zum Bolzplatz. Dort waren die beiden Flaschen allerdings bereits fast leer getrunken.

Als Heinz nach der Flasche griff, leckte er sich mit seiner trockenen Zunge über die trockenen Lippen. Es reichte gerade noch, sie nur leicht befeuchten, mit der letzten warmen Neige aus der Brause-Flasche.

»Schade, alles leer!«, klagte Heinz.

»Organisiert Euch doch selber was zum Trinken«, kommentierte Karl. »Die Flaschen könnt ihr mitnehmen. Da habt ihr gleich noch Pfandgeld dazu.«

Beim ersten Versuch deponierten die beiden Freunde zwei Flaschen Apfelsaft in einem Wagen, in dem sich ansonsten gar keine Getränke befanden. Die beiden Flaschen wurden beim Bezahlen unter Kopfschütteln der Kassiererin übergeben, und die Jungen hatten etwas dazugelernt. Ihr Durst wurde derweil immer größer. Sie hätten wohl besser daran getan, sich etwas zu trinken von zu Hause zu holen. Stattdessen wagten sie einen zweiten Versuch. Als aber Heinzens Freund, dessen Name hier immer noch nichts zur Sache tut, zwei Flaschen Sprudel in den unbeaufsichtigt herumstehenden Einkaufswagen eines Ehepaares steckte, wurde diese Verrichtung von dem dazugehörenden Mann beobachtet. Der Junge hatte sich mit Vorbedacht jenen Wagen entschieden, weil darin auch noch etliche andere Erfrischungsgetränke standen. Als die Frau den Wagen stehen ließ, um sich an der Wursttheke anzustellen, nutzte er ihre Unaufmerksamkeit. Dass zu jener Frau aber noch ein Einkaufspartner gehörte, hatte er nicht mitbekommen. Der Mann kam gerade vom anderen Ende der Regalzeile und meinte nicht anders, als dass sich Heinzens Freund an seinem Jackett zu schaffen gemacht hätte, das er wegen der Hitze des Tages ausgezogen, einmal längs zusammengefaltet und über den Griff des Wagens gelegt hatte. Seitlich Innen hatte er seine Brieftasche. Und die war nun unbeaufsichtigt geblieben, weil sich seine Frau zur Wursttheke begeben hatte, ohne auf ihn zu warten. In wenigen Schritten war der Mann bei dem Freund unseres Heinz und packte ihn im Nacken. »Ha, Bürschchen. Hab ich dich erwischt!«, rief er, dass alle Leute im der Kaufhalle auf die Szene aufmerksam wurden. »Ein Dieb! Holt die Polizei.« Der Junge konnte vor Schreck gar nichts sagen, und auch nicht schreien, aber Heinz sah den Auflauf und rannte instinktiv sofort los. Doch er kam nicht weit, denn er lief geradewegs dem Marktleiter in die Arme. »Noch so einer von der Bande!«, kommentierte der seinen Fang.

»Das ist ein fauler Trick, den du hier abziehst!« Kronos ist empört. »Dein Karl ist ein Dieb!«

»Nein, Opa, dein Heinz ist einer« triumphiert Heinz. »Dafür muss er ja auch mit auf die Polizeiwache und dann bekommt er Stubenarrest und Fernsehverbot zu Hause.«

»Mein Heinz ist aber unschuldig!« Darauf beharrt Kronos mit Nachdruck. »Er hat ja auch gar nichts gestohlen, und nicht einmal dem Mann, der die Jungs erwischt hat, fehlte etwas. Im Gegenteil! Er hatte noch mehr im Wagen als er gedacht hätte. Das war Ganze war ein ausgesprochener Irrtum.«

»Der alte Mann, der meinem Karl zuvor die Limos bezahlt hatte, vermisste ja auch nichts. Na gut, da hat der sich halt geirrt. Für Karl war es ein nützlicher Irrtum, für Heinz war er verhängnisvoll. So geht halt zu in diesem Spiel.«

»Aber nicht im Leben, mein lieber Freund. Das war hart an der Grenze. Wenn ich das deinem Vater erzählen würde ... So darfst du die Spielregeln nicht auslegen, auch wenn du ein Gott bist. Sonst schicke ich dich in eine Strafrunde.«

»Was heißt hier Strafrunde?«, Kairos grinst Kronos an. »Ärgerst du dich etwa über die kleinen Menschen hier? Das sind doch nur Spielfiguren, Opa. Komm, würfeln wir weiter! Vielleicht holt dein Heinz ja auch mal einen Punkt. Ich habe erst mal einen ordentlichen Vorsprung, aber jetzt bist du dran!«

Weitere vier Jahre gingen ins Land. Heinz hatte gerade seinen zwölften Geburtstag hinter sich und war zum ersten Male verliebt. Sie hieß Tina. Das soll eigens erwähnt werden, obwohl streng genommen auch ihr Name nichts zur Sache tut. Tina wohnte im Nachbarhaus. Sie war zwar eine Klasse weiter in der Schule, und sie war ein Jahr älter als Heinz, aber das machte nichts, denn nach dem Unterricht spielten sie seit Jahren immer mit anderen Kindern aus der Nachbarschaft zusammen auf dem Hof. Außerdem war Tina das hübscheste anzubetende Wesen auf der ganzen Welt – für Heinz. Der wusste nicht, wie ihm geschah. Er verspürte neuerdings ein Kribbeln in der Magengrube bei ihrem Anblick, und es war, als würde Brausepulver auf seiner Haut zischen, wenn sie ihn bei Spielen auf dem Hof streifte. Gar nicht unangenehm dieses Gefühl, eher ungeheuer spannend. Heinz hätte süchtig werden können nach ihren Berührungen. Wie anmutig sie sich bewegte, wie freundlich ihre Stimme klang, welch schönes Gesicht und was für ein vertrauter Name. Tina, Tina, Tina. Heinz konnte ihn hundert Mal und noch viel mehr in Gedanken wiederholen. Hintereinander, ohne zu ermüden. Und Tina hatte zugesagt, mit Heinz ins Stadtbad zu gehen.

Diese Frage hatte ihm viel Überwindung gekostet, und sie musste wie beiläufig gestellt werden. »Machen wir'n morgen? Bei der Hitze auf'm Hof ist ja öde? Aber kennste's Stadtbad? Da is'n Turm. Schon mal vom Dreier gesprungen? Fetzt ein, sage ich dir. Willste, dass ich's dir zeige? Kannst ja mitkommen.« Und darauf entgegnete sie: »Ja«.

Ja. Ja! Jaha! Einfach »Ja«, so natürlich, so als wäre es selbstverständlich, als würden sie immer alles zusammen machen. Ach, das würde der schönste Tag in seinem Leben werden. Heinz war schon lange vor seinen Eltern wach, obwohl er erst nach ihnen eingeschlafen war. Er hatte sich stundenlang im Bett herumgeworfen. Die Nacht war warm, und sein kleiner Bruder schnarchte. Den musste er zwar auch mitnehmen ins Bad, denn es war die Zeit der großen Sommerferien, aber das würde Heinz nicht im Geringsten stören, wo doch Tina mitkam. Die Zeit wollte einfach nicht vergehen. Die Zeit, die Zeit. Nach dem Frühstück, nachdem sich die Eltern zu ihrer Arbeit verabschiedet hatten, schlichen die Zeiger erst recht noch viel langsamer über das Ziffernblatt. Schließlich hielt es Heinz nicht länger aus. Die Badetaschen waren gepackt. Mama hatte Proviant für ihre Jungs vorbereitet. Er schnappte sich seinen Bruder, und sie gingen zum Nachbarhaus, um bei Tina zu klingeln. Die saß noch mit ihrer Mutter beim Frühstück. Aber nun machte es Heinz gar nichts mehr aus, zu warten. Er saß in der fremden Küche am Tisch mit Tina und schaute glücklich dem Mädchen zu, wie es ein Marmeladenbrötchen aß. Das hätte noch viel länger dauern können, jedoch der kleine Bruder quengelte. Der hatte kein Gespür für die Erhabenheit des Augenblicks.

Die drei zählten zu den ersten im Stadtbad. Da konnten sie sich die beste Stelle aussuchen. Der Tag ließ sich genauso an, wie Heinz es sich erträumt hatte. Sie saßen zusammen in der Sonne als würden sie Mutter, Vater, Kind spielen. Tina planschte zuerst mit seinem Bruder im Nichtschwimmerbecken herum, während Heinz, dem das zu albern war, beglückt zuschaute. Dann spielten alle drei Ball auf der Wiese und schließlich ging Tina mit ihm ins tiefe Becken baden, während der kleine Bruder auf dem Klettergerüst herumkraxelte.

Heinz machte Kopfsprünge und Arschbomben vom Einmeter-Brett, und das Mädchen lachte dazu. Dann stieg er die Treppe zum Dreier hoch. Da gab es immer eine Schlange. Es waren hauptsächlich ältere Jungen, die von da oben Köpper sprangen. Heinz sprang aber Kerze. Tina meinte, das habe sie noch nie gemacht. Einmal wäre sie zwar oben gewesen, aber die Treppe wieder runtergeklettert. Es sei ihr zu hoch und sicherlich tue es auch weh, wenn man auf dem Wasser aufschlage. »Diss merkste schon annen Fusssohlen, wennste aufkommst«, bestätigte Heinz. »Einmal hatt ich die Arme breit, weisste, nicht am Körper dran gehalten, sondern auseinander. Und denn peng, hier unten allet rot, sage ich dir. Trotzdem fetzt das ein.«

»Na, ich weiß nicht«, Tina schüttelte skeptisch den Kopf »Was sollen daran fetzig sein?«

»Ha, bloss, weilste dich nicht traust«, kommentierte Heinz und fühlte sich als Held.

So verging die Zeit wie im Fluge. Mit einem Male war es schon Mittag. Sie teilten sich den Proviant. Heinz bekam von Tina eines der Brötchen, die ihre Mutter mitgegeben hatte. Köstlich! Dann lasen sie abwechselnd Heinzens Bruder Witze vor. Danach spielten sie wieder Ball.

Inzwischen war es voll geworden im Schwimmbad. Nachmittags vom Turm zu springen, dauerte schon ein paar Minuten. Der Bademeister achtete streng darauf, dass immer nur einer auf dem Brett stand und zu Wasser ging. Es wäre sonst wohl zu gefährlich für den Auftauchenden geworden, wäre ihm einer der nachfolgenden Springer auf dem Kopf gelandet. Heinz war wieder auf dem Weg nach oben. Tina stand mit seinem Bruder am Rand des Schwimmbeckens und schaute zum Turm auf. Aber mit einem Male ging es nicht weiter. Einer der Jungen vor Heinz blockierte das ganze Springen. Der machte Handstand auf dem Brett. Tatsächlich.

So stand der da, die Zehenspitzen gestreckt nach oben und hielt sich auf seinen Händen, obwohl das Brett auf und ab schaukelte. Ein Raunen ging durch das Areal. Die Badegäste machten sich gegenseitig auf den Jungen aufmerksam, der da im Handstand auf dem Sprungbrett aushielt. Dann ließ der sich ganz langsam vornüber kippen und tauchte kerzengerade ins Wasser ein. Fast ohne Spritzer. Beifall kam auf. Heinz war inzwischen auch oben auf dem Turm angekommen. Vor ihm begaben sich noch zwei halberwachsene Springer schwungvoll und in hohem Bogen ins Wasser, dann tippelte Heinz in kurzen Schritten auf's Brett, die Arme seitlich am Körper fest gepresst. Er sprang nicht, er lief und lief, über das Ende des Sprungbrettes hinaus und dann durch die Luft bis er ins Wasser platschte.

Spätestens in diesem Moment hatte sich die allgemeine Aufmerksamkeit im Bad wieder anderen Ereignissen zugewandt. Davon bekam aber Heinz nichts mit. Er schwamm mit hastigen Schwimmzügen zur Leiter am Beckenrand. Nicht weit entfernt standen Tina und sein Bruder. Doch bevor er an der Leiter anschlagen konnte, tauchte einer schräg von rechts unten kommend vor ihm auf und griff nach den Streben. Heinz wurde abgedrängt und bekam infolge dieser Störung seines Bewegungsablaufes Wasser in den offenen Mund. Er musste husten. Der Junge vor ihm kletterte aus dem Wasser, und versetzte Heinz dabei auch noch einen Tritt in den Magen. Heinz schlug mit den Armen um sich. Darauf drehte sich der auf der Leiter um, packte ihn mit einem entschlossenen Griff fest unter die Achseln und zog ihn an sich.

»Hej, was ist denn los mit dir?«, rief er Heinz zu. »Wenn du nicht schwimmen kannst, darfst du hier nicht ins Tiefe.« Heinz kletterte erschöpft und hustend an Land. Der vor ihm wartete schon auf ihn. Er hatte sich einen Finger ins rechte Ohr gesteckt und hielt den Kopf schief.

Heinz rieb sich den Bauch. »Du hast mich getreten.«

Der andere zog die Augenbrauen hoch. »Gerettet habe ich dich. Könntest wenigstens mal ›danke‹ sagen.«

In diesem Augenblick kam Heinzens Bruder angerannt und rief. »Haste den gesehen mit dem Handstand?«

Heinz drehte sich zu seinem Bruder und knurrte: »Haich jesehn do. Hatt allet uffjehalten der Heini mit seiner Show da ohm.«

Hinter dem kleinen Bruder stand Tina. »Nönö, das fetzte schon richtig ein. Die Leute haben sogar geklatscht«, widersprach sie Heinz.

Da mischte sich der Taucher in ihr Gespräch ein, und sagte: »Also ehrlich mal, so toll war das nun auch nicht. Habt ihr nicht gesehen, wie ich gewackelt habe?«

»Du warst das?«, fragten Tina und Heinzens Bruder im Chor. Der Taucher schüttelte jetzt das Wasser aus seinem linken Ohr und meinte dann lächelnd zu Tina. »Ist doch nichts dabei. Möchtest du, dass ich einen Salto springe?«

»Woei. Du kannst'n Salto. Ditt will ick sehn«, begeisterte sich Heinzens kleiner Bruder. Heinz warf ihm einen eisigen Blick zu. So eine treulose Seele. Wie konnte der sich derart gehen lassen, gegenüber diesem Fatzke. Dann wanderte sein Blick zu Tina. Die lächelte den Springer an und sagte gar nichts. Aber sie legte – absichtlich oder nicht – ihren Kopf genau so schief, wie der den seinen hielt. Das fiel irgendwie auf an den beiden. Schließlich nahm Heinz den Springer ins Visier. Dem würde er's jetzt heimzahlen. Doch er kam nicht dazu, denn der wandte sich mit den Worten: »Warte hier!« ab und begab sich zum Turm.

Warte hier, warte hier. Was sollte denn das nun wieder? Hatte der seinen Bruder gemeint oder etwa Tina. Wie kam der Kerl dazu, Tina, **seine** Tina, anzusprechen? »Kommt wir gehen zurück zur Decke!«, meinte Heinz missmutig.

»Ohnö, jetzt doch nicht. Der springt'n Salto, Atze!«, protestierte Heinzens kleiner Bruder.

Tina schien seinen Vorschlag überhaupt nicht gehört zu haben. Sie sah wie gebannt zum Turm hoch. Heinz drehte sich um und stapfte los. So ein Ärger aber auch. Als er an der Decke ankam, hörte er vom Sprungbecken her Applaus. Heinz warf sich auf die Decke und vergrub seinen Kopf unters Handtuch. Es tat so weh. Alle hatten ihn verlassen. Vor allen anderen aber Tina. Tina, wie konnte sie ihm das bloß antun. Sie gehörten doch zusammen. Als hätte ihr der Tag bisher überhaupt nichts bedeutet himmelte sie diesen widerlichen Hüpfer an.

Bald brannten ihm die Augen, als würden jeden Moment Tränen kommen. Da sprang Heinz auf und rannte zum Becken zurück. Jetzt würde er sich seinen Bruder schnappen. Dieser Verräter, der konnte sich jetzt auf was gefasst machen, der war ja sofort Feuer und Flamme für diesen Akrobaten gewesen. Heinz suchte Tina und den Kleinen, aber er entdeckte sie nicht gleich, denn am Beckenrand hatte sich eine Traube von Zuschauern gebildet. Auch Erwachsene standen da und blickten zum Turm. Ohne es zu wollen, dreht auch Heinz seinen Kopf in die gleiche Richtung und wurde Augenzeuge, wie sein Widersacher durch die Luft wirbelte und fast ohne Spritzer im Becken verschwand. Sauber gemacht. Wieder Beifall. Heinz sah grimmig zu, wie der andere auftauchte und mit lässigen Freistilzügen zur Leiter schwamm. Kurz davor tauchte er noch mal ab. Wie vorhin kam er dann mit Schwung fast senkrecht am Beckenrand hochgeschnellt. Und da an der Leiter, wer empfing ihn da oben? Tina. Oh Gott, Tina. Die hatte doch tatsächlich nur noch Augen für diesen Kerl. Der Kerl war aber Karl.

»Na, Opa, wie habe ich das wieder gemacht? Bei diesem Spiel marschiere ich durch, sage ich dir. Da siehst du keinen Stich mit deinem Heinz.« Kairos lehnt sich belustigt zurück. Kronos verzieht sein Gesicht. »Das hat ihm aber wehgetan, mein Lieber. Das hat meinem Heinz eben verdammt wehgetan, weißt du das?«

»Ha, was heißt hier, weh getan. Mir doch egal. Ich liebe das. Beim Schach gibt es übrigens auch so einen Zug. Da kannst du mit deinem Springer den anderen König und dessen Dame gleichzeitig bedrohen, wenn du es geschickt anstellst. Du muss doch zugeben Opa, dass das wirklich großartig herausgespielt war! Mit meinem Springer habe ich deinem Heinz alle beide ausgespannt, seinen Bruder und seine Flamme.«

»Den Bruder kriegst du aber nicht. Der bleibt dem Heinz erhalten, auch wenn er anschließend von ihm verdroschen wird und gar nicht weiß, warum.«

»Ich könnt mich wegschmeißen.« Kairos jappst nach Luft vor Lachen. »Mein Karl hat jetzt schon einen Riesenvorsprung. So, und jetzt gebe ich Dir auch mal eine Chance. Die nächste Kreuzung der Wege für die beiden wartet während ihrer Armeezeit auf sie. Und ich schicke Karl freiwillig in eine Strafrunde. Strafrunde in Anführungsstriche. Der war ja so was von gut eben. Aber OK, Großväterchen, damit du mit Heinz auch mal zu was kommst: Ich lasse meinen Karl länger dienen.«

»Na«, zweifelnd zieht Kronos die Augenbrauen hoch. »Nicht, dass das auch schon wieder so ein Trick von dir ist.«

»Kommandieren hat nichts mit Schikane zu tun.« Oberleutnant Alte nahm erst einen Schluck von der schwarzen Brühe, die hier im Dienst Kaffee genannt wurde, und dann einen Zug aus der Zigarette. Darauf blickte er sinnend dem Rauchkringel nach, der in Richtung Zimmerdecke entschwebte. Nachdem er die Bedeutungsschwere dieses Satzes ausgiebig nachhallen gelassen hatte, wandte er sich wieder seinen Zuhörern zu – seine neuen Gruppenführer, frisch von der Unteroffiziersschule eingetroffen.

»Sie müssen von Anfang an klarstellen, dass Sie hier die Chefs sind. Sie und nicht etwa die Frischlinge, die hierher kommen, um ihren Grundwehrdienst vom ersten bis zum letzten Tag möglichst auf der linken Arschbacke abzusitzen. Da erwarte ich Autorität von Ihnen. Die Neuen haben ja überhaupt keine Ahnung, wie das hier läuft. Sie sollen das denen erst beizubringen. Dafür sind Sie hier. Ist das klar?«

Oberleutnant Alte hatte sich erhoben. Er merkte, dass er langsam in Fahrt kam. Wenn er jetzt ein Bier vor sich hätte statt dieser lauwarmen Plörre, wäre er noch besser drauf. Seine Jungs hockten artig vor ihm. Als hätte er »Stillgesessen!« kommandiert. So konnte er sie aber nicht gebrauchen. Die waren doch viel zu lieb. So wie die zu ihm aufguckten, hätte er sie allesamt nur in die Schreibstube stecken können. Er brauchte Leute, die sich durchsetzen konnten.

»Aber der eigentliche Prüfstein für Sie, das sind die aus dem zweiten und dritten Diensthalbjahr. Lassen Sie sich von denen nicht pampig kommen. Sie sind unsere neuen Führungskräfte. Sie und nicht diese sogenannten Entlassungskandidaten, auch wenn die ihre Uniform schon länger tragen als Sie. Begreifen Sie, was ich von Ihnen will? Sie haben sich für drei Jahre Ehrendienst verpflichtet. Das ist schon mal was. Das ist ein Opfer für einen Zwanzigjährigen, oder sagen wir mal –

ein klares Bekenntnis. So was schätzen wir. Die anderen mit ihren fünf-hundertvierzig Tagen aber, machen gerade mal das Notwendigste. Die sind nicht hier, weil sie das Militärische interessiert. Die kommen nicht, um was zu leisten. Die sind hier, weil sie müssen und das nicht vermeiden konnten. Bei diesen Leuten kann man nicht lange bitten. Denen muss klar vorgegeben werden, was sie zu tun haben. Und das ist schon am Umgangston zu hören.«

Oberleutnant Alte drückte die Zigarette aus. Der Glimmstengel störte jetzt nur.

»Eine militärische Führungspersönlichkeit äußert sich präzise, kurz und bestimmt. Sein Befehl ist eine Handlungsanweisung an die ihm Untergebenen. Und alle, alle müssen ihren Befehlsgeber verstehen können. Vom ersten bis zum letzten Mann im Glied. Davon kann im Ernstfall ihr Leben abhängen. Dementsprechend befiehlt der Kommandeur auch in einer angemessenen Lautstärke. Ich will Sie da draußen vor der Truppe nicht verschämt rumsäuseln hören. Haben Sie das verstanden?«

Ganz wie erwartet vernahm der Kompaniechef darauf nur eine sachte Bekundung der Zustimmung seiner neuen Unterführermannschaft. »Ich habe Sie gefragt, ob sie mich verstanden haben? Und da antworten Sie gefälligst laut.«

Nun klang der Chor der »Ja«-Sager schon etwas besser »Und außerdem heißt das nicht jajaja, sondern jawoll Genosse Dienstgrad. Ist das klar? Also, haben Sie mich verstanden?«

Darauf nun endlich erhielt der Kompaniechef ein zackiges »Jawoll, Genosse Oberleutnant« gebrüllt. Einer von diesen Pfeifenköppen hatte doch aber tatsächlich »Jawoll, Genosse Dienstgrad« gerufen. Oberleutnant Alte hörte das genau heraus, und er machte den Mann auch sofort aus, denn der grinste verlegen.

»Kann ja wohl nicht wahr sein. Hat der Mensch mich mit »Genosse Dienstgrad« angeredet« Oberleutnant Alte bemühte sich um Zurückhaltung. Er wollte diese Jungs hier als Verbündete, als motivierte Mitstreiter gewinnen. Den Kerl hätte er unangespitzt in den Boden rammen mögen. War doch wohl eine Frechheit, ihn auf dieser Art aus dem

Konzept zu bringen. »Steh'n Se auf, wenn ich mit Ihnen rede, Mann!«
Der Angesprochene erhob sich mit rotem Kopf. Offenbar aber kein
Renitenter, stellte Oberleutnant Alte mit einem Blick fest. »Wie hei-
ßen Sie?«

»Mann.«

»Was heißt hier Mann? Ich will wissen, wie sie heißen, Mann?«

»Mann, heiße ich, Unteroffizier Karl Mann«

Oberleutnant Alte verdreht die Augen, die ersten zaghaften Lacher
kamen aus der Runde. Da entschloss sich der Kompaniechef, die Sache
nicht bierernst zu nehmen.

»Sehr lustig!«, kommentierte er. »Sie wollen hier also was zur Unterhaltung beitragen, wenn ich Sie richtig verstanden habe, Unteroffizier
Mann?«

»Nein. Entschuldigen Sie bitte Genosse Oberleutnant, das eben war
mir nur so rausgerutscht – vor Begeisterung sozusagen.«

Jetzt hatte der Kompaniechef wieder voll die Regie dieser Veran-
staltung im Griff. »Also, der Genosse Unteroffizier hier ist so begeistert
bei der Sache, dass er ganz vergisst, sein Gehirn einzuschalten. Das ist
aber gegen die Vorschrift. Begeisterung gut und schön, aber immer auch
mitdenken. Merken Sie sich das!« Jetzt wurde schon lauter gelacht. »Da
wollen wir doch mal sehen, ob irgendetwas von dem hängen geblieben
ist, was ich Ihnen hier vermittelt habe, oder ob er vor lauter Begeisterung alles gleich wieder vergessen hat.«

Dem Oberleutnant war eine Idee gekommen. »Sehn'se. Hier ist das
Fenster. Das werde ich jetzt öffnen. Und nun kommen Sie mal her.
Hier unten sehn'se den Weg zum Kadepe, also von der Kaserne rechts
zum Kontrolldurchlassposten links. Hier unten vor dem Regimentsstab
ist immer viel Bewegung. Sie werden jetzt runter gehen und dann wie
folgt handeln. Sie laufen zur Wache dort vorn, da drehen sie um und
dann spazieren Sie vor unseren Augen entlang Richtung Kompanieun-
terkünfte. Wenn jetzt ein Soldat kommt, dann muss der Sie vorschriftsmäßig grüßen. Das sehen wir von hier oben auch. Und von Ihnen will

ich sehen und hören, wie Sie als Vorgesetzter gegenüber den Soldaten die Dienstvorschrift für Grußerweisungen durchsetzen. Vollzug!« Unteroffizier Karl Mann begab sich zum Kasernentor. Dort stand er unschlüssig herum und schaute zum Stabsgebäude hoch, wo im Fenster im ersten Stock sein Kompaniechef mit den anderen Unteroffizieren von ihm eine Lehrvorführung sehen wollte. Der Oberleutnant winkte ihm mit der Hand, dass er sich in Bewegung setzen möge. Als erster begegnete ihm allerdings ein Major, den musste er selbst grüßen. Rechte Hand gestreckt hoch und Kopf gewendet. Der Offizier tippte sich lässig an den Mützenschirm, ohne dem Grüßenden weitere Aufmerksamkeit zu widmen. Dann kam ein Gefreiter in der »Ein-Strich-kein-Strich« – genannten Felddienstuniform; der gehörte anscheinend zum Wachaufzug. Unmittelbar vor dem Unteroffizier hob er eher symbolisch seine rechte Hand.

»Hej Sie! Genosse«, rief Karl Mann entschlossen, so dass es bis in die erste Etage hinauf zu hören war. »Genosse Gefreiter, gehen se mal zurück und grüßen Sie vorschriftsmäßig.« Der Gefreite blieb mit offenem Mund vor dem Dienstgradhöheren stehen. »Was? Was woll'n Sie von mir?«, fragte er und tat verwundert. »Hat ich die Hand oben oder etwa nicht? Ich werde doch wohl wissen, wie ich Sie zu grüßen habe, so viele Tage, wie ich hier schon auf'm Buckel habe. Da wollen Sie erstmal hinkommen.«

»Na, dann zeigen Sie's mir noch mal«, entgegnete Mann.

»Nee, tut mir leid. Ich hab jetzt kein Zeit mehr«, versetzte der Gefreite. »In dreißig Tagen bin ich nämlich hier weg. Und jetzt muss ich auf Posten, wissen Sie.« Damit deutete der Mann erneut einen Gruß an und wandte sich ab. In dem Augenblick erscholl aus dem geöffneten Fenster im ersten Stock des Regimentsstabes Gebrüll. »Hab ich Ihnen nicht gesagt, dass Sie sich durchsetzen sollen? Keine Diskussion da unten.« Der Gefreite zuckte ebenso zusammen wie der Unteroffizier. Beide blickten hoch. Dann grinste der Entlassungskandidat, weil er die Situation erfasst hatte, verbeugte sich wie ein Schauspieler vor seinem Publikum und rannte als Hampelmann demonstrativ zurück, um nun zackig an dem Unteroffizier vorbeizumarschieren. Dabei lieferte er eine Grußerweisung ab, als wäre er auf der Mai-Parade. Oberleutnant Alte wandte sich an seine Unteroffiziere. »Haben Sie das gesehen? Verstehen Sie jetzt, was ich meine? Die tanzen Ihnen auf der Nase herum, wenn Sie nicht von Anfang an klarstellen, dass Sie hier das Sagen haben.« Dann winkte er seine Testperson zu einem erneuten Aufzug nach vorn an die Wache.

Unteroffizier Mann setzte sich also wieder in Bewegung und im selben Augenblick entdeckte er sein Opfer. Ihm kam in offensichtlicher Eile ein Soldat in Ausgangsuniform entgegen, in der Linken trug er eine schwarze Reisetasche. Der wollte wohl in Urlaub. Aber er kam nicht an dem Unteroffizier vorbei.

»Genosse Soldat, zurück. Eine ordentliche Grußerweisung will ich sehen«, herrschte Mann sein Opfer an.

»Aber, ich hab doch, sechs Schritt vor Ihnen … «

»Halten Sie den Mund. Wollen Sie hier diskutieren oder was?«, fuhr ihn Mann an. Er stand jetzt genau unter dem geöffneten Fenster.

Der Soldat drehte ab und rannte zurück. Unteroffizier Mann schaute nach oben. Dort stand Oberleutnant Alte und forderte ihn mit entschlossenem Winken auf, weiterzulaufen. Der Soldat hatte nach gut zehn Metern gestoppt, umgedreht und kam wieder auf den Unteroffizier zu, um ihn nach Dienstvorschrift zu grüßen. Aber da war der ihm schon auf halbem Wege entgegengekommen. Und als er die rechte Hand hochriss hörte er: »Sie sollen nicht hinter mir grüßen, sondern vor mir. Zurück, Marsch, Marsch!«

»Mensch«, schnaufte der Soldat. »Bitte. Lassen Sie mich durch. Ich muss doch den Bus schaffen, sonst komme ich nicht rechtzeitig zum Bahnhof. Wenn mein Zug weg ist, kann ich zu Hause an der Gartentür gleich wieder umdrehen. Ich hab bloß bis Montag früh Urlaub.« Unteroffizier Mann ließ sich nicht erweichen. »Zurück! Grußerweisung!«, schrie er den Urlaubskandidaten an, und er drängte sein Opfer immer weiter bis hin zu den Mannschaftsunterkünften. Als er ihn schließlich dort hatte, fuhr vor der Kaserne der Bus ohne den Soldaten Heinz ab.

Kronos kratzt sich am Hinterkopf. »Das war aber auch wieder böse.«

»Ich kann nichts dafür.« Kairos zuckt die Schultern und feixt vor sich hin. »Die volle Punktzahl für meinen Karl, Opa. So was nennt sich Befehlsnotstand. Der war im wahrsten Sinne des Wortes gezwungen. Er stand ja faktisch unter Aufsicht. Was hätte er da anderes tun sollen?«

Kronos schüttelt den Kopf. »Kairösslein, Kairösslein. Was spielst du nur für ein Spiel mit mir. Und wie soll das nun weitergehen? He?«

»Ja, das werde ich dir sagen, was darauf passiert. Mein Karl macht noch etwas mehr als ein Jahr länger bei den Soldaten mit als dein Heinz. Dafür hat er sich mit seiner Längerverpflichtung einen Studienplatz gesichert. Und dann wird er Diplomingenieur. Dein Heinz kommt aber einstweilen nicht zum Studium.«

»Will er auch gar nicht«, entgegnet Kronos. »Heinz hat schon seinen Facharbeiter, und später wird er den Meister machen. Damit verdient er mehr als dein Karl.«

»Ach, Opa. Das kannst du mir doch nicht erzählen. Wo gibt es denn so was? Karl wird Diplomingenieur. Diplom, verstehst du? Und Ingenieur dazu.«

»Richtig. Aber in der DDR geht ein Facharbeiter nun mal mit mehr Geld in der Tasche nach Hause als ein Ingenieur. Wegen der Überstunden, Prämien und so weiter. Außerdem hat er noch eine Brigade, die ihm beim Ausbau seiner Datsche hilft. Für'n Kasten Bier und ein paar Grillwürste. Hat dein Karl nicht. Der zieht seine acht Stunden am Reißbrett durch, und dann tschüß Kollegen.«

Kairos wird stutzig. »Jetzt wirst du doch nicht etwa schummeln, Opa. Mein Karl hat so viele Punkte gesammelt. Ich liege meilenweit vorn mit ihm. Und am Ende soll dein Heinz doch noch besser dastehen als Karl, obwohl er an jeder Kreuzung der Wege leer ausging? Wie soll denn das gehen? Und was heißt hier überhaupt DDR? Das hast du dir doch nur ausgedacht.«

Kronos schmunzelt in seinen Bart. Darauf hatte der junge Gott nicht geachtet, als er seine Spielfigur so übereilt ins Rennen schickte. »Du musstest ja unbedingt deinen Karl in Potsdam aktivieren. Hättest du ihn ein paar Kilometer weiter westlich am Wannsee eingesetzt, dann wäre es ein ganz normales Spiel geworden. Aber nein, ausgerechnet ins Jahr 1960 und nach Potsdam, da müssen wir uns eben an die sozialistischen Spielregeln halten.«

»Nö, Opa, das Spiel gefällt mir nicht. Ich gewinne und gewinne und so ein langweiliger Heinz soll am Ende mehr davon haben als mein pfiffiger Karl. Weißt Du was, wir haben ja genug Zeit für ein neues Spiel. Lass uns eben mit den Menschlein fünfzig Jahre später rauskommen. Da spricht kein Mensch mehr von deinem Land der Verlierer.«

Kronos wiegt nachdenklich den Kopf: »Urteile nicht immer so vorschnell, Söhnlein!«

35. Pandora

Die kennt ja nun jeder! Von der Büchse der Pandora haben wir alle schon gelesen. Unheil, Krankheiten, Laster, Betrübnis und alle nur denkbaren Unsitten soll die Menschheit jener Sagenfigur zu verdanken haben. Nur Schlechtes! Und ausgerechnet der so ehrenwerte Hesiod gilt als Kronzeuge für dieses Negativimage. Der Mann hatte das Drehbuch zur Prometheus-Verfilmung verfasst, und in jenem Film spielte bekanntlich Pandora ihre verhängnisvolle Nebenrolle. Da die Prometheus-Story, ähnlich der späteren über Herkules und den »Herrn der Ringe« ein klassischer Mehrteiler war, gebe ich hier mal eine kurze Zusammenfassung.

Prometheus – übrigens von seiner Herkunft kein Gott, sondern ein Titan – beschäftigt sich als eine Art früher UNESCO-Botschafter des Olymps mit Entwicklungshilfe. Vor allem haben es ihm die auf zwei Beinen herumstolpernden Bewohner des dritten Planeten unseres Sonnensystems in ihrem Elend angetan, und er überlegt, wie ihnen geholfen werden könne. Nachdem er sich eine Weile angeschaut hatte, wie diese armseligen Geschöpfe dahinvegetieren, kommt ihm im wahrsten Sinne des Wortes die Erleuchtung. Seine Idee läuft darauf hinaus, dass es den Menschlein besser gehen würde, wenn sie ihre steinzeitliche Produktionsweise hinter sich ließen. Ohne sich über seine Eingebung nun etwa höheren Orte zu konsultieren, entwendet er spontan das heilige Feuer aus dem Head Quarter der Götter und bringt es den Menschen auf der Erde. Damit verfügten die von Stund an faktisch über eine Technologie, die bis dahin allein den Überirdischen vorbehalten war. Das Tabak-Rauchen zum Beispiel, kannten die Menschen zuvor nicht; sie hätten sich noch nicht einmal Zigaretten anzünden können. Mittags bekamen sie ihre Suppe nicht warm und im Winter hatten sie kalte Füße, aber keine Glut im Ofen. Das wurde jedoch von Stund an anders, denn Prometheus gab seinen Schützlingen zudem eine detaillierte Gebrauchsanweisung für den praktischen Einsatz des Feuers. Selbst die Organisation der ersten Brandschutzwochen soll auf ihn zurückzuführen sein.

Alles war eitel Freude auf Erden und die Menschen priesen Prometheus, ihren Wohltäter. Das kam schließlich auch Big Boss Zeus, dem Präsidenten auf dem Olymp, zu Ohren. Der war außer sich, als er hörte, was sein subalternes Personal unbefugt und ohne seine Weisung getan hatte. Wo kommen wir denn da auch hin, wenn göttliche Geschenke in einer unangemeldeten Spendenaktion an irgendwelche fernab lebenden Bedürftige verteilt werden, und dann in den Umfragen ein hergelaufener Titan höhere Popularitätswerte erhält als der Regierungschef im Olymp? Prometheus wurde hops genommen und nach kurzem Prozess für schuldig erklärt – wegen Amtsanmaßung. Das Urteil wurde umgehend vollstreckt. Mit dem Bild des am Elbrus im Kaukasus-Gebirge fest geketteten Titanen, der von zwei Adlern heimgesucht wird, die sich an seiner Leber gütlich tun, endet der erste Teil der Prometheus-Saga.

Übrigens kommt man nicht umhin zu bewundern, wie feinsinnig Götter zu strafen wissen. Prometheus spendete das himmlische Feuer, das immer wieder neu entfacht werden kann, und seine Strafe bestand in einer sich ständig wiederholenden schmerzhaften Organspende. Die Leber wuchs dem Titanen bis zur nächsten Vogelfütterung wundersamer Weise immer wieder nach. Damit ist Prometheus gestorben, zwar nicht in persona aber als Rolle für die weiteren Folgen dieses Mehrteilers.

Im zweiten Teil wird uns gezeigt, dass die Götter nicht allein bei Strafaktionen mit Bedacht agieren, sondern auch, wenn sie sich großzügig zeigen. Damit die Menschen keine Protestbewegung gegen die Zeus-Regierung vom Olymp anzetteln, vielleicht gar zum Kaukasus pilgern und für ihren Wohltäter Prometheus demonstrieren, sollten sie verwirrt werden. Der göttliche Plan des großen Zeus bestand darin, zwei Fliegen mit einer Klappe zu schlagen. Erstens: Die Menschen auf der Erde abzulenken von ihren solidarischen Anwandlungen dem Prometheus gegenüber und zweitens, seine eigenen Umfragewerte wieder zu pushen. Ihn, Zeus, den obersten Gott, sollten die Menschen verehren, nicht aber irgend so einen renitenten und philantropen Titanen wie Prometheus. Auch er würde den Erdbewohnern deshalb etwas schenken, und sein Geschenk sollte das Feuer des Titanen weit in den Schatten stellen.

Was dachte er sich dafür wohl aus? Was mag heißer sein als Feuer? Richtig! Ein Weib musste es sein! Keine Frage, denn was könnte auch sonst auf Erden Verwirrung stiften? Und so wurde Hephaistos, der Chefkonstrukteur unter den Göttern beauftragt, die Pandora zu schaffen. Das war eine gewaltige Herausforderung, aber nicht umsonst führt dieser Gott den Titel »Head of design«. Er nahm etwas Erde, ließ seine Frau Modell stehen – er war bekanntlich mit Aphrodite verheiratet – und hatte darauf großen Spaß beim Schöpfen. In Anbetracht der jugendlichen Zuschauer ist gerade in diesen Szenen viel herum geschnitten worden. Dafür werden nun die folgenden in voller Länge gezeigt. Um die Verwirrung, die Pandora mit ihrem Erscheinen unter den Menschen hervorrufen sollte, perfekt zu machen, tritt Athene als erste Modeschöpferin von Weltruf auf. Wir erleben die Geburtsstunde der Haute Couture und das Model, die Mutter aller Modepuppen ist niemand anders als eben jene Pandora, das Ebenbild der Schönheitsgöttin.

Athene bekleidet diese mit ihren neuesten Creationen: einem schimmerndem Kleid aus heller Seide, das Dekollete recht freizügig, die Fersen umspielend, einem glänzenden Gürtel aus schwarzem Leder, hochhackige Schuhe. Schließlich und zu guter Letzt hüllt sie ihr auch noch einen eigenhändig gewebten Schleier um das Haupt. Mit einem Wort – äußerst bezaubernd das Ganze. Selbst Zeus war von dem Meisterwerk des Hephaistos angetan, und Hera orderte Athenes Kollektion für das nächste Fest auf dem Olymp. Alles sprach dafür, dass diese so prächtig gelungene Figur die Menschen umgehend von ihrem Mitleid mit dem Schicksal ihres Wohltäters Prometheus abbringen würde.

Das Oberhaupt der Götter plante, Pandora der Menschheit in einer feierlichen Zeremonie zu übergeben. Als ganz besonderen Clou persönlicher Rache an Prometheus hatte er ferner vorgesehen, sein Präsent, dieses göttliche Geschöpf dem Bruder des Prometheus, mit Namen Epimetheus, an die Hand zu geben, und diesen als seinen Statthalter auf

Erden einzusetzen. Er selber steuerte dem Gesamtkunstwerk auch noch etwas bei – eine Gehässigkeit, eine Gemeinheit, der er sich nicht enthalten konnte. Zwar war Zeus ein Gott, der CEO aller Götter sogar, aber hier offenbarte Zeus doch sehr menschliche Züge. Strafe musste sein. Diese Rache ließ sich Zeus nicht nehmen, nachdem die Erdenbewohner dem Prometheus ein höheres Rating gegeben hatten, als ihm. Als Draufgabe stattete er die Pandora mit einem Füllhorn aus, das auf dem Höhepunkt des Festes über dem Publikum ausgeschüttet werden sollte. Was aber war nun drin, in diesem Füllhorn? In früheren Nacherzählungen der Saga wurde bereits die Hoffnung als Gabe des Zeus genannt. Die Hoffnung, die Hoffnung, ach die Hoffnung … Zeus hatte sie mit Vorbedacht ganz unten auf dem Boden des Füllhorns der Pandorra verborgen und dann alle möglichen Widrigkeiten aufgefüllt. Die Hoffnung sollte als Letztes entweichen, quasi als Dessert, damit sie seinem Sammelsurium der Unannehmlichkeiten einen einigermaßen erträglichen Geschmack verleihe. Aber vor der Hoffnung kamen erstmal alle möglichen Plagen über die Menschheit, die Sünden, die Laster, der Schnupfen, die Gesundheitsreform, die Regenbogenpresse, Dauerwerbesendungen, die Schweinegrippe und Big Brother. Ja, es scheint, als würden noch immer neue hinzuzukommen …

Aber damit nicht genug; die verhängnisvollste Gabe des Zeus war sein Egoismus. Vor allem den Egoismus haben wir Zeus zu verdanken. Der Egoismus war sein wichtigster Charakterzug; darin unterschied er sich von den anderen Göttern. Zeus war die Inkarnation des Egoismus. Wenn die Menschen nur an sich denken, ihr eigenes Wohlergehen und Spaßvergnügen über alles andere stellen, dann werden sie solch einem selbstlosen Helfer-Typen wie dem Prometheus keine Träne mehr nachweinen.

Ein raffinierter, ein komplizierter Plan; auf so was können nur Götter kommen oder Drehbuchschreiber. Bis es aber so weit war, sollte sich Hermes, der Gott der Händler, einen geeigneten Namen für das Geschöpf des Hephaistos ausdenken. Eine Produktbezeichnung, die eine Botschaft transportiere. Wir wissen heute, dass der nach etlichen

Bechern Met auf »Pandora« gekommen war. Aber wir wissen nicht, was sich hinter diesem Namen verbirgt – weil wir eben kein Griechisch können, und weil wir die Pandora in eine Schublade gesteckt haben. Die aber ist etikettiert mit: Pandora die Verruchte, die Unselige. Was sollte uns ihr Name auch schon sagen? Aber die Menschen von damals, denen in einer Riesen-Show mit Feuerwerk von Zeus persönlich das Supermodell präsentiert worden war, die sprachen alle Griechisch, und die waren einfach hin und weg. Nicht allein, wie die Person da aussah, auch wie sie hieß ... Pandora bedeutet auf Deutsch: »Das Geschenk für alle«.

Man könnte ihren Namen allerdings auch mit: »Die alles Gebende« übersetzen – was dann den sprichwörtliche »Punkt auf dem I« bedeuten würde. Gibt allen alles! Als Markenname auf diesen bewussten Punkt gebracht wirklich eine ganz phantastische kreative Leistung des göttlichen Werbe-Texters Hermes.

Es schien auch zunächst so, als würde der Plan des Allvaters aufgehen. Es hatte ja schon so vieles geklappt, was er angefangen hatte. Das Volk war begeistert von Epimetheus und der Diva in seiner Begleitung, man pries Zeus und vergaß Prometheus. Aber irgendetwas lief dennoch schief ...

Und das kam so: Die Menschen verhielten sich nicht mehr wie früher, seitdem sie das Feuer des Prometheus nutzten. Waren sie bis dahin ausschließlich vom Herdentrieb bewegt, wobei ein jeder, der den Leithammel selber nicht sehen oder hören konnte, nur das machte, was die Menge auch tat, so traten jetzt Leute auf, die aktiv ihr eigenes Gehirn beanspruchten. Das begann damit, dass sie nachts wach blieben, um das Feuer zu schüren, so es nicht ausgehe. Und damit taten sie bereits etwas anderes als ihre Gefährten; sie schliefen ja nicht mehr wie diese. Bei der Feuerwache hatten sie viel Zeit. Reden konnten sie egal mit niemandem. Da begannen sie also, leise mit sich selber zu sprechen. Das nennt man heute: »Denken«. Während sie das Feuer schürten, das wärmte und die wilden Tiere fernhielt, dachten sie, dass es doch ganz gut sei mit dem Feuer des Prometheus. Davon habe man einen spürbaren Nutzen. Damit könne ein jeder was anfangen. Die Pandora allerdings nutze ihnen überhaupt nichts. Pandora wärme nachts ja nur den Epimetheus allein. Dieser Gedankengang bewies hinlänglich, wie gut der von Zeus gesandte Egoismus wirkte, den die Pandora aus dem Füllhorn des Zeus herausgelassen hatte.

Nun hätten die Feuerwächter ja durchaus jede Nacht denken können, was immer sie mochten, niemanden hätte das heiß gemacht. Aber am nächsten Morgen verbreiteten sie ihre nächtlichen Erkenntnisse unter den Leuten ihres Stammes, und das machte auf Dauer dann böses Blut. Es hielt die Erinnerung an Prometheus wach und erklärt auch, warum der Name Pandora schon seit alter Zeit so negativ besetzt ist. Ich will es Euch sagen: Schuld waren ein paar Dissidenten, die das Produkt »Geschenk für alle« hinterfragten und zu eigenen Antworten gekommen waren. Aber noch schlimmer: Nachdem sie sich einmal als selbständig denkende Wesen geoutet hatten, liefen sie herum und eiferten: »Nichts als Verderbnis hat uns die Pandora gebracht. Prometheus selbst hatte seinen Bruder vor ihr gewarnt. Das ist alles eine Rache der Götter.«

Natürlich waren diese Aussagen weder begründet noch nachweisbar. Und unlogisch waren sie noch dazu, denn Prometheus hing ja im Kaukasus fest, und konnte seine Schwägerin in spe gar nicht kennengelernt haben. Das war den Feuerwächtern nachts nur so in den Sinn gekommen. Aber es wirkte, indem es die Massen ergriff. Inzwischen dachten ja alle egoistisch. Und was war das Ergebnis...? Genau das Gegenteil von dem, was Zeus ursprünglich erwartet hatte. Prometheus, der Titan, wurde weiterhin von den Menschen vergöttert. (Welch ein Widerspruch in sich!) Und die Umfragewerte von Gottvater Zeus rutschten wieder tief in den Keller.

Das ging nun nicht etwa schlagartig vor sich, sondern bildete sich in einem längeren Prozess so heraus. Zwanzig Jahre waren ins Land gegangen, als Zeus das nächste Ranking vorgelegt wurde. Inzwischen hatten Epimetheus und Pandora eine Tochter in die Welt gesetzt. Diese hieß Pyrrha und hatte sich in ihren Cousin Deukalion verliebt, einen Sohn des Prometheus. Aber das sei nur am Rande erwähnt.

Zeus bekam einen Tobsuchtanfall, als er die Umfragewerte las. So was gab es ja nicht mal auf dem Olymp, dass man sich mit penetranter Dickköpfigkeit seinen Plänen widersetzte. Was bildeten sich diese undankbaren Menschen ein? Was glaubten sie, mit wem sie es zu tun hätten? Zeus ließ eine Sintflut kommen und löschte das misslungene Experiment auf Erden kurz entschlossen einfach aus.

Da sieht man mal wieder, wohin es führen kann, wenn man auf Typen hört, die nachts zu lange ins Feuer starren.

Die Einzigen, die die große Katastrophe überlebten, waren Pyrrha und ihr Mann Deukalion sowie dessen Vater Prometheus – letzterer aus uns bekannten Gründen – hoch oben im Kaukasus. Von dort aus konnte er sich aber fortan nicht mehr aktiv in die Geschehnisse einbringen.

Um den Erdball wieder neu zu bevölkern, wandten Pyrrha und Deukalion nun eine sehr wirksame und effektive Methode an. Wie sie im Detail funktionierte, hat die Wissenschaft bis heute noch nicht herausbekommen. Es muss sich aber auf um eine Variante des Klonens gehandelt haben. Klonen ist eine Fortpflanzungsmethode der Götter, oder der Titanen. Wie man es nimmt ... Jedenfalls ist sie unnatürlich.

Überliefert ist, dass beide Steine aufgriffen und dann hinter sich ins Meer warfen. Das erklärt schon mal manches, nicht wahr? Sie nahmen also eine Matrix, so heißt das ja wohl, und prägten dieser ihren genetischen Code auf. Dann wurde das Material geschleudert. Darauf folgt ein beim heutigen Stand der Gentechnik noch unbekanntes Verfahren mit den Stammzellen – ganz offenbar in einem Inkubator, denn es finden sich keine präzisierenden Erläuterungen. Im Film wird das auch nicht gezeigt. Stattdessen gibt es lediglich eine Kamerafahrt von dem Steine werfenden Paar, den Strand entlang bis hin zu Prometheus. Übers Wasser zum Gebirge. Anschließend brauchte nur noch etwas Zeit zu vergehen und dann war die nächste Generation Menschen handlungsbereit.

Aus Pyrrhas Steinen wurden Mädchen und die Steine, die Deukalion warf, wurden zu Jungs.

Pandora spielt hier übrigens schon keine Rolle mehr, doch wenn wir uns das Geschehene noch einmal Revue passieren lassen, dann müssen wir anerkennen, dass dieser Figur in der Tat der Oskar für die beste weibliche Nebenrolle in der Antike zusteht. Damit kommen wir allerdings zu einer völlig anderen Einschätzung als sie uns Hesiod und alle nachfolgenden Machos überliefert haben. Das lässt sich übrigens gut erklären, wenn man mal in ein paar Fachbüchern aus dem Regalfach »Psychoanalyse« gestöbert hat. Die Erklärung lautet: Alle diese Kerle begehrten Pandora, ohne sie jemals besitzen zu können. Und dabei hieß sie doch: »Geschenk für alle«. Aus jenem kühlen Grunde nun, weil sie sich selber als Versager sahen, aber nicht als solche gelten wollten, deuteten sie Pandora in ein Objekt um, in ein Ding. Doch damit war deren Reiz noch immer nicht beseitigt. Folglich musste jenes Ding auch noch negativ beladen werden – und zwar mit einer Büchse, aus der alles Unheil herauskommt.

Eine Büchse, versteht ihr? Freud lässt grüßen …

Nein, nein, nein. Es ist an der Zeit, die Rolle der Pandora neu zu deuten, sie von dem üblen Leumund zu befreien, den ihr Generationen verklemmter Frauenhasser angehangen haben. Die nachhaltige Wirkung der Pandora ist kolossal. Nicht allein ihrer berückenden Ausstrahlungskraft wegen. Pandora ist auch heute noch allgegenwärtig. Wohin wir immer schauen mögen – wir sehen Pandora. Und wir schauen immer hin …

Wie war das doch gewesen? Pyrrha, die Tochter der Pandora, gab die Erbanlagen ihrer Mutter an jene Mädchen weiter, die sie in der großen Klonaktion nach der Sintflut schuf. Na dämmert's Männer?

Alle die Töchter und die Töchter der Töchter und deren Töchter wiederum bis auf den heutigen Tag und den morgigen noch dazu, alle diese Begehrenswerten, tragen das göttliche Erbgut der Pandora in sich. Nach der Aphrodite geformt, bekränzt von Athene, ein Geschenk von Zeus: »Pandora« das große Präsent.

Nun ... das steht uns aber auch zu!

Denn was sind wir wohl seit den Tagen als Deukalion, der Sohn des Prometheus, unsere Urahnen klonte? Ich werde es euch sagen: Männer!

In uns – und zwar in jedem Einzelnen von uns – steckt etwas von einem Titanen!

36. Die Jünger des Phaeton

(in memoriam René)

»Am Dienstag kam es im Landkreis … zu einem Verkehrsunfall, bei dem zwei Männer getötet wurden. Gegen 21:12 Uhr befuhr ein 28-jähriger Opel-Vectra-Fahrer die Landstraße zwischen N. und L. In einer Kurve kam er aus bisher unbekannter Ursache von der Fahrbahn ab und prallte mit der Beifahrerseite gegen einen Straßenbaum. Der Fahrer und der 28-jährige Beifahrer, beide aus N, wurden im Fahrzeug eingeklemmt und verstarben noch am Unfallort. Der Sachschaden beträgt ca. 3000 Euro. Die Kripo N. ermittelt.«

»Ein 21-jähriger PKW-Fahrer erlag nach einem schweren Verkehrsunfall gestern Früh gegen 3.20 Uhr am Unfallort auf der Bundesstraße … Wie die Polizei mitteilte, sei der Wagen des jungen Mannes gegen einen Baum geprallt. Jegliche Hilfe sei zu spät gekommen, so die Polizei. Die Unfallursache werde noch geklärt … «

»Am Montag kam es auf der B … zu einem Verkehrsunfall. Gegen 8.00 Uhr befuhr eine 25-jährige KIA-Fahrerin die Bundesstraße in Richtung N. Aus bisher unbekannter Ursache kam sie auf gerader Strecke mit ihrem Fahrzeug auf die Gegenfahrbahn und kollidierte dort mit einem entgegenkommenden PKW- Ford. Die 25-jährige KIA-Fahrerin wurde dabei so schwer verletzt, dass sie wenige Stunden später im Klinikum N. verstarb … Der Sachschaden beträgt ca. 15 Tausend Euro. Die Bundesstraße … musste an der Unfallstelle für mehre Stunden gesperrt werden. Die Polizeibeamten vom Revier F. ermitteln.«

»Eine in O. wohnhafte 20-jährige Frau fuhr am Mittwochmorgen vergangener Woche um 6.22 Uhr aus P. kommend, mit ihrem PKW Renault nach links auf die Bundesstraße … , um in Richtung W. zu fahren. Dabei beachtete sie nicht die Vorfahrt und stieß mit einem in Richtung L. fahrenden PKW Volkswagen zusammen. Durch den Aufprall auf die linke Fahrzeugseite wurde die 20-jährige Fahrerin eingeklemmt.

Sie erlag ihren schweren Verletzungen wenig später im … Klinikum. Ihre 22-jährige Beifahrerin erlitt leichte Verletzungen. Der 27-jährige Fahrer des anderen Kraftfahrzeugs blieb unverletzt. Der Sachschaden an beiden Fahrzeugen wird auf 14 tausend Euro geschätzt. Die Bundesstraße musste an der Unfallstelle für knapp eine Stunde voll gesperrt werden.«

»Am Sonntag, dem … gegen 21:50 Uhr, kam es auf der Bundesstraße zwischen den Ortschaften G. und K zu einem schweren Verkehrsunfall, in dessen Folge der 20-Jährige alleinbeteiligte Fahrzeugführer verstarb. Aus bisher ungeklärter Ursache kam der 20-Jährige mit seinem PKW nach rechts von der Fahrbahn ab und kollidierte frontal mit einem Straßenbaum. Er erlag seinen Verletzungen noch am Unfallort. Am PKW entstand Totalschaden. Die Ermittlungen zur Unfallursache dauern gegenwärtig noch an.«

» … gegen 13:30 Uhr kam es … zwischen den Ortschaften A und D zu einem Verkehrsunfall. Hinter der Ortschaft K kollidierte ein 25-jähriger Kradfahrer mit einem PKW BMW. Der Kradfahrer verstarb noch an der Unfallstelle. Der Fahrer des BMW wurde nicht verletzt. Die Unfallursache ist bislang noch unbekannt. Die Bundesstraße musste für ca. 3 Stunden voll gesperrt werden. Der Sachschaden wird mit ca. 16 Tausend € beziffert.«

Das sind Polizeimeldungen aus Sommermonaten einer Regionalzeitung – nicht einmal alle dieser tragischen Ereignisse in der Gegend habe ich erfasst. Dazu würde der Platz hier nicht reichen.

Vier göttlich gewachsene Rosse zogen einst den Sonnenwagen des Helios über das Firmament. Von frühen Morgen bis zum späten Abend war der Sonnengott mit seinem Kernfusionstruck unterwegs. Wenn er dann im Dunkeln nach Hause kam, schlief die Kinderschar bereits. Helios konnte nur selten seinen väterlichen Pflichten nachkommen, denn er hatte jeden Tag auf's Neue Schichtdienst am Himmel zu leisten. Sein

Sohn Phaeton wuchs folglich weitgehend ohne die Fürsorge seines Vaters heran. Alle Erwachsenen erzählten dem Jungen immer nur das Beste über seinen Vater, doch der hatte nichts von ihm. Ja, Vater Helios war noch nicht einmal zu erkennen, wenn der Sohn den Sonnenwagen am Himmel erblickte. Das Kraftwerk auf der Lastfläche des Sonnenwagens blendete zu stark. Der Sohn wuchs heran und pubertierte heftig. Da war dann der Vater in Erziehungsbelangen doch gefragt. Kurz vor Phaetons Geburtstag kam es zur Aussprache zwischen Vater und Sohn. Ergebnis war, dass Phaeton zusagte, sich künftig gegenüber der Mutter und seinen Geschwistern ordentlich zu benehmen. Helios war erleichtert, dass sein Großer so viel Verständnis zeigte und versprach, dafür dürfe der sich etwas wünschen und das werde er ihm erfüllen. Phaeton erbat, einen Tag lang den Sonnenwagen des Vaters lenken zu dürfen. Helios erschrak. Die ihm anvertraute Technik war so ziemlich das Modernste was die Antike hervorgebracht hatte, state-of-the-art, wie man heute sagt und noch dazu PS-stark. Vergeblich versuchte Helios, seinem Sprössling die Idee auszureden. Im Unterschied zu uns Menschen halten sich Götter immer an ihr Versprachen. Das kann verhängnisvoll sein, aber sie können nicht anders, die Götter. Ihre Versprechen sind heilig! Da er sein Wort gegeben hatte, gewährte schließlich auch Helios seinem Sohn die Bitte, obwohl der Junge keinerlei Fahrpraxis hatte.

Phaeton heißt übersetzt so viel wie:»Der Leuchtende«,»Der Strahlende« und Phaetons Augen strahlten, als er sich zu nachtschlafender Zeit an seinem Geburtstag dem Sonnenwagen näherte. Er stieg auf und gab den Pferden die Peitsche.

Schon der Start war katastrophal, denn die Rosse gingen durch und der Sonnenwagen kam bereits zu Beginn der Bahn ins Schleudern. Dem unerfahrenen Phaeton gelang es nicht mehr, das Gefährt in den Griff zu bekommen. Im Gegenteil: als er sich umschaute, um die Orientierung wiederzufinden, schwanden ihm infolge der hohen Aufstiegsgeschwindigkeit des Sonnenwagens die Sinne. Er sank am Steuer zusammen, außerstande, die Pferde zu zügeln. Der Wagen durchbrach darauf mit rasender Geschwindigkeit die Leitplanken der Milchstraße und kam mit seiner gefährlichen Fracht der Erde so nahe, dass schlagartig eine furchtbare Hitzewelle über den Erdball rollte. Wälder gingen in Flammen auf und Seen verdampften. Doch im Nu war er an unserem Planeten vorbei und die gewaltigen Pferdestärken des Sonnenwagens trieben diesen gleich darauf schon weit in das Weltall hinaus. Draußen im leeren Raum hielt es die Pferde aber nicht auf Dauer. In einer weiten Kurve trabten sie zurück. Aus den Tiefen des Weltraumes kommend raste der Sonnenwagen ungesteuert erneut geradewegs auf die Erde zu. Ein Zusammenprall schien unausweichlich. Das entdeckte endlich Gottvater Zeus und buchstäblich in letzter Sekunde gelang es ihm, seinen Donnerkeil so in den Lauf der Pferde zu werfen, dass diese schlagartig blockierten und zum Stehen kamen. Damit blieb die Erde unbeschadet erhalten. Infolge des abrupten Bremsvorganges wurde jedoch Phaeton, der nicht angeschnallt war, aus dem Wagen heraus und hinunter auf den Erdboden geschleudert. Er verstarb unmittelbar am Ort des Aufralls.

Phaeton ist das erste uns bekannte Opfer eines Verkehrsunfalls. »Magnis tamen excidit ausis – er erlag seinem großen Bestreben« soll in den Grabstein des Phaeton gemeißelt gewesen sein.

Ein Jammer, dass ihm so viele nachfolgen müssen. Tag für Tag; junge Menschen, die zu den größten Hoffnungen Anlass geben, mit so vielen Talenten begabt, so strahlend schön, so stark und so geliebt. Das Leben liegt vor ihnen …

Aber nein, sie brausen davon in ihrem großen Bestreben und wie einst Phaeton kommen sie niemals zurück.

Es bricht einem das Herz …

Die Schwestern des Phaeton trauerten so sehr, dass sie in ihrem Schmerz an Ort und Stelle verharrten und sich niemals mehr bewegten. Als könnten sie mit diesem Stillgestanden etwas von jener Raserei zurücknehmen, die ihrem Bruder sein junges Leben gekostet hatte. Sie erstarrten und verwandelten sich in Espen. Die Espe ist eine Pappelart, deren Laub auch ohne den geringsten Windhauch raschelt. In der Redewendung, das jemand zittere wie Espenlaub ist bis auf den heutigen Tag die

Erinnerung an die trauernden Schwestern des Phaeton erhalten geblieben. Sie stehen unbewegt und doch bebt alles an ihnen, als wären sie unablässig vom Kummer geschüttelt wie Trauernde in ihrem tonlosen Schmerz.

Die Tränen aber, die die Schwestern des Phaeton um ihren Bruder weinten, tropften herab und wurden zu Bernstein.

So weit die Sage ...

In Wirklichkeit ist aber alles noch viel schlimmer ...

37. Philemon und Baucis

Wenn der Theaterabend schon etliche Stunden andauert, und wir dem Ende des zweiten Teiles der Tragödie näherkommen, vernehmen wir den Wunsch des alten Schwärmers Heinrich Faust, einen Sumpf, der sich längs am Gebirge hinziehe, trockenzulegen. Ein Millionenprojekt. Darunter macht es einer wie Heinrich nicht. Und auf diese Absicht hin beweihräuchert er sich selbst. Er sei der große Inspirator, dessen Name von Generation zu Generation »in Äonen« dankbar weitergegeben werde …

Streng genommen geht es ihm mit seiner ganzen großen Vision nur um eines, er will sein Ego befriedigen. Überhaupt war alles, was wir sahen, den ganzen Abend lang, nur für Heinrich Faust, für sein Spaß-Vergnügen auf die Bühne gebracht worden. Und dieser Mann hat alles wie selbstverständlich hingenommen, hat immer nur an sich gedacht, alles haben wollen, gewinnen, genießen, nach seinen Vorstellungen umgestalten. Das Wohl anderer war ihm in jeder Szene nichts als eine hohle Phrase gewesen. Es ist ihm ganz weit hinten vorbei gegangen. Ins Verderben gestürzt hat er alle, die ihm nahe kamen. »Des Menschengeistes Meisterstück – Der Völker breiter Wohngewinn« – alles nur intellektuelles Gelaber, ein Propagandanebel unter dessen Tarnung dieser Herr Faust hemmungslos die Sau raus gelassen hat. (So, Herr Freud, nun ist es vollbracht. Jetzt habe ich mich endlich von meinem Deutsch-Lehrer abgenabelt.)

Aber der greise Heinrich irrt sich doppelt, wenn er meint, auf seine alten Tage noch neue Räume für Millionen eröffnen zu können. Er irrt zum einen, weil das Spatengeklirr, das er vernimmt – unser selbsternannter großer Wohltäter ist inzwischen mit Blindheit geschlagen (!) und kann nicht sehen, was da tatsächlich vor sich geht – weil der Arbeitslärm also, den er hört, gar nicht von der angewiesenen großen Drainagearbeit herrührt. Nein. Das Geräusch kommt aus einer Ecke auf der Bühne, wo gerade ein Grab ausgehoben wird – seines! (Für diesen Regieeinfall allein schon hätte Goethe einen Oskar verdient.) Zum anderen irrt Faust, weil er tatsächlich nichts als Not und Elend mit seinem großen Plan verursacht hat. Unverständlicherweise holt ihn der himmlische Vater zum Finale doch noch zu sich. Sehr zum Ärger von Mephistopheles, der daraufhin leer ausgeht, obwohl er sich die ganzen Theaterabend über für diesen launischen und undankbaren Heinrich zum Clown gemacht hatte. Mephisto hätte ich die Seele dieses intellektuellen Wichtigtuers mit dem ach so edlen Herzen aus ganzem Herzen gegönnt.

Ja, Mephisto, von dem kann man was lernen! Aber nein, Heinrich Faust, dieses Möchtegern-Genie wird zu guter Letzt auch noch in den Himmel erhoben. Das ist die eigentliche Tragödie am Faust. So wie sich Johann Wolfgang den Dr. Heinrich da ersonnen hat, hätte der zu späterer Zeit einen 1-A Generalsekretär abgegeben. Faselt von einem freien Volk auf freiem Grund und lässt seine Nachbarn umlegen, nur weil die samt ihrem Eigentumsgrundstück seinen großen Entwässerungsplänen im Wege sind.

Von wegen Freispruch -Herr Verteidiger – und:»Das habe er ja nicht gewollt«. Hat er aber sehr wohl billigend in Kauf genommen! Wir selbst waren Zeugen am Beginn des fünften Aktes, wie die zwei alten Leutchen gerade Besuch bekamen. Als dann die von Faust gesandten Gangster ihre Hütte niederbrannten und ihren Gast ermordeten, waren sie vor Entsetzen und Gräuel darüber gestorben. Das wurde zwar nicht gezeigt, aber wohl berichtet. Und niemand anderes als Heinrich hatte diese Untat zu verantworten, weil er der Auftraggeber war. »Heinrich, mir graut's vor Dir!«, rief Gretel am Ende der Tragödie ersten Teiles. Die hatte er ja auch auf dem Gewissen. Strafverschärfend kommt hinzu: Als er Tabula rasa mit seinen Nachbarsleuten machte, konnte er noch sehr wohl sehen, was er da anrichtete.

Jene nun hießen in dem Stück Philemon und Baucis. Goethe soll später mal zu seinem Sekretär Eckermann sinngemäß gesagt haben, die beiden seien gar nicht Philemon und Baucis, sondern nur ein älteres Ehepaar mit selben Namen. Der alte Fuchs!

Die Geschichte von Philemon und Baucis geht so: Oma und Opa, haben ihre goldene Hochzeit lange hinter sich und bekommen eines Tages unerwarteten Besuch. So wie sich das die alten Griechen erzählten, waren Zeus und Hermes persönlich auf Wanderschaft und tauchten nun in Menschengestalt bei dem greisen Paar auf. Die hatten nicht viel zum Anbieten. Rentner halt; aber sie schickten die Fremden nicht fort, sondern baten sie herein und bereiteten das karge Abendbrot. Und dann aßen sie und tranken alle gemeinsam. Sie aßen und tranken und tranken und aßen, und mit der Zeit wurden Philemon und Baucis stutzig. Alle waren erstaunlicherweise satt geworden und die Flasche Wein, die letzte aus ihrem Keller, die sie eigens für den Besuch entkorkt hatten, die wollte einfach nicht leer werden. Aus der konnten sie immer wieder nachschenken. Da ging wohl etwas nicht ganz mit rechten Dingen zu. Ihre Besucher bestätigten ihnen das schließlich auch; kein Wunder, die waren inzwischen gut abgefüllt und hatten eine ganze Menge Quasselwasser intus. So gaben sich Zeus und Hermes als Götter zu erkennen und mehr noch, sie zeigten sich für die Gastfreundschaft erkenntlich, indem sie beim anschließenden Verdauungsspaziergang mal kurz mit den Fingern schnipsten. Da waren sie gemeinsam gerade auf einer Anhöhe angekommen, und als man sich umdrehte, lag dort, wo eben noch ärmliche Hütte gestanden hatte, ein See; mitten drin auf einer Insel erhob sich ein Tempel. Diese Tempelanlage vermachten die Besucher ihren Gastgebern. Philemon und Baucis zelebrierten dann dort auch prompt einen Kult um ihre Göttergäste. Das brachte ihnen auf ihre alten Tage Pilger, Geld und Wohlstand ein.

Doch damit nicht genug. Philemon und Baucis erhielten noch ein weiteres Gastgeschenk – und dagegen ist selbst ein Tempel auf einer eigenen Insel gar nichts. Zeus und Hermes gewährten dem Philemon und seiner Baucis, dass keiner von beiden jemals über den Tod des anderen trauern sollte. Der Schmerz über den Verlust des anderen hätte den am Leben Gebliebenen umgebracht. Als dann ihre Stunde kam, traf es sie gleichzeitig. Doch sie fielen nicht einfach um. Sie standen fest und weiterhin dicht beieinander. Sie trieben Wurzeln, Zweige und Blätter – Philemon als Eiche und Baucis als Linde.

Zurück zu unserem Theaterabend. Als sich Heinrich Faust ausmalt, wie man sein Entwässerungsprojekt vorantreibt, schwärmt er:

»Wie das Geklirr der Spaten mich ergetzt!
Es ist die Menge, die mir frönet,
Die Erde mit sich selbst versöhnet,
Den Wellen ihre Grenze setzt,
Das Meer mit strengem Band umzieht.«

Worauf Mephistopheles trocken und laut Regieanweisung »beiseite« kommentiert:

»Du bist doch nur für uns bemüht
Mit Deinen Dämmen, Deinen Buhnen;
Denn du bereitest schon Neptunen,
Dem Wasserteufel, großen Schmaus,
In jeder Art seid Ihr verloren; -
Die Elemente sind mit uns verschworen,
Und auf Vernichtung läuft's hinaus.«

Und da haben wir erneut etwas von Mephisto gelernt: »Die nächste Welle kommt bestimmt!«

Man sollte unbedingt und immer Vorsicht walten lassen, wenn einer große Visionen verkündet …

und stets eine gute Flasche Wein im Hause haben …

falls Besuch kommt.

38. Reinkarnation

Oh meine Prinzessin, höre auf zu weinen. Jammere nicht mehr. Deine Betrübnis bricht mir das Herz. Horch, die zwitschernden Vögel sind verstummt, und schau, selbst die liebe Sonne verbirgt sich vor Kummer hinter grauen Wolken. Sie leiden mit dir, genau wie auch ich. Höre also auf und höre auf mich, denn ich werde dich trösten, du Schöne.

Er ist es nicht wert, sage ich dir. Wer solch eine Perle wie dich fallen lässt, solch einen Schatz verschmäht, wer sich von deinem liebreizenden Gesicht abwendet, einer, den deine wundervolle Anmut nicht betört, das ist ein Unwürdiger, ein Knilch, eine Kanaille, ein gemeiner Kerl, dessen Schicksal sich erfüllen wird.

Verschwende keine Träne mehr an den Halunken, der dich betrogen und vergessen hat; es wird ihm ergehen wie Juan, dem Schwerenöter. Die eine Eroberung hier, die andere dort. All das hat kein Gewicht, aber wenn diese Typen auf eine reine Seele wie dich treffen, meine Holde, dann erweist sich ihr Karma.

Nimm mein Taschentuch. Ja, schnäuze dich, und wisch dir die feuchten Augen aus. Das tut gut, nicht wahr? Aber dann höre zu und merke auf, was ich zu berichten weiß.

Es ist noch gar nicht so lange her, es war nur weit entfernt von hier, in einem Lande, wo die Menschen andere Namen tragen als du und ich. Da machte ein gewisser Juan einer Jungfrau Juanita den Hof. Ein Studiosus, ein junger Bursche, nett anzuschauen, durchaus nicht ohne Witz, aber ein Geist ohne Tiefgang, nur darauf aus, Possen zu reißen, seinen Kameraden zu imponieren und den Mädchen den Kopf zu verdrehen. Damit machte er auch Eindruck auf Juanita, die gerade in das gewisse Alter gekommen war und sich zum ersten Male dieser Art Gefühlswallungen ausgesetzt sah. Schnupfen und die Liebe kann niemand verbergen. Auch der Juanita gelang es nicht. Da spürte der Bursche alsbald, dass ihm die Jungfrau gewogen war, und er verstärkte sein Werben. Unablässig scharwenzelte er um sie herum, ergriff in der Gesellschaft wie beiläufig ihre Hände, legte ihr die seinen auf die Schulter, um gewissen Sentenzen seiner Rede Bedeutung zu verleihen – und sie deutete dies auf ihre Weise, anderen hingegen fiel es nicht einmal auf, denn man war das Gestikulieren von ihm gewohnt. Dass er aber unter dem Tische sein Knie an dem ihren rieb, das bemerkte niemand außer ihr, doch sie ließ es gern geschehen.

Übrigens, soll ich weitererzählen? Na bitte, wer zuhört, der ist schon mal abgelenkt und denkt nicht mehr allein an den bösen Schmerz, der doch nur so lange nagt und beißt, wie man unentwegt in sich hineinlauscht.

Nach jener Nacht, da sie zueinander gefunden hatten, verabschiedete sich der Bursche wohlgemut, sie aber blieb wehen Herzens zurück, und fragte sich alsbald:»Ja, warum ruft er denn nicht an?« Lange Zeit quälte sie sich, immer wieder auf den kleinen Fernsprechapparat starrend, aber der gab kein Laut von sich. Schließlich konnte sie es nicht länger an sich halten und rief den Geliebten selber an. Doch wie sie ihn anwählte, da klang seine Stimme mit eines gar nicht mehr so sanft und liebevoll wie sie es aus den Tagen zuvor in Erinnerung gehabt hatte. Im Gegenteil, er war unwirsch, gereizt. Zu einem erneuten Rendezvous könne er nicht kommen, ließ er sie wissen, weil er so beschäftigt wäre, und überhaupt habe er Wichtigeres zu tun. Das bereitete der Juanita große Pein, und sobald sie es einrichten konnte, verließ sie das Haus und irrte durch die Straßen der großen Stadt in der Hoffnung, den Herzensbrecher wieder zu sehen. Ihre Hoffnung wurde nicht getäuscht. Mitten in einer Geschäftsstraße kam er ihr entgegen, aber oh Schreck, mit einer anderen Frau an seiner Seite. Juanita wandte sich geistesgegenwärtig um, tat als betrachte sie die Auslagen in einem Schaufenster. Tatsächlich aber verfolgte sie mit ihren Augen das wandelnde Spiegelbild ihres Juans und seiner Begleitung. Er redete auf seine Partnerin ein, lachte und stupste sie an, genau so, wie noch vor kurzer Zeit die Juanita. Da wusste, die Arme dass sie betrogen war.

Ist ja gut. Du brauchst jetzt nicht wieder anfangen zu weinen. Ich habe dir ja nur davon erzählt, damit du merkst, du bist nicht die Erste, der es so ergeht. Aber gleich geht es weiter. Die Geschichte nimmt ihren Lauf.

Als der ungetreue Bursche in der Nacht darauf von dem betrügerischen Beilager kam, war er so unachtsam, dass er geradewegs in ein Auto hineinlief, das um die Ecke gebogen kam. Da war er von einem Augenblick zum anderen mausetot. Doch damit nicht genug. Sein Leichnam war gerade beigesetzt, da musste Juan auch schon wieder zurück auf die Welt, weil er die reine Seele der Juanita so arg verletzt hatte. Er wurde wiedergeboren – nur diesmal nicht als Mensch, sondern als ein schwarzer Kater. Als solcher war er dazu verdammt, in seiner neuen Erscheinung die Zuneigung der Juanita gewinnen zu müssen.

Also wenn, du demnächst mal einen schwarzen Kater in deiner Nähe herumstreunen siehst, meine Liebe, dann weißt du nun, um wen es sich dabei handeln dürfte.

Der Kater wollte unbedingt auf den Hof der Juanita. Es war Nacht, und er kam bis unter ihr Fenster. Dann rief er »Miii-auuu«. Das hätte er aber nicht tun sollen, denn damit weckte er den Wachhund. Der lag zwar tagsüber in seiner Hundehütte, aber nachts konnte er frei umherlaufen. Also jagte er den Kater über Stock und Stein, bis zu der Brücke über den Fluss. Da hatte er ihn fast gehabt. In letzter Sekunde entwischte ihm aber das Katzentier und stürzte in die Fluten. Da musste es jämmerlich ersaufen und war schon wieder tot.

Doch erneut wurde Juan wiedergeboren, denn er hatte die reine Seele der Juanita viel zu sehr verletzt, als dass er Ruhe finden konnte. Diesmal kam er als Vogel, als ein Wellensittich, zurück. Den kaufte Juanitas Vater auf dem Markt der großen Stadt, um seinem Töchterlein, das neuerdings so bekümmert dreinschaute, eine Freude zu bereiten. Die Gute magerte ab und schlich nur noch durchs Haus, anstatt wie bisher zu hüpfen und zu hopsen. Und sie schwieg still und sang nicht mehr. Deshalb sollte das Vögelchen ihr frohen Mut machen. Da war Juan also doch noch in ihre Nähe gekommen, und er hätte wenigstens in diesem Leben die Liebe der reinen Seele gewinnen können. Doch Juanita war so betrübt, dass sie nach der Fütterung vergaß, den Vogelbauer zu schließen, was der dumme Sittich nutzte und hast du nicht gesehen zum Fenster hinausflog. Da draußen erging es ihm gar nicht gut. Er wurde von Krähen gehackt und von Katzen gejagt und alsbald war er verhungert, weil sich niemand seiner annahm.

Im dritten Leben nach seinem Frevel war Juan eine Maus. Es erfreute Juanita nicht im Geringsten, ihn dergestalt wieder zu treffen. Sie schrie zu später Stunde das ganze Haus zusammen, und ihr Vater stellte umgehend eine Mausefalle auf. Man löschte nach jenem Zwischenfall das Licht, und kurz darauf lag der kleine Sünder in Grau nach einem heftigen Schlag in den Nacken platt auf dem Brett.

Im vierten Leben kam er als Wespe herangesummt. Juanita frühstückte eines schönen Sommermorgens im Garten. Ihr Vater beendete Juans Annäherungsversuch in Wespengestalt, indem er ihn in das Mus klatschte. Das fünfte Leben setzte kurz darauf ein. Diesmal kam Juan als Spinne in das Zimmer der Betrogenen gekrochen. Juanita selbst sorgte dafür, dass er nicht mehr hinauskam. Im sechsten Leben war er eine Mücke, die Juanita lange ums Haupt summte und sich schließlich auf ihre Wade niederließ. Das war's dann ...

Wie du bemerkt hast, meine Wunderschöne, wird der Übeltäter in jedem seiner neuen Leben immer winziger und hässlicher. Das erklärt sich daraus, dass auch die Wunden, die er der reinen Seele zugefügt hatte, mit der Zeit zu heilen beginnen. Ihr großer Schmerz wird allmählich kleiner. Und in der Erinnerung bleibt nicht mehr als ein Mückenstich davon übrig.

Der schlimme Don Juan aber fristete schließlich sein siebentes Leben in einem Ameisenhaufen. Auf den hatte sich unsere Juanita niedergelassen, als sie mit dem Würdigen, dem Einzigen, dem Richtigen, im Walde spazieren war. Sie hatten beide den Ameisenhaufen nicht gesehen, nicht allein, weil sie blind vor Liebe waren, es war einfach dunkel. Juan verspritzte noch einmal etwas Ameisensäure, und dann war er zerquetscht.

Von da an aber, und weil dies der letzte Schmerz war, den er der lieb-reizenden Juanita zufügen konnte, hatte er die Chance, sich in sieben aufsteigenden Phasen wieder zu einem Burschen zurück zu entwickeln. Das hat er dann auch noch rechtzeitig geschafft, um als Urenkel unserer Juanita zur Welt zu kommen. Und als solcher hat er ihr doch noch viel Freude gemacht.

Na bitte! Du lächelst ja wieder. Da wirst du, meine Prinzessin, auch bald wieder von Herzen lachen können.

39. Rosi

Das ist unerhört! Sie nehmen doch wohl nicht etwa an, ich wäre betrunken, Herr Wachtmeister? Und lachen Sie nicht so albern. Ich werde mich über Sie beschweren!

Nein, ich gehe hier nicht weg, jedenfalls nicht bevor Sie die Vermisstenanzeige aufgenommen haben. Können Sie wissen definitiv! Das Mädchen ist verschwunden. Einfach weg, und da sollten Sie doch wohl gefälligst irgendwas unternehmen als Polizei. Mir ist es bitter ernst. Ich kann wirklich nicht verstehen, was Sie daran so lustig finden. Und nun notieren Sie doch endlich, was ich Ihnen zu sagen habe.

Also das Mädchen, die vermisste Person, um die es geht, heißt Heiderose, Heiderose von Stankow. Und dort in Stankow im Schloss fand ich sie auch. Heute am Sonnabendvormittag. Jawohl, halten Sie das so fest: Stankow. Heiderose von Stankow aus Stankow.

Ach, hätte ich sie nur nicht mitgenommen in dieses Einkaufszentrum. Heute noch nicht. Das war zu früh. Es war wohl einfach zu viel Stress für sie gewesen. Aber schließlich brauchte sie ja doch irgendetwas zum Anziehen. Und danach wollte ich mit ihr zum Arzt. Jaja, ist schon in Ordnung, ich erzähle alles von Anfang an ...

Also; dort in Stankow gibt es diese verfallene Wasserburg, das Schloss. Kennen Sie? Gut, dann werden Sie auch wissen, dass die Anlage dort eigentlich immer verschlossen ist. Da kommt keiner rein. Normalerweise. Das Tor ist zu. Ich wollte mich ja auch schon einige Male näher umschauen, liegt ja unübersehbar an der Fernstraße, die Anlage. Bitte, ja ... Ich fasse mich schon kurz.

Aber ich muss mir doch sicher sein, dass Sie mir auch folgen können. Na bitte, Stankow kennen Sie also. Ich erzähle Ihnen hier nichts von irgendeinem Wolkenkuckucksheim. Ich berichte Ihnen von Ereignissen, die sich tatsächlich abgespielt haben, in ihrem Zuständigkeitsbereich oder Amtsbezirk oder wie Sie das Hinterland dieses Städtchens hier auch immer nennen mögen.

Sie können alles nachprüfen, was ich Ihnen hier erzähle. Wenn Sie sich vor Ort umschauen wollten, ich komme auch gern mit. Da werden Sie schnell feststellen, dass ich Ihnen nichts als die Wahrheit sage. Seit einer halben Stunde nun schon, und was tun Sie? Sie klopfen sich auf die Schenkel, als würde ich hier Witze erzählen. Aber lassen Sie uns einen Lokaltermin machen. Und wenn Sie dort Zeugen befragen, können die Ihnen sicher auch bestätigen, dass in Stankow vor der Burg heute Vormittag, ein Bus auf dem Parkplatz stand. Ich jedenfalls kam so gegen halb elf vorbei.

Was weiß ich, für welches Reisebüro der Bus unterwegs war und woher die Leute stammten. Auf die Werbung am Bus hatte ich nicht geachtet, und auch nicht auf das Nummernschild. Aber ich dachte, als ich den Bus da stehen sah, vielleicht habe ich Glück, die Reisegruppe besichtigt das Schloss, und ich komme in ihrem Windschatten auch endlich mal da rein. Ich parkte also kurz entschlossen neben dem Bus ab und ging zum Schloss hoch. Tatsächlich war das Tor offen. Als ich eintraf, standen da so an die dreißig Omis und Opis um den Schlossführer herum. Mehr Damen halt. Sah aus, wie ein Seniorenheim auf Klassenfahrt, und dazu ein Alter mit Vollbart als ihr Lehrer.

Nein … kann ich nicht sagen, wie der Mann hieß. Habe ihn selber ja auch noch nie zuvor gesehen. Etwas älter als die Besucher könnte er schon gewesen sein, so Mitte Siebzig vielleicht. Muss aus auch Stankow gewesen sein. Das lässt sich ja herausbekommen. So groß ist das Nest schließlich nicht. Als ich hinzukam, war der Alte als Schlossführer gerade dabei, sich von seinen Besuchern zu verabschieden. Schade, dass ich zu spät komme, dachte ich, denn wie das da oben aussah, hatte diese Anlage ganz bestimmt mal irgendeine überregionale Bedeutung gehabt, bevor sie zum Baudenkmal wurde. Da hätte ich gern etwas mehr drüber erfahren. Das Hauptgebäude im Renaissancestil mochte wohl mal einen imposanten Eindruck gemacht haben, ist nun aber ganz schön runtergekommen, eher eine Bauruine. Gegenüber der Wirtschaftstrakt, etwa gleich groß und noch mehr verfallen. Diese beiden Bauten bilden die Längsseiten eines Hofes. Der war zwar gepflastert, aber wie überhaupt alles ringsum von Gras überwachsen. Hinter den Gebäuden ging es zu den Kasematten hoch. Das Ganze war ja mal eine wehrhafte Burg. Nein, ich schweife nicht ab. Ich kann Ihnen nur immer wieder sagen: Fahren Sie selber hin und überzeugen Sie sich. Bitteschön. Schauen Sie sich das alles mit eigenen Augen an. Sie werden alles so vorfinden, wie ich es Ihnen hier erzähle. Wenn Sie da durch das Tor kommen, geht es erst mal durch die Wallanlage; von unten in einer Art Tunnel. Ist nur kurz. Zehn Meter vielleicht, aber drüber eben kein Turm, wie bei anderen Schlossanlagen, sondern die Kasematten. Was einmal der Turm war, der stand früher neben dem Eingang, da wo der Schlossgraben endete. Jetzt ist er verfallen, die Mauerreste sind nur etwas höher als der Wall. Von unten kaum auszumachen, aber halt eine Besonderheit dieser Anlage. Der Turm neben dem Tor und nicht darüber. Ich erwähne das deshalb, weil das für den Fortgang der Ereignisse von Bedeutung ist.

Doch erst einmal gelangt man durch die Toreinfahrt auf den Innenhof. Wenn Sie sich vor dem Hauptgebäude rechts halten, dann kommen Sie direkt über einen Hang auf den Wall rauf. Drunter sind noch die Kasematten – größtenteils zwar verschüttet, zum Teil aber noch zugänglich. Das ist schon abenteuerlich, sage ich Ihnen.

Also ich fahre jetzt in meinem Bericht fort, ja. Und ich bitte, das zu Protokoll zu nehmen. Der Schlossführer war fast am Ende seines Vortrages angekommen, als ich hinzutrat. Ich bekam nur noch was von ständigen Eigentümerwechseln mit. Es soll niemandem Glück gebracht haben, da zu residieren, erzählte er, und selbst die Treuhand hat es noch nicht geschafft, das märchenhafte Anwesen an den Mann zu bringen. Es soll nämlich verflucht sein. Der Fluch wirkt eben noch bis heute nach. Wenn diese Perle von einer Immobilie keinen Besitzer findet, dann muss sie ja verwunschen sein. Zehn Jahre nach der Wende! Das sagt doch alles. Neuerdings soll sich wohl einer dafür interessieren. Kein Hiesiger natürlich …

Jetzt haben Sie mich aber tatsächlich beinahe abgelenkt. Wem das Anwesen derzeit gehört oder wer da mal einziehen will, spielt nämlich überhaupt keine Rolle. Wichtig ist nur eines: Rosi ist weg, und Sie müssen sie finden. Nur darum geht es. Deshalb zurück zu meiner Anzeige!

Als ich an den Kreis der Besucher herantrat, hörte ich, wie der Alte seine Führung mit ein paar Gruselstorys von Leuten abschloss, die im Schlossgraben ertranken, oder stolperten, von der Brüstung fielen und sich das Genick brachen, andere wiederum wurden vom einstürzenden Mauerwerk erschlagen. Ganz besonders ergreifend war die Geschichte der einzigen Tochter eines dieser Schlossherren, die genau an ihrem sechzehnten Geburtstag nach dem Frühstück verschwand, und das mitten auf dem Schlossgelände. Einfach so. Der Alte meinte, dass sie sich wohl verstecken wollte, um sich so um den Mittagsschlaf zu drücken. Am Abend sollte nämlich ihr zu Ehren ein großes Fest gegeben werden. Zu dem war sie aber nie erschienen, denn sie blieb verschwunden. Wie vom Erdboden verschluckt und ward nie wieder gesehen. Stattdessen eine große Suchaktion und verzweifelte, ratlose Eltern.

Herr Wachtmeister, so hören Sie mir doch bitte zu, und hören Sie auf, in der Gegend herum zu telefonieren, wenn ich mit einer so ernsten Angelegenheit zu Ihnen komme. Außerdem fasse ich mich ja kurz. Aber alles, was ich hier berichte, gehört nun mal zu meiner Anzeige dazu. Ich spreche durchaus zum Thema, mit jedem Wort. Das wird Ihnen gleich klar werden. Es ist für den Tathergang, oder wie Sie das auch immer nennen wollen, nun mal von Bedeutung, dass der Schlossführer seine Zuhörer mit diesen Schauergeschichten verabschiedet hatte. Dann schickte er sich an, alle wieder hinauszuführen. Weil ich aber gerade erst eingetroffen war, sprach ich ihn an und fragte, ob ich noch ein wenig bleiben und mich umschauen dürfe. Und was soll ich Ihnen sagen, er erlaubte es mir. Ja, er sagte, das sei schon in Ordnung, ich dürfe nur nicht in eines der Häuser rein, aus baupolizeilichen Gründen. Das verstand ich gut – auf einen Blick. So viel Neugier steckte denn doch nicht in mir, dass ich meine Gesundheit auf's Spiel gesetzt hätte, nur um diese Ruinen von innen zu sehen. Das wird mal eine teure Sanierung, kann ich

Ihnen sagen. Doch das interessiert mich nicht, mich interessiert allein, dass Sie die Rosi wieder finden ...

Der Alte meinte, wenn ich denn mit meinem Rundgang fertig wäre, sollte ich das Tor zur Anlage einfach hinter mir zuziehen. Es raste dann von selbst ein, und so komme man von draußen nicht mehr rein, es sei denn, man habe seinen Schlüssel. Also blieb ich allein zurück. Da bin ich erst einmal rechts vor dem Hauptgebäude seitlich gegangen, so wie ich das vorhin beschrieben habe, auf den Grashügel über der Kasematte rauf. Und oben wieder rechts, über den Tunnel des Torweges rüber. Von dort sah ich, wie die alten Leutchen in ihren Bus einstiegen. Der fuhr dann weg, während der Schlossführer zurück blieb und seinen Besuchern nachschaute. Darauf drehte er sich zu mir um, und wir winkten uns zu. Und damit hatte ich das ganze Areal zu meiner Verfügung.

Das war vielleicht ein verrücktes Gefühl. Überall, wo ich bisher war, gab es auch noch andere Menschen in der Nähe, wissen Sie Herr Wachtmeister. Selbst in meiner eigenen Wohnung. Ich meine, da habe ich zumindest Nachbarn nebenan, über und unter mir. Doch dort in Stankow war ich ganz und gar allein und das auch noch in einem so weitläufigen und heruntergekommenen Schlossgelände. Ich hatte alles für mich. Da kam ich mir vor, als wäre ich ein richtiger Schlossherr. Aber es war halt eben doch nicht nur dieses angenehme Gefühl, denn die Gruselstorys des Alten klangen mir noch im Kopf nach. Also bin ich vorsichtig weiter bis hin zur Turmruine gegangen. Ich meine die Überreste des Eckturms am Wall. Von da oben hat man eben die beste Sicht auf das Hauptgebäude, und das wollte ich unbedingt fotografieren. Ich kletterte also auf die Ruine rauf. Man kommt so seitlich vom Wall aus hoch. Ohne Probleme. Dafür geht es links abrupt nach unten: zehn Meter runter neben das Tor schätze ich mal. Rechts, in das Innere des Turms sind es nur knappe zwei oder drei abwärts. Dahinter allerdings der Burggraben – das wären vielleicht sogar fast fünfzehn Meter. Das war ja mal eine Wasserburg, wie Sie wissen.

Nein, würde ich nicht sagen, dass meine Aktion da oben besonders riskant gewesen wäre, Herr Wachtmeister. Ich bin ja nicht direkt auf der Außenkante rumgekraxelt. Und die Steine, an denen ich mich festhielt, an denen konnte ich mich in der Tat festhalten, denn die waren nun mal fest genug zum Festhalten. Die boten halt Halt, wenn ich das mal so sagen darf. Dabei hatte ich überhaupt kein mulmiges Gefühl. Zumal die Sicht von oben wie erwartet großartig war. Ich starrte ja nicht nach unten, sondern sah frei weg gerade aus; nach innen in die Schlossanlage hinein entlang der Sichtachse genau auf's Treppenhaus des Hauptgebäudes. Das war von meinem Standort immerhin so weit weg, dass der abbröckelnde Putz nicht mehr auffiel. Nach außen konnte ich über die teilweise mit Bäumen bewachsene Turmruine hinunter den Graben sehen. Das ging dort schon steil runter. Aber ich stand oben sicher und fest. Da holte ich den Foto-Apparat aus der Jackentasche, visierte meine Motive durchs Objektiv an und knipste. Tja, und dabei muss es wohl passiert sein. Mit der Linse vor Augen bin ich noch einen Schritt zur Seite. Plötzlich verlor ich das Gleichgewicht und rutschte ab. Nach innen zum Glück, in die Turmruine rein. Sehr tief war ich dabei nicht gestürzt. Vielleicht so anderthalb Meter, und dann fand ich auf einem Mauervorsprung wieder Halt. Allerdings hatte ich die Kamera vor Schreck mit einer jähen Bewegung hinter mich geworfen, rein in das Innere der Turmruine. Erst einmal kletterte ich wieder hoch. Oben erholte ich mich von dem Schreck, und dann ärgerte ich mich. Mensch, die gute Digitalkamera! Die hatte mich mal ein kleines Vermögen gekostet. Jetzt war sie zwar auch schon nicht mehr der letzte Schrei. Aber Schade drum auf alle Fälle. Für eine neue habe ich im Augenblick gar kein Budget.

Na gut, ich gebe es zu. Das gehört jetzt vielleicht doch nicht zwingend zur Anzeige. Aber Sie werden so vielleicht besser verstehen, warum ich es nicht dabei bewenden ließ, sondern versuchte, meine Technik zu retten. Ich äugte also von der Kante des Turmes hinunter ins Innere. Von da oben konnte ich die Kamera nicht ausmachen. Immerhin stellte ich fest, dass es da noch einige andere Vorsprünge und sogar Stufen gab, über die ich hinab steigen konnte. Wir sind ja schließlich früher alle mal auf Bäume geklettert. Da hat man einen antrainierten Kletterblick, auch wenn der schon Jahrzehnte nicht mehr aktiv genutzt wurde. So wie ich früher an einem Baum immer die geeigneten Äste für einen Aufstieg von unten registrierte, so plante ich nun meinen Abstieg ins Innere der Turmruine von oben. Beim Abstieg geht es mit den Füßen voran, da sieht man nicht, wo man hintritt. Wenn man sich hoch hangelt, klappt das viel besser. Na egal wie, es dauerte schon eine Weile, aber dann stand ich endlich unten auf dem Boden der Turmruine, im Krater sozusagen, und schaute mich um, ob meine Kamera nicht irgendwo glänzen mochte. Ich hockte mich hin. Aber nichts zu finden. Also ging ich auf die Knie wie die Kinder beim Topfschlagen und begann, mit den Händen den Boden abzutasten. Da drinnen ist ja alles überwuchert von Unkraut, Büschen, Hecken. Immerhin haben wir Juni. Und im Mai hat es viel geregnet, wie Sie sich erinnern.

Nein, Herr Wachtmeister, das ist jetzt kein Exkurs über den Einfluss des Wetters auf das Pflanzenwachstum. Das ist ganz wesentlich für den weiteren Fortgang der Geschehnisse. Wenn ich nämlich da nur herumgestanden hätte, dann hätte ich den Spalt in der Mauer gar nicht bemerkt, denn der war so knapp dreißig Zentimeter über dem Boden. Es fehlten an der Stelle nur wenige Mauersteine. Wenn ich mich da im Stehen umgeschaut hätte, wäre mir das niemals aufgefallen. Aber ich krabbelte nun einmal auf dem Boden da rum. So war die Lücke in der Mauer genau in Augenhöhe. Und genau dort, vor dem Spalt, von dem ich eben sprach, griff ich mit einem Mal auf etwas Metallisches. Tja, große Freude! Da hatte ich meine Kamera wieder gefunden. Ist doch klar, dass ich erst mal knien blieb und mir das gute Stück betrachtete, ob sie vielleicht durch den Sturz größeren Schaden davon getragen hätte. War aber nicht. Sie war zum Glück auf keinen Stein gefallen. Das hätte die beste Technik dann wohl nicht unbeschadet überstanden. Wie ich aber so gucke, auf die Kamera in meiner Hand – nun hören Sie mir doch mal zu, ich spreche doch die ganze Zeit zur Sache, nichts als zur Sache, um die es hier geht – ich sehe also meine Kamera und dahinter in diesem Mauerspalt, da sehe ich doch tatsächlich einen Schuh. Einen Frauenschuh. Herr Wachtmeister. Einen Schuh … mit einem Fuß dran!

Ich dachte, um Gottes Willen, eine Leiche. Ja, na klar, da hätte ich Sie sofort rufen sollen, dann hätten wir uns schon heute Vormittag kennen gelernt. Aber ging nicht, mein Handy hatte ich im Auto liegen gelassen. Ich schluckte also, legte die Kamera am Holunder ab und machte mich daran, einen weiteren Stein neben der Spalte freizulegen. Aus Neugier, verstehen Sie, ich wollte ja schließlich wissen, was ich der Polizei über diesen Schuh noch hätte melden sollen. Na gut, es hätte bei der Gelegenheit auch die ganze Mauer runter kommen können. Kam aber nicht. Die Klamotten rechts und links brachte ich nach einigem Wackeln aus eigener Kraft heraus, die hatten offenbar keine tragende Funktion gehabt. Natürlich habe ich die nicht nach innen gestoßen, sondern raus zu mir geholt. Drinnen lag ja diese Gestalt mit dem Schuh am Fuß.

Sie müssen sich das nun so vorstellen, da gab es wohl mal eine Nische, und es sah aus, als wäre diese Nische zum Turm hin zugemauert worden, nachdem die Tote da lebendig oder nicht mehr lebend hineingeraten war. So, und jetzt weiter: Während ich mich noch mit dem zweiten oder dritten Stein abgab, zuckte der Fuß auf einmal. Da war ja alles staubig und verdreckt seit Ewigkeiten. Doch plötzlich drehte sich der Fuß weg, um sich ein paar Mal auf- und ab zu bewegen und dann legte er sich dorthin wieder zurück, wo er eben noch war.

Nun stellen Sie sich das mal vor, Herr Wachtmeister. Mein dritter Schock in einer halben Stunde. Erst breche ich mir um ein Haar das Genick, dann entdecke ich eine Leiche und schließlich zappelt die auch noch. Da griff ich reflexartig zu. Als ich sah, dass sich da was bewegte, packte ich den Schuh mitsamt Fuß drin. Und darauf schrie die dazu gehörende Person auf. Sie war gar nicht tot. Zum Glück schien die Sonne. Es war ja später Vormittag. So gegen halb zwölf vielleicht. Nicht auszudenken, wenn mir das nachts um halb zwölf passiert wäre. Da wäre ich wohl nichts wie auf und davon. Andererseits hätte ich im Dunkeln den Spalt in der Mauer auch nie entdeckt...

Ich war wie vom Donner gerührt. Es war aber kein Donner, sondern halt ein Schrei, und zwar von einer weiblichen Person. Eindeutig.

Die schrie, und das hieß ja wohl, dass sie am Leben war. Da brauchte ich Sie und Ihre Polizei gar nicht erst mit meinem Fund zu belästigen. Allerdings außer mir konnte sie keiner schreien hören. Ich war, wie schon gesagt, allein auf dem Schlossgelände. Sie schrie also, und dann wimmerte sie, und das Wimmern ging in ein Schluchzen über. Da fasste ich mir ein Herz und sprach sie meinerseits an. »Hallo«, rief ich. »Hallo, alles in Ordnung da drinnen? Bleiben Sie ruhig! Ich helfe Ihnen raus.«

Das habe ich mehrfach so gerufen, immer wieder, denn die Person in der Nische, von der ich inzwischen beide Füße sah, bis zu den Knöcheln, die jammerte und wimmerte in einem fort. Ich aber saß in der von der Mittagssonne beschienenen Grube und redete Mantra artig auf die Verschüttete ein. Ich konnte sie ja jetzt schlecht allein lassen, in ihrem Elend. Erst musste ich sie in Freiheit wissen. Und dann endlich – es mochte inzwischen eine gute Viertelstunde vergangen ein – endlich antwortete sie mir. Sie klagte, dass sie sich den Kopf gestoßen habe vor Schreck. Als ob ich sie erschreckt hätte. Genau umgekehrt war das doch. Und sie rief noch, ich solle das Licht ausschalten. Es blende sie. Herr Wachtmeister, sie meinte die Sonne, verstehen Sie? Ihre Sinneswahrnehmung war also auch noch in Ordnung, schlussfolgerte ich daraus. Ich fragte sie, ob sie sich umdrehen könne, da hinten in ihrem Verschlag, damit ich sie an den Armen herausziehen könnte. Langsam natürlich und so, dass sie mit ihrem Kopf an dem Spalt zum Liegen komme, wo bisher ihre Füße waren. Sie antwortete mir zwar nicht, aber ich bemerkte doch, dass sie anfing, sich da drinnen umzuwenden. Platz genug hatte sie wohl dafür in ihrer Nische. »Langsam, ganz langsam drehen! Na, das geht doch wunderbar voran«, sprach ich auf sie ein. Hätte mir gerade noch gefehlt, dass sie im letzten Moment noch irgendwo gegen kommt, und verschüttet wird, bevor ich sie da herausgezogen habe. »Es blendet so! Das helle Licht!«, war aber ihr Hauptproblem. Ich riet ihr, die Augen geschlossen zu halten und dann erst ganz allmählich, mit vorgehaltener Hand die Lider zu öffnen. »Wir haben Zeit, wir haben ganz viel Zeit«, beruhigte ich sie. Die hatte ja ausgesprochen Panik. Ich redete deshalb ständig beruhigend auf sie ein.

So wie beim autogenen Training. »Wir sind ganz ruhig, wir sind ganz entspannt.« Das ganze Wendemanöver mochte noch einmal eine Viertelstunde gedauert haben, aber dann blinzelte sie mich an. In der Tat. Was sich da zeigte, Sie werden es nicht glauben, das war ein junges Mädchen. Aber wie die aussah, als hätte sie sich für's Manöver getarnt! Neulich kam im Fernsehen so ein Bericht übers Militär, die hatten sich da für eine Übung die Gesichter mit Dreck voll geschmiert. Und genau so ein Dreckspatz lag da vor mir. Können Sie sich gar nicht vorstellen, was? Die Wangen schwarz und Haare auch strähnig, und völlig grau vor Staub.

Nein, ich hatte keine Flasche Wasser bei, Herr Wachtmeister. Das hatte mir doch keiner vorausgesagt, dass ich auf dem Schloss ein lebendiges Mädchen in der Turmruine ausbuddeln würde und dazu eine Erste-Hilfe-Ausrüstung am Mann haben müsste. Sie können aber auch seltsame Fragen stellen. Lenken Sie mich doch bitte nicht ab.

Ich hatte also nichts bei, was ich ihr hätte geben können, ich redete nur immer auf sie ein, damit sie nicht verkrampft, und auch von ihrem Aussehen ließ ich mich nicht stören. Dann war sie endlich so weit, und ich konnte sie aus dem Loch herausziehen, an beiden Armen. Das war ein einziger Haufen Schmutz. Voller Erde und Staub. Aber ob Sie es mir glauben oder nicht, knapp sitzt sie neben mir, da fragt sie, wie lange sie geschlafen habe und – nun stellen Sie sich das mal vor – ob die Vorbereitungen auf die Geburtstagsfeier schon abgeschlossen wären. Da dämmerte es mir, wenn ich gerettet hatte. Ihnen auch, ja? Sie war es, von der der Alte erzählt hatte. Die verschollene Tochter des einstigen Schlossherren.

Ich gebe ja zu, das klingt jetzt durchaus ein wenig unwahrscheinlich. Ich hätte es gestern noch auch nicht für möglich gehalten. Aber so und nicht anders war es gewesen. Die hatte glatt hundert Jahre verschlafen, und sie glaubte mir nicht, dass wir da auf ihrem Schloss Stankow wären, denn wir saßen nun mal auf dem Boden einer Ruine.

Aber ich sagte ihr, sie möge jetzt ganz tapfer sein. Auf Stankow habe sich halt ein kleines bisschen was verändert, während sie geschlafen hatte. Die Feier werde aber sicherlich später nachgeholt. Erst einmal müsse sie mir erzählen, wie sie in die Situation gekommen wäre, aus der ich sie herausgezogen habe. Da nannte sie mir also ihren Namen und erzählte, dass sie auf dem Schlossgelände gespielt hätte und dabei auch zu jenem Wachturm gelangt wäre, wo ich sie fand. Nur, dass der zum Zeitpunkt des Spaziergangs halt noch keine Ruine war wie jetzt. Am Fuße des Turmes habe sie eine Tür bemerkt, die ihr zuvor noch nie aufgefallen war, und diese Tür habe so einladend offen gestanden. Da sei sie halt rein gegangen, eine Treppe hochgestiegen, und im Turmzimmer oben habe sie eine alte Frau getroffen.

Ja genau, Herr Wachtmeister, die Alte soll an einem Spinnrad gesessen haben. Woher wussten Sie das mit dem Spinnrad? Treffend kombiniert. Donnerwetter! Da haben Sie mich aber verblüfft. Doch wissen Sie auch, was dann passierte? Richtig, sie stach sich in den Finger. Na, das kann ja wohl nicht wahr sein. Wie kamen Sie denn darauf?

Aber nun greifen Sie doch nicht schon wieder zum Telefon …

So was geschieht ja nun wirklich nicht allzu oft, also ich meine, dass man sich in den Finger piekt und davon einschläft. Ja, na klar, ich vermute auch, dass die Alte der Rosi was injiziert hatte. Die Spindel war garantiert mit irgendeinem Nervengift präpariert, sage ich Ihnen. Doch deshalb bin ich nicht hier. Dieses Verbrechen ist ja wohl auch lange schon verjährt. Ich bin zu Ihnen gekommen, weil Heiderose von Stankow erneut verschwunden ist. Am Vormittag erst habe ich sie gefunden und nachmittags ist sie schon wieder fort.

Ist was, Herr Wachtmeister? Lachen Sie doch nicht so. Ja, bin ich denn hier auf einer Polizeidienststelle oder was? Und was telefonieren Sie denn eigentlich ständig in der Gegend herum, während ich versuche, eine Anzeige aufzugeben? Bitte hören Sie mir doch endlich mal in Ruhe zu!

Als sich die Kleine dann einigermaßen erholt hatte, bin ich mit ihr raus aus der Turmruine. Der Aufstieg klappte erstaunlich gut, wenn man bedenkt, dass sie doch etwas verwirrt und geschwächt war nach ihrer Rettung. Aber immerhin ging es voran und ich konnte sie hinter mir her und nach oben ziehen. War ja nicht schwer das Mädchen. Allerdings hatte mich die Begegnung mit ihr so durcheinander gebracht, dass ich meine Kamera da unten liegen ließ. Jetzt kann ich Ihnen nicht mal ein Foto zeigen. Wir müssen sowieso noch einmal nach Stankow, die Kamera holen, aber ich will weiß Gott keinen Polizeieinsatz starten, um meinen Fotoapparat zu holen. Mir geht es um die Rosi ... Und fotografiert habe ich sie natürlich auch nicht in der Situation.

Ich meine nur, weil Sie mich so skeptisch ansehen. Mir ist es ernst mit der Anzeige. Ich mache hier keinen Spaß!

Also weiter geht's, ja? Endlich hatte ich Rosi oben, und als sie sich umschaute und das Schloss sah, flippte sie richtiggehend aus. Das bekam ja keiner weiter mit, denn in dieser riesengroßen verfallenen Burganlage waren wir beide ganz allein. Ich ließ sie erst einmal heulen. Sicher ein eigenartiges Gefühl, wenn man den Ort, an dem man eben noch gespielt hat, nach einem Nickerchen wiedersieht, und man kann sich die Augen reiben, wie man will: Aus einem stolzen Schloss ist eine verkommene Immobilie geworden, die von der Treuhand verkauft wurde. Die Eltern sind auch nicht mehr da, überhaupt niemand, den man je gekannt hat. Alles von Unkraut überwuchert und verlassen. Ja, da möchte ich Sie mal sehen, Herr Wachtmeister, wie Ihnen da zu Mute wäre. Und Sie feixen sich hier einen. Das ist nun wirklich deplaziert, finde ich.

Ich legte dem Mädchen also tröstend meinen Arm um die Schultern. Der Fetzen, den sie da anhatte, war voller Staub und Spinnweben, und zerfiel außerdem zusehends. Ich dachte nur, hoffentlich sieht dich keiner mit diesem Häuflein Elend im Arm. Die machte ja nun mal wirklich einen asozialen Eindruck. Und auch ich wirkte nach der Kletterpartie mit anschließender Buddelaktion nicht gerade wie aus dem Ei gepellt. Also drängte ich sie zum Ausgang, raus aus dem Objekt und hin zum Auto.

Das war nun aber erst eine Szene. Die wollte da partout nicht einsteigen. Sie fragte, was das für eine Kutsche wäre, gänzlich ohne Pferde. Ob sie denn noch nichts von Herrn Daimler gehört habe, entgegnete ich. Die Erfindung des Automobils liegt ja schließlich auch schon über hundert Jahre zurück. Sie erzählte, dass sich ihr Herr Vater solch ein Fahrzeug habe kaufen wollen. Doch habe ihn der hohe Preis davon abgehalten. Ich fahre ja nun einen gebrauchten Japaner, wissen Sie Herr Wachtmeister, aber so wurde wohl noch niemand für seinen Wagen bewundert wie ich. Sie sagte, ich müsse wohl außerordentlich hohe Einkünfte haben, um mir etwas derart Kostbares leisten zu können, von dem selbst ihr Vater nur träumen konnte. Inzwischen hatte ich sie auf dem Beifahrersitz platziert und gurten musste ich sie auch noch. Ein Glück auch, denn als ich den Motor startete, schrie sie erneut auf und wollte rausstürzen. Nicht, weil der so laut gewesen wäre. Doch ich habe immer das Radio an, wissen Sie. Das Mädchen hatte gedacht, ich hätte eine Kapelle unter dem Armaturenbrett versteckt. Radio kenne sie nicht, sagte sie, Radieschen kenne sie, aber die machten keine Musik. Nun erklären Sie einem mal so einem Kind, wie Rundfunk funktioniert, Herr Wachtmeister. Wir einigten uns darauf, dass ich in meinem Fahrzeug ein Klangzeug habe. Und so verstand sie dann sogar noch das Wort Flugzeug, als ihr am Himmel einen Kondensstreifen zeigte, aber sie glaubte mir nicht. Sie hielt Flugzeuge für eine Art schnelle Zeppeline. Ich ließ sie in dem Glauben.

Sie hatte Hunger und wir fuhren zum Bouletten-Imbiss in der Südstadt, wegen des Drive-Ins nämlich. Da musste ich nicht mit ihr aussteigen. Wir hätten da ganz schön Aufsehen erregt, so wie wir aussahen. Bevor ich mich überhaupt mit dem Mädchen irgendwo blicken lassen würde, musste sie geduscht und neu eingekleidet sein. Was Mittag betrifft, so hatte ich ja auch keine größeren Vorräte daheim. Mit Besuch hatte ich nicht gerechnet und mit Damenbesuch sowieso nicht.

Also, die Cola mochte sie sehr. Schon wegen des Strohhalms. Den zog sie aus dem Deckel und meinte, noch nie solch ein dickes Stück Stroh gesehen zu haben. Plastik kannte sie ja nicht. Und Burger hatte sie auch noch nie zuvor gegessen. Frikadellen schon, zwar nicht im Brötchen, aber damit kam sie problemlos klar. Sie verdrückte gleich zwei der großen Bomben, genauer gesagt, meinen mit. Ich fuhr ja, und den ersten Burger hatte sie ruck-zuck weg. Hätte ich mir eigentlich denken können, wenn eine hundert Jahre nichts gegessen hat.

Vor meinem Haus hatte ich wieder das Glück, dass uns niemand beobachtete. Es ist ja in allen Neubauvierteln so. Die Leute leben halt etwas anonym. Ich fand einen Parkplatz direkt vor meiner Eingangstür. Es war noch Sonnabend-Vormittag; die Nachbarn befanden sich entweder auf Einkaufsfahrt oder in ihrem Garten. Und deshalb hörte wohl auch niemand ihren Schrei. Sie schrie nämlich schon wieder.

Ich hatte nicht daran gedacht, sie vorzuwarnen, als wir in den Lift stiegen. Da war sie etwas überfordert, als die Türen zugingen. Sie hatte sich zwar recht schnell daran gewöhnt, mir zu folgen. Alles, was ich machte, beeindruckte sie und zwar sichtlich. Das war nicht gespielt. Sie schaute interessiert zu, was ich auch immer tat. Es war halt komplett neu für sie, die ganze Technik und mein Umgang mit dieser. Mir war das sehr sympathisch, das war ein Zug an ihr, den ich sehr mochte. Ich drückte also auf den Knopf an der Fahrstuhltür, diese öffnete sich und Rosi starrte mich mit offenem Mund an. Ich konnte Wände dazu bringen, sich aufzutun. So hatte ich sie ja auch gefunden, indem ich eine Mauer öffnete. Dann schob ich sie rein. Da zitterte sie schon. Das war nämlich genauso eine Nische im Mauerwerk wie die, aus der ich sie vor einer Stunde erst befreit hatte. Aber sie war nicht allein darin, denn ich trat ja mit ihr zusammen in diesen Raum. Dann tat sich die Tür wieder zu, und plötzlich ging es aufwärts. Das war pure Panik. Jetzt, im Nachhinein, ist das mir völlig klar. Sie müssen sich das mal vorstellen, Herr Wachtmeister, was die Ärmste alles verarbeiten musste, seit sie das Licht der Welt zum zweiten Mal erblickt hatte. Das ging ja Schlag auf Schlag. Aber mich hatte es in jenem Moment einfach nur genervt, als sie da aufschrie und sich an mir festklammerte in ihrer verdreckten Montur. Ihgittigitt!

Ich war froh, sie endlich in der Wohnung zu haben, ohne Menschenauflauf. Gleich als Erstes schob ich sie ins Badezimmer ab und ließ Wasser in die Wanne ein. Sie saß auf dem Klo und schaute mir zu. Fließend warmes Wasser aus der Wand kannte sie auch noch nicht. Dann ließ ich sie im Bad allein. Ich sagte ihr, sie möge sich in die Badewanne setzen und erst mal reinweichen.

Als sie im Schaum verschwunden war, holte ich aus dem Badezimmer noch das raus, was die Kleine hundert Jahre am Leib getragen hatte, und warf es in den Müll. Ich legte ihr ein T-Shirt von mir hin und meinen Trainingsanzug zum Anziehen nach dem Bad. Natürlich sah sie darin nicht besonders elegant aus, aber immerhin war sie jetzt sauber und akzeptabel bekleidet. Ich schlug ihr darauf vor, dass wir in den Einkaufspassagen was Ordentliches zum Anziehen holen und dann erst mal einen Bereitschaftsarzt besuchen. Immerhin ist morgen Sonntag, und ich wollte wissen ob sie gesundheitlich so weit Ok ist, dass sie über das Wochenende kommt, und mich nicht ansteckt … Aber so weit sollte es nicht kommen.

Was sind das eigentlich für Herren hier? Wo kommen die her? Haben Sie die etwa gerufen?

Hej, lassen Sie mich los! Ich will nicht in diese Jacke! Ich will nicht!

Die Rosi hat keinerlei Dokumente, sie ist polizeilich ja nicht gemeldet. Finden Sie sie! Bitte!

Nein, ich komme nicht mit! Ich bin noch nicht zu Ende mit meiner Anzeige. Der Wachtmeister hat ja noch nicht einmal nach Rosis Haarfarbe gefragt.

Nehmen Sie das bitte zu Protokoll! Im Kaufhaus vor der Umkleidekabine habe ich sie zuletzt gesehen. Und meine Kamera ist auch weg, die müssen Sie mit auf die Vermisstenanzeige setzen, Herr Wachtmeister!

Hei so warten sie doch! Ich bin noch gar nicht fertig!

Herr Wachtmeister, eines muss ich Ihnen noch sagen: die Rosi hat doch meine Kreditkarte!

40. Der Schatz bei Schwerte

Das wühlt mich auf! Oh, was das mich ärgert!
So einen Hals kriege ich da … !

Von Schwerte an der Ruhr im Kreis Unna wird berichtet, dass dort ein Schatz vergraben liege. Aus den Zeiten des 30-Jährigen Krieges werden die ersten Hinweise darauf vermeldet. Eines Nachts auf dem Weg vom Wirtshaus habe eine Gruppe Soldaten kollektiv die Erscheinung einer weißen Jungfrau gehabt. Solche Erscheinungen kennt man ja nach ausgiebiger Zechtour, da erscheint einem manches und manchmal sogar doppelt. Aber es waren nicht zwei Jungfrauen; ob es überhaupt so viele damals in Schwerte gab, muss hier offen bleiben. Berichtet wird vielmehr von einer weiblichen Gestalt, und die rief einen der Soldaten beim Namen. Da waren alle mächtig erschrocken – als Soldat erschrickt man ja immer, wenn man eine Jungfrau sieht, ob nun weiß, blond oder brünett. Das ist so. Das wissen wir alle. Das kennen wir gut. Es waren aber alle auch sehr verwundert, denn die Gestalt wusste von ihrem Kumpel nicht allein den Namen sondern sogar den Dienstgrad – als Zivilistin. Und zu alledem behauptete sie, sie wolle ihm einen Schatz übergeben, den sie für ihn in Schwerte bewache; er brauche dafür nichts anderes zu tun, als tags darauf zur gleichen Zeit wieder vor Ort vorbeizuschauen.

Aber sie hatte sich verrechnet und blieb auf ihrem Schatz sitzen, denn der junge Mann bekam es mit der Angst zu tun. Er traute sich nachts nicht mehr aus der Kaserne. Ihm schlotterten die Knie, weil er wähnte von der Jungfrau zum Sterben gerufen zu sein. Er starb dann woanders, nicht in Schwerte und das gehört deshalb auch nicht mehr zu dieser Geschichte.

Danach wurde es erst einmal still um den Schatz.

Nach ein paar Jahren lief wieder einmal ein Schwerter Bürger zu nachtschlafender Stunde der weißen Jungfrau über den Weg. Auch er wurde angesprochen, als sei er ein alter Bekannter und eingeladen, sich vierundzwanzig Stunden darauf zum Schatzsuchen einzufinden. Und dieser

Bursche nun, der kam. Der machte es wahr. Er erschien, und auch sie erschien ihm erneut, und sagte:»Willkommen! Jetzt nimm dir doch bitte mal die Hacke und schlage die Tür da im Mauerwerk auf.« Und was tat unser Bürger aus Schwerte? Ich sage Euch: Ihr kommt nicht drauf. Na gut, ich will es verraten. Er sagte:»Schlag Du doch selber!« Kein Kommentar! Jedenfalls nicht hier an dieser Stelle … Aber was passierte dann?

Dann also nahm die Jungfrau ganz in Weiß die Hacke und hieb auf die Türe ein, ohne Rücksicht zu nehmen, ob sie sich schmutzig mache. Die Pforte sprang auch endlich auf und gab den Zutritt zu einem Raum frei, der mit Gold und Silber vom Boden bis zur Decke angefüllt war. Der Bürgersmann entzündete sich eine Fackel und trat ein. Es glänzte ihm taghell entgegen. Nun hielt er nicht lange Maulaffen feil, sondern stopfte in seine Taschen, was er nur zu greifen vermochte. Nein, er fragte die junge Dame, die ihm den Zugang zu dieser Schatzkammer ermöglicht hatte, nicht etwa woher und wieso. Sie sprach ihn zwar von draußen an, aber er reagierte gar nicht. Er dachte nur, ›das muss ich noch mitnehmen und jenes muss ich auch beiseiteschaffen‹.»Jetzt komm aber wieder raus!«, rief die weiße Jungfrau schließlich ungeduldig.»Gleich ist die Geisterstunde vorbei. Beeil dich und vergiss nicht, das Wertvollste mitzunehmen!« Der Schatzsucher hörte das, schaute sich noch mal um und griff sich kurz entschlossen eine diamantenbesetzte Krone. Dann eilte er hinaus. Schon krachte hinter ihm die Tür ins Schloss. Da stand er nun, die Taschen voller Gold und eine diamantene Krone auf dem Kopf. Er war draußen, noch mal davon gekommen, der Glückspilz. Er war unversehrt und hatte seinen Schatz, aber die weiße Jungfrau erbleichte als sie ihn sah, so dass sie noch weißer wurde. Dann wandte sie sich resignierend ab und seufzte:»Warum hast du nicht den Schlüssel genommen? Dann hättest du mich erlöst und könntest jederzeit zurückkommen in den Tresor. Nun ist er auf alle Zeit verschlossen.« Darauf weinte sie und entschwand.

Ja, gibt es denn so was? Das ist doch nicht zu fassen … Ich will Euch erklären, wofür die weiße Jungfrau steht. Sie ist ein Sinnbild, eine Allegorie, die Verkörperung der Chance, einer Möglichkeit, und zwar der Gelegenheit, ein großes, ein ganz großes Geschäft zu machen. Nur hier in dieser Sage aus Schwerte zeigt sie sich uns, diese Allegorie. Das einzige Mal in der gesamten Weltliteratur: Die weiße Jungfrau von Schwerte. Wir kennen durchaus noch andere ähnliche Sinnbilder. Justitia – die Göttin der Gerechtigkeit – zum Beispiel. Das ist die Dame mit der Waage in der erhobenen rechten Hand und einer Binde vor den Augen. Die wird so dargestellt, weil sie ohne Ansehen der Person Gerechtigkeit walten lassen soll. Die weiße Jungfrau hingegen – also wirklich, ein schöneres und treffenderes Bild für unerschlossenes Potenzial kann man sich gar nicht vorstellen. »Weiß«, wie »ein weißes Blatt Papier«, wie »weißer Schnee«. Schon das Attribut »weiß« steht dafür, dass sich hier noch keiner zuvor ausprobiert hatte. Aber dann erst das Bild von der »Jungfrau« … noch unberührt, zum Verlieben schön. Jene Person, die einmal die Mutter gemeinsamer Kinder werden könnte. Mit der wäre doch einfach alles möglich. Weiße Jungfrau – das nenne ich mal eine treffende Wortschöpfung …

Wie oft gerät unsereiner schon in den Dunstkreis eines möglichen Großprojektes, das eine Gemeinschaft, eine Stadt, eine ganze Region gar mit Wohlstand versorgen kann. Das kommt wahrlich nicht aller Tage vor. So was passiert einem ein oder zwei Mal im Leben, mit Glück. Anderen geschieht es nie. Und dann, ach nee, es ist zum Verzweifeln … und dann weiß der erste Gerufene nichts damit anzufangen, bekommt Angst vor der eigenen Courage. Er packt es nicht mal an, er buddelt es nicht aus, er bringt es nicht zu Tage. Er lässt die Finger davon, lässt das Projekt fallen als wäre es eine heiße Kartoffel.

Schade, aber menschlich. Was soll's, Schwamm drüber …

Doch richtig schlimm treibt es der Zweite, der gerufen wird. Was macht der doch gleich? Er findet sich zwar ein, als er was von Schätzen hört, doch selbst etwas tun, sich gar die Hände schmutzig machen?

Fehlanzeige! Er lässt die Jungfer zur Hacke greifen. An der Stelle hatte ich den Kerl schon gefressen. Aber es geht ja noch weiter. Da spaziert er also rein in den Tresor und sieht alle diese großartigen Möglichkeiten, die vor seinen Augen Wirklichkeit werden; er sieht den Glanz und die unermesslichen Schätze, die nur darauf warten, gehoben zu werden. Aber er hat kein Ohr für einen Rat. Ihn interessiert überhaupt nicht, was man daraus machen kann. Er krallt sich, was er kann. An mehr denkt er gar nicht. Dabei ist es ja doch nur ein Bruchteil des ganzen Reichtums, was er alleine wegschleppen kann.

So richtig tragisch wird's aber, wenn die Sage zu ihrem traurigen Ende kommt … Das Wertvollste soll er an sich nehmen, dazu wird er aufgefordert. Und was greift sich dieser Unglückselige? Eine Krone! Dabei weiß doch jeder ABC-Schütze, dass am Wertvollsten immer die Schlüssel sind. Wer den Schlüssel hat, der hat den Zugang gesichert. Der Schlüssel – das ist das Passwort, die PIN-Nummer. Damit hat man seine Chance erhalten und kann sich einloggen, wann immer man will. Ohne den Schlüssel aber – no assess! Und das heißt, man hat gefälligst draußen zu bleiben, auf immer und ewig.

Die Tür fiel also ins Schloss, die weiße Jungfrau verschwand. Aber der Mann aus Schwerte hatte ausgesorgt. Konnte doch ihm egal sein, dass seine Chancenauswertung so dilettantisch gering war. Im Vergleich zu dem, was er besaß, als er in die Situation reinkam, die er gerade überstanden hatte, war er nun ein gemachter Mann. Und darauf bildete er sich dann noch was ein.

Also ich bin ja nicht neidisch. Bin ich nicht. Wirklich. Sein Name war genannt worden, nicht meiner. Er hat die Chance bekommen. Er und nicht ich. So ist das Leben. Wenn er es denn wenigstens gepackt hätte, OK. Aber sie greifen immer daneben, diese selbstgefälligen Typen. Also die allermeisten. Bill Gates ist vielleicht eine rare Ausnahme. Der bestätigt die Regel aber nur. Nur wohnt er auch nicht gerade in der Umgebung von Schwerte, oder anderen Orts, wo ich mich beworben habe.

So stehe ich fassungslos daneben und muss schon wieder einer weißen Jungfrau mein Taschentuch leihen, damit sie sich ausheulen kann, bevor sie sich davon macht.

41. Bahnhof Schilda

Nein, es sind keine Idioten, die an den entscheidenden Stellen die Weichen stellen. Da kommt nicht ein jeder ran; schlichte Gemüter sowieso nicht. Die Jungs können ja so was von um die Ecke denken ... Das sind fürwahr die Urur-Enkel der Schildbürger. Die setzen sich im Laufe ihrer Karriere immer wieder gegen uns gewöhnliche Sterbliche durch. Das liegt ihnen in den Genen, den Schildbürgern. Der erste Schritt, den sie gehen, scheint immer ganz logisch und allseits nachvollziehbar. Aber binnen kurzem sieht sich der Normalbürger jedes Mal aufs Neue ausgetrickst, so, als hätte er sich mit Hütchenspielern eingelassen.

Zum Beispiel wird festgestellt, dass eine Ausfallstrasse der großen Metropole infolge hohen Verkehrsaufkommens reparaturbedürftig geworden ist. Da beginnt man dann mit den Bauarbeiten, sperrt eine Fahrtrichtung, legt Umleitungen an, und alles sagt: »Gut so, das wurde ja auch mal Zeit!« Jeder beliebige Baudezernent würde es damit bewenden lassen. Wir haben es bei diesem Mann schließlich mit einem Beamten zu tun, und noch dazu mit einem, dessen Werk in der Öffentlichkeit Anerkennung und Zuspruch findet. Ein Mann wie du und ich würde sich an seiner Stelle zurücklehnen und sagen: ›Nach einem guten Spiel soll man erst einmal ein Runde aussetzen‹. Nicht so hingegen ein Nachfahre der Schildbürger. Der legt jetzt erst richtig los. Im nächsten Monat sperrt er die Trasse, die jener, an der bereits gebaut wird, am nächsten ist. Und kurz darauf lässt er Bauarbeiten in den querführenden Straßen beginnen. Sein Werk treibt aber erst dann die schönsten Blüten, wenn zwischendurch beim Nachzählen auffällt, dass die geplanten finanziellen Mittel für so viele Baustellen gar nicht hinreichen, und daraufhin die Arbeiten an der ersten Stelle für ein paar Monate ausgesetzt werden. Dann hat man es unter Umständen auf Jahre hinaus mit einer Staustelle zu tun, über die alles nur noch flucht. Mehr kann man dort beim besten Willen nicht mehr machen. Alle sind sauer, nur unser Mitbürger Schildbürger nicht. Er klopft sich stolz an die Brust. Schließlich hat er im Vergleich zu seinem Vorgänger im Amt ein Mehrfaches an Arbeiten angeschoben. »Magnum volent magnus!« Großes gewollt zu haben, ist groß – das ist seine Maxime. Das schnöde Ergebnis können andere verantworten.

Falls vielleicht irgendjemandem die Geschichten um die Bewohner der Stadt Schilda nicht mehr so geläufig sind, sei diesem hier in Erinnerung gerufen, dass die Schildbürger vordem als die intelligentesten Berater überhaupt galten. Sie waren die unangefochtenen Consulting-Weltmeister ihrer Zeit, und zwar auf jedem Fachgebiet, von Public-Relations bis hin zum Technical Support, und vom Marketing ganz zu schweigen. Ihr Rat war allerorten heiß begehrt. Die Schildbürger waren praktisch ständig national und international im Einsatz, um klug und einfallsreich nützliche Ratschläge zu geben. »Von Schilda inspiriert« war ein Begriff wie ein Gütesiegel. Allseits geschätzt und anerkannt. Aber dieweil sie ihr gutes Werk weltweit verrichteten, verfielen ihnen zu Hause die Anwesen. Ihre Stammhäuser im heimischen Schilda schrieben rote Zahlen, ihre Kinder wurden lange vor der Pubertät aufmüpfig und ihre Weiber gingen vor Langeweile fremd. Das nahm den Schildbürgern alle Freude an ihrer Beratertätigkeit. Als sie wieder einmal zum Jahreswechsel Urlaub von ihren fernen Missionen genommen hatten, setzten sie sich daher eines kalten Silvesterabends zusammen, um eine Strategie auszutüfteln, mit der sie zielführend die ambivalente Auftragsflut ein für alle Male einzudämmen trachteten. So in diesem geschwollenen Stil drückten sich Consulter eben damals aus. Aber trotz dieses Redestiles war ihr Konzept ebenso genial und effektiv, wie alles andere, was die kreative Beratertruppe aus Schilda bis dato in Angriff genommen hatte.

Sie beschlossen nämlich, sich dumm zu stellen.

Kluge Leute können sich manchmal sehr geschickt dumm stellen. Andersherum bereitet das schon mehr Schwierigkeiten. Aus den ersten vermeldeten Streichen der Schildbürger ist noch ihre einzigartige Methode der Verfremdung deutlich ablesbar. Ihre Kreativität, das Markenzeichen der Schildaer, dieses schöpferische Herangehen ist klar zu erkennen. Denken wir nur an den berühmten Rathausbau zu

Schilda. Ein Haus ohne Fenster. Was das an Geld sparte! Das erste Niedrigenergie-Haus der Welt. Na klar! Wo keine Fenster offen stehen, da gibt es auch keine Wärmeverluste. Insofern eine richtige und nachvollziehbare Entscheidung. Aber zur Krönung gaben sie dem Projekt jenen berühmten Schildaer Kick, indem sie Licht für ihre Beratungen in Säcken und Krügen einfingen und im Rathaus ausschütteten – mit dem bekannten finsteren Resultat. Diese Aktion öffentlichkeitswirksam an Stammtischen verbreitet, senkte die Zahl auswärtiger Beratungsaufträge allein schon mal um über dreißig Prozent.

Im Sommer darauf wuchs auf dem Rathausdach Gras und also beschloss man, eine Kuh dort hinaufzuhieven, damit diese das Gras abweiden möge. So weit so gut. Allerdings brachte man das Seil, an dem das Rindvieh auf's Dach gehoben werden sollte, nicht am Rumpf zwischen seinen vier Beinen an, sondern schlang es der Kuh um den Hals. Dann wurde gemeinsam an einem Strang gezogen und der Koordinator der Aktion rief vom Dachsims seinen Mitbürgern zu: »Zieht noch ein wenig stärker! Die Kuh freut sich schon auf ihre Mahlzeit. Sie streckt bereits die Zunge raus.« Das war wiederum gut beobachtet, aber eben auch konsequent mit Schildaischem Verfremdungssinn dargeboten. Dank dieser Story wurden die Beratungswünsche aus dem In- und Ausland um ein weiteres Drittel reduziert.

Wieder ein anderes Mal beschloss man, die Schildaer Kirchturmglocke zu retten, weil es hieß, dass infolge irgendwelcher Kriegshandlungen feindliche Truppen im Anmarsch seien. Man befürchtete, dass die wertvolle Glocke womöglich eingeschmolzen werde mochte, um daraus militärisches Material zu fertigen. Am Ende vielleicht noch Geschütze … Welche eine Horrorvision. Statt Schwerter zu Pflugscharen, Glocken zu Kanonen … Die pazifistisch motivierte Entscheidung der Schildaer, das gute Stück aus ihres Turmes Glockenstube zu verstecken, machte also durchaus Sinn. Nach dem Willen der Bürgerschaft sollte es im Stadtsee versenkt werden und so lange auf dessen Grunde ruhen, bis dass der Feind wieder abgerückt wäre. So geschah es auch – zumindest, was den ersten Teil des Beschlusses betrifft, denn es sollte auch in diesem Fall nicht ohne den Schildaer Verfremdungs-Trick abgehen. Die Glocke wurde folglich eines Nachts vom Kirchturm abgeseilt und auf einen Kahn verladen. Man ruderte mit vereinten Kräften auf den See hinaus und ließ das kostbare Objekt tief im Dunkeln ins Wasser gleiten. Damit man aber nun die Stelle, wo die Glocke versunken war, in späteren Friedenszeiten wieder finden könne, hieb man eine Kerbe in die Bordwand.

Auf diese Idee muss einer erst mal kommen.

Jene Geschichte aus Schilda ist übrigens bereits eine der zweiten Generation der Schildbürger-Streiche. Denn man beließ es sicherheitshalber jetzt nicht bei diesem einen Verfremdungseffekt. Man setzte vielmehr noch einen drauf, denn natürlich fanden die Schildaer ihre Glocke später nicht mehr, egal an welcher Stelle auf dem See sie auch immer suchten. Aus Ärger darüber, schnitten sie die Kerbe aus dem Boot heraus, und das taten sie schließlich so lange und gründlich, bis dass der Kahn untergegangen war. Hier wurde die vorgetäuschte Dummheit wahrlich mit aller Konsequenz durchgezogen.

Es heißt, dass die Schildbürger ihre Stadt nach einer Feuersbrunst verlassen hätten. Die zu diesem Exodus gehörende Geschichte geht so: Ein reisender Geselle hatte den Bewohnern der Stadt seine Katze überlassen, weil dort während seines Besuches eine arge Mäuseplage geherrscht hatte. Als nun der Mann weiter zog, fiel den Schildaern ein, dass sie vergessen hatten, den Vorbesitzer zu fragen, was sein Mäusevertilger sonst noch fresse, wenn er denn mit den kleinen Nagern fertig wäre. Also lief einer der Schildbürger dem Manne hinterher und fragte nach der geeigneten Sorte Katzenfutter. Der Fremde antwortete, man könne dem Tier eigentlich alles geben, nur Speck fresse es nie. Aber der Schildaer Bürger hörte schlecht, und so verstand er: »Nur Menschen und Vieh!« Diese Botschaft nun erschütterte ganz Schilda. Der Rat der Stadt fasste den Beschluss, dem Untier umgehend den Garaus zu machen. Man trieb es deshalb in das berühmte Rathaus und steckte das Gebäude an. Aber die Katze entkam irgendwie auf's Dach, und sprang von dort auf das Nachbarhaus. Da wurde auch dieses halt ebenso in Flammen gesetzt.

Am nächsten Morgen rauchten nur noch die Ruinen von Schilda.

Die allesamt obdachlos gewordenen Bürger saßen jedoch glücklich beisammen, zählten die Häupter ihrer Lieben und freuten sich, nicht gefressen worden zu sein.

Und darauf verteilten sie sich dann in alle Welt – die Schildbürger – zumindest Deutschland weit ...

In der deutschen Hauptstadt wurde ein Bahnhof gebaut. Man beschloss, dass es der größte und schönste im ganzen Lande werden sollte. Ein Prachtbau, der auf dem Kontinent seines gleichen sucht, ach was sage ich, auf der ganzen Welt. Darunter machte man es nicht. Ober- und unterirdisch zugleich; mit Gleisen, die in alle Himmelsrichtungen führten. Dieser Bau der Superlative nun wurde errichtet auf dem Gelände eines früheren Bahnhofs, der zum größten Teil nicht mehr betrieben wurde, denn er war bereits vor langer Zeit in Schutt und Asche gesunken. Allein der Haltepunkt der Stadtbahn war noch präsent, und diese Station hieß immer noch wie ehedem der dazugehörige Bahnhof »Lehrter Bahnhof«. Dort setzten alsbald gewaltige Bauarbeiten ein. Gleistrassen wurden auf Dutzenden Kilometer neu verlegt, Brücken gebaut. Ein Fluss wurde umgeleitet. Tunnel wurden gegraben. Das Gewaltigste aber war die Glaskuppel des neuen Bahnhofes, denn das Gebäude wurde auf eine weit schwingende Gleis-Kurve gesetzt. Das war der Punkt auf dem »i«. Auf gerader Strecke kann ja in jeder beliebigen Stadt ein Glasdach die haltenden Züge beschirmen und die ein- und aussteigenden Reisenden auch. Aber in einer Kurve ... So was konnte bisher noch niemand leisten, und das konnte sich bisher auch noch niemand leisten. Jede Glasscheibe erhielt ihre eigene ganz spezielle Wölbung. Keine war wie die andere. Und das auf hunderten Metern, denn hier sollten einmal die langen Fernzüge halten. Ein Kunstwerk – einmalig. Wer würde sich schon im Angesicht dieses Prachtbaus als Kunstbanause outen und nach dem Preis des Ganzen fragen?

Mit der Zeit wuchs dieser riesige Wintergarten heran, ein dreidimensionales Puzzle, ein Meisterwerk der Ingenieurskunst. Als der Bahnsteig für die Stadtbahn freigegeben war, kamen die Menschen zugweise, um auszusteigen und zu staunen. So stand man auch unter der riesigen Glaskuppel und applaudierte, als nebenan das letzte Stück Fassade am kleinen Haltepunkt, der letzte Rest des vormaligen Lehrter Bahnhofes abgerissen wurde.

Bis hierher ist das eine schöne Geschichte.

Aber dann schaltete sich die höhere Führung ein. Die »höherer Führung«, manche nennen es auch die »höhere Fügung« oder auch »höhere Gewalt«, setzt sich aus Leute zusammen, die in Chefetagen residieren, und für deren Entscheidungen keine Versicherung haftet. Um dahin zu gelangen, sollte man schon einiges an Leistungen nachgewiesen haben. Also zum Beispiel könnte man einen Flugplatz bauen wollen und dafür auf Staatskosten Land zusammenkaufen, was außerhalb des geplanten Flugplatzgeländes liegt. Darauf kommt nicht jeder. Auch wenn das längst schon wieder eine andere Geschichte ist, so bemerken wir doch auch hier die alte Schule, die dergleichen Vorgehen des Führungspersonals verrät: »Inspired by Schilda!«

Nun aber meinte ein kommunaler Politiker, dass er auch recht in jenem Licht stehen müsste, das die aufgehende Sonne durch die Glasprismen des riesigen Bahnhofsdaches über die Hauptstadt streute. Und daher verkündete er, dass dieser Bahnhof fortan nicht mehr der Lehrter, sondern der Hauptbahnhof geheißen werden solle. Zu seinem großen Erstaunen, stieß sein Ansinnen allerdings auf überwältigende Ablehnung bei seinem Wahlvolk, den künftigen Reisenden. Die beharrten renitent darauf, den neuen Bahn-Palast weiterhin »Lehrter Bahnhof« zu nennen, und sie waren sich zudem in diesem Willen einig wie selten in Ost und West. Da konnte er denn mit seinem Vorstoß keine Pluspunkte sammeln. Also fand sich der Kommunalpolitiker rasch bereit, allerorten an dem Prachtbau Schilder anzubringen, auf denen zu lesen stand »Berlin Hauptbahnhof Lehrter Bahnhof«

Zu der Zeit allerdings begab es sich, dass die höhere Führung der Eisenbahngesellschaft Kassensturz machte. Dieser Firma gehörten schließlich die Gleisanlagen, mit allem, was darauf fährt und steht, also auch mitsamt den Bahnhöfen. Bei dieser Gelegenheit stellte man jedoch fest, dass jener Palast von einem Bahnhof in der Hauptstadt um einiges zu luxuriös ausgelegt war. Und also fragte man sich besorgt, an welcher Stelle denn am raren Geld gespart werden könne. Wie es so ist, wenn das Geld nicht reicht, dann ist guter Rat auch noch teuer. Aber zum Glück fand sich noch hinlänglich Schildaer Erbgut in Kreisen der höheren Führung, und so fasste man kurzerhand den Beschluss, fast ein Viertel der Dachfläche einzusparen; nicht auf über vierhundert Metern Länge sollte sich das einmalig teure Glasdach erstrecken, sondern auf nur noch etwas mehr als dreihundert. Der Betrag, der infolge dieses Entscheides nicht ausgegeben werden musste, fiel immerhin so beträchtlich hoch aus, dass man sich gegenseitig die Hände schüttelte und auf die Schultern klopfte. Auf gar keinen Fall würde man im Wissen um diese erkleckliche Summe den Vorwurf gelten lassen müssen, man werfe das Geld mit vollen Händen zum Bahnhofstor hinaus.

Dann wurde das Weltwunder von Berlin fertig gestellt und mit großem Pomp seiner Bestimmung übergeben. Alles war begeistert, nur die Reisenden der ersten Klasse nicht. Da das Dach beträchtlich kürzer ausgefallen war als ursprünglich geplant, halten die modernen Triebwagen mit den Vollkomfortabteilen gut betuchter Reisender nunmehr weit draußen im Freien. Berlin-Besucher der Ersten Klasse werden bei Schlechtwetter von Sturm und Regen begrüßt und sind schon arg genässt, bevor sie an den immer mal wieder stille stehenden Fahrstühlen oder Rolltreppen unter der Glaskuppel angelangt sind. Für manch andere kleine Ungereimtheit des Palastbahnhofes lassen sich wohl Korrekturen ohne größeren Aufwand denken, aber das einzigartige Glasdach zu verlängern, das dürfte schlichtweg an der Kostenfrage scheitern.

Nach gründlichem Studium der Denkweise der Schildbürger bin ich nun zu der Erkenntnis gekommen, dass das Projekt Hauptbahnhof noch einen Kick Schildaer Weisheit bedarf. Ich habe mir deshalb folgenden Vorschlag für das Dach ausgedacht: Liebe Mitreisende, es sollte uns doch wohl allen daran gelegen sein, trockenen Hauptes und Fußes am zentralsten Berliner Bahnhof ein- und auszusteigen. Lasst uns daher dem Bahnvorstand anraten, dass er einen Partner mit viel Geld in den Zug mit einsteigen lassen möge, damit auf dessen Kosten das Dach des neuen Prachtbahnhofs verlängert wird. Es ist bekanntlich längst gängige Praxis bei Stadien und großen Festhallen, dass an deren Baukosten finanzstarke Unternehmen beteiligt werden, indem man ihnen im Gegenzug die Namensrechte gewährt. Mit einem solchen Vorgehen hätten wir zudem übrigens auch noch die Reputation jenes Kommunalpolitikers gewahrt, der dem Volk die Bezeichnung »Lehrter Bahnhof« austreiben wollte. Auch der wäre dank dieses Lösungsansatzes fein raus.

Ich dachte da an gewisse Versicherungsgesellschaften …

Wer, wenn nicht die Versicherungen sollte für einen solchen hehren Zweck ausreichend Knete vorrätig haben? Und wenn es für eine der Versicherungen zu teuer wird, dann wollen wir eben mehrere einladen; Hauptsache der große Bahnhof wird endlich komplett und komplett überdacht nicht wahr … ?

Ich sehe schon die Schilder nach Schildaer Machart über den Fahrkartenschalter mit der Aufschrift:

»Berlin Hauptbahnhof
Hamburg Mannheimer und Aachen Münchner Lehrter Bahnhof«

42. Aus tausend und einer Nacht …

Das heißt für mich: Da erzählt einer von drei Jahren Dienst in der Volksarmee; abzüglich Urlaub. Der hatte »auf Zeit« gemacht – ein »Uffz«, ein Unteroffizier.

Ich aber habe lediglich den Grundwehrdienst hinter mir, und das war halb so schlimm, denn es dauerte auch nur halb so lange.

In einem Land vor unserer Zeit wurden obligatorisch junge Männer eines gewissen Alters auf Staatskosten frisiert, eingekleidet und fern ihrer Familien in riesigen tristen Häuserkomplexen für eine längere Zeitspanne untergebracht. Bis zu jenem Tag, an dem sie sich an vorher bestimmten Sammelpunkten einzufinden hatten, waren sie in ihrem Wohnort oder ganz in der Nähe zur Schule und womöglich gar schon arbeiten gegangen. Sie unterschieden sich in allen nur denkbaren Merkmalen von einander. Einer war klug, ein anderer weniger, ein Dritter war stark, ein Vierter groß; es gab Blonde, Brünette und Schwarzhaarige, Dicke und Dünne, mit Gesichtern voller Sommersprossen oder Pubertätspickeln; dieser hatte jene Interessen und jener diese. Es traf sogar Männer, die bereits verheiratet waren, mit Frau und Kind zusammen lebten und nicht mehr bei den Eltern daheim wohnten.

All diese Unterschiede sollten allerdings für die folgenden drei oder anderthalb Jahre ihres Lebens keine Bedeutung mehr haben. Die jungen Männer wurden willkürlich auf Regimenter, Divisionen und Waffengattungen kreuz und quer über das ganze Land verteilt. Sie hatten ihre Individualität abzulegen und eine Uniform anzuziehen, denn sie wurden von der Armee des Landes in die Pflicht genommen – in die Wehrpflicht.

Doch wo immer sie auch hin verpflichtet worden waren, eines wurde ihnen alsbald überall klar gemacht: Was sie bisher in gut zwanzig Lebensjahren gelernt haben mochten, konnten sie für die nächste Zeit vergessen – und zwar gründlich. Alles mussten sie neu erlernen. Das Gehen zum Beispiel. Genau: Einen Fuß vor den anderen setzen …
Das, was ein jeder noch so kleiner Hosenscheißer zur großen Freude

265

seiner Eltern und Großeltern spätestens mit anderthalb Jahren drauf hat. Die Wehrpflichtigen mussten sich für die folgenden anderthalb Jahre das Gehen auf völlig neue Weise aneignen. Dazu erhielten sie in den Kasernenhöfen ausgiebig Gelegenheit. Stundenlang sollten sie nun das Gehen für Armisten praktizieren, und zwar unter lautstarker Anleitung ihrer neuen Erzieher im Gruppen-, Zug- und Kompanieverband. Bestimmte Handlungsmuster, die ihre Eltern ihnen von frühester Kindheit an eingeprägt hatten, waren dafür komplett zu verdrängen. So war es in jenem Männerclub beispielsweise nicht erwünscht, um Pfützen einen Bogen zu machen. Eine jede Mutter schimpft doch, wenn ihr Steppke mutwillig da hineinpatscht; manch einer muss auch erst eine Kopfnuss bekommen, bis er dieser Versuchung widersteht. Es ist viel pädagogischer Einsatz erforderlich, bis die Mutter ihren Nachwuchs endlich so weit hat, dass der fortan das gute Schuhwerk schont. Dort allerdings, wo ihn Vater Staat als erwachsenen Menschen hinbeordert hatte, dort war das nicht gefragt. »Geradewegs durch!«, hieß es. Und nicht allein das. Hier kommt das Tüpfelchen auf dem »I«: zuweilen wurde es von den militärischen Vorgesetzten ausdrücklich gewünscht, dass man sich in den Dreck warf und mitten durch eine Pfütze hindurchrobbte.

Solcherart lustige Spielchen, wurden auch mit mir gespielt. Ich zählte weniger als zwanzig Jahre und damit zu den Jüngeren der Einberufenen. Es war noch gar nicht lange her, dass ich mich selbst an vorpubertären Manöverspielen mit meinen Freunden aktiv ergötzt hatte. Aus diesem Grunde deutete ich mir den Ausflug zu den Soldaten in eine Art länger angelegtes Ferienlager um. Ich redete mir ein, mich in einem Abenteuer-Camp aufzuhalten – das half ein wenig. Allerdings waren außer der Dauer des Aufenthaltes in diesem Lager noch zwei andere Dinge ausgesprochen fies: zum einen die Wichtigtuerei des Betreuungspersonals, von den Gruppenerziehern bis hin zum Lagerleiter und zum anderen die Verpflegung – sehen wir mal vom süßen Quark ab.

Auf die Widrigkeiten des Lagerlebens reagierte ich mit einer Abwehrstrategie, die ich mir als Zivilist zuvor beim braven Soldaten Schwejk angelesen hatte. Ich gab einen wohlwollenden und gutwilligen Untergebenen, einen, der sich bemüht, auf alle Anmutungen freundlich entgegenkommend einzugehen, dem es aber einfach nicht gegeben war, die ihm aufgetragenen Handlungen so wie erwartet auszuführen. Allerdings stellte ich darüber keineswegs den Sinn des ganzen Treibens in Frage. Das wäre mir nie in den Sinn gekommen. Auch hütete ich mich, meine Betreuer der Lächerlichkeit Preis zu geben, oder mich über sie lustig zu machen, selbst wenn ich das eine oder andere, was sie uns beizubringen meinten, besser wusste oder schlicht für unsinnig hielt.

»Hei Sie! Kommen Sie etwa von Luis Trenkers wildem Haufen, oder was? Setzen Se jefälligst mal Ihren Helm gerade uff!«

Ich reagierte zunächst grundsätzlich nicht, wenn sich ein Längerdienender wichtig tat. Erst wenn derjenige, der da lautstark rumhampelte, sich direkt vor mir aufgebaut hatte, nahm ich ihn wahr. Dann war es egal nicht mehr zu umgehen.

»Ja, mit Ihnen spreche ich, Mann. Wollen Sie etwa hier die größte Witzfigur der Warschauer Vertragsstaaten geben? Aber nicht in meiner Kompanie, verstanden! Gerade den Helm sage ich.«

Da schaute ich den Onkel Dienstgrad vor mir halt so treuherzig an, wie es nur irgend ging, und fragte, wie ich ihm behilflich sein könne. Dabei war es stets das Allerwichtigste, nicht zu lachen, selbst wenn sich meine Kameraden neben mir schier ausschütten wollten. Hätte ich zu der Szene auch nur leicht gegrinst oder mit den Augen gezwinkert, die Bestrafung wäre exemplarisch ausgefallen. »Aufmucken« hieß das im Soldatenjargon – noch kein Ungehorsam, aber schon einiges an Auflehnung, Empörung und Widerspruch. Darauf hatte ich es aber nicht abgesehen. Nicht im Entferntesten! Der uniformierte Erzieher sollte stets das gute Gefühl haben, ich würde ihn völlig ernst nehmen und mein Bestes versuchen – speziell ihm zu liebe. Und ich war in der Tat »immer bereit«, lernwillig, interessiert und bemüht. Was blieb mir sonst auch übrig? Egal, in welcher Einheit ich diente, die militärischen Vorgesetzten hatten mich alsbald ausgemacht, aus Reih und Glied heraustreten lassen und zum Objekt ihrer militärpädagogischen Bemühungen auserkoren. Meine von sehr zivilen Erbanlagen gesteuerte unmilitärische Erscheinung und Körpersprache ließ sich einfach unter keiner Uniform verstecken.

So oft und so lange wie ich hat wohl selten einer seine Waffe geputzt, von der so genannten persönlichen Schutzausrüstung ganz zu schweigen. Letztere bestand übrigens aus einer Gasmaske und einem Umhang, die vorschriftsmäßig angelegt die Wirkung von chemischen, atomaren und bakteriologischen Waffen neutralisieren sollten, natürlich unter der Voraussetzung, dass alles gut gepflegt und sauber wäre. Allein auf meinem Zeug waren immer noch Dreckflecke auszumachen, wenn sich der Rest der Truppe nach getaner Reinigungsarbeit schon längst in die Unterkünfte verstreut hatte. Ich aber bedankte mich bei meinem Hauptfeldwebel, wenn ich den Krempel zum X-ten Male zurückbekam, und fragte teilnahmsvoll, woran es denn diesmal wieder gelegen haben mochte, dass meine Bemühungen nicht zu seiner Zufriedenheit ausgefallen waren. Wenn er mir den Anlass seiner Beanstandungen dann offenbarte, zeigte ich mich dankbar: »Das habe ich ja gar nicht bemerkt. Wenn Sie jetzt nicht so aufmerksam gewesen wären, was hätte das peinlich werden können. Nicht auszudenken, den Fleck bekäme ein Fremder zu Gesicht. Was würde der denn von unserer Armee denken. Dankeschön für Ihren Hinweis. Wird sofort abgestellt, der Fakt.«

Dienstgradhöhere haben mich eigentlich nie schikaniert. Jedenfalls hatte ich ihr Verhalten mir gegenüber nicht so verstanden. Irritiert waren sie zuweilen schon. Schließlich hatten sie es in der Regel mit anderen Reaktionen auf ihr Rumkommandieren zu tun. Natürlich ließen sie mich alles noch einmal durchexerzieren, was ich nicht nach Vorschrift verrichtete, jeder andere Soldat aber problemlos hinter sich brachte. Doch weil ich mich selbst beim fünften Versuch noch immer willig, bemüht und respektvoll ihnen gegenüber gab, ließen sie mich schließlich in Frieden.

Widerstand kann man brechen, Aufsässigkeit kann man bestrafen, aber gegen Unfähigkeit gepaart mit guten Willen ist jeder Vorgesetzte machtlos. Kündigen wollten sie mir allerdings auch nicht …

Es war sowieso alles gediente Zeit – in der Unterkunft bei meinen Mit-Wehrpflichtigen war die Lebensqualität nicht wirklich besser als unter den Augen des Spießes. Meine Methode hatte für meine Gefährten zudem einen gewissen Unterhaltungswert. Sie amüsierten sich zur Abwechslung ein wenig, und sahen mir im Gegenzug das eine oder andere an Eigenheiten nach. Zum Beispiel, dass ich im Ausgang zunächst einmal ins Museum ging, anstatt mit ihnen schnurstracks in die Kneipe. Und ich schloss mich ihnen auch nach ausgiebigen Stadtspaziergängen immer noch nicht an, sondern erst nach der abendlichen Theatervorstellung oder einem Kinobesuch. Dann war ich zwangsläufig einer der Nüchternsten auf dem Heimweg. Zuweilen half ich dem einen oder anderen auch, den Weg zurück in die Kaserne zu finden.

Die Jungs erwiesen sich dafür sogar erkenntlich. Aber das war mir eher unangenehm, denn darauf hatte ich es nun auch nicht abgesehen. So griff sich einer zum Beispiel meine Unterwäsche, um sie als Päckchen exakt nach Dienstvorschrift mit rechten Winkeln auf Kante zu falten, nachdem der Spieß mein Kleiderschränkchen im Sinne einer erzieherischen Maßnahme gelegentlich eines abendlichen Stubendurchganges umgekippt hatte. Darauf hätte ich in einer von ihm vorgegebenen Frist alles wieder einzusortieren. Das Resultat hätte dann gar noch aufgeräumter auszusehen als zuvor. Meine persönlichen Vorstellungen von einem geordneten Haufen Unterhosen waren jedenfalls bei weitem schon von dem übertroffen gewesen, was ich da im Schrank hatte, bevor es den Unwillen meines Vorgesetzten erregt hatte, und er den Spind mit einem Armzug um cirka zwanzig Grad nach vorn komplett auf den Boden entleerte. Als nun mein Zeug auf dem Linoleum verteilt lag, sprang mir einer der Jungs bei. Den hatte ich nicht darum gebeten, und ich hätte es auch nicht von ihm erwartet. Er aber fühlte sich als Freund aufgefordert, mir einen Freundschaftsdienst zu erweisen. »Nicht doch!« Wehrte ich spontan ab. »Das muss ich schon selber lernen, wie das akkurat auf Kante gepackt wird. Das will ich schließlich auch mal so gut können.« Meine Zimmergenossen prusteten vor Vergnügen, und der Hauptfeld verließ abwinkend unsere Unterkunft. Ich bedankte mich bei dem Helfer mit einer Zigarette.

Während ich mich so mit allen Uniformierten gut vertrug, wurde ein anderer aus meiner Gruppe geschnitten, geschurigelt, als Spinner und Exot abgetan: Jonas. Und das hatte zwei Gründe. Zum einen konnte er am ersten Abend in der Kaserne seine Tränen nicht zurückhalten. Er war gleich mir nur wenige Wochen nach Schulabschluss gezogen worden. Sein ganzes bisheriges Leben hatte er in einer ihn liebevoll umsorgenden Familie verbracht, und mit eins war er in der Fremde gelandet. Dieser Bruch war schroff und kam zu jäh. Dort war er der Kronsohn gewesen, der Stolz seiner Eltern. Er hatte sein eigenes Zimmer, mit Geschmack eingerichtet und die Regale mit Büchern gefüllt, die seinem empfindsamen Gemüt entsprachen. Hier aber war er einer unter vielen; alles nur fremde Gesichter. Rings umher alles unpersönlich, Massenbetrieb. Nirgends gab es Freiräume für Privates. Und dazu das ständige Herumkommandieren, diese Gängelei den ganzen Tag über, selbst Nachtruhe wurde lautstark befohlen. Überwältigt von der kaum zu fassenden Anzahl bevorstehender Nächte unter diesen Bedingungen überkam es ihn. Nein. Er heulte nicht laut auf und schnäuzte sich auch nicht ins Taschentuch. Aber wir hörten ihn schluchzen und starrten ihm sofort wie auf Kommando ins Gesicht. Wir sahen seine Tränen. Da schluckte er und wand sich ab. Ich hingegen war einer von den Hartgesottenen. Ich konnte das wegstecken. Als Jonas die Tränen kamen, war bei mir der Druck in Hals und Augen verschwunden. Als hätte er für mich mit geweint.

Der zweite Grund war: Er hatte Abitur und die Ausstrahlung eines Besserwissers. Die anderen in unserer Gruppe waren bestenfalls nach zehn Schuljahren und anschließender Facharbeiterausbildung in die Kaserne gekommen. Und ich war der Schwejk. Mich störte Jonas' überlegenes Grinsen nicht. Ich ahnte, dahinter verbarg er seine Hilflosigkeit. Aber die anderen hielten ihn für arrogant.

Einmal als Mimose ausgemacht wurde er von allen auf Belastbarkeit getestet – von den eigenen Leidensgenossen ebenso wie von den Vorgesetzten. Dabei war er eigentlich ein guter Mann und im Unterschied zu mir mit den besten Anlagen für diesen Einsatz versehen. Er war akkurat: sein Bett wurde niemals von einem Unteroffizier eingerissen, die Decke darauf lag immer sauber, straff und ohne Falten. Sein Spind war mustergültig geordnet, als hätte er seine Wäsche mit Lineal und Wasserwaage hineingezirkelt. Er war sportlich – ein drahtiger Typ: der schnellste auf der Sturmbahn und im Tausendmeterlauf. Und er war intelligent – doch was machte er daraus?

Ich erinnere mich an eine Schulung. Theoretische Ausbildung drinnen im Warmen. Das schien wie auch immer sinnvoller verbrachte Zeit zu sein, als im spätherbstlich kühlen Nieselregen den Kasernenhof platt zu trampeln.

Topographie: Der Leutnant, der hier den Dozenten gab, mochte sich in der militärischen Taktik wohl auskennen, doch es gelang ihm nicht, auch nur einen einzigen Satz syntaktisch sauber zu Ende zu bringen. Dabei hätte er nur aus seinen Unterlagen vorzulesen brauchen. Aber er hatte den unerklärlichen Ehrgeiz, frei zu sprechen. Da war er eigen. Das ist für Militärs immer eine Herausforderung, und viele sind ihr nicht gewachsen. Aber sie stellen sich ihr mannhaft immer wieder aufs Neue. Herauskam sehr wenig Notierenswertes. Meine Gefährten dösten vor sich hin, lösten Kreuzworträtsel oder lasen in irgendwelchen illustrierten Heftchen, die sie zuvor sorgsam in ihrem Arbeitsheft versteckt hatten. Ich malte eifrig in meinem Notizbuch. Mein Bestreben war, meinem Namenszug grafisch eine gewisse dreidimensionale Tiefe zu geben.

»Ich will mal so sagen«, warf sich der Vortragende ins Zeug. »Vergessen Sie alles, was Sie von Ihrem Erdkundelehrer über Atlasse gehört haben. Topographische Karten haben nichts mit Heimatkunde zu tun. Wir sind hier schließlich in der Armee und nicht beim Effdegebeh-

Feriendienst. Ha, ha. Ja, da lachen Sie. Aber wissen Sie auch warum? Dann lassen Sie sich das gesagt sein. Dazu führen wir diese Maßnahme schließlich durch. Die Topographie ist nämlich die militärische Weiterentwicklung der Geographie. Wir sprechen hier nicht von irgendwelchen Stadtplänen oder Wanderkarten, sondern von topographischen Karten. Diese werden nach Dienstvorschrift zur Beurteilung des Geländes, zur Organisation und Planung des Geländes und schließlich zur Führung der Truppe im Gelände benötigt. Merken Sie sich das. Und außerdem zur Lösung von Spezialaufgaben, die wir aber heute mal außer Acht lassen wollen, denn ich vermittle Ihnen hier nur die Grundlagen der Topographie. Spezialaufgaben bekommen wir später. Sie merken aber schon an dieser Stelle, es geht beim Militär ums Gelände und nicht um Landschaften. Prägen Sie sich das also gut ein: Gelände. Punkt eins. Punkt zwei: Jede Karte ist als Verschlusssache zu behandeln. So wie sich das Gelände uns darstellt, so darf es niemals dem Gegner in die Hände fallen. Und weil es sich um eine Verschlusssache handelt wird unser Gelände vorschriftsgemäß verschlüsselt. Das ist nämlich der Trick an der Topographie. So was kennt die Erdkunde gar nicht. In unserer Topographie darf sich der Gegner unter keinen Umständen zurechtfinden. Diesbezüglich ist Topographie nach Dienstvorschrift nämlich eine Art Verwirrspiel, in dem nur die Eingeweihten die Regeln kennen. Und das sind nun mal wir. Wenn ich »wir« sage, dann meine ich damit aber Sie. Jawohl, auch Sie Genosse Soldat Meier, nicht Einschlafen hier. Das kann Ihnen nämlich mal das Leben retten, was ich hier sage, denn genau das ist der Unterschied, auf den es ankommt. Wir wissen Bescheid, der Gegner aber nicht. Der verirrt sich glatt in unserem Gelände, denn was er nicht weiß, ist, dass wir über alles ein Gitternetz gezogen haben. Über das Feld und den Bach, das mag ja noch angehen, aber auch über Bäume die Büsche und selbst über felsige Erhebungen, haben wir ein Netz gelegt. In unserer topographischen Karte natürlich nur, doch an die halten wir uns nun mal im Gelände. Dieses Gitternetz ist für den Gegner unsichtbar, ja er weiß nicht einmal, wo er sich befindet. Er mag vielleicht meinen, dass er vor einem Bach unter einer

Eiche in Stellung gegangen ist. Aber wir wissen, welche Nummer genau dieser Sektor auf unserer Karte hat. Und diese Nummer nun, die ist verschlüsselt. Weil aber – und nun hören Sie gut zu. Jetzt kommt es – weil nämlich unsere Panzer und die Artillerie dieselbe Topographie in ihrer Kartentasche haben, da wissen die was damit anzufangen, wenn wir ihnen zufunken, sagen wir mal: Feuer auf C:5. Nämlich, was passiert da? Ja, Genosse Soldat, Sie scheinen mitzudenken, nun sagen Sie, was glauben Sie wohl, was jetzt passiert?«

Jonas, der sich zuvor gemeldet hatte, erhob sich auf diese Aufforderung hin und sagte:»Was erzählen Sie denn hier? Bei der Topographie geht es um die Darstellung der Oberfläche und fest mit ihr verbundener Geofaktoren wie Objekten, Gewässer samt Brücken, Siedlungen und Infrastruktur bis hin zur Vegetation. Ich werde Geographie studieren, wenn die Zeit hier rum ist. Bei dem Thema kenne ich mich aus. Möchten Sie vielleicht, dass ich dazu weiter referiere?«

Mit einem Schlag hatte Jonas die volle und ungeteilte Aufmerksamkeit aller auf sich gezogen. Das war mal ein ganz neuartiges Erlebnis. Ein Soldat wagt es, einen Offizier zu belehren, noch dazu einer, der erst wenige Woche mit von der Partie ist – ein Frischling. Dem Leutnant klappte der Unterkiefer runter. Man hätte einen Bleistift auf den Boden fallen hören können, aber es fiel keiner, denn auch das Auditorium war völlig verblüfft von dieser Wendung der Vorlesung.

Dann fand der Dozent seine Beherrschung wieder:»Sie haben das Thema verfehlt, Mann. Sie haben ja gar nix kapiert, Sie Professor. Sie referieren hier überhaupt nicht … Ich will Ihnen mal was sagen, da wird geschossen, und zwar nicht irgendwohin, sondern auf C5 und das heißt, genau ruff auf den Feind. Das ist der Zweck der Topographie, nichts anderes. Was wollen Sie, Sie Neunmalkluger? Geographie studieren? Eines können Sie jetzt schon wissen: Ihre Geographie ist eine brotlose Kunst. Aber Topographie führt genau ins Ziel. Halten Sie sich lieber daran. Und nun setzen Sie sich gefälligst wieder.«

Von Stund an galt Jonas bei sämtlichen Dienstgraden als Besserwisser und wurde bevorzugt zum Latrinenputzen und zum Wachdienst eingeteilt. Da er nun ringsum von allen guten Geistern verlassen war, nahm ich mich verstärkt seiner an. Das war eine ganz spontane Reaktion. Es gab zwischen uns keine Bruderschaft im Geiste, und es war auch nicht ausgesprochen Sympathie, was ich für ihn empfand. Er war mir zu feinsinnig, streberhaft und von sich eingenommen. Wäre Jonas auch nur leidlich von anderen akzeptiert worden, oder hätte er sich gar zu einer Leitfigur aufgeschwungen (das Zeug hatte er wohl dazu), dann hätte ich mich überhaupt nicht im Geringsten für den Mann interessiert. Aber so stand er ganz allein, war isoliert und wurde von allen geschnitten. Es war wohl eher ein aus der Magengrube kommendes Gefühl der Solidarität und des Mitleids.

Beim nächsten Ausgang besuchten wir gemeinsam eine Gemäldeausstellung. Er machte mich auf Licht- und andere Einfälle aufmerksam, auf Achsen und Proportionen sowie auf Vorder- und Hintergründiges. So erschloss sich mir mehr als ich ohne meinen kunstsinnigen Begleiter gesehen hätte. Vor einigen Bildern blieb Jonas sogar stehen, zog sein Notizbuch und vermerkte, was ihn besonders angesprochen hatte.

Zunächst lehnte er meinen Vorschlag ab, zum Schluss des Ausganges noch auf ein-zwei Bier bei unseren Gefährten vorbeizuschauen. Er wollte lieber im Café mit mir sitzen bleiben. Aber schließlich kam er doch mit, auch weil ich da überhaupt nicht mit mir diskutieren ließ. Als wir bei den anderen Uniformierten in der Gaststätte auftauchten, waren die schon so weit abgefüllt, dass sie wohl gelaunt, wie sie waren, nur ein paar Witzchen über unser spätes Erscheinen rissen, sich dann aber nach der letzten Runde willig einhakten und zur Kaserne zurück begleiten ließen. Das war Jonas sichtlich nicht besonders angenehm, aber er entzog sich dem nicht, und so kamen wir wenigstens zu einer Art friedliche Koexistenz in unserer Schützengruppe.

Wir waren mal wieder zum Wachdienst eingeteilt. Zwei Stunden hintereinander draußen Stehen, dann ging es zurück in die Wachbaracke und dort hatte man weitere zwei Stunden Bereitschaft. Das hieß, man konnte vom wachhabenden Unteroffizier für diese und jene Botengänge eingeteilt werden – man musste aber nicht zwangsläufig beschäftigt sein. Anschließend gab es zwei weitere Stunden, mehr oder weniger ungestört zum Schlafen. Auf alle Fälle hatte man viel Zeit zur Lektüre.

»Was liest denn du da?«, fragte ich Jonas, der neben mir auf einer Pritsche lag.

»Schehezerade«

»Zeig mal her!« Er reichte mir einen an den Ecken schon abgewetzten Reclam-Band und ich las auf der aufgeschlagenen Seite:

... Als ich einst an einem sehr heißen Tage an meiner Haustür stand, kam mit einem Male eine hübsche Frau an, begleitet von einer Sklavin, die ein Paket trug. Sie hielten nicht eher an, als bis sie vor mir standen, worauf die Frau zu mir sagte: »Hast Du einen Trunk Wasser?« Ich versetzte: »Jawohl, tritt herein in den Hausflur meine Herrin, damit du trinken magst.« Da trat sie ein, während ich hinaufging und zwei mit Moschus parfümierte irdene Krüge voll kühlen Wassers holte, von denen sie den einen nahm, worauf sie ihr Gesicht entschleierte. Ich sah, dass sie der leuchtenden Sonne oder dem aufgehenden Mond glich, und sprach zu ihr: »Meine Herrin, willst du nicht nach oben kommen, und dich ausruhen, bis die Luft kühler geworden ist, worauf du wieder heimkehren magst?« Sie versetzte: «Ist keiner bei dir?« Ich entgegnete: »Ich bin Junggeselle, und keine Menschenseele ist im Hause.« Da sagte sie: »Wenn du ein Fremdling bist, so bist du der, nach dem ich suche.« Alsdann kam sie herauf und legte ihre Sachen ab, und ich fand, dass sie dem Vollmond glich. Hierauf brachte ich, was ich an Speise und Trank bei mir hatte und sprach: »Meine Herrin, entschuldige mich; dies ist alles, was ich bei mir habe.« Sie versetzte: »Es ist sehr gut, und gerade danach verlangte ich.« Dann aß sie und gab der Sklavin den Rest, worauf ich ihr ein Flacon mit Rosenwasser brachte, das

mit Moschus parfümiert war. *Sie wusch sich die Hände und blieb bis zur Zeit des Nachmittagsgebets bei mir; dann holte sie aus dem Paket, das sie bei sich hatte ein Hemd, Hosen, ein Obergewand, ein goldbesticktes Tuch und gab es mir, indem sie sagte: »Wisse, ich bin eine der Favoritinnen des Kalifen, wir sind unserer vierzig und jede von uns hat einen Liebhaber, der sie so oft, wie sie es will, besucht. Nur ich allein bin ohne Geliebten und ging heute aus, um mir einen zu suchen, als ich dich fand. Und wisse, dass der Kalif jede Nacht bei einer von uns zubringt, während die anderen neununddreißig Favoritinnen sich mit ihren neununddreißig Schätzen vergnügen. Ich wünsche deshalb, dass du mich an dem und dem Orte erwartest. Wenn dann ein kleiner Eunuch zu dir herauskommt und zu dir das Wort spricht: »Bist du Sandal?«, so antworte: »Ja« und folge ihm.«*

Hierauf nahmen wir Abschied und ich presste sie an meine Brust und umarmte sie, und wir küssten uns lange. Dann ging sie fort, und ich saß da und wartet bis der festgesetzte Tag kam, worauf ich mich erhob, um nach dem verabredeten Platz zu gehen, als mir unterwegs ein Freund begegnete und mich zu sich nahm. Als ich zu ihm heraufgestiegen war, schloss er die Tür hinter mir und ging fort, um etwas zum Essen und Trinken zu holen. Der Mittag kam jedoch und die Zeit des Nachmittaggebets, ohne dass er zurückkehrte, so dass ich von großer Unruhe erfasst wurde. Auch der Abend erschien, ohne dass er wiederkam und ich starb fast vor Ärger und Ungeduld und verbrachte wachend und halbtot die Nacht, da die Tür verschlossen war und ich wegen des Stelldicheins fast den Geist aufgab. Endlich, als es bereits Tag geworden war, öffnete er die Tür und erschien mit einer Fleischpastete, gezuckerten Pfannkuchen und Bienenhonig und sprach: »Bei Gott, ich war in einer Gesellschaft, die mich einschloss und erst jetzt wieder losließ; ich bin zu entschuldigen.«

Ich gab ihm keine Antwort während er mir die Sachen, die er bei sich hatte, vorsetzte.

Nachdem ich einen Bissen gegessen hatte, eilte ich hinaus, um vielleicht noch das Verlorene wieder einzuholen. Als ich aber zum Palast *gelangte, fand ich dort achtunddreißig Hölzer aufgerichtet und daran achtunddreißig Männer und darunter achtunddreißig Favoritinnen gleich Monden gekreuzigt. Auf meine Frage, warum sie gekreuzigt wären, sagte man mir:* »*Der Kalif fand diese Männer bei den Mädchen, welches seine Favoritinnen sind.*« *Da warf ich mich dankbar vor Gott nieder und sprach:* »*Gott lohne es dir mit Gutem, mein Freund!*« *Denn hätte er mich nicht heute Nacht eingeladen, so wäre ich mit ihnen gekreuzigt. Gott sei Lob!*«[*]

»So'n schwülstigen Scheiß liest du?«, fragte ich entgeistert.

»Aber das hat doch was«, lächelte Jonas in sich hinein.

»Ich bitte dich«, entgegnete ich, enttäuscht und entrüstet. »Was soll denn das haben? Na gut, es fängt nicht schlecht an, aber dann ... Der war doch einfach nur ein Versager, der Mann, sage ich dir. Den kannste komplett vergessen. Die ganze Story hat der sich bloß ausgedacht, weil er bei der Haremsdame nicht zum Zuge kam. Das ist klar wie Kloßbrühe. Und ich will dir auch sagen warum: Der hätte sich nämlich bis ans Ende seiner Tage gegrämt, dass er den kleinen Mond oder die aufgehende Sonne da nicht gleich rumgekriegt hat, als sie bei ihm zu Hause auf dem Sofa saß. Genau. Deshalb redet er es sich erst ein und erzählt es dann allen, dass die sich ihm doch glatt hingegeben hätte, ganz gewiss ... nur später eben. Allein höhere Gewalt habe ihn von der Eroberung abgehalten. Die ganze Geschichte – eine einzige Rechtfertigung. Er hätte die Kleine bis an sein Lebensende bei sich auf dem Sofa sitzen gesehen, immer wenn er die Augen zumacht. Die Gelegenheit seines Lebens, die große Chance, die schönste Frau und er hat's vermasselt, der Versager. Und noch was: Dieser Ich-Erzähler, so hätte ihn mein Deutsch-Lehrer genannt, der will natürlich nicht wahr haben, dass es nur an ihm lag. Das allen zu verkünden, dass er nicht Manns genug war, wo die sich ihm ja schon fast hingegeben hatte, von sich aus. Der brauchte je gar nichts weiter zu machen, als ihr ein Glas Wasser holen.

---

[*] Geschichten aus tausendundeiner Nacht. Verlag Philipp Reclam jun. Leipzig 1974. S. 169 ff

So was gibt keiner freiwillig zu. Das wäre jedem Mann peinlich. Und deshalb stellt er das Ganze so dar, als sei es zu guter Letzt ein großes Glück für ihn gewesen. Mann, Jonas, mag ja sein, dass sich das hier Weltliteratur nennt, aber das Leben, das wirkliche Leben, Junge, das Leben ist ganz anders. Da musst du zugreifen, und zwar sofort, sonst ist die Chance weg. Nur wer wagt, gewinnt auch, sage ich dir.«

Jonas schüttelte den Kopf, streckte mir seine Hand entgegen und ich reichte ihm sein Paperback zurück.

»Hast du übrigens bedacht, dass eben diese höhere Gewalt auch das Leben des kleinen Vollmondes gerettet hat?«, fragte er sinnend.

»Na prima, ganz toll, wirklich, da ist die ja dann wohl Hauptfrau des Kalifen geworden. Seine anderen Haremsdamen hat der ja schließlich alle über den Jordan gejagt.«

»Siehst du, und genau das lässt der Erzähler offen. Mag sein, er hat noch lange von ihrer Gunst und Zuneigung zehren können. Das eben ist Poesie – du ahnst die Pointe, aber mit Worten wird nichts gesagt, man muss nachdenken, sich alles selbst erschließen.«

Da ging ich eine Rauchen. Ich war mehr für Handfestes. Jonas' Poesie mutete mir reichlich weltfremd an.

Als die Zeit der Ausbildung um war und das uns zugedachte Programm militärischer Unterweisung abgearbeitet, hatten wir noch ein letztes Wochenende in der ungeliebten Kaserne zu verbringen. Die war weiß Gott nicht unser Zuhause geworden, obwohl wir hier inzwischen jeden Winkel kannten. Infolge diverser Wachschichten wussten wir auch bis ins Detail, wie die nähere Umgebung beschaffen war. Wenn man da stundenlang herumstehen muss, um das militärische Objekt vor mutmaßlich unvermuteten Attacken zu schützen, dann fragt sich halt ein jeder, so lange er noch nicht ganz stumpfsinnig geworden ist, aus welcher Richtung könnte denn hier wohl der böswillige Feind kommen. Und zwangsläufig fragte man sich auch, wie könnte man andererseits gutwillig hier raus gelangen, und wo ginge man darauf am besten hin. Das Kasernengelände war nach vorn zur Straße hin mit einer unsympathischen zwei Meter hohen Mauer von der zivilen Welt abgeschottet. Da ging es offiziell nur durch's Tor raus – mit Urlaubsschein und Ausgangskarte, oder auf dem Mannschaftstransporter zur Ausbildung ins Gelände. Dort kam keiner in fremder Uniform rein, es sei denn mit Grußerweisung des Wachhabenden. Wenn man aber nun mal drinnen war, so grenzte die Kaserne links an eine größere Fabrikanlage, deren Produktionsgeräusche und – gerüche einem vor allem nachts auf den Senkel gingen. Nach hinten zu endete das Objekt an einem Stichkanal. Da wäre eine Attacke schon eher denkbar und zwar von einem Trupp Kampfschwimmer. Nachts aus dem Wasser auftauchend in Richtung Munitionsbunker. Ich stand deshalb dort nicht gerne rum, obwohl es durchaus ein wenig Abwechslung gab, weil man das Be- und Entladen der Frachtschiffe im Hafen des Werks nebenan im Scheinwerferlicht beobachten konnte. Viel angenehmer und ruhiger war es rechterhand, hinter der großen Garage für die Transporttechnik. Da schloss sich nach wenigen Metern Postenweg eine Kleingartenanlage an. Die verbliebenen Entlassungskandidaten in der Kaserne verbreiteten die phantastischsten Storys über Grillfeste während der Wachschichten im letzten Sommer sowie sonnen- und liebeshungrige Schrebergärtnerinnen samt deren Töchter. Ich hingegen schob vom Spätherbst bis zum Frühjahr meine Schichten an jenem Ort und bekam weder eine Bratwurst noch eine barbusige Gärtnerin zu Augen. Den großen Frühjahrsputz in der Kolonie hatte ich zwar recht gut einsehen können, aber es kam nicht einmal zu einem Grußwechsel mit den Laubenpiepern. Immerhin fiel mir gelegentlich jener Schicht auf, dass an zwei Feldern der Maschendrahtzaun nicht ganz dicht war. Das sah man nicht im Vorübergehen – aber unsereiner musste sich an der Stelle ja zwei Stunden hintereinander aufhalten, da interessiert man sich mit der Zeit zwangsläufig für den Weg in den Garten Eden, obwohl die Kolonie nebenan nicht eben diesen Namen trug. Versteht sich, dass ich meine Beobachtung nicht meldete. Es wäre mir ja auch nicht nachzuweisen gewesen, dass mir hier überhaupt etwas aufgefallen war. Ein möglicherweise von kundiger Hand beiseite zu klappendes Zaunfeld war

schließlich auch kein Vorkommnis. Zudem war wohl davon auszuge-
hen, dass aus den Schrebergärten heraus keine feindlichen Operationen
gegen unsere Garage angezettelt werden dürften. Vielleicht waren dies
jene Löcher im Zaun, durch die im kommenden Sommer mir nachfolgende Wachposten gegrilltes Steak und Bier gereicht bekämen. Grillfeste würde ich jedenfalls keine hier erleben. Man hatte uns für weniger
als sechs Monate zusammengemischt und würde uns genauso willkürlich in wenigen Tagen auf irgendwelche neue Einheiten anderswo verteilen, wo wir dann den Rest der gezählten Tage zu verbringen hätten.
Am kommenden Wochenende würde die vierhunderter Schallmauer
geknackt werden. Ein Meilenstein! Ganz am Anfang, an den wir uns
nur noch dunkel erinnern konnten, waren es mal fünfhundertvierzig
gewesen. Immerhin ließen uns im Unterschied zu den ersten Wochen
unsere Ausbilder nach dem Pflichtprogramm in Ruhe. Kurz vor der Ver-
setzung waren keine Manöver, Übungen und Härtetests mehr angesagt.
Das hatten wir alles hinter uns.

Der letzte Sonnabend in der Kaserne war ein freundlich warmer
Frühlingstag. Hochdruckwetter mit einer Sonne, die nachmittags zum
ersten Mal im Jahr so richtig aufdrehte. Mochte sein, dass abends in
der benachbarten Schrebergartenkolonie angegrillt wurde. Aber diesen
Gedanken ließ ich ohne weiteres passieren und hing ihm nicht lange
nach, denn nie wieder würde ich hinter der Garage oder sonst wo in
diesem Objekt auf Wache herumstehen müssen. Ich saß mit geöffneter
Uniformjacke auf der Raucher-Bank unserer Kompaniebaracke in der
Sonne und nippte an einer Vita-Cola zur Zigarette. Bis auf den Diensthabenden Unteroffizier hatte sich das gesamte militärische Erziehungs-
personal nachmittags ins zivile Wochenende verabschiedet.

»Kommste mit zur Abschiedsfete? ›Wir – nie wieder Vier‹ ist die
Losung!« Ich drehte mich bei diesen Worten um und grinste den Fra-
gesteller an. Es war einer der Gefährten aus meiner Gruppe mit Namen
Lehmann »Wir – nie wieder vier« diesen Reim hatte ich gedichtet. Das
war meine Kreation, mein Opus, mein Werk. Er war eigentlich ganz
spontan über mich gekommen, wurde aber sofort von meinen Gefähr-

ten aufgegriffen und unter Jubelausbrüchen wiederholt. »Wir – nie wieder vier« das bedeutete, dass wir von den ursprünglich über fünfhundert Tagen Dienstpflicht inzwischen an der magischen und lange herbeigesehnten Grenze zu den Dreihundertern angekommen waren. Keine vierhundert und noch was mehr, von nun an nur noch dreihundert und ... »Wir – nie wieder vier« – das war zugegebener Maßen nicht die hohe Schule der Dichtkunst. Jonas grinste dazu nur spöttisch, aber alle anderen nahmen diesen Reim begeistert auf und beherrschten ihn sofort auswendig. Meinem Nimbus als Kauz der Kompanie verlieh dieser Slogan zusätzlichen Glanz.

»Abschiedsfete ist gut«, entgegnete ich ihm. »Hast Du eine Kanne Hängulin-Tee beim Abendbrot mitgehen lassen?« »Tee!!!«, rief er darauf voller Verachtung. »Diese Kleinkinderpisse. Wir haben echte Granaten, scharfe, verstehste?« Ich warf die Kippe in den Ascher und erhob mich, um mit dieser Geste meinen Respekt und mein Interesse zum Ausdruck zu bringen. »Ist nicht dein Ernst, Mann?« »Aber Fakt eh. Hinter den Garagen am Reifenlager.« Mir ging ein Licht auf: Na, klar doch. Da ist einer von uns durch den Zaun rüber in die Laubenpiepe.

Die Details, wer und wie, erfuhr ich unterwegs, denn ohne weiteres Zögern oder Zaudern machte ich mich auf und begleitete meinen Gefährten. Da gab es überhaupt keine Diskussion, keine Zweifel, keine Frage. Mir kam nicht der kleinste Schimmer eines Bedenkens, dass es sich bei der Beschaffung und Vernichtung dieser Art Granaten um Verrichtungen handelte, die im Sinne der Hausordnung jenes Objektes, in dem wir uns aufhielten, verboten wären. Dabei schnallte ich mein Koppel um, drückte das Käppi auf den Kopf und schloss die Uniformjacke. Dies geschah übrigens in einem reflexartigen Handlungsablauf, automatisch und unbewusst. Das haben sie mir bei der Fahne beigebracht. Ich laufe nie mehr mit ungeordneten Kleidern herum, nicht einmal, wenn ich Müll wegbringe und egal, ob mich jemand sehen kann oder nicht. Das ist drin, das ist antrainiert, das hatte meine Mutti in fast zwanzig Jahren nicht geschafft, aber die paar Monate unter Männern hatten ausgereicht ... Immerhin – doch was Nützliches.

Uns sah keiner, bis auf den Wachposten vielleicht, aber der war eingeweiht und für die Zeit nach seiner Schicht ebenfalls mit Schnaps versorgt. Hinter dem Reifenstapel saßen schon acht Mann unserer Truppe. Mit »Parole!« wurden wir begrüßt. Und dann erschallte es im Chor: »Wir – nie wieder vier«

Der warme Fusel schmeckte noch ekelhafter als der abendliche Kantinentee, aber seine Wirkung war entschieden belebender. Die Sonne verabschiedete sich allmählich, wir saßen hinter den Reifenstapeln, rauchten, ließen die Flaschen im Kreis herumgehen und lachten dazu. Ab und zu stimmte einer an »Wir ...« und die anderen Zecher antworteten mit »nie wieder vier« Ich merkte von Minute zu Minute, wie der Rausch mich ergriff und mein Hirn zum Drehen brachte. Plötzlich stand der Wachposten vor uns. Der war zwar in voller Montur, aber er war ja auf unserer Seite und deshalb mahnte er: »Leute, Ihr müsst Schluss machen, verdammt. In zehn Minuten ist Wachablösung.« Ich hatte gerade die Flasche in der Hand, da war noch eine kleine Neige drin. »Wir müssen sowieso aufmunitionieren. Ist ja nichts mehr da«, lallte einer. »Lass mich noch mal durch. Ich hol neuen Fusel.« Ich komm mit«, meinte ein anderer. Es meldeten sich noch ein Dritter und ein Vierter für die Beschaffungsaktion. Der Vierte war Lehmann, mit dem ich vorhin aus der Kompanie gekommen war. Dem drückte ich einen Zehnmarkschein in die Hand, mein Anteil am zweiten Teil der Feier. Während die einen mit dem Wachposten Richtung Zaun verschwanden, machten es sich die anderen am Stapel bequem. Einer war auch schon eingeschlafen. Ich hatte noch die Flasche mit dem letzten Schluck vor mir. Den Rest trank ich aber nicht aus, vielmehr fiel mir ein, dass Jonas auch heute Abend mal wieder Dienst schob. Er war als Gehilfe des UvD eingeteilt. UvD stand als Kürzel für »Unteroffizier vom Dienst«. Der wachhabende Unteroffizier, einer von denen, die drei Jahre oder tausend und ein paar mehr Nächte hier abzusitzen hatten, war eigentlich verantwortlich für Ruhe und Ordnung in der Kompanie. Seine Dienstzeit konnte er jedoch entschieden lockerer nehmen als wir, denn er saß die meiste Zeit auf seiner Bude und schaute fern.

Um die Aufsicht hatten sich die ihm zugeteilten Gehilfen zu kümmern. Und einer davon war wieder einmal Jonas. Während wir hier die letzte Vier feierten, musste der arme Hund am Schreibtisch im Eingangsbereich unserer Unterkunft sitzen und Nachtruhe pfeifen. Der sollte auch was zum Freuen haben, sagte ich mir. Die Jungs zogen los und ich schwankte in der Dämmerung zur Baracke zurück. Dabei bemerkte ich, dass der Boden sich unter mir hinweg bewegte, wie ein Laufband. Ich musste mehrfach meine ganze Konzentration bemühen, um innezuhalten, sonst hätte es mir glatt die Füße weggerissen, und ich wäre gestürzt. Das irritierte mich, weil mir diese Art Probleme beim Gehen zuvor weder innerhalb noch außerhalb der Kaserne jemals vorgekommen waren. Die Verwunderung über den sich selbständig bewegenden Untergrund ist das Letzte, was mir vom angenehmen Teil dieses Abends in Erinnerung geblieben ist.

Jonas erzählte mir tags darauf, dass er am Tisch des Diensthabenden von seinem Buch aufgesehen hätte, weil die Flurtür sich geöffnet und wieder geschlossen habe, ohne dass jemand hereingekommenen wäre. Da sei er aufgestanden, um nachzuschauen. Während dessen habe sich die Tür erneut geöffnet und an ihr hätte nun ich mich geklammert wie ein Seemann am hin- und herschwankenden Mast bei Sturm. Darauf habe Jonas mich gepackt, ich muss ihn aber noch erkannt haben, denn ich hätte dabei, die fast leere Flasche wie einen gewonnen Pokal emporgereckt und gerufen: »Von mir für Dir, Nein: von mich für Dich«. Das hörte aber zu meinem Glück niemand, weil um diese Zeit alle Anwesenden in ihren Zimmern mit anderem beschäftigt waren. Jonas habe mir den Mund zugehalten, indem er seine rechte Hand draufpresste und dann habe er mich in unseren Gruppenraum abgeschleppt, wobei ich keinerlei Widerstand zeigte. Nach seiner Schilderung hätte ich schon geschnarcht, als er mich auf mein Bett fallen ließ. Jonas habe darauf die anderen Jungs der Gruppe umgehend losgeschickt, um so viele wie möglich von unserer fröhlichen Runde zurück zu bugsieren, bevor die ganze Sache aufflog. Alle, die noch am Reifenlager saßen oder lagen, sind Jonas sei Dank davongekommen.

Um elf wurde Alarm gegeben. Das nervige Tröten aus der Sirene holte mich zurück in die Wirklichkeit. Aber ich war noch lange nicht mitten drin. Einstweilen schien mir, als säße ich im Kino und würde einen Film sehen, in dem sich Jonas um mich bemüht. Jetzt zog er mich aus der Waagerechten hoch. »Durchzählen! Wer fehlt?« schrie irgendeine Stimme im Hintergrund. Jonas antwortete viel zu laut für mich. »Hier sind alle anwesend!« Doch das half nicht. Ich konnte nicht weiterschlafen, denn nun musste ich aus dem Bett und im Flur Aufstellung nehmen, wie alle anderen unserer Kompanie ebenfalls. Die nüchtern Gebliebenen aus unserer Gruppe stellten sich vor mich. Ich konnte mich infolgedessen wenigstens an die Wand anlehnen. Dabei registrierte ich, dass irgendein fremder Offizier unseren Unteroffizier vom Dienst anbrüllte. »Wieso schlafen Sie im Dienst?! Das wird Konsequenzen für Sie haben!« Jonas hingegen lief den Flur entlang und rief Namen, auf die immer mit »Hier« geantwortet wurde, mal von rechts, mal von links. »Wieso Lehmann? Kann nicht sein!«, schrie der Offizier mit einem Mal, »den haben wir doch an der Wache erwischt.« Auf irgendeinen Befehl hin rannte dann alles hinaus in die Dunkelheit. Ich war gar nicht in der Lage zu rennen. Das fiel aber niemandem auf, weil Jonas mich in den Waschraum drängte. Er schaltete hinter mir das Licht aus und zischte mir zu, ich solle mich ja nicht hier wegbewegen. Da kotzte ich erst mal ins Waschbecken, dann legte ich mich darunter auf die Fliesen und war sofort wieder eingeschlafen.

Es stellte sich heraus, dass der Wirt der Laubengarten – Gemeinschaftskneipe in unserer Wache am Tor angerufen und gebeten hatte, die besoffenen Soldaten abzuholen, die bei ihm die Zeche nicht bezahlen wollten. Dieser Anruf war aber noch nicht der Auslöser für den Alarm. Kurz darauf habe einer sturzbetrunken am Fenster des Wachhäuschens geklopft und um Einlass gebeten. Das war Lehmann und der wurde umgehend in die Arrestzelle gesperrt. Die anderen drei aus der Laubenpiepe dann ebenfalls. Hinzu kamen noch zwei Jungs aus der Wachmannschaft, die unser Spiel mitgespielt hatten.

Dass die ganze Geschichte für uns andere Beteiligten glimpflich ablief, haben wir in erster Linie Jonas und seiner Umsicht zu verdanken. Ein Glück, dass an jenem Abend gerade er Dienst in der Kompanie schob. Er hatte nach meinem Auftritt geistesgegenwärtig die Suchtrupps losgeschickt. Der UvD hatte sich selbst wohl auch mehr als nur ein Gläschen in seiner Bude genehmigt, aus Frust, weil er das ganze schöne Wochenende in der Kaserne verbringen musste. Die tausend und eine Nacht dienenden Dreijährigen konnten nämlich ansonsten nach Feierabend heim, nur dann eben nicht, wenn sie zu Diensten eingeteilt waren. Diesen UvD hatte Jonas nicht aus dem Bett geholt. Ihm als dessen Gehilfe sei auch gar nichts aufgefallen, was dazu Anlass gegeben hätte. Es habe keinen Befehl gehabt, die Kompanie vor dem Zubettgehen durchzuzählen, sagte er in der Vernehmung aus. Und als ihm vorgehalten wurde, dass bei Lehmann »Hier« gerufen wurde, obwohl der bereits in der Arrestzelle in der Wache einsaß, entgegnete Jonas, dass wir ja noch einen zweiten Soldaten Lehmann in der Kompanie hätten. Wenn der sich immer auf diesen Namen melde, könne, er, Jonas, nichts dafür. Tatsächlich war Jonas noch vor dem Alarm in allen Unterkünften der Kompanie erschienen. Das berichteten mir jene Gefährten später, mit denen ich mich auf Grund welchen Zufalls auch immer in einer gemeinsamen neuen Umgebung wiederfand. Jonas habe sie instruiert: »Jungs, macht das Licht aus und verhaltet Euch ruhig. Heute Nacht gibt es ein großes Theater. Helft denen, die sich nicht mehr selber helfen können.«

Da hat am Ende unserer Tage in dieser Kaserne eine ganze Kompanie spontan das befolgt, was der zuvor gemobbte Jonas ihr nicht befohlen, nicht abverlangt, sondern zugeraunt hat. Wenn das nicht Autorität ist, was dann? Und nicht allein die Autorität unter seinesgleichen. Jonas wurde beim Appell am letzten Morgen in der Kaserne belobigt, vom Bataillonskommandeur persönlich. Der Diensthabende UvD hingegen erhielt einen Tadel vor der gesamten Truppe. Die verkaterten Arrestanten sahen wir bei der Gelegenheit zum letzten Mal. Ihre Dienstzeit sollte einen anderen Verlauf nehmen.

Zwei Tage später waren wir in alle Winde verstreut. Die einen kamen dahin, die anderen dort. Jonas habe ich nie wieder gesehen.

Gott möge es dir mit Gutem gelohnt haben, Jonas. Hättest du nicht in jener Nacht für mich gesorgt, wäre es mir schlecht ergangen.

Zu meinem Glück habe ich, wo immer ich war, wohlgesinnte Freunde gehabt ... und einen gewissen Hang zu Poesie. Andernfalls wäre wohl so manche Geschichte in meinem Leben böse ausgegangen.

43. Terminus

Heute wollen wir uns mit einem ganz besonderen Mythos beschäftigen, meine Damen und Herren, mit einer der gewichtigsten Figuren der Sagenwelt. Ja, Sie haben richtig gehört: Eine Sagengestalt, die nicht allein wichtig für das Verständnis der antiken Welt ist, sie hat darüber hinaus auch Eigengewicht. Und deshalb ist ihre Ausstrahlung nicht allein auf den vorchristlichen Mittelmeerraum beschränkt. Es geht in dieser Vorlesung um den Terminus und der Terminus wirkt bis auf den heutigen Tag. Selbst die Zukunft wird sich nicht ohne ihn gestalten lassen. Erstaunlich ist, dass diese Gottheit in der Fachliteratur kaum jemals gebührend gewürdigt wurde. Sie wird in der Regel gern im Abseits liegen gelassen, und das nur, weil sie nie aktiv ins Rad der Geschichte eingegriffen hatte. Aber, ich sage Ihnen eines, meine Damen und Herren, hier geht es um Masse, und Masse hat – das ist nun mal physikalisch unbestritten – Masse hat Anziehungskraft. Wir haben es mit einem Phänomen zu tun, bei dem die Konzentration auf sich selbst zu Wirkungen auf andere führt. Diese Wirkungen sind es, die uns faszinieren und denen wir unsere heutige Vorlesung widmen wollen.

Terminus, das dürfte feststehen, ist der Verlässlichste aus der gesamten olympischen Göttergilde und mit Abstand auch der Beständigste. Die Griechen nannten ihn Abadir und ließen es dabei bewenden. Erst die Römer verehrten ihn als Gott mit jährlich wiederkehrenden Kulten, den Terminalien. Auf den Terminus konnte man im wahrsten Sinne des Wortes bauen. Von ihm sind keinerlei Eskapaden oder Skandälchen überliefert. Terminus war immer grundsolide. Das dürfte daran gelegen haben, dass er im früheren Leben ein Stein war.

Da diese Herkunft für eine göttliche Karriere außergewöhnlich anmutet, muss ich an dieser Stelle etwas ausholen.

Sie werden sich erinnern, dass der Gott der Zeit, der dazumal seit ewigen Zeiten die Welt regierte, bei den Griechen Kronos hieß. Die Römer nannten ihn Saturn – aber außer dem Namen hatten sie am ursprünglichen Charakter und der Funktion dieses Gottes nichts wesentlich abgeändert. Im Unterschied zu den alten Griechen, die Zeus auf den Olymp hoben, bedauerten die Römer jedoch, dass Saturns Regierungszeit – die Saturna Regina – ein Ende fand. Die Regentschaft des Saturn, das war so etwas wie das Goldene Zeitalter für die Römer. Dass diese Ära jedoch ein Ende fand, das war ganz entscheidend auf den stillen Terminus zurückzuführen. Und das kam so …

Kronos hatte die uns abartig anmutende Angewohnheit, seine Kinder mit ihrer Geburt in eine Art Sicherheitsgewahrsam zu nehmen, denn es war ihm geweissagt worden, dass ihn einer seiner Sprösslinge eines Tages entthronen würde. Den Ablauf der Tage regelte aber nur einer – er, Kronos, selbst. Folglich musste die nächste Generation junger Götter, kaum war sie auf der Welt, selbigen Tags schon wieder verschwinden, um ihrem Vater zukünftig nicht in die Quere zu kommen.

Meine Damen und Herren. Sie können getrost davon ausgehen, dass über- und außerirdische Lebensformen anatomisch anders gebaut sein dürften als die biologisch definierten Lebewesen auf unserem Planeten – einschließlich uns Menschen. Kronos sicherte seine Herrschaft gegenüber seinen Nachkommen, indem er diese schluckte. Achten sie auf die Wortwahl, meine Damen und Herren: Kronos schluckte seine Kinder, er fraß sie aber nicht. Er war ja schließlich kein Kannibale. Er war ein Gott. Er inhalierte die Kinder, ohne sie zu verletzen. Er zermalmte sie nicht; sie lebten fort, allerdings nicht materiell, sondern im Körper ihres Vaters. Da dieser der Meister der Zeit in Persona war, existierten die Kinder des Kronos oder Saturn sozusagen außerhalb von Raum und Zeit, in ihm. Sie lebten faktisch weiter, allerdings virtuell und nicht in der Realität. Damit konnten sie ihm fortan nicht mehr gefährlich werden. Sie sehen: Der Gott hatte sein Problem gelöst, Kronos blieb alle Zeiten hindurch die Nummer 1.

Das änderte sich jedoch mit dem sechsten Kind des Kronos. Es war ein Knäblein mit dem griechischen Namen Zeus, bei den Römern hieß der dann Jupiter. Da konnte und wollte Mutter Rhea ihre mütterlichen Instinkte nicht länger mehr unterdrücken, und sie trickste den

Vater aus. Auf Dauer ist es für eine Mutter wohl dann doch etwas unbefriedigend, ihre Kinder abends immer nur mit Escape und Enter zum Schlafen zu bringen.

Anstelle des kleinen Jupiters bekam Kronos diesmal von der Mutter seiner Kinder einen Stein – in Windeln gewickelt – zum Schlucken gereicht – eben jenen Terminus. Saturn wollte es schnell hinter sich bringen und verschlang diesen ohne nähere Begutachtung prompt. Er soll geschmacklich nicht mal einen Unterschied gemerkt haben. Der Brocken, den er aber da intus hatte, war nicht sein Sohn. Es heißt, der kleine Juppi soll über diese List sieben Tage lang gelacht haben. Die Einteilung der Tagesabläufe in Einheiten von sieben Tagen ist uns seitdem und bis heute geblieben, nur Anlass zum Lachen haben wir nicht mehr so wie Jupiter. Kann auch sein, wir verstehen bloß die Pointe des Lebens nicht, weil dieser Witz eben etwas mit dem richtigen Terminus zu tun hatte und der nicht zum Lehrstoff des Schulunterrichts gehört.

Nachdem er sich genug amüsiert hatte, wuchs der kleine Scherzkeks in Kreta bei Tante Amalthea auf, und als er in die Pubertät kam, probte er den Aufstand gegen seinen Vater. Dabei konnte er auf Muttis Hilfe bauen. Sie reichte ihrem Mann ein Brechmittel und der spie daraufhin alles aus, was er die ganze Zeit über in sich hineingeschluckt hatte, auch seine Kinder und am Ende selbst den Terminus. Letzterer fiel auf die Erde, genauer gesagt auf Rom und noch genauer gesagt auf den Hügel Capitol. Dort wurde er zum Grundstein für den Jupitertempel, den die Römer ihrem Gottvater später an dieser Stelle errichteten, weil sich jener Klotz, der Terminus, einfach nicht verrücken und verschieben ließ. Der lag da fest – ein für alle mal. Deshalb baute man dann den Tempel halt um ihn herum.

Bei all den ständigen Veränderungen, die das Leben so mit sich bringt, hatten damit die Römer etwas, das immer gleich und unverändert an Ort und Stelle blieb – den Terminus unter dem Jupitertempel. Alle erkannten den Terminus als Symbol der Beständigkeit an, und daher berief man sich später auch auf ihn, wenn Privatleute ihren Grund

und Boden mit Grenzsteinen markierten. Dort, genau an der Stelle, wo ein Grundstück an das andere grenzte, setzten beide Nachbarn einen Stein – den nannten sie Terminus. Und dieser Stein sollte ebenso wie der Terminus auf dem Capitol eben dort liegen bleiben bis in alle Ewigkeit. Damit war definiert: hier ist Mein und dort ist Dein. So würden sie niemals Schwierigkeiten miteinander bekommen. Terminus garantierte den Frieden zwischen ihnen. Bis hier her und nicht weiter, denn an diesem Ort soll sich das Terminal befinden, wo der eine Weg endet und der andere beginnt.

Die schaurigsten Sagen werden bis auf den heutigen Tag über jene Menschen erzählt, die sich unterstanden, Grenzsteine auszubuddeln und anderswohin zu versetzen. Deren Strafen waren fürchterlich und mit ihrem Tode noch lange nicht zu Ende. Sie mussten zur Geisterstunde weiter in der Erde graben und schwere Steine tragen. Erst wenn ihnen ein Unerschrockener befahl:»Leg den da ab, wo du ihn ausgegraben hast!«, erst dann fanden sie Erlösung.

Kann man irgendwie verstehen diese Angstmache, schließlich ging es hier immer ums Eigentum, und zwar um's eigene. Auf irgendwas musste doch Verlass sein in der Welt, wenigstens auf die Grenzlinie. Der Terminus garantierte den Bestand.

Doch nicht allein als Symbol der festgezogenen räumlichen Grenze zwischen zwei Immobilien machte sich Terminus einen Namen, war er doch direkt aus dem Schlund des Gottes der Zeit zu den Römern gekommen. Der Terminus beendete das Kalenderjahr. Die Feiern zu seinen Ehren waren seinerzeit in Rom ebenso populär wie es heute bei uns die Silvester-Feier ist. Die Terminalien wurden zwischen altem und neuem Jahr begangen. Die Römer verballerten aus diesem Anlass allerdings keine Feuerwerkskörper; einfach, weil diese erst später erfunden wurden.

Sie feierten die Terminalien indem sie mit Girlanden und Spezereien hinaus auf's Feld zogen und sich mit ihren Nachbarn am Grenzstein trafen. Der wurde geschmückt und man wünschte sich gute Nachbarschaft für das kommende Jahr. Das neue Jahr ging übrigens mit dem ersten März los, was auch erklärt, warum der Monat September immer noch der Siebte heißt, und Oktober, der Achte, und November der Neunte und Dezember der Zehnte, obwohl sie schon lange nicht mehr an dieser Stelle im Kalender stehen. Der Dezember ist ja bekanntlich für uns der zwölfte Monat des Jahres. Doch sein Name geht eben auf den Terminus zurück, mit dem damals Ende Februar das vergangene Jahr abschloss. Und nun rechnen Sie mal von dem Dezember zehn Monate ab. Da kommen Sie im Februar raus. Sie sehen, auch falls sich einer schon gedacht haben mag: »Pah, Terminus, eine alte Klamotte, von wegen ein für alle mal feststehend. Da umgehen wir den Stolperstein eben und lassen das Jahr früher anfangen.« Ist nicht: Wenn wir den Monat, in dem wir das Weihnachtsfest feiern, Dezember nennen, geben wir zu, dass vor zehn Monaten unsere Zählung eingesetzt hat. Ob das uns bewusst ist, oder nicht, das ist völlig egal, denn »Dezember« ist ein Terminus.

Damit haben wir uns nun mit der dritten Dimension zu befassen, in der dieser Gott weiterwirkt und uns fortwährend unerlässlich ist. Neben seiner Ausstrahlung in Raum und Zeit ist die soziale Wirkung des Terminus vielleicht sogar die alles entscheidende, war er doch der Stein des Anstoßes für die Menschwerdung des Affen. Nicht mehr und nicht weniger: Denn das ist es schließlich, was uns vom Tierreich unterscheidet, dass kein Schwein die DIN2342 kennt. Mit dieser sinnreichen Norm wird die dritte Dimension jenes römischen Gottes in Worte gefasst. Der Terminus so heißt es da, sei die Vereinigung von Begriff und in Bennennung. Damit bestätigt das Deutsche Institut für Normung, was wir Menschen dem Gott Terminus zu verdanken haben. Ohne ihn wären wir unfähig, uns miteinander zu verständigen, logisch zu denken und sinnvolle Arbeiten von sinnloser zu unterscheiden. Ohne den Terminus gäbe es noch mehr Missverständnisse auf dieser Welt, als wir egal schon fabrizieren. Das ganze Durcheinander, gerade im privaten Leben, aber auch am Arbeitsplatz und in der Politik – ach mein Gott, mein Terminus!- geht darauf zurück, dass der moderne Mensch in seiner Überheblichkeit meint, den Terminus außer Acht lassen zu können. »Ein Stein, bitte schön, was sollten wir uns denn nach einem Stein richten. Ja wenn's denn Einstein wäre, von dem haben wir immerhin die Relativitätstheorie. Zwar haben wir die nicht ganz begriffen, aber sie ist ja doch in aller Munde. Allein dieser eine Stein, der Terminus soll absolut gelten. Auf so was lassen wir uns doch auf nicht festlegen. Heutzutage gibt es gar nichts Absolutes mehr, und wenn doch, dann sind wir dagegen.«

Der Terminus als Grundlage jeglicher Kommunikation stellt ebenso wie der Grenzstein durch Vereinbarung von zwei oder mehreren Menschen klar – und zwar dauerhaft – dass sie das eine und dasselbe meinen, wenn sie bestimmte Laute von sich geben. Das Durcheinander beginnt, wenn einer etwas verkündet, worunter andere sich etwas ganz anderes vorstellen. Da kommt nie was bei heraus. Trotz stundenlanger Debatten. Im Gegenteil. Alle sind am Ende bitter voneinander enttäuscht. Eines lehrt die Geschichte: Wenn man sich über die Termini nicht einig ist, führt auch die längste Dienstberatung zu keinem Resultat.

Denn eben, wo Begriffe fehlen
Da stellt ein Wort zur rechten Zeit sich ein,
Mit Worten lässt sich trefflich streiten,
Mit Worten ein System bereiten,
An Worte lässt sich trefflich glauben
Von einem Wort lässt sich kein Jota rauben.

Mit Worten zu operieren, die keine Begriffe sind, ist aller Übel Anfang. Das wusste zumindest bereits ein gewisser Mephistopheles. Aber der ist ja auch schließlich ein Teufel. In den Mund gelegt wurde ihm dieser Text seinerzeit vom Dichterfürsten Johann Wolfgang. Das ist zwar nun auch schon eine gewisse Zeit her, aber bis heute hat sich immer noch nicht allerorten durchgesetzt, erst einmal die Begriffe zu klären, erst auf den Terminus zu schwören, die Terminologie zu bestimmen, mit denen man nachfolgend umzugehen gedenkt. Eigentlich sollte dies

Punkt 1 einer jeden Diskussionsrunde sein. Stattdessen wird selbst von den allerklügsten Köpfen zu gern eingangs eine Idee vorgestellt, um darauf umgehend heftigst loszudebattieren. Was so schon an kostbarer Arbeitszeit verschwendet wurde ... Ganz zu schweigen von der Sendezeit für die allabendlichen Talk-Shows im Fernsehen ...

Doch niemand kann auf Dauer ungestraft Gott Terminus ignorieren. Und deshalb sollte man sich immer lapidar ausdrücken, so, dass die Botschaft in Stein gehauen werden kann. Kurz, klar und allgemein verständlich, nur das kommt auf Dauer richtig an.

Und damit wollen wir es bewenden lassen, denn ich muss fort. Ich habe noch einen Termin ...

44. Grimms Märchen upgedated

»Und ich sage dir Mann: ein Glück, dass es mit diesem Staat vorbei ist. Das konnte ja nicht so weiter gehen. Da war überhaupt kein Entwicklungspotenzial mehr drin. In dem ganzen System nicht. Das funktionierte vorn und hinten nicht mehr. Überall nur Stillstand und Verfall – jahrelang.« Mein Nebenmann winkt ab:»Ach, was sage ich da, Jahrzehnte.« Damit zündet er sich eine Zigarette an. Wir sitzen an einem altweibersommerlich warmen Tag Anfang Oktober im Park auf einer Bank und genießen die milde Herbstsonne. Ich will mich heute nicht ärgern, ich schließe die Augen und lasse ihn reden.

»Während der Arbeitszeit wurde rumgegammelt, weil angeblich kein Material da war. Aber wenn es auf das Quartalsende zuging, wurden Sonderschichten angesetzt, aber nicht etwa um den Plan doch noch zu erfüllen. Nein, um ihn **über zu erfüllen**. So ein Zirkus aber auch. Kann man sich heutzutage gar nicht mehr vorstellen, diese Verschwendung von Zeit und Geld. Das war vielleicht eine Wirtschaft. Nee. Erzähl mir nichts. Ein Glück, dass das nun vorbei ist.«

Mein Nachbar lacht abfällig, greift in seinen Stoffbeutel, den er zwischen uns auf der Bank abgelegt hatte. Er fördert eine Dose Bier zutage. Dann reißt er den Verschluss ab und wirft diesen schwungvoll hinter sich. Darauf nimmt er einen tiefen Schluck. Ich schaue ihm dabei verdrießlich zu. Was soll diese Quatscherei an einem so schönen Tag? Zumal: In der Zeit, von der er hier palavert, stand das heutige Datum rot im Kalender; und fast ausnahmslos schien dazu wie heute eine freundliche Sonne vom herbstlichen Himmel, als wollte selbst Petrus seinen Beitrag zur Feier des Tages erbringen.

»Fünfundvierzig Pfennig hat übrigens ein Glas Bier gekostet.« Er kichert in sich hinein. Dann bietet er mir eine Büchse an. Da will ich mich nicht zieren. Ich proste dem Spender zu. Dafür muss ich ihm allerdings auch weiter zuhören.»Diese Idioten. Ach, nee … Weißt du, was wir jetzt bezahlen würden, wenn wir da drüben auf der Ecke im Biergarten sitzen würden? Fünf Mal so viel locker, aber in Euronen.

Das wäre dann sogar zehn Mal teurer als ein Glas zu DDR-Zeiten. Stell Dir das mal vor. Ha, statt zwei Bier im Biergarten kommen zu lassen, habe ich hier für den gleichen Preis eine ganze Palette am Mann. Weil ich nämlich rechnen kann – im Unterschied zu den SEDisten von damals übrigens. Das ganze Land wurde mit diesen Billigpreisen in den Bankrott gesoffen, Abend für Abend Millionen Nasse und nur, weil die da oben nicht richtig kalkulieren konnten. Ständig haben die sich verrechnet, ständig und mit allem. Im Betrieb genau dasselbe. Immer die gleiche Schose, und immer nur in den Osten geliefert, Polen bis Vietnam. Dort hat man es uns aus der Hand gerissen, hieß es jedenfalls, aber im eigenen Land wollte keiner das Zeug haben. Dabei hätten wir sogar nach drüben verkaufen können, kannste mir glauben, mit 'nem bisschen Pep. Doch Pep war nicht eingeplant, und damit hatte es sich dann. In Wirklichkeit wollten die nämlich überhaupt nichts anderes haben und erst recht nichts anders machen. Im Großen nicht und im Kleinen auch nicht. Alles sollte schön so bleiben, wie es war. Und deshalb blieb am Ende auch nichts anderes übrig als – Tschüss und Ex! Glück auf!«

Er nimmt einen großen Schluck, um jenes verrottete und verschrottete Wirtschaftssystem ein für alle Male runterzuspülen.

»Der Wessi, der dann nach der Wende unseren Laden übernommen hatte, sah nur den riesigen Absatz Richtung Osten. Dort hatten wir ja einen Namen. Und da dachte der wohl, das wär 'ne sichere Bank mit uns und der Betrieb so eine Art Esel Quicklebrick, eine Maschine zum Gelddrucken. Damit hatte der sich aber nun mal gehörig verrechnet. Und das gönne ich ihm auch. Fuhr vor mit seinem dicken Mercedes vor, verstehste, spielte sich als Big Boss auf und entließ die halbe Belegschaft. Da dachte ich schon, hallo, jetzt geht's los. Jetzt wirst du ausgebeutet, so wie sie es uns immer gepredigt haben. Doch ich hatte Glück gehabt, denn mit den Lieferungen nach Osten war es ruck-zuck vorbei. Als der ganze so genannte Sozialismus auch bei unseren Brüdern im Osten über Bord ging und die nun endlich einmal richtiges Geld für unsere Ware bezahlen sollten, da schwenkten die hast-du-nicht-gesehen um, und deckten sich ohne mit der Wimper zu zucken woanders ein. Nun stand er da, Little Big Boss und aus war sein Traum. Du glaubst ja gar nicht, wie schnell der wieder weg war. So schnell kann's gehen. Aber glaub mir, keiner hat dem auch nur eine Träne nachgeweint. Da haben wir noch mal Glück gehabt, sag ich dir.«

Jetzt muss eine neue Büchse Bier her aus dem Stoffbeutel, denn auch dieses Kapitel wurde abgeschlossen mit einem großen Schluck.

»Anschließend haben ein paar Leute aus alten Zeiten den Laden übernommen, genauer gesagt, einen Teil davon. Management-buy-out heißt das übrigens, wenn sich so ein paar Chefs die allergrößten Rosinen aus dem Kuchen picken, um sich mit dem Rest nicht den Magen zu verderben. Womit sie Plus machen konnten, das war nun ihre Firma, und alles andere war ihnen egal. Anfangs dachte ich, ich hätte das große Los gezogen, denn sie bekamen mich samt ihren Rosinen mit auf den Teller. Erst mal ließ sich das auch ganz locker an. Wir kannten uns ja alle noch von früher. Aber nun wurden nicht mehr Staatsgelder verbraten, es ging vielmehr an ihr Eingemachtes, oder sagen wir mal, an den Bankkredit, für den sie mit ihrem Eigenheim gebürgt hatten. Da wurden die auf einmal ganz eklig. Du glaubst es nicht, wie schnell die Genossen von einst die Marktwirtschaft intus hatten. Um jede Pfennig haben die gezickt. Überstunden waren doch die Regel gewesen im Betrieb all die Jahre über, doch auf einmal wollte man, dass wir Kollegen alles genau abrechnen, auf den Pfennig und auf die Minute. Stechkarte und Zeitmessung und so, verstehste? Das habe ich mir eine Zeit lang angekuckt und dann habe ich gesagt, wenn ihr mir so kommt, so pingelig, wenn ihr kein Vertrauen mehr zu mir habt, dann macht doch euren Scheiß alleine. Und da bin ich raus aus der Firma. Zu meinem Glück, denn zuvor hatte ich mich ja umgeschaut. Ja, ja, da staunste, was? Ich habe hingeschmissen. Die haben auch nicht schlecht gekuckt. Fuchs muss man halt sein.«

Es wird wieder ein tiefer Schluck fällig.

»Der gleiche Job, ein paar hundert Kilometer westlich, aber dafür ein Viertel mehr auf die Hand. Na gut, dafür bin ich rauf auf den Bock und sonntags die Autobahn lang gedüst. Eine Bude brauchte ich zwar drüben auch die Woche über. Aber erstens konnte ich das absetzen, steuerlich, weißte, zweitens stimmte die Marie, und drittens hatten wir ja hier noch immer unsere Ranch mit Garten. Die nannten wir früher Datscha. Das ist russisch, und außer Wodka, wohl so ziemlich das einzige, was heute noch an die sowjetische Freundschaft erinnert – zum Glück auch. Unsere Datscha soll uns erhalten bleiben. Jedenfalls wollte die Frau deshalb hier nicht weg – und ich auf Dauer auch nicht. Das war auch gut so, denn zum einen musst du bei unseren südlichen Landsleuten immer sonntags in der Kirche erscheinen, um überhaupt akzeptiert zu werden. Ist so … und das zweite Hindernis für unsereinen ist, dass sich einfach keiner diesen komischen Dialekt draufdrücken kann. Damit bist du ein für alle Mal als Außenseiter ausgemacht. Jedenfalls: So richtig warm geworden bin ich da auch nicht, und als es dann hieß, so und so, aus Kostengründen müssen Leute eingespart werden, da habe ich gar nicht erst lange diskutiert, nur über die Höhe der Abfindung, versteht sich. Dabei hatte ich noch ausgesprochen Schwein gehabt, denn so lange war ich ja schließlich gar nicht dabei. Wo findste denn das heute noch? Da habe ich zu meinem Glück noch mal richtig schön abgefasst.«

Er nimmt wieder einen herzhaften Schluck.

»Hier ist ja nun absolut tote Hose. Wenn du denkst übers Amt kommst du irgendwie an Arbeit ran, da biste aber uff'm falschen Dampfer, Mann. Also, erst einmal war Sommer; da hatte ich egal auf der Datscha zu tun. Als es Winter wurde und sich immer noch nichts tat, habe ich mal Rabatz auf dem Amt gemacht. Jede Woche stand ich bei denen auf der Matte, bis sie dann doch noch eine Umschulung für mich hatten. Die lief fast ein Jahr, auch über den nächsten Sommer, was ein bisschen doof war, wegen der Datscha eben, aber immerhin pünktlich Feierabend. Außerdem hat sich mein Anspruch auf ALG mit der Aktion ja verlängert. Dann war ich fertig und verschickte Bewerbungen. Die ließ ich mir natürlich bezahlen. Das musste aber erstmal wissen, dass dir in diesem System auch noch Geld zusteht, wenn du dich irgendwo bewirbst. Aber es führte alles zu nichts. In meinem alten Laden war es ja zwecklos, so wie ich bei denen weg bin. Außerdem sortierten die auch einen nach dem anderen meiner früheren Kollegen aus. Denkste vielleicht, irgend een Aas hat mich haben wollen? Da fasste dich an'n Kopp, Mann. Die stellen da einen Haufen Anzeigen ins Netz und überall tote Hose. Lohnt gar nicht, die Unterlagen irgendwo hinzuschicken. Kriegste egal nicht mehr zurück. Und was das kostet! Immer so ein dickes Kuvert ... . Die Einzigen, denen diese ganze Bewerbungsscheiße was bringt – das ist die Post. Und jetzt ist es so: Der Staat bezahlt mir meine Miete, und dazu kommt noch eine Grundsicherung. Zum Sterben zu viel, sage ich dir. Aber immerhin: Steuern gibt's bei mir nicht. Wenn morgen irgendwo wieder irgendwo lamentiert wird, was irgendein Schweinegrillen mit dem amerikanischen oder russischen Präsidenten gekostet hat. Was geht das mich an? Meine Kohle ist da nicht verbrannt worden. Da muss ich mir keinen Kopp machen. Außerdem kann ich mir ja immer noch was dazu verdienen. Nicht was du denkst, von wegen schwarz mallochen. Ach i wo. Das hab ich ja nun wirklich nicht nötig. Das musst du dir mal vergegenwärtigen, Mann. Ich müsste an die zweitausend Euro Netto verdienen, um auch nur annähernd meinen Lebensstandard zu halten. Aber so einen Traumjob gibt es hier gar nicht bei den paar Stellenangeboten, in der ganzen Region nicht. Weniger ist aber nichts für mich. Da würde ich ja nur Miese machen. Jetzt wurden meine Dritten fällig. Hei guck mal!« Er reißt den Mund auf. «Hier drinnen ist nichts mehr echt. Fällt aber keinem auf. Saubere Arbeit. Dreitausend hätte ich von mir aus dazu bezahlen müssen. Nun sag mir mal, wo ich die Kohle hätte hernehmen sollen. Keine Chance! Aber so, alles bestens, und ich habe nichts aus der eigenen Tasche draufgegeben, nicht einen Cent. Das läuft alles über Hartz-IV, alles geregelt, sage ich dir. So was gab's nicht mal im Sozialismus. Unsere Datscha habe ich übrigens offiziell auf die Tochter überschrieben, und das Auto auf den Sohn. Da kann uns das Amt nicht mehr dazwischenfunken. Offiziell gehört uns nichts. Clever was? Also, ich will mal so sagen. Die da oben kommen und gehen, aber ganz gleich, was die auch immer für Unsinn verzapfen, wenn man ein bisschen Glück hat, dann überlebt man sie alle, die Genossen, die Genossen der Bosse und die Bosse selbst. Und jetzt trinke ich auf den heutigen Tag, dass uns die Sonne so schön scheint. Nun ist auch noch das Bier alle. Auch gut. Da habe ich wenigstens nicht so schwer zu schleppen, denn jetzt geht's ab zu Mutti auf die Datscha.«

In dem Märchen vom Hans im Glück stößt der Hans aus Versehen beim Trinken seine Schleifsteine in den Brunnen, nachdem er zuvor einen Goldklumpen für ein Reitpferd hergegeben, dieses gegen eine Milchkuh getauscht, dafür eine Gans bekommen und sich für den Vogel zu guter Letzt jene beiden Mühlsteine eingehandelt hatte.

Das Märchen endet so:

Hans, als er sie mit seinen Augen in die Tiefe hatte versinken sehen, sprang vor Freuden auf, kniete nieder und dankte Gott mit Tränen in den Augen, dass er ihm auch diese Gnade noch erwiesen und ihn auf eine so gute Art, und ohne dass er sich einen Vorwurf zu machen brauchte, von den schweren Steinen befreit hätte, die ihm allein noch hinderlich gewesen wären.

»So glücklich wie ich«, rief er aus, »gibt es keinen Menschen unter der Sonne.«

Mit leichtem Herzen und frei von aller Last sprang er nun fort, bis er daheim bei seiner Mutter war.

Ach ja. Die Gebrüder Grimm ...

Wieso eigentlich hießen die ausgerechnet »Grimm«? Ist hier etwa Nomen auch Omen gewesen?

Was? Dieses Märchen war noch nicht grimmig genug?

Na, wartet's ab und vernehmt das Folgende:

Neulich war von einem Nobelclub in der großen Metropole zu lesen. Das war mal ein ganz nobler Coup. Ala bonheur, meine Herren! Eine märchenhafte Geschichte – allerdings eine ohne Happyend. Diese Farce ging so: Ein unternehmerisch denkender Zeitgenosse bekam für seine Visionen von keiner Bank mehr Geld. Da deutete er seine Situation einfach um. Wir machen uns unabhängig von den Geldinstituten, sagte er sich, wir finanzieren uns selbst. »Selbst« hieß aber natürlich keineswegs, dass der Inspirator die Millionen für seine Einfälle aus eigner Tasche hinblätterte. Die hatte er ja gar nicht – die Millionen; große Taschen hatte er hingegen schon und große Visionen auch. Denn er hatte ein Rezept, das ihm Millionen einbringen sollte: Er bot betuchten Mitmenschen eine Geldanlage mit Ausgeheffekt an. Das war wirklich originell ausgedacht, in der Hauptstadt der großen Langeweile. Das war mal atypisch. Mit solch einem Produkt war vor ihm noch kein Anlageberater hausieren gegangen. Und es fanden sich tatsächlich nicht wenige, die – angetan von der Idee – ihren Scheck rüberreichten. Solche Menschen nennt man Gläubiger, denn sie glauben die Geschichten, die ihnen aufgetischt werden, damit sie ihr Geld locker machen. Sie sahen sich bereits als Anteilseigner auf rauschenden Festen in edlem Ambiente, sie genossen schon ihren rabattierten Eintritt zu gediegenen abendlichen Vergnügungen, und wenn die Rendite auf ihr Aktienpaket zum Jahresende fällig würde, dann wollte sie diesen Gewinn auch nicht eben zurückweisen, obwohl der Mammon bei dieser Art Invest-Toren, nicht einmal im Vordergrund stand. Das Surplus war für sie nur das Sahnehäubchen, eigentlich sahen sie sich eher als Tempelherren eines neuartigen Tempels der Unterhaltung.

Dieser Tempel öffnete eines schönen Tages dann sogar seine Tore, und man hörte ein lautes »Aah« erklingen. Keine hundert Tage später wurde daraus jedoch ein betretenes »Ooh« – denn da wurden die Tore des Tempels schon wieder geschlossen. Und zwar für immer ...

Dem Laden war das Geld ausgegangen, und mit Millionen Schulden ging es ab in die Insolvenz – das war dann tatsächlich ein Ausgeh-Effekt mit Garantie. Das alles vollzog sich so schnell, mich deucht, das wäre wohl einen Eintrag im Guiness-Buch der Rekorde wert gewesen.

Noch ein andere Begebenheit der unheimlichen Art, die sich in der märchenhaften Metropole zutrug. Nur wenige Tage später – nach der Pleite jenes Vergnügungstempels – berichtete die Presse davon. Sammler brauchen auf solche Art Perlen gar nicht lange zu warten; die Gazetten schwemmen jeden Tag neue an.

Vor gar nicht so langer Zeit wurde in der Hauptstadt für viel, viel Geld ein Palast errichtet. Es ging um nicht weniger als fünfzig Millionen Euro, die da verbaut waren. Für diesen Betrag ist zwar keines der ganz großen protzigen Weltwunder zu haben, aber immerhin doch ein recht repräsentativer Bürokomplex. Seit sechs Jahren steht das Gebäude nun. So weit so gut. Aber jetzt ist es leer geräumt, denn es wird für weitere fünfundzwanzig Millionen umgebaut. Das heißt, für die Hälfte des ursprünglichen Preises muss nachgebessert werden. Ob das an falscher Planung oder Pfusch am Bau lag, darüber streiten sich die Experten im Nachhinein. Fest stehen dürfte jedoch eines: hätte man es gleich richtig gemacht, dann wäre der Bau dem Steuerzahler dazumal wohl ein klein wenig teurer zu stehen gekommen, bei weitem aber nicht um die Hälfte.

Der Knalleffekt, die Pointe, die das Leben schrieb, ist nun aber, dass es sich hierbei keineswegs um irgendein beliebiges Bauwerk handelt. Nein … Es ist nicht zu glauben, aber es ist wirklich wahr. So was kann man sich beim besten Willen gar nicht ausdenken, nicht einmal bei grimmig bösem Willen, zu dem wir aber gar nicht imstande sind. Dieses Gebäude, das nun endlich richtig zu Ende gebaut wird, ist nichts anderes als … das Bauministerium der Republik.

Da staunt der Fachmann, und der Laie wundert sich … über gar nichts mehr. Wohin man auch schaut, überall Pleiten und Peinlichkeiten. Woran mag das nur liegen?

Ich will es euch sagen:

Hier sind die Plapperstrolche am Werke; und die können Gold zu Stroh spinnen. Darin sind sie unheimlich gut. Ehe man sich versieht, hat so ein Plapperstrolch ein kleines Vermögen durchgebracht, und über Nacht womöglich gar ein großes. Da bleibt nichts von über – kein Goldstaub und kein Kleingeld. Gibt man ihnen nur Zeit und Gelegenheit genug, so bringen die Plapperstrolche einen König an den Bettelstab. Einem Lottomillionär nehmen sie den Offenbarungseid ab, und einem Rentner zerbröseln sie seinen goldenen Lebensabend zu einem kümmerlichen Altenteil.

Die Plapperstrolche sind überall. Die einen tarnen sich, die anderen lassen bitten. Es gibt Einzelkämpfer, die mit einem Attachékoffer und Laptop unterwegs sind, und es gibt große Unternehmungen, die in Glaspalästen residieren. Sie gehören zum Alltag, man kann sich ihnen schwerlich nur entziehen. Keiner ist gefeit gegen ihre Plapperei. Niemand kann mit Gewissheit behaupten, dass er sie durchschauen würde.

Das Rumpelstilzchen aus dem Märchen der Gebrüder Grimm hatte sich seinerzeit anders in Szene gesetzt als die Plapperstrolche von heute. Manchmal reicht es schon aus, jene Unterschiede zu bemerken. Dann stutzt man und kann sich beim Geldausgeben vielleicht etwas zurückhalten.

Die Märchenfigur erschien bekanntlich in einer Notsituation, nach langem Jammern und Wehklagen. Die Plapperstrolche stellen sich aber ganz von alleine ein, und noch dazu gerade dann, wenn man meint, dass es einem doch ganz gut ginge. Rumpelstilzchen kam in lumpigen Kleidern daher, die Plapperstrolche aber gehen nie ohne Schlips und Kragen aus. Rumpelstilzchen verbarg seinen Namen, bis zu letzt, aber die Plapperstrolche lassen die ihren auf kleine Kärtchen drucken und setzen mit besonderer Vorliebe noch Abkürzungen fremdländischer Titel davor. Rumpelstilz arbeitete für die Müllerstochter vom Fleck weg über Nacht und forderte seinen Lohn erst nach Jahr und Tag ein. Zahlungsziel: 365 Tage! Die Plapperstrolche bestehen wenigstens auf einer Anzahlung. Wann sie selbst arbeiten wollen, das lassen sie offen, und wann der versprochene Nutzen ihres dubiosen Tuns eintreten soll auch. Doch ganz genau und sehr anschaulich beschreiben sie die Höhe des in Aussicht gestellten Gewinns, und was man sich davon alles leisten könnte. Als wäre der Erfolg schon greifbar, als würden sie ihn schon sehen, als könnten ihn die andern nur noch nicht wahrnehmen ...

Rumpelstilzchen hatte den Preis für seine Mühen von Anfang an und ganz klar angegeben. Die Müllerstochter brauchte auch nichts mehr nachzulegen, nachdem der König sie geheiratet hatte. Das war mit Handschlag besiegelt, und dabei blieb es. Ohne schriftlichen Vertrag und ohne Schufa-Auskunft. Rumpelstilzchen war einfach fair! Also wenn ihr mich fragt; ich halte mehr von den Spinnereien des echten Rumpelstilzchens. Und doch freut sich alle Welt, dass er am Ende leer ausging, dass er der Königin ihr Kind nicht bekam. Dabei weiß niemand mit Gewissheit zu sagen, ob er dieses Kind nicht vielleicht zu einem ebenso anständigen Geschäftsmann erzogen hätte, wie er selbst einer war. Vielleicht hätte dieses Kind, wenn es bei Meister Rumpelstilz in die Lehre gegangen wäre, sogar uns in die große Kunst seines Ziehvaters eingewiesen, und wir könnten heute auch pures Stroh in reines Gold verwandeln.

Dieser Stroh-Halm ließe sich noch weiter spinnen: Der Vater jenes Kindes war schließlich niemand anderes als der König jenes Landes gewesen. Bei dessen Herkunft hätte Rumpelstilz aus dem Knaben gewiss einen Staatsmann gemacht, der leere Schatzkammern auch ohne Mehrwertsteuererhöhung wieder aufzufüllen vermochte und die leidige Staatsverschuldung in einen Überschuss verwandelt hätte. Kindergeld wäre ausreichend verfügbar, das Gesundheitswesen wäre durchfinanziert, alle Schulen top – und die Verkehrswege auch … Vom Rentenloch im Staatstresor ganz zu schweigen.

Dumm gelaufen für uns, dass der Rumpel-Kumpel seinen Namen nicht für sich behalten konnte …

Wenn einem da der Grimm nicht ankommt …
Aber nun wird es ganz grimmig:
– Es ist langweilig. Erzähl mir was!
– Ach nee. Jetzt nicht. Ich sitze am Lenkrad und muss mich konzentrieren.
– Da hältst du eben am nächsten Rastplatz an. Wir machen Schichtwechsel. Ich fahr weiter, und dann kannst du mir in Ruhe was erzählen.
– Na, wenn das so ist. Was möchtest du denn hören?
– Was Schönes …

– Hmm. Wir haben noch zwei Stunden vor uns, tanken muss ich auch noch, und der Benzinpreis ist schon wieder gestiegen, wie soll ich da an was Schönes denken. Außerdem regnet es.

– Es könnte ja noch schlimmer kommen.

– Wie schlimmer?

– Das wirst du erleben, wenn du mir jetzt nichts erzählst.

– Das ist Erpressung! Also gut. Worum soll es denn in deiner Geschichte gehen?

– Auf alle Fälle erst einmal um eine Prinzessin und einen Prinzen und …

– Hast du das gesehen? Ich fahre extra auf die linke Spur, um den Fatzke in seinem dicken Schlitten auf die Autobahn raufzulassen, und was macht der? Der gibt Gas wie ein Besengter und lässt mich nicht vor ihm zurück. Da kann ich mich nicht mal einordnen auf die rechte Spur. Wir fahren doch hier kein Rennen. Oder glaubt er, bei der Formel-1 zu sein und aus der Boxengasse zu kommen, dieser verhinderte Schumacher …

– Gehört das schon zu der Geschichte dazu?

– Natürlich nicht. Aber über solche Typen kann ich mich aufregen. Ohh …

– Ich warte …

– Kommst ihnen entgegen, tust was Gutes, nimmst Rücksicht. Und dann das! Dankeschön-Blinken ist nicht. Muss ja auch nicht sein, von mir aus. Aber wenigstens Benimm. Soll er doch Gas geben, wenn ich wieder rechts bin und dann überholen. Da kommt er keine zehn Sekunden später an. Stattdessen geilt er sich daran auf, dass er mich nicht vorbei lässt.

– Hallo! Meine Geschichte …

– Also gut, es war einmal … Es war einmal ein Königsohn. Der bekam von seinem Vater eine Karosse geschenkt. Mit der fuhr er in der Gegend rum. Das wurde von Stund an seine Lieblingsbeschäftigung. Er fuhr durch das ganze Königreich, kreuz und quer. Nur eines machte ihm Verdruss, waren doch außer ihm noch andere in ihren Kutschen unterwegs. Das missfiel ihm sehr, denn er meinte, dass ihm als Kronsohn von den anderen Wagenlenkern nicht genügend Aufmerksamkeit und Bewunderung entgegengebracht wurde. Also dachte er bei sich: »Da muss ich was tun, oder noch besser: tun lassen.« Am Tag darauf ließ er den Marschall kommen. Der Marschall war nämlich früher so eine Art königlicher Fuhrparkleiter. Und seine Werkstatt war der Marstall. Da standen die Pferdestärken des Regenten und wurden gepflegt und die Kutsche des Königssohnes war dort auch abgeparkt. Zu diesem Marschall, der übrigens Heinrich hieß, sagte nun der Königssohn: »Ich bin es satt, mit dieser Allerweltseinheitskiste herumzufahren. Ich gebiete ich Ihnen, Marschall Heinrich, dass Sie mit meinem Wagen dies und das tun. Tiefer legen zum Beispiel, breitere Räder und einen Spoiler am Heck anstelle des Trittbrettes für die Lakaien.« Der Marschall nahm den Auftrag stumm entgegen, verbeugte sich mit einem Kratzefuß vor dem jungen Königssohn und sprach dann: »Wenn Sie es so wünschen, mein Prinz, dann werde ich es auch so tun.« Und seit der Zeit nennt man es »Tunen«, wenn ein Fahrzeug umgebaut wird, damit ein junger Prinz seine Freude daran hat.

– Ph. Das zählt nicht. Das kam aus der Wortwitzkiste.

– Na klar, zählt das. Was ich für dich hier mache, das heißt »erzählen« und »erzählen« setzt sich zusammen aus »er« und »zählen«. Das bedeutet aber in diesem Auto nun nichts anderes als: Ich zähle, sonst würde man ja wohl auch »siezählen« sagen. So ist das nun mal, und was ich erzähle, das zählt immer. Merk dir das!

– Noch einer aus derselben Kiste. Außerdem war die ganze Zeit über nur vom Prinzen die Rede. Eine Prinzessin ist ja noch gar nicht vorgekommen in deiner Geschichte.

– Ach ja, die Prinzessin, die kann warten. Erst einmal fuhr der Prinz nun in seiner getunten Karosse kreuz und quer durch's Land. Da erregte er überall großes Aufsehen, ganz wie er es sich vorgestellt hatte. Alle bestaunten sein aufgemotztes Fahrzeug. Und nicht nur die Wanderer am Wegesrand, auch die Reiter und die anderen Kutscher machten Platz, wenn der Königssohn mit seinem Gefährt herangebraust kam. Egal, wie dicht der Verkehr auch immer war, er nahm sich stets die

Vorfahrt. So kam es schließlich, wie es kommen musste, eines Tages knallte es. Da stieß er mit einer Hexe zusammen. Die war auf ihrem Besenstiel unterwegs gewesen, nur nicht schnell genug für den jungen Herren. Er rammte sie von hinten, und schubste sie mit seiner Kutsche in den Straßengraben. Das war vielleicht ein Schreck. Der Königssohn bremste ganz gegen seine Gewohnheit ab und schaute, wo sein Opfer hingeflogen wäre. Zum Glück hatte die Hexe aber einen Sturzhelm statt des Kopftuches getragen. So kam sie mit einem blauen Auge und mehreren blauen Flecken davon. Allein ihr Besenstiel, der war zerbrochen und somit fluguntauglich geworden. Mühsam rappelte sie sich hoch, doch der junge Herr Prinz, statt sich zu entschuldigen, oder sein Opfer zum Arzt zu fahren, er fand es zu allem Überfluss auch noch komisch, wie das Hexlein da aus dem Straßengraben kroch. Und so lachte er sie obendrein aus. Das aber klang nun so: »Hoa. hoa, hoa.« Hast du das gehört, dieses »Hoa, hoa, hoa«, ja? Darauf schwang er die Peitsche und wollte schon wieder seine Pferdestärken lostraben lassen. Aber so viel Frechheit war der Hexe dann doch zu viel. Sie sprach einen Zauberspruch und das war's dann. Dieser Rüpel belästigte nie wieder andere Verkehrsteilnehmer. Das sage ich dir.

– Wieso denn? Was hat die Hexe mit ihm angestellt?

– Habe ich dir doch eben vorgemacht: »Hoa, hoa, hoa«.

– Verstehe ich nicht. Was soll denn das? Dein »Hoa, hoa, hoa.«

– Na sie hat ihn verzaubert, die Hexe. Und zwar in einen Frosch. Frösche quaken nun mal so: »Hoa, hoa, hoa«. Der Prinz lief ganz grün an, schrumpfte zusammen und hüpfte zu guter Letzt aus seiner Staatskarosse heraus direkt in den Straßengraben. Von dort aus konnte er in Ruhe dem Verkehr zusehen. Das hatte er dann davon ...

– Und wo bleibt nun meine Prinzessin?

– Die kommt erst ganz am Schluss. Aber den erzähle ich jetzt nicht, denn den kennst du ja schon.

– Das ist die Prinzessin aus dem Märchen vom Froschkönig, stimmt's?

– Genau. Das heißt, fast genau. Nur, dass die Gebrüder Grimm dieses Märchen eben nicht »Froschkönig« genannt hatten und auch nicht

»Von der Prinzessin, die ihr Versprechen nicht einhalten wollte« sondern nach der wahren Hauptperson »Den eisernen Heinrich«. Der Heinrich ist aber kein anderer gewesen als der Marschall aus dem Marstall, wie du dich erinnerst. Er hatte seiner Zeit die Kutsche für den Prinzen getunt, denn er war von Beruf KFZ – Meister. Daher sein Beiname »Der Eiserne«. Heinrich war es übrigens auch, der die Karosse des Prinzen gefunden hatte, als überall im Königreich nach dem verschwundenen Thronfolger gesucht wurde. Und obwohl sein Werk bei dem Zusammenprall mit der Hexe kaum Schaden genommen hatte, so war Heinrich doch über alle Maßen unglücklich, weil er den Königssohn nirgends finden konnte. Dass es sein Herr war, der neben der Kutsche im Straßengraben hilflos herumquakte, das konnte er ja wirklich nicht ahnen, und so musste er es denn ohne den Gesuchten ins Schloss zurückkehren. Jahre später aber vernahm Marschall Heinrich, dass der Prinz im benachbarten Königreich bei jener kussfreudigen Prinzessin wieder aufgetaucht war. Da fuhr er natürlich sofort mit der getunten Kutsche des Prinzen hin, um ihn und seine Braut abzuholen. Der Heinrich war ein professioneller Kutscher, kein Raser, das war ein richtiger Chauffeur – immerhin war er nicht umsonst der Marschall. Er steuerte also die Karosse zurück ins Königreich des Prinzen und hinter ihm saß das junge Paar. Du kannst es nachlesen, wenn du willst. Ich erzähle dir ein wahres Märchen. Auf jener Rückfahrt also, rief der Prinz trotzdem immer wieder: »Heinrich. Fahren Sie bloß vorsichtig! Ich glaub der Wagen bricht.« Dabei hielt sich der Marschall streng an die STVO. »Heinrich, der Wagen bricht!« Da kannst du mal sehen, wie gut es tut, wenn so ein Verkehrsrowdy eine zeitlang im Graben sitzt. Der rast nie wieder. »Hoa, hoa, hoa.

Hinter uns kommt übrigens schon wieder so ein Knallfrosch angerast. Versuch's mal bei dem und sprich einen Zauberspruch.

– Das war zu viel. Als wenn ich hexen würde. So grimmig darfst du mir nicht kommen. Nun ist Schluss mit der Erzählerei!

45. Vier Dinge braucht der Mensch

Zum Ersten:

Es war ein Samstag-Morgen. Ich hatte bei den Eltern übernachtet und gefrühstückt. Dann verabschiedete ich mich von ihnen und rief meine Frau an, um ihr mitzuteilen, dass ich mich jetzt auf den Weg machen würde. Gegen zehn kam ich bei uns daheim an. Ein merklicher Druck auf der Blase ließ mich straffen Schrittes die Treppe hoch eilen und nach dem Passieren der Wohnungstür unverzüglich das gewisse Örtchen aufsuchen. Mein Eheweib bekam einstweilen lediglich ein freundliches »Hallo« in die Küche hinein gerufen. Nachdem ich den lästigen gewordenen Morgenkaffee entsorgt hatte, drückte ich die Spülung, aber es tat sich nichts.

Nun. Das war unangenehm. Sollte da etwas im Spülkasten kaputt gegangen sein? Dann müsste ich mich umgehend an die Reparatur machen. Für Sonntag war Besuch zum Kaffee angekündigt, und da sollte bitteschön alles im Bad in Ordnung sein. Bei meinem Geschick hieße das aber: Der restliche Vormittag ist gelaufen. Voriges Jahr hatte ich den Deckel des Kastens schon einmal auf gehabt. Alles verkalkt da drinnen. Na hilft nichts, dachte ich, da musst du durch. Wir wohnen nun mal in einem Altbau, aber die Klospülung möchte schon funktionieren.

Um mir die Hände zu waschen, drehte ich den Wasserhahn über dem Waschbecken auf – auch nichts, weder warmes noch kaltes Wasser. Und das nach dem Toilettengang. Kein Wasser. Was sollte denn das schon wieder bedeuten?

Ich rief nach meiner Frau. Sie kam in den Flur und bestätigte mir durch die geschlossene Toilettentür, dass in der Küche auch kein Wasser liefe. »Seit wann denn das?«, fragte ich. Zum Frühstück habe sie sich noch wie üblich den Kaffee bereiten können. Aber als sie später das Geschirr abspülen wollte, sei das Wasser »weg« gewesen. Wo mochte es hin sein?

Ich vermutete zunächst, dass jemand im Hause den Haupthahn abgedreht haben könnte, vielleicht wollte er ebenfalls seinen Spülkasten austauschen oder sogar das Waschbecken. Der Sonnabend-Vormittag ist traditionell ein beliebter Termin für Heimwerker, die die Woche über jeden Tag berufstätig außer Haus sind. Ich stieg in den Keller hinab und suchte den Hauptstrang, der alle Mietsparteien mit dem benötigten Nass versorgt. Ich fand ihn auch. Der Hahn war aber geöffnet. Das bestätigte mir auch ein Nachbar, der kurz nach mir im Bademantel in den Keller kam. Er trug noch seinen Schlafanzug darunter. »Nicht mal waschen kann man sich. Was ist denn das für eine Wirtschaft hier?«, knurrte er. »Denen werde ich die Miete kürzen.«

So viel wusste ich nun erst einmal. Das Wasser fehlte nicht infolge eines unbedachten oder unfreundlichen Aktes unserer Mitbewohner. Hier im Hause war kein Schuldiger zu finden. Vielmehr waren alle gleichermaßen betroffen und bildeten nach Lage der Dinge mit meiner Frau und mir eine Solidargemeinschaft. Ich schlussfolgerte ferner, dass die Ursache für diese Misere außerhalb unseres Heimes liegen musste. Also stieg ich die Treppe wieder hinauf und sagte Bescheid, dass ich mal ein Runde Spazierengehen wollte, um im näheren Umfeld Ursachenforschung zu betreiben. Außerdem wollte ich nach einer Pumpe Ausschau halten. Ich wusste, dass noch aus alten Zeiten klobige Wasserpumpen mit Handschwengel zuweilen am Straßenrand standen, auch bei uns in der Nähe, wenn ich mich recht erinnerte. Ich wusste nur nicht genau, wo. Diese alten Pumpen waren sogar noch gebrauchsfähig, wenn man Glück hatte.

»Ja, sieh mal zu, ob Du irgendwo Wasser finden kannst«, gab mir die Frau auf den Weg. »Irgendwie müssen wir ja mal spülen. Mir drückt es auch schon gehörig. Das ist nun wirklich ekelhaft auf dem Klo ohne Wasser. Wenn wenigstens irgendetwas vorher angekündigt worden wäre, dann hätten wir uns ein paar Eimer voll laufen lassen, für die dringendsten Zwecke. Aber so … «

Zwei Häuser weiter schaute Hochparterre eine ältere Frau zum Fenster heraus. Sie führte schimpfend ein Selbstgespräch. Ich grüßte und fragte, ob bei ihr das Wasser laufe. »Eben nicht!«, entgegnete sie, dass es durch die Straße hallte. Sie wollte Wäsche waschen, ließ sie mich wissen, aber ohne Wasser blockiere die Maschine.

»Darüber können sie aber froh sein!« Dieser Kommentar kam von einem Nachbarn aus dem dritten Stockwerk des Blockes, der sich bei der Meckerei schräg unter ihr nun ebenfalls am Fenster zeigte. »Die Ost-Waschmaschinen früher hatten so einen Wassersensor gar nicht. Wenn die einmal eingeschaltet wurden, dann ging die Heizung an, egal ob Wasser im Bottich war oder nicht, und mit solcher Technik wäre Ihnen wohl Ihre jetzt Wäsche glatt verkohlt.« »Oh Gott!« rief die Alte erschrocken. »Hat die wirklich abgeschaltet? Da muss ich gleich mal nachschauen!« Damit verschwand sie vom Fenster.

»Wird wohl ein Rohrbruch sein«, meinte der Mann anschließend zu mir. »Vorhin habe ich auch ein Signalhorn gehört. Kam von da vorne, Richtung Hauptstraße. Die Leitungen sind hier ja alle schon über hundert Jahre im Boden. Irgendwann verrottet auch die beste Qualitätsarbeit. Ist so.«

Ich wendete mich also in Richtung Hauptstraße. Tatsächlich entdeckte ich an der nächsten Straßenkreuzung einen Einsatzwagen der Feuerwehr, daneben ein Fahrzeug der Wasserwerke. Eine Gruppe Passanten schaute vom Rand der Absperrung dem Treiben zu. Ich stellte mich zu ihnen. Die Männer in der Arbeitsmontur hatten das Steinpflaster auf der gesamten Breite des Bürgersteigs bereits ausgebuddelt und beiseite geräumt. Sie waren gerade dabei, sich in die Tiefe zu graben. Ich machte einen von ihnen als Chef aus; er war zwar ebenso wie seine arbeitenden Kollegen gekleidet, stand aber rauchend neben ihnen und gab Anweisungen. Den fragte ich, wie lange der Einsatz hier noch dauern sollte.

»Jute Frare«, sinnierte der Mann. »Ditt kann schon een, zwee Wochen dauern, wenn wa Glück haben allerdings.«

Ich schluckte. »Und so lange haben wir kein fließend Wasser hier?«

»Ach wo«, beruhigte mich der Chef nun. »Wenn wa ditt kaputte Rohr jefunden ham, schotten wa's ab. Denn is die Hauptleitung hier dicht, und wir können uns dran machen, den Abschnitt mit dem Loch zu flicken oder rauszuschneiden und durch'n neuet Teil zu ersetzen, verstehn'se? Aber inne Häuser hier kann'et Wasser ruhich schon mal zujeschaltet werden. Die Wasserversorgung müssen Se sich nämlich wie'n Netz vorstellen. Ditt, watt denn bei Ihnen aus'm Hahn kommt, hat denn eben nen andren Zufluss. Da sinn wa als Wasserwerker janz flexibel, Meesta. Hauptsache hier, wo wir arbeiten tun, isset dicht.« Der Mann warf die Kippe auf den Boden und drehte sie mit seinem Arbeitsschuh in die Erde. «Bloß – erst ma müssen wa ditt verdammte Loch hier jefunden ham, watt sich da unten versteckt. Wenn wa jetze Pech haben, dann liecht et jenau unter der Wand von dem Haus hier, denn kriejen se erst heut Nachmittach ihr Wasser wieder.«

Ich zog die Augenbrauen hoch. Erst heute Nachmittag. Das hieße, wir müssten wohl in irgendeine Gaststätte essen gehen. Wie sollte meine Frau denn ohne Wasser Mittag kochen?

»Ham wa aber Glück«, fuhr der Mann fort, »denn finden wa ditt Leck gradewejs hier drunter, wo wa och buddeln, und denn könn'se schon inner Stunde wieder duschen, verstehn 'se?«

Ich nickte, sagte »Aha«, bedankte mich für diese Erklärung und dann fragte ich den sachkundigen Mann noch, ob er mir vielleicht auch sagen könnte, ob ich bis zu dem angekündigten aber noch ungewissen Zeitpunkt irgendwo in der Nachbarschaft Wasser in Eimer oder Kanister abfüllen könne, oder ob eine funktionsfähige Pumpe in der Nähe zu finden wäre.

»Nee«, sagte der Mann. »Pumpe iss hier nich, da müssten se bis in'n Prenzlauer Berg loofen. Und wenn se ditt tun würden, denn kriegen se ja Affenarme mit'de vollen Wassereima rückzu.« Das war nun wieder keine gute Nachricht. Ich verzog das Gesicht.

»Aba nächste Querstrasse anne Apotheke jibbs'n einfachen Wasserhahn. Ick denk ma, der tut's ooch.« So wie sich dieser Mann ausdrückte, erinnerte mich das an eine Sorte Witze, in der die Pointe immer darin bestand, dass erst eine schlechte Nachricht verkündet wurde, und dann die gute … Anscheinend hatte der es sich angewöhnt, immer in diesem Stil zu reden. Typen gibt es!

Auf alle Fälle war erst einmal geklärt, wie unsere Wasserversorgung bis Mittag gesichert werden konnte. Ich ging eilig nach Hause, suchte mit der Frau nach vier Eimern und dann holten wir uns tragbare Rationen Wasser von der Apotheke. Ganz kostenlos und ohne Rezept. Nun konnten wir wenigstens in der Toilette mit Wasser nachspülen. Es blieb auch noch etwas als Reserve über für den Nachmittagskaffee. Nicht viel, aber immerhin hatten wir jetzt vorgesorgt. Dann klingelte es. Unsere Nachbarin, Oma Klein, stand auf dem Flur, die Haare ungeordnet, eine Strickjacke über die Schulter geworfen.

»Kinder, habt Ihr das schon mitgekriegt?«, fragte sie. »Es gibt überhaupt kein Wasser.«

»Das wird spätestens heute Nachmittag wieder zugeschaltet«, klärte ich sie auf. »An der Kreuzung hat es einen Wasserrohrbruch gegeben. Die Leute vom Wasserwerk sind aber schon vor Ort und reparieren.«

»Heute Nachmittag«, murmelte Oma Klein fassungslos. »Was soll ich denn bis dahin machen ohne Wasser? Und ich wollte mir die Haare waschen.«

»Ach«, sagte ich. »An der Apotheke vorn gibt es ja Wasser aus einem Hahn.«

»An der Apotheke?« fragte Oma Klein ungläubig.

Meine Frau trat aus der Küche hinzu und sah mich mit einem Augenaufschlag an, der besagte, ich solle aufhören, rumzuquatschen, mir zwei leeren Eimer schnappen und für Oma Klein frisches Wasser holen. So viele Handlungsanweisungen vermag meine Frau in einem einzigen Blick unterzubringen. Und diese befolgte ich dann auch prompt.

»Das ist aber lieb von dir, mein Junge«, rief mir Oma Klein hinterher, als ich schon die Treppe hinunter stiefelte.

Geht schon in Ordnung, dachte ich. Ich habe es mir egal zum Prinzip gemacht, jeden Tag eine gute Tat zu verrichten. Das war dann die für heute. Erledigt meine Frau eben den Abwasch nachher alleine, sagte ich mir.

Es war natürlich genau so, wie ich es befürchtet hatte. Inzwischen hatte es sich herumgesprochen, dass es an der Apotheke einen öffentlich zugänglichen Wasserhahn gab, und es hatte sich eine Schlange Wartender davor gebildet. Der komplette Kiez deckte sich hier mit Wasser ein. Ich hatte den Eindruck, dass manche ihr ganzes Haus versorgten. Oder meinten die etwa, sich auf eine monatelange Dürre einstellen zu müssen? Es ging überhaupt nicht vorwärts, obwohl der Hahn mit stets gleichem Druck vor sich hin strahlte. Fast eine Viertelstunde stand ich beim zweiten Male an diesem Vormittag vor der Apotheke. Vorhin, als ich die Situation ausgekundschaftet hatte, da waren wir die Ersten und Einzigen, aber jetzt wo das Wissen um die Wasserquelle Allgemeingut geworden war, dauerte das, und dauerte. Nur damit ich die Situation wenigstens ein klein wenig genießen konnte, ließ ich die Eimer, als ich dann endlich an der Reihe war, bis oben hin voll laufen. Da konnten die nach mir Gekommenen eben auch etwas länger warten. Das war allerdings ein Fehler, denn auf dem Weg zu unserem Haus zurück schwappte mir der Inhalt etliche Schluck in die Schuhe. Die Hose war nass, die Socken auch. Und das alles, damit sich Oma Klein noch vormittags die Haare waschen konnte …

Immerhin freute sie sich aufrichtig, als ich ihr die Eimer mit dem kostbaren Nass in ihr Badezimmer trug. In diesem Moment vernahmen wir ein seltsames Geräusch. Es war, als würde jemand an der Wasserleitung rütteln. Dumpf kam ein stotterndes Klopfen aus der Wand.

»Hörst du das auch?«, fragte ich Oma Klein, während ich die Eimer auf eine brettartige Konstruktion über ihre Wanne stellte.

»Ja!«, antwortete mir die alte Dame. »Ich glaube, das Wasser ist zurück.« Darauf trat sie zu mir, beugte sich über die Wanne zur Mischbatterie und drehte den Hahn auf. Tatsächlich, es kam Wasser raus, zunächst noch schmutzig braun und in Schüben mit unterschiedlichem Druck. Schnell aber klarte es auf und floss gleichmäßig, so wie man es von ihm gewohnt ist.

»Junge! Da haben wir es wohl glücklich überstanden«, triumphierte Oma Klein. »Da kann ich mir ja jetzt ohne Sorgen die Haare waschen.« Mit diesen Worten griff sie an den Rand der von mir mit Mühe hergetragenen Eimer ...

und kippte sie nacheinander in die Wanne. Ihre Begeisterung bei dieser Wasserverschwendung war ebenso groß wie vorhin ihre Freude, mit der sie mich mit den vollen Eimern begrüßt hatte. Das Wasser aus den Eimern floss in einem Strudel ab und war weg. Neues kam nach.

Ich atmete tief durch und verabschiedete mich mit den leeren Eimern in meine Wohnung. Ich musste mir erst einmal trockene Strümpfe anziehen.

Zum Zweiten:

Es war einmal ein König, der hatte drei Töchter. Die liebten ihren Vater sehr. Eines Abends aber kam dem Manne in den Sinn, er wolle testen, welche von den Dreien ihn am allerliebsten habe.

Das war wirklich sehr dumm von dem König. Vielleicht hatte er auch schon zu tief ins Weinglas geschaut. Es ist doch allseits bekannt, dass es gar keine Steigerung der Liebe gibt. Entweder man liebt, oder man liebt nicht. Wer geliebt sein will, sollte dies beherzigen und nicht von einem anderen Menschen einfordern, was dieser ihm nicht von sich aus schenkt. Der eine liebt so und der andere eben so. So viele Menschen, so viele Arten zu lieben. Man muss es einfach genießen und nehmen, wie es kommt. Für Töchter, Mädchen, Frauen gilt das genau so wie für Jungs und Männer. Ein jeder liebt nach seiner Natur, seinem Charakter und seinem Sinn. Es zählt allein, dass es Liebe ist.

Man kann Liebe auch nicht vergleichen, sortieren, bewerten oder gar in eine Norm zwängen, wie Kartoffeln und Speisefische. Liebe ist kein Diktat, bei dem der Geliebte Fehler der ihn Liebenden anstreicht. Und Liebe ist kein Aufsatz unter den der Lehrer schreibt: »Kann nicht befriedigen. Nimm dir ein Beispiel an Deiner Nachbarin.«

Aber wie dem auch sei, der König hatte sich in seine Idee verliebt und forderte nun die drei Töchter auf, sie sollten ihm sagen, wie sehr sie ihren Vater liebten.

»Ich liebe dich wie diesen Edelstein«, sagte die älteste Tochter und wies auf den Brillanten in ihrer Halskette. Da betrachtete der Vater mit Wohlgefallen das Dekolleté seiner ältesten Tochter, nickte und war's zufrieden.

»Und ich liebe dich, wie diese Perle«, sagte die zweite Tochter. Sie legte bei diesen Worten dem König ihre zierliche Hand auf die seine, so dass er die Perle in dem Ring glänzen sah, den sie trug. Der Vater streichelte gerührt die Hand seiner zweiten Tochter mitsamt dem Perlenring und war von diesem Vergleich ebenfalls sehr angetan.

Dann wandte er sich an seine jüngste Tochter. »Nun mein Kind, sag an, wie sehr liebst du mich?«

»Du bist für mich wie das Salz«, antworte ihm die Jüngste.

Ihre Schwestern prusteten kichernd los, und der König meinte, nicht richtig gehört zu haben. So fragte er noch einmal nach: »Wie sehr liebst du mich?«

»Ich liebe dich so wie Salz«, bestätigte die Tochter ihrem Vater.

»Salz!« Der König war aufgesprungen und raufte sich die Haare. »Salz!«, schrie er wütend, dass auch die älteren Schwestern betroffen schwiegen. »So ist das also! Mehr bin ich dir nicht wert? Oh, du sollst lernen, was salzig ist. Tränen schmecken nach Salz. Fort mit dir! Eine solch undankbare Tochter will ich nicht länger sehen. Hinweg! Aus meinen Augen!«

Und dann rief er seine Diener. Diese mussten die jüngste Tochter von der Stelle weg aus dem großen Thronsaal fortführen, aus dem Schlosse, aus der Stadt und sogar aus dem ganzen Land hinaus. Sie bekam nicht einmal Gelegenheit, sich zu verabschieden oder sich umzuziehen. So wie sie war, sollte sie in die Verbannung ziehen. Ganz zu schweigen davon, dass sie sich hätte erklären können. Der König wollte nichts mehr von ihr hören. Derart wütend hatte sie ihren Vater gemacht. Wie Salz liebe sie ihn, und das nach all den Jahren königlich-väterlicher

Fürsorge. Mit Kuchen, Konfekt und Spezereien hatte er seine Töchter verwöhnt, nur um nun zu erfahren, dass seiner Jüngste nichts Besseres einfalle als ausgerechnet Salz, wenn sie erklären solle, was sie für ihn empfinde. Ja hätte sie gesagt, Schokolade, oder Honig oder Zuckerwatte … vielleicht hätte er sogar Pfefferminze und Kamille durchgehen lassen. Diese Kräuter waren wenigstens noch gesund. Aber Salz … Nein, das war einfach zu bitter, oder besser gesagt zu salzig, als dass er das hätte schlucken können.

Nun war die Jüngste also außer Landes. Im Ausland konnte sie sich nichts dafür kaufen, dass sie daheim früher als Tochter eines Königs gegolten hatte. Wollte sie nicht verhungern, musste sie sich Arbeit suchen. Und die fand sie auch. Da sie sich schon im heimischen Schlosspark für die Gärtnerei interessiert hatte, brachte sie einige botanische Vorkenntnisse mit, auf die sie bei ihrer Bewerbung verweisen konnte. Die Königsmutter jenes Königreiches, in dem die verstoßene Prinzessin untergekommen war, suchte just zur nämlichen Zeit für den Garten an ihrem Alterswohnsitz eine frische Kraft, und so stellte sie die Prinzessin bei sich ein. Da harkte die jüngste Königstochter nun die Gartenwege, fegte Laub und stutzte Hecken zurecht.

Eines Tages besuchte der Enkel jener Königsmutter seine Großmutter. Er lebte üblicherweise bei seinen Eltern als deren einziger Sohn im Königsschloss in der Hauptstadt des Königreiches und war folglich nicht allein ein Prinz, sondern auch der Thronfolger. Dieser junge Mann nun traf im Garten das Mädchen und verliebte sich auf den ersten Blick in sie. Seiner Großmutter blieb das natürlich nicht verborgen, kam er doch von jenem Tage an jedes Wochenende zu Besuch. Auch wenn sie sich sehr freute, ihren Enkel jetzt öfter als jemals zuvor bei sich begrüßen zu können, so war ihr doch klar, dass die illegitime Beziehung mit ihrer Gärtnerin nicht vorteilhaft für seine Karriere sein könne. Deshalb sagte sie ihm allen ernstes, sie werde die Kleine entlassen, wenn der Prinz nicht aufhöre, dieser wortwörtlich den Hof zu machen. Solch eine Liaison sei nun einmal nicht standesgemäß. Schweren Herzens ging darauf der Prinz hinunter in den Garten und suchte seine Geliebte. Im Gewächshaus teilte er ihr mit, dass er sie nie mehr wieder sehen könne, denn er wolle gerade in Anbetracht der Tiefe seines Gefühls für sie nicht schuld daran sein, wenn sie ihren Job verliere und ins Unglück stürze.

»Aber mein lieber Prinz«, antwortete die Gärtnerin darauf, und aus dieser Anrede schon war zu entnehmen, dass ihr der Thronfolger jenes Königreiches auch nicht ganz gleichgültig war. »Mein lieber Prinz, gräme dich doch nicht und lasse auch den Kopf nicht hängen, denn du kannst mich gewiss nicht tiefer ins Unglück stürzen, als ich schon darinnen stecke. Sei vielmehr guten Mutes und liebe mich bitteschön weiter von ganzem Herzen, denn deine Liebe könnte ich bei meiner Herkunft durchaus akzeptieren.«

Darauf offenbarte sie ihm, dass auch sie einen König zum Vater habe; dass allerdings diese Vater-Tochter-Beziehung derzeit auf Grund eines majestätischen Missverständnisses auf unter Null gefahren worden wäre. Eingefroren. Vereist. Still ruht der See …

Und dann beichtete sie dem Prinzen schluchzend die Gründe, die zur Verbannung aus dem Reich ihrer Kindheit geführt hätten. Prinz und Prinzessin fielen sich darauf in die Arme, umarmten sich, weinten vor Freude und schleckten einander die salzigen Tränen von den Wangen. Der Prinz versprach, alles ins Reine bringen zu wollen, wenn die Gärtnerin, also die Prinzessin aus der Fremde, seine Frau werden wolle. Das wollte sie gern, und so machte er sich umgehend ans Reinemachen. Dazu verschickte er in alle Welt Einladungen zu seiner bevorstehenden Hochzeit.

Auch zum Vater der Braut wurde ein Bote geschickt. Der brach nun alsbald auf und stattete dem Reich, in dem seine jüngste Tochter untergekommen war, einen Staatsbesuch ab. Er wusste aber nicht, dass sie dort Asyl gefunden hatte, und er wusste auch nicht, dass sie die Braut des Prinzen werden sollte. Er hatte aber die Einladung gern angenommen, weil er sich ein wenig Abwechslung von dieser Reise versprach. Seitdem er seine jüngste Tochter verstoßen hatte, war er nämlich depressiv geworden und hatte keine rechte Freude mehr an seinen täglichen Regierungsgeschäften.

Der König, der Vater der Braut in diesem Fall, wurde in dem fremden Königreich von dessen König, dem Vater des Bräutigams, mit allem gebührenden Pomp begrüßt. Der erste Punkt im königlichen Besuchsprogramm war ein festliches Bankett, auf dem der Gast-König auch den Prinzen jenes Landes kennen lernte, den künftigen Bräutigam. Dieser servierte ihm eigenhändig die Speisen. Das ist eigentlich protokollarisch nicht üblich und irritierte den königlichen Besucher etwas, aber er sagte sich: andere Länder andere Sitten, bedankte sich und kostete, was ihm da gereicht worden war. Aber was war das? Der König verzog angewidert die Mundwinkel. Alles sah zwar herrlich aus, allein es schmeckte einfach nur lasch, nüchtern und fad. Es war im wahrsten Sinne des Wortes geschmacklos, was ihm da aufgetafelt worden war. Es fehlte was, etwas ganz Entscheidendes. Salz! Der König schob die Teller und Schüsseln vor seinem Platz beiseite, stützte den Kopf in die Hand und sann gedankenverloren vor sich hin.

»Ist etwas nicht in Ordnung, Majestät?«, fragte teilnahmsvoll der Prinz.

»Ja. Mir ist gerade etwas aufgefallen. Etwas Wichtiges, was ich nie zuvor früher bemerkt hatte«, antwortete ihm der König.

»Wollen Sie vielleicht mit uns darüber sprechen?«, fragte nun auch der Vater des Prinzen im Ton eines Psychotherapeuten. Die beiden wussten ja Bescheid, kannten sie doch die Geschichte mit dem Salz von der Braut des Prinzen, und dass da kein Salz an die Speisen des Gastes gegeben war, das hatten sie mit Vorbedacht so arrangiert.

Zu dritt verließen sie den Festsaal, wo fleißig weiter getafelt wurde, und begaben sich ins Separee. Dort ließ der gastgebende König Kaffee und Cognac kommen.

Der Gast schwenkte den Weinbrand in seinem Glas hin und her und schaute trübsinnig auf die Tränen der Flüssigkeit, die von den Rändern herab ölig in die Mitte des Glases zurück rannen. Das erinnerte ihn daran, wie er damals seiner Tochter die Worte an den Kopf geworfen hatte, dass Tränen salzig schmeckten.

»Schmuck ist ja ganz schön, aber lebensnotwendig ist er eigentlich nicht«, begann er schließlich. »Salz dagegen braucht man jeden Tag, nicht wahr?«

Seine Zuhörer nickten. Sie fühlten sich wie Polizeikommissare im Verhör, wenn der Verdächtige sich anschickt, seine Missetat zu gestehen.

»Nicht nur, dass die Speisen ohne Salz nicht schmecken. Wir kämen gar nicht über den Winter ohne Salz. Das Fleisch wird gepökelt, Fisch in Salzlake eingelegt. So werden die Lebensmittel haltbar gemacht, dass sie nicht verderben. Wir würden glatt verhungern ohne Salz.«

Wieder ein bestätigendes Nicken. Da stöhnte der alte König auf und bekannte, was er doch für ein Dummkopf gewesen sei, dass er nicht verstanden habe, wie sehr ihn seine jüngste Tochter geliebt habe, als sie ihm vor langer Zeit sagte, das er für sie wichtig wie das Salz sei. Stattdessen habe er sie verflucht und verbannt.

»Gut, dass wir darüber gesprochen haben«, tröstete ihn der gastgebende König. »Nun ist es raus. Damit haben Sie sich das von der Seele geredet. Das ist schon mal der erste Schritt, um Ihre Depression zu überwinden. Und jetzt schauen Sie mal zur Tür, mein Lieber!«

Dort stand aber niemand anders als seine jüngste Tochter im Türrahmen. Sie hatte ihr Brautkleid angetan und war schön wie eine eben erblühte Rose. Lächelnd ging sie auf ihren Vater zu, der sich gar nicht fassen konnte vor Freude. Sie umarmte ihn und sprach, dass sie ihm verzeihen wolle, nun da er verstanden habe, wie viel das Salz den Menschen bedeute, und was für ein großes Kompliment sie ihm dazumal gemacht habe.

Nie zuvor war eine fröhlichere Hochzeit gefeiert worden. Als aber das Feiern ein Ende hatte und der König wieder in sein Reich zurückgekehrt war, verkündete er ein Gesetz, und das lautete: »Wer mit Salz nicht sorgsam umgeht, und es unbedacht verschüttet, der bekommt Ärger!«

Das steht zwar heute so nicht mehr schwarz auf weiß in den aktuellen Gesetzessammlungen, aber bekannt ist dieser Erlass noch immer, und wird in genau diesem Sinne von Generation zu Generation weitergegeben.

(nach einem süddeutschen Volksmärchen)

Zum Dritten:

Als der Absolvent endlich sein Diplom in der Tasche hatte, meinte er nicht anders, als dass jetzt das ewige Lernen ein Ende habe. Fünfundzwanzig lange Jahre, vom ersten Schultag bis zum letzten Examen hatte die eine große Aufgabe seines Lebens darin bestanden, sich einzuprägen, was andere ihm vorgaben, ihre Kenntnisse, ihre Erfahrungen, ihre Fertigkeiten und ihre Methoden zur Lösung von Problemen jedweder Art. Probleme sind ja bekanntlich nichts anderes als Aufgaben, deren Lösungsalgorithmus einer noch nicht kennt. Hat er ihn aber erst einmal gefunden, ist alles kein Problem mehr.

Die Aufgaben wurden naturgemäß immer von Menschen gestellt, die älter waren; von den Eltern und Großeltern, Lehrern, Ausbildern, Lektoren und Professoren. Alle waren mit einem gewissen zeitlichen Vorsprung ins Leben gestartet und konnten sich auf diesen berufen, wenn sie erklärten, nach welchen Regeln gespielt wird, worauf es ankommt und worin der Sinn des Ganzen liegt. Nach einer gewissen Zeit wurde der Schüler an den nächsten Fachkundigen weitergereicht, der ihm und seinen Gefährten noch mehr beibringen sollte und wollte. Bis dann schließlich sogar das ganz spezielle Studium an der Universität überstanden war.

Nun war aber Schluss mit dem Lernen, Trainieren und Trockenschwimmen! Ab sofort würde sich der junge Mensch dem Leben stellen, Spuren hinterlassen und alles zum Guten wenden. Diese Annahme war allerdings falsch, denn die Lernerei ging weiter. Mit dem Unterschied immerhin, dass er dafür mit Geld honoriert wurde anstatt mit Zensuren. Erst einmal sollte er nämlich lernen – zu arbeiten.

Arbeiten ist etwas völlig anderes, als einmal erworbene Fähigkeiten und Fertigkeiten gegen ein gewisses Entgelt so lange auszuprobieren, wie es Spaß und Freude macht. Spaß und Freude führen viel mehr überall, wo nicht konsequent eingeschritten wird, unweigerlich zu Dilettantismus. Dieses Fremdwort wurde übrigens aus dem Italienischen ins Deutsche übernommen und heißt wortwörtlich: »Zur Freude«. Ein Dilettant spielt zur eigenen Freude ein Instrument, malt ein Bild, dichtet ein Sonett, er schreibt viele Seiten voll und legt sie befriedigt ab. Ich habe Dilettanten gegen Hochleistungscomputer spielen sehen, und diese Jungs haben aus der modernen Technik tatsächlich alles herausgekitzelt, was die zu bieten vermochte. Darüber hatten sie glatt ihren Feierabend vergessen, um Stunden.

Kann durchaus sein, dass ein Dilettant Talent hat, dass sein Werk, an dem er sich begeistert, uns etwas zu sagen vermag, und dass es obendrein gefällig und einprägsam gesagt wird. Dilettantismus ist kein Werturteil. Es heißt einfach nur eines: Hier ist man nicht professionell am Arbeiten.

Dem Profi kommt es im Unterschied zum Dilettanten nicht auf Lustgewinn in einem Schöpfungsakt oder bei sonstigen Verrichtungen an. Ihn interessiert allein das Ergebnis. Er ergötzt sich an dem Nutzen, den er stiftet. Und das im doppelten Sinne: Das Resultat seiner Arbeit muss funktionieren, es muss einen Gebrauchswert haben, und außerdem muss es sich verkaufen lassen und seine Kasse muss klingeln – nur was bezahlt wird das zählt. Nicht, dass Arbeit keine Freude machen dürfte, aber das ist für Profis nun einmal überhaupt kein Kriterium, allenfalls das Sahnehäubchen.

Ebenso wie beim Lernen ist man auch auf Arbeit gehalten, Aufgaben zu erfüllen, die andere – hier nicht mehr die Lehrer, sondern die Vorgesetzten – einem vorsetzen (deshalb nennt man sie auch so). Jede einzelne dieser Aufgaben stellt an sich kein Problem dar. Es ist bekannt, wie die Aufgaben zu lösen sind. Es geht darum, den Lösungsalgorithmus abzuarbeiten und das Ergebnis in einer vorgegebenen Zeit mit vorgegebener Qualität an die vorgegebenen Kollegen weiter zu reichen. Kommt es beim Lernen und Erlernen letztlich darauf an, sich selbst etwas anzueignen, so ist man bei der Arbeit gefordert, mit anderen zu teilen. Man übernimmt ein Zwischenresultat, gibt da sein Quantum Senf planmäßig hinzu und stellt das so Veredelte dann wiederum anderen zur weiteren Verfügung zur Verfügung.

Dazu wurde dem Absolventen seinerzeit ein Einarbeitungsplan erstellt, und er bekam einen persönlichen Betreuer zugeteilt, der ihm im besten Sinne des Wortes auf die Finger schaute. Er wurde von seinem Bereich zu anderen weitergereicht, um dort zu erfahren, womit sich jene Kollegen herumplagten und auf welcher Art Zuarbeit sie Wert legten. Dann kam er zurück an seinen Arbeitsplatz und wusste, warum etwas verlangt war, und warum gerade so und nicht anders. Man nahm sich Zeit für den Neuen. Und es brauchte auch seine Zeit, bis der als wichtiges Kriterium seines Arbeitseinsatzes verinnerlicht hatte, dass er kein Soloinstrument in jenem Orchester spielte, schon gar nicht die erste Geige. Er hatte vom Blatt zu spielen und zwar jenes Stück, das gerade angesagt war, nicht aber eines, worauf er vielleicht Lust gehabt hätte. Und mehr noch: nicht nur im Ton auch im Tempo und in der Lautstärke hatte er sich danach zu richten, was vorgeschrieben war. Dann konnte es am Ende einen guten Klang ergeben.

Wie ein Konzert, so ist auch ein Produkt immer auch ein Gemeinschaftswerk. Auf dem ersten Blick ist die eigene Handschrift der Mitwirkenden gar nicht zu erkennen. Doch hätte nicht ein jeder seinen Teil dazu beigetragen, es wäre nicht fertig geworden; nicht in dieser Qualität und nicht zu diesem Termin. Erst wenn der Beifall aufbraust, erst wenn das Haus steht, wenn das Flugzeug fliegt, wenn der Kunde wiederkommt, wenn der Bestand der Firma gesichert ist – dann freut sich der Arbeitsmann. Das liegt daran, dass er sich bei der Arbeit immer auch verantwortlich fühlt – für's Resultat, für's Ganze.

Nun hatten Dilettanten ganz viel und Profis gelegentlich auch ein wenig Freude bei ihrem Tun genießen können. Arm dran sind hingegen jene, die nur einen Job machen. Jedenfalls, wenn sie ihn so machen, wie der Begriff im Deutschen landläufig verwendet wird. Er ist keineswegs deckungsgleich mit dem Bedeutungsinhalt von »Arbeit«. Beim Job steht nicht das Zusammenwirken mit anderen für die Erstellung eines Ergebnisses im Vordergrund. Es geht auch nicht darum, sich einzubringen. Das ist zweitrangig. Auch die Lust am Schaffen spielt keine Rolle, denn beim Job geht es in erster Linie darum, dass dieses Beschäftigungsverhältnis gut bezahlt wird. Jobs sind nicht auf Dauer angelegt. Ein Job folgt dem anderen. Heute hier, morgen dort. Man muss sich nicht mit dem identifizieren, was man tut, nicht, für wen und auch nicht, mit wem. Ein Job ist wie ein Hemd; man steckt eine kleine Zeit darin, dann wird gewechselt. Ein Job ist so ziemlich das Gegenteil zu den Berufen unserer Väter. Ihr Beruf hatte etwas mit Berufung zu tun – und bildete auf Jahrzehnte ihren Lebensinhalt, zuweilen von ihrem ersten Arbeitstag bis zur letzten. Heutzutage ist Flexibilität gefragt und Mobilität, keineswegs aber Leute, die sich zu etwas berufen fühlen im Leben. Einarbeitungspläne für Absolventen? Darum schert sich nicht einmal die Gewerkschaft. Wozu auch? Wer geheuert wird, um einen Job zu machen, sollte vor allem jederzeit auch wieder zu feuern sein.

Das Allerschlimmste aber ist, wenn man gar nicht in die Gelegenheit kommt, zu arbeiten.

Was für eine armselige Zukunft mag eine Gesellschaft haben, die ihren heranwachsenden Mitgliedern keine Arbeit mehr gibt? Allenfalls befristete und schlecht bezahlte Jobs – wenn überhaupt.

Aber ich bin zuversichtlich. Es ist schaffbar. Immer dann, wenn dieses Wirtschaftssystem in eine Sackgasse hineinlief, kam es aus eigener Kraft durch unerwartete und unorthodoxe Befreiungsschläge da wieder heraus. Karl Marx erwähnt in seinen Manuskripten zum »Kapital« eine Situation im England Mitte des 19. Jahrhunderts. Damals wurde die Ware Arbeitskraft exzessiv und extensiv eingesetzt. Wer mehr Geld nach Hause bringen musste, hatte länger zu arbeiten. Die Leute schufteten vierzehn Stunden und noch länger – bis zur Erschöpfung. Dann fünfzehn und sogar sechzehn … Schließlich wurde ein Gesetz erlassen, das die Arbeitszeit auf zwölf Stunden am Tag begrenzte. Das englische Parlament entschied sich mit diesem Akt sowohl gegen den Willen der Fabrikbesitzer als auch gegen den der Arbeiter. Letztere wollten mehr verdienen, und dazu hätten sie sich sogar noch länger schinden wollen. Die Fabrikanten aber waren von Stund an gehalten, die angestrebte Menge an Produkten in kürzerer Zeit fertigen zu lassen. Damit war das Ruder umgelegt. Es geht der Kurs bis heute immer weiter in Richtung Modernisierung, Intensivierung und Rationalisierung. So wird immer weniger Arbeitskraft in der Produktion gebraucht.

Sie kann sich anderswo nützlich machen. Ist diese Entwicklung nicht phantastisch? Und sind die Aussichten für uns alle nicht vielversprechend?

Es ist gar nicht zu vermeiden; über kurz oder lang wird auch eine Regierung hierzulande gefordert sein, Entscheidungen für den Arbeitsmarkt zu treffen, ohne auf die Einflüsterungen dieser oder jener Lobbyisten, Verbände und Organisationen zu hören – allein auf der Grundlager des gesunden Menschenverstandes. Und dann wird die ganze bisherige Agenda des Elends zwangsläufig zu Makulatur, denn die politische Vernunft wird darauf hinauslaufen, dass die Menschen wieder gehalten werden, zusammen zu *arbeiten*. Wenn man sich heute wundern sollte, warum es in der Wirtschaft da knirscht und dort ruckelt, wo man doch allerorten outsourct ohne Ende, die Mindestlöhne niedrig hält und Leiharbeiter Hilfstätigkeiten zu billigem Geld verrichten lässt, dann mögen die zum Gesetzgeben Gewählten bedenken: Anders als durch Arbeit funktioniert Gesellschaft nicht auf Dauer mit Erfolg. Keine. Nirgends. Nie.

Gelegentlich eines sonntäglichen Vormittags-Spaziergang mit Kinderwagen kam ich als Absolvent durch einen Park, der früher einmal ein Friedhof war. Einige besonders imposante Grabsteine waren erhalten geblieben und zierten die Anlage wie rare Blumen eine Wiese. Auf einem jener Steine las ich eine Inschrift, die mir aus Gründen meiner damaligen Einarbeitungs-Situation sehr zu denken gab. Von daher wäre das Grabmal wohl ein Denkmal zu nennen gewesen. Ein beeindruckendes Vermächtnis, wenn jemand lange nach seinem Abgang wildfremde Menschen einer nachfolgenden Generation beim Vorübergehen einhalten lässt und zum Nachdenken anregt. Allerdings war der Satz gar nicht von dem Manne erfunden, der dort begraben lag. Er gehörte vielmehr zum kollektiven Erfahrungsschatz der Menschheit. Die Quelle war auch mit angegeben. Da stand in Stein gemeißelt: (Ps.90:10) Und die bedenkenswerte Weisheit lautete:

»Unser Leben währet siebzig Jahre, und wenn's hochkommt, so sind's achtzig Jahre, und wenn's köstlich gewesen ist, so ist es Mühe und Arbeit gewesen ... «

Wenn es ein köstliches Leben sein soll, dann bitte mit Mühe und Arbeit! Keine Jobs, aber auch kein bloßes Spaßvergnügen, und von Hartz Vier ist auch nicht die Rede gewesen.

Zum Vierten:
Meine liebe Frau zuhause,
Oft schon, wollt' ich dir mal schreiben
Nur, man gönnt mir keine Pause,
Immer muss ich was antreiben.
Kaum find' ich selbst abends Ruh,
Aber heut' komm' ich dazu.

Manchmal wünschte ich, ich hätte
Ordentliches einst gelernt.
Nachts werf' ich mich 'rum im Bette
Bin so weit von dir entfernt.
Klagen will ich aber nicht. Ein Leben
Auf dem Bau, so ist es eben.

Möchte dir ganz ehrlich sagen,
Ohne dich macht's keinen Spaß.
Nicht einmal an Sonnentagen.

Immer fehlt mir irgendwas.
Käme ich doch von hier erst fort ...
Allerdings geht's nicht sofort.

Morgen ist ein langer Tag.
Ob der was bringt, man wird's erleben.
Immer muss ich laut Vertrag
Täglich hier mein Bestes geben.
Doch gibt's was Besseres zu denken,
Als meine Tage Dir zu schenken.

Mach Dir – Liebe – keine Sorgen,
Oder sonst wie Herzeleid.
Näher sind wir uns schon Morgen.
Irgendwie vergeht die Zeit.
Komm' ich dann zu Dir ins Zimmer
Alles möchte sein wie immer.

Es gibt achtundachtzig international anerkannte Sternbilder. Davon ist nur ein einziges nach einem Menschen benannt, der wirklich gelebt hatte. Es heißt »Haar der Berenike«. Alles andere, was wir nachts im Kosmos entdecken können, sind Konstellationen, deren Namen von irgendwelchen Tieren, Gebrauchsgegenständen oder Sagengestalten abgeleitet wurden. Weder Cäsar noch Karl der Große, nicht Napoleon und auch nicht Wladimir Iljitsch Lenin, allein Berenike wurde in die Unsterblichkeit an den Sternenhimmel versetzt.

Sie ist übrigens ebenso wie Kleopatra eine ägyptische Königin gewesen, lebte jedoch gut zweihundertfünfzig Jahre vor ihrer heutzutage besser bekannten Nachfolgerin. Kann sein, sie war Kleos Ur-Ur-Großmutter. Berenike heiratete im Jahr 247 v.Chr. Pharao Ptolemäus III. Der zog kurz nach der Hochzeit statt mit seiner Frau in die Flitterwochen mit seiner Armee in einen Krieg gegen die Assyrer. Und das zog sich hin. Schließlich gewann er doch noch und kam darauf wieder heim nach Ägypten. Allerdings störte ihn etwas nach seiner Rückkehr beim Anblick seiner Frau. Er hatte da etwas Bestimmtes anders an ihr in Erinnerung gehabt ... Es kam zu einem Eklat im ehelichen Schlafzimmer. Aber am nächsten Morgen zeigte sich ihr Gemahl wieder vollauf versöhnt. So was kommt nun immer mal vor ...

Das Originelle an dieser sagenhaften Geschichte jedoch ist, dass an dem ehelichen Friedensschluss der königliche Hofastronom entscheidenden Anteil hatte. Dieser Mann hieß Konos von Samos und soll – so wird seit der Antike berichtet – den zürnenden Pharao auf einige schimmernden Sternchen am Nachthimmel hingewiesen haben, die bis dato noch niemand recht zur Kenntnis genommen hatte. Der Pharao folgte der ausgestreckten Hand seines Astronomen und vernahm, was es mit jenem Schimmer dort oben für eine Bewandtnis hätte. Er hörte und staunte und der Groll auf sein Weib war verflogen, von einem Augenblick auf den anderen. Denn, was er in jener Ecke des Sternenhimmels ausmachte, war – so erklärte es jedenfalls Konos von Samos – nichts anderes als das Haar seiner Berenike. Diese habe aus Sorge um seine heile Rückkehr im Tempel der Liebesgöttin Aphrodite für ihn gebetet und als Beweis ihrer inniglichen Verbundenheit mit dem Gemahl in der Fremde der Göttin ihr Haar geopfert. Die Göttin sei davon sehr angetan gewesen. Sie habe das Opfer angenommen und es höchst selbst an den Sternenhimmel versetzt. Ptolemäus auf seiner Dienstreise hätte egal nichts von den Locken seines Weibes gehabt. Doch wo immer auch er sich künftig aufhielte, fortan bräuchte er fürderhin nachts nur den Blick zu heben und wüsste einen Gruß seines Weibes in Sichtweite – vorausgesetzt, es seien keine Wolken am Himmel.

So spann Konos seinen Faden, und Ptolemäus nahm ihn auf, erst skeptisch, dann aber mit Zutrauen und schließlich derart angetan, dass er diese Story zur offiziellen Staatspropaganda erhob. Das ist demnach die vom Pharao freigegebene Version der Geschichte.

Unter uns gesagt, muss man schon recht gutwillig drauf sein, wenn man den professionellen Sternenguckern bestätigt, links oben über dem Schwanz des Löwen ein Sternbild zu bemerken. Eigentlich ist es auch gar kein Bild. Da ist keine Struktur zu erkennen. Ja, bitte schön, zugeben, über uns leuchtet etwas ganz schwach, aber das kann man doch nicht ernst nehmen. Irgendwo flimmert es halt überall da oben, wenn die Wolken nachts den Blick ins All freigeben. Unter der Dunstglocke einer Großstadt sieht man kaum etwas davon, selbst im Frühling nicht, wenn jenes Gebilde noch am auffälligsten funkelt. Und auch in der reinen Landluft sind vom Haar der Berenike nicht einmal Strähnen ausmachen. Allenfalls ganz kleine Löckchen.

Diese Löckchen geben nun dem einzigen Sternbild seinen Namen, das nach einem Menschen, benannt ist – noch dazu einer jungen Frau …

Erzählt doch den Kindern, was ihr wollt, aber da kann mir keiner was vormachen.

Es ist doch ganz klar: Was sich dort oben kringelt, und was dem Pharao seinerzeit bei seiner Rückkehr gefehlt hatte – das Schamhaar der Berenike.

46. Viola – das Waldveilchen

(Viola mirabilis – Wunderveilchen)

*»Als Phöbus mit seinem glühenden Sonnenwagen einst eine der Töchter des himmeltragenden Atlas verfolgte, die wegen ihrer Schönheit berühmt war, sei die Spröde vor ihm geflohen. Sie lief und lief, musste aber einsehen, dass ihre Kräfte nicht ausreichten, um sich dem flinken Gott auf Dauer zu entziehen. Da rief sie in ihrer Not Allvater Zeus um Rettung an. Zeus, dem beim Anblick des entsetzten Mädchens das eigene Gewissen wegen ähnlicher Streiche wohl höher schlug, fühlte Mitleid. Er verwandelte das verschüchterte Ding in ein kleines blauäugiges Blümchen und schützte das ängstliche Wesen vor dem Strahlenschein des verfolgenden Sonnengottes noch dadurch besonders, dass er das Pflänzchen tief im Walde verbarg.«** *

Hä? Wie ich sehe, ist die Message nicht wirklich rübergekommen.

Also Phöbus kommt aus so'ner Prolfamilie, ja. Der Junior von denen hatte sich die Autoschlüssel von dem Off-Roader seines Vaters gezogen, und wollte nun mit diesem Kraftpaket auf Rädern bei den Tussys vom alten Atlas Eindruck schinden. Der olle Atlas hatte einen ganzen Satz von diesen Puschmäusen in die Welt gesetzt, sage ich dir, konnte er sich ja auch leisten, hatte schließlich 'nen festen Job, der Mann. Eine tragende Rolle in dem Verein sogar. Da wuchs Knete ins Haus und die Töchter von olle Atlas liefen alle rum wie die Barbies. Eine von denen hieß Viola. Das war schon eine geile Braut, auf die Phöbe da abfuhr, kannste wissen. Aber während Phöbe sich zum Affen macht, haut die doch raus, er solle sich verpissen, der Arsch. Schocker, sag ich nur. Da lässt er eben mal kurz den Boliden aufheulen, verstehste Alter, und nimmt Kurs auf die Olle.

---

* Dr. Adolf Keelsch – zitiert nach Walter Nöldner »Aus Wald und Flur« Copyright 1937 by Zigaretten-Bilderdienst Altona-Bahrenfeld.

Hey Mann, das war nur ein Scherz, ja! Aber die checkt das nicht richtig, dreht sich um und haut ab – schreiend. Na das könn'se ja. Er aber immer hinter ihr her, erster Gang in dem Suvi, verstehste, aber Bleifuß, satter Sound. Vorneweg die Braut: »Hilfe, Hilfe und so.« und hinter ihr der Jeep mit: »Woom, woom.«

Was soll ich dir sagen, die Bullen das gepeilt und so'n dicker Kommissar kommt mit Blaulicht aus der Seitenstrasse. Phöbe auf die Klötzer natürlich, aber die Braut weg.

Ist in den Wald rein und voll in Deckung gegangen.

Und was war denn? Kommissar weg, Fleppen weg und die Tussy auch weg. Wie weggebeamt. Phöbe hatte die jedenfalls nicht mehr auf'm Schirm. Also parkt er den City-Trecker ab und pirscht durch den Wald. Da ist aber nichts. Nur eins ist krass. Wo er hintritt, überall Blumen, alles eine Sorte haufenweise. Voll der Grusel da im Wald: Überall Bäume, links Bäume und rechts Bäume, vorn und hinten Bäume, oben Bäume und unten schimmerts lila. Aber das hat er gar nicht richtig gepeilt. Er suchte ja 'ne Braut und keinen Brautstrauß.

Schließlich musste er mal schiffen. Das erledigte er gleich mitten drin im Wald, war ja eh alles dunkel ringsrum … und plötzlich Bumms genau auf's Auge. Ein glatter Knock-out, sage ich dir, Alter. Phöbe ging zu Boden.

Hatte sich doch die Viola hinterm Baum versteckt gehabt und ihm eine gedrückt. Genau in dem Augenblick, wo er sich nicht wehren konnte, weil seine Hände mit was anderem beschäftigt waren.

Da hat er sich vielleicht ein Wunderveilchen eingefangen, sage ich dir …

47. Die Wegwarte

(Cichorium intybus)

Und es begab sich vor Zeiten, dass der alte König ein Fest gab. War es zum fünfzigsten Jubiläum seiner Regentschaft, oder weil er nun schon ein halbes Jahrhundert auf dem Thron saß? Das kann heute keiner mehr mit Bestimmtheit sagen, denn der König ist schon lange hin und weg. Wenn aber solch eine Exzellenz das Leben ihres Volkes nicht mehr fortgesetzt mit ihren allerhöchsten Ideen und Eingebungen durcheinander bringt, dann schert sich bald schon niemand nicht mehr um sie. Ob dieser Hochwohlgeborene überhaupt jemals sein Zepter schwang, oder ob er nur ein Gespenst, eine Märchenfigur, gar eine Witzfigur war, das weiß schon in der Generation seiner Enkelkinder niemand mehr mit Gewissheit zu sagen. Allein in jenen Tagen, da er der mächtige Herrscher ist, verwandeln sich die Wünsche seiner Majestät in Erlasse, die von Herolden überall im Lande materielle Gewalt werden. Und so werden sie auch zu den großen Höhepunkten im Leben aller Untertanen. Wenn der König es befiehlt, dann müssen sich alle Bauern ein Hühnchen aus ihrem Stall greifen, und sich aufmachen zur königlichen Residenzstadt, um den Vogel mitsamt den inzwischen gelegten Eiern beim Hof- und Chefkoch abzugeben, weil für ein großes Fest viel Verpflegung benötigt wird. Da sie mit ihren Hühnern nun schon einmal in der Hauptstadt angelangt sind, bleiben die Hintersassen aus der Provinz gern noch ein paar Tage vor Ort, schauen sich das Schloss nebst weiteren Sehenswürdigkeiten an und winken sogar begeistert den Ehrengästen zu. Von diesen Erlebnissen, die ihnen nicht aller Tage geboten wurden, zehren sie dann noch Jahre später, wenn sie längst wieder in ihr Heimatdorf zurückgekehrt sind.

Beseelt weiß dann selbst ein Großvater seinen Enkeln zu berichten: »Und dein Opa hat mit eigenen Augen die liebreizende Jungfer Kunigunde gesehen, wie sie dem jungen Freiherrn Kuno dem Tapferen ihr Taschentuch reichte.«

Die Enkel staunen aber höchsten darüber, dass der Mann kein eigenes Taschentuch bei sich hatte, wo das doch zur Hygiene-Grundausstattung jedes Knaben gehört.

Es kommt immer wieder mal vor, dass die junge Generation die Zeichen und Symbole aus grauer Vorzeit nicht mehr versteht. Das Tuch reichte dazumal eine umworbene Dame aus gutem Hause ihrem Verehrer als verschlüsselte Botschaft, dass er sich Hoffnung machen dürfe. Da schnäuzte der sich nicht etwa rein. Um Himmels willen! Das war ein Heiligtum für ihn. Das betete er an. Dieses Tuch war für ihn ein Teil des geliebten Wesens – das war mehr als ein Geschenk, das war ein Versprechen. Er legte es sich auf's Gesicht und atmete den Duft seiner Herzens-Dame, dann drapierte er es über die Bettkante, kniete davor nieder, seufzte und deklamierte Liebesgedichte, obwohl sie ihn gar nicht hören konnte. So was nannte man dazumal Fetisch, und es war mächtig »in« am Hofe. »Fetisch«, mit dem Begriff geht man ja heutzutage auch ein wenig anders um.

Die Zeiten ändern sich, die Sitten auch, und an die Hauptpersonen der Geschichten von damals kann sich egal niemand mehr erinnern. Deshalb wird hier auch der alte König nicht beim Namen genannt. Nachher schaut noch irgendein Besserwisser in sein Lexikon und mokiert sich, dass der von mir so genannte König hundert Jahre später regiert habe oder in einem anderen Land, oder dass er überhaupt keine Tochter habe, und wenn doch, dass diese gar nicht hübsch gewesen sein soll. War sie aber, jedenfalls in der Geschichte, die ich hier erzähle. Andere Leute erzählen andere Geschichten; sollen sie machen, ich hindere niemanden dran, aber meine Geschichte, die hier geschrieben steht, handelt von der liebreizenden Kunigunde im weißen Kleid. Um genau die geht es hier. Und es geht um Kuno den Tapferen mitsamt seinen sieben Knappen. Die waren auch eingeladen zum Fest, Kuno gewann das große Turnier und zudem die Liebe der schönen Kunigunde. Die beiden waren als Paar schon so gut wie gebongt für das nächste große Festival in der Hauptstadt. Da sollte dann die Hochzeit gegeben werden, aber zuvor wollte Ritter Kuno nach dem Turnier schnell noch einen Kreuzzug gewinnen. Also band er sich Kunigundes Taschentuch an die Spitze seiner Lanze, sammelte seine Knappen, die sich unterdessen mit den Zofen des Burgfräuleins verlustiert hatten, und machte sich auf gen Süd-Osten.

Das hätte er nicht tun sollen, denn er sollte seine Kunigunde, nie, nie wieder sehen. Das sage ich nicht etwa, weil ich meine Freude daran hätte. Im Gegenteil, ich würde lieber davon berichten, wie die beiden unter dem Jubel des Volkes heirateten und für viele neue Prinzen und Prinzessinnen sorgten. War aber nichts mit Jubel ...

Nachdem sie ihren tapferen Kuno und seine Mannen das Geleit bis vor die Stadttore gegeben hatte, standen Kunigunde und ihre Kammerfrauen noch lange winkend am Kreuzweg, von dem die jungen Männer zu ihrem Kreuzzug aufgebrochen waren. Dann verzog sich die Staubwolke, die die Pferde aufgewirbelt hatten, die Damen seufzten und gingen wehen Herzens wieder heim. Am nächsten Tag hielt es das junge Fräulein zum Kummer ihres alten Vaters nicht in ihrer Kemenate aus. Als es die nämliche Stunde schlug, zu der sich am Tage zuvor ihr tapferer Kuno verabschiedet hatte, sammelte sie wieder ihre Hofdamen und begab sich bis hin an den Kreuzweg, um Ausschau zu halten, ob denn ihr Verlobter nicht etwa schon heimkommen wollte.

Da standen sie dann, bis dass die Sonne untergegangen war. Und das wiederholte sich von nun an jeden Tag, den ganzen Sommer über bis in den Herbst hinein. Die Prinzessin zog in ihrem weißen Kleid vorneweg und ihre Zofen, in blau gekleidet, hinterdrein.

Eines Tages stieg ein schweres Gewitter auf, und trotz der Warnungen des alten Königs und seines Hofnarren wollte die junge Dame mit ihrem Gefolge nicht zurückkehren ins Schloss. Sie standen da am Kreuzweg auf der anderen Seite des Schlossgrabens, hielten Ausschau und wurden nass. Plötzlich fuhr ein Blitz in die Ansammlung der am Weg Wartenden. Es gab einen lauten Knall, Rauch stieg auf, und was zurück blieb, waren ein paar Blümchen. Viele blaue und eine weiße.

Man gab ihnen den Namen: »Wegwarte«.

Diese Blumen bevorzugen trockene Standorte – wer kann es ihnen verdenken? Sie öffnen ihre Blüten täglich zur selben Zeit und schließen sie abends auch wieder. Zwischendurch schauen sie die vorbeiziehenden Wanderer an, immer auf Erlösung durch den heimkehrenden Kuno hoffend.

Aber der ist bisher noch nicht wieder gesehen worden. Und die Chancen werden täglich geringer.

Wer heißt heutzutage schon Kuno?

48. Wie Herr Poppe sich eine Aushilfskraft nahm*

Herr Poppe betrieb eine Pension in schönster Touristenlage. Zum Oster-fest sollten die Gäste in Scharen herbeiströmen und darauf jedes nach-folgende Wochenende für Auslastung und Umsatz sorgen. Wie alle Jahre war die Auferstehung des Herrn im Kalender so gelegt, dass sie den Auftakt der Saison markierte. Allein, wer würde die zahlreiche Kund-schaft bedienen? Das kellnernde Personal war über Herbst, Winter und Fastenzeit abgespeckt worden. Die Kräfte aus dem Vorjahr hatten sich in alle Winde zerstreut oder waren tückischer Weise vom Wettbewerb übernommen worden.

Herr Poppe würde wohl kaum in eigener Person den Ober geben. Sein Part bestand darin, selbst bei größtem Trubel ständig die Übersicht im Hause zu wahren. Die Verantwortung für das Große und Ganze bei Tag und Nacht ruhte auf seinen Schultern. In diesem Sinne begriff er sich durchaus als Ober, als Ober-Oberhaupt, und ein jeder andere Ober könnte nur unter ihm Ober sein.

Frau Poppe war in dem Familienunternehmen nichts anderes zuzu-muten als allenfalls die Rezeption. Empfang und Telefon wenn über-haupt… Besucher empfangen und Ferngespräche führen konnte sie erwiesenermaßen. Allein; sie war nicht mehr so gut zu Fuß, die Frau Poppe. Und was müssten wohl die Gäste denken, wenn die gestrenge und resolute Prinzipalin persönlich das schmutzige Geschirr zum Ab-wasch trug? Ha, sparen wohl am Personal die Poppes? Oder sollten sie nicht imstande sein, geeignete Kräfte für ihre kleine Pension zu engagie-ren, dass die Gattin des Hausherren höchst selbst Hand anlegen muss? Bewahre…

Die Küche hatte man ja auch professionell besetzt. Ihre Köchin gehörte seit uralten Zeiten zum Personal. Schon als man aufmachte, war sie mit dabei gewesen – und bereits damals als Rentnerin. Sogar offiziell angemeldet war die Gute und stets dankbar für diese Art Zuverdienst.

---

* inspiriert von »Wie der Pope sich eine Magd nahm«, Kinderbuchverlag Berlin, 1977

Bei ihrer knappen Witwenrente dürfte sie sich wohl glücklich schätzen, den Poppes zur Hand gehen zu dürfen. Herr Poppe beließ die alte Muhme ausschließlich am Herd. Darauf verstand sie sich nun einmal. Kochen konnte sie, da gab es nichts. Anderweitig war sie in ihrem Alter nur noch sehr eingeschränkt zu disponieren.

Also wandte sich Herr Poppe an die regionale Behörde zur Vermittlung Arbeitswilliger ohne akutes Beschäftigungsverhältnis und ließ eine Stelle ausschreiben.

Kurz darauf sprach schon eine weibliche Person bei Herrn Poppe vor. »Gute Frau«, hub Herr Poppe mit seiner Einweisung an. »Die Arbeitslosigkeit ist eine Geißel. Schätzen Sie sich glücklich, ihr entronnen zu sein. Bei uns können Sie wieder neuen Tritt und Lebensmut fassen. Wir geben Ihnen eine Chance. Zunächst einmal werden Sie kurzfristig bei uns beschäftigt. »Kurzfristig« bedeutet zum einen: Sie sind schon am kommenden Osterwochenende mit an Bord. Und zum anderen brauchen Sie nur ganze siebzig Tage bei uns zu arbeiten in Ihrem kurzfristigen Beschäftigungsverhältnis für die nächsten Monate. Wie wir in beiderseitigem Einverständnis Ihr Arbeitsverhältnis in der weiteren Zukunft ausgestalten, möchte ich hier und heute mal offen lassen. Und das sage ich ganz ausdrücklich: Wollen wir doch erst einmal anfangen, ganz sachte und kurzfristig. Das kommt Ihnen sicher auch gelegen nach der langen Zeit daheim. Vierzehn Tage im Monat. Das ist ja nun wirklich nicht zu viel. Aber natürlich erwarten wir von Ihnen als Neuzugang volle Wochenenddienste. Dafür dürfen sie sich über Freizeit in der Wochenmitte freuen. Da haben Sie auch viel mehr davon. Schließlich sind die Geschäfte für Sie dann uneingeschränkt geöffnet. Man sollte alles von seiner positiven Seite sehen, sag ich immer.«

Herr Poppe betrat mit seiner angehenden Aushilfskraft den Gastraum. »Sehen Sie gute Frau«, Herr Poppe wies mit großer Geste von Tisch zu Tisch. »Das hier wird Ihr Reich sein. Hier dürfen Sie herrschen. Ja, wir vertrauen Ihnen voll und ganz, und das sage ich ganz ausdrücklich, denn wir vertrauen Ihnen von Anfang an das Wertvollste an, was wir in unserem Hause haben: unsere Gäste. Alles beginnt jeden Tag mit dem Frühstück. Um sechs Uhr werden Sie hier sein und das Restaurant öffnen. Sie bereiten das Buffet vor. Unsere Köchin stellt abends Wurst- und Käseplatten in den Kühlschrank, und Sie richten dann alles so an, dass es der werten Gästeschar zusagt. Außerdem decken Sie die Tische ein. Kurz nach sieben werden unsere Pensionäre, wie ich sie gern scherzhaft nenne, noch nicht so zahlreich erscheinen. Die schlafen eben gern etwas länger in ihrem Urlaub. Sollen sie nur! Dafür zahlen sie ja schließlich auch Ihren Lohn mit. Damit Sie sich aber zur frühen Morgenstunde nicht langweilen, gute Frau, leeren Sie den Geschirrspüler, sortieren alles in die Schränke und polieren das Besteck. Das sind einfache, leichte Verrichtungen. Das macht Ihnen gar nichts, das können Sie sogar nebenbei machen, denn selbstverständlich möchten Sie Ihr Hauptaugenmerk stets der Zufriedenheit unserer Gäste widmen, sobald die sich zum Frühstück einfinden. Man wünscht dann Kaffee oder Tee, oder gekochte Eier und manch einer gar Rühreier. Nein, das ist bei uns keine lieblose Selbstverständlichkeit wie in den großen Hotels oder anderen Herbergen. Das Frühstücks-Ei wird bei uns ganz nach dem Wunsch des Gastes zubereitet. Von Ihnen selbstverständlich, und das sage ich ganz ausdrücklich, denn das ist typisch für unser Haus. Der Gast fühlt sich individuell bedient und außerdem bleiben keine Eier ungegessen übrig. Man muss schließlich auch ökonomisch denken. Mehr Service auf der einen Seite und weniger Abfall, weil weniger Verbrauch auf der anderen. Anschließend räumen Sie das benutzte Geschirr in die Spülmaschine, reinigen die Tische und legen neue Decken auf. Nach Zehn, wenn die Frühstücksgäste raus sind, saugen Sie das Restaurant. Es krümelt ja doch immer etwas unter auf den Teppichboden, und wir wollen nicht, dass sich das womöglich festtritt. Und das war's dann auch schon mit der Frühschicht. Ach so, selbstverständlich obliegt es Ihnen, die Servietten zu brechen. Wer sollte das denn auch sonst für Sie machen? Der Speiseraum ist schließlich Ihr Arbeitsplatz. Dass auch die Pflanzen gepflegt sein wollen, erspare ich mir hier. Das muss ich ja wohl nicht noch eigens erwähnen. Sie sind ja eine Frau und haben einen Blick dafür. Aber alles keine schwere Arbeit, eher eine leichte Beschäftigung. Und dann haben Sie frei.«

Herr Poppe sah den fragenden Blick der Kandidatin und führte weiter aus:

»Wir sind eine Pension mit Halbpension und kein Hotel mit Vollpension. Klingt verwirrend, ist aber so. Das heißt erstens, unsere Schlafgäste werden bei uns lediglich zum Frühstück und zum Abendbrot verpflegt. Wir richten ein Buffet an, und auf Wunsch gibt es vorher festgelegte warme Speisen zur Auswahl. Es wird kein Essen á la carte angeboten. Mittag wird gar nicht serviert. Es gibt keine Mittagsküche, weder für Haus- noch für Straßengäste. Und das ist doch auch ganz in Ihrem Sinne, nicht wahr, denn das heißt, mittags brauchen Sie niemanden zu bedienen, gute Frau. Ja, Sie haben mich richtig verstanden. Wir geben ihnen tagsüber frei. Das nennt sich Teildienst. Ihr Arbeitstag wird aufgesplittet. Sie arbeiten zum Frühstück vier Stunden und zum Abendbrot wieder vier Stunden, und zwar von siebzehn bis einundzwanzig Uhr. In der Zwischenzeit aber, also von elf bis siebzehn Uhr haben Sie Freizeit. Das ist doch großartig, nicht wahr, und sicher ganz in Ihrem Sinne. Da können Sie nämlich von mir aus nach Hause fahren, oder Shoppen gehen oder ins Freibad. Ja, das steht Ihnen alles frei, denn Sie arbeiten eben, wo andere Urlaub machen. Sie Glückliche! Das sage ich ganz bewusst, und mehr noch. Während sich andere Arbeitnehmer in ihrem Job plagen müssen, bieten wir Ihnen, sozusagen eine Kombination aus Arbeit und Erholung. Ein Traum. Sie werden begeistert sein!

Um fünf Uhr finden Sie sich wieder hier ein und bereiten das Abendessen vor. Da ist die Küche dann auch besetzt. Unsere Köchin ist schon ein etwas älterer Jahrgang. Nicht mehr ganz so flink und wendig, wenn Sie verstehen, was ich meine. Aber sie ist eine treue Seele und versteht ihr Fach. Ist ja oft bei Großmüttern so, bei denen schmeckt es noch besser als bei Muttern. Und bei Ur-Großmüttern wie unserer Köchin erst … Selbstverständlich werden Sie der alten Frau bei Bedarf zur Hand gehen wollen. Das gehört einfach zur Kollegialität. Das muss ich hier wohl nicht eigens erwähnen. Und nun zeige ich Ihnen die zweite Etage unserer Pension. Kommen Sie ... «

Herr Poppe wandte sich zur Treppe, während ihm die Bewerberin zögernd folgte.

»Normalerweise haben Sie ja nichts mit der Zimmerreinigung zu tun. Aber sehen Sie, wir sind ein kleines Haus und an den Abreisetagen, was in der Regel ein Montag ist, versteht es sich doch wohl von selbst, dass da alle an einem Strang ziehen. Das sage ich hier ganz bewusst, denn fasst ein jeder mit an, dann ist die Arbeit schnell getan. Sie werden dazu übrigens noch im Detail eingewiesen, und zwar von einer Kollegin, die bei uns auch mal als Aushilfskraft angefangen hatte; sie reinigte die Zimmer damals. Aber wir haben ihr Vertrauen entgegengebracht und sie befördert. Sie ist jetzt nicht mehr unsere Putze, sondern wir nennen sie die Hausdame. Sie hat nämlich noch ein bisschen organisatorischen Krimskrams dazu übernommen. So was wissen wir zu schätzen bei unseren Arbeitnehmern, wenn einer der Arbeit nicht aus dem Wege geht. Sehen Sie das ganz einfach als Abwechslung der alltäglichen Beschäftigung an. Sie erfahren also von der Rezeption, welche die Abreise- und welche die Bleibezimmer sind. Da bekommen Sie die Schlüssel der frei gewordenen Apartments, dann holen sie den Servicewagen aus der Besenkammer und dann machen Stubendurchgang, so möchte ich das mal scherzhaft nennen. Sie kommen rein, die Tür zum Flur hat immer offen zu bleiben, wenn Personal im Zimmer der Gäste ist, selbst wenn die schon abgereist sind, schon wegen der Transparenz. Damit uns niemand etwas nachsagen kann, verstehen Sie? Da gehen Sie also zunächst zum Fenster und lüften. Das Fenster schließen Sie erst wieder, wenn Sie das gesäuberte Zimmer verlassen. Aber erst einmal schauen Sie sich aufmerksam um, ob unsere Gäste auch nichts vergessen haben und auch, ob sie nicht versehentlich etwas mitgenommen haben, was dem Haus gehört. Ob die Lampen noch vollständig vorhanden sind, mitsamt Glühbirnen. Die Kopfkissen, Handtücher. Ich könnte Ihnen da Geschichten erzählen, aber so sind die Menschen

339

halt. Und unsere Gäste sind auch nur Menschen. Jedenfalls egal wie, Ihre Sorge soll das nicht sein. Wenn Sie da reingehen, in das Zimmer, sind die Gäste schon längst über alle Berge. Ich aber muss mich dann unter Umständen im Nachhinein mit denen noch herumärgern. Sie aber erfassen nur den Bestand und lassen es mich wissen, wenn irgendwas zu richten wäre. Das kann man ja wohl nicht Arbeit nennen, das ist eine Selbstverständlichkeit. Doch zunächst entsorgen Sie das Geschirr und Abfälle. Dann wird das Bett ab- und wieder neubezogen, Staub gewischt und -gesaugt. Und darauf reinigen Sie die Nasszelle. Achten Sie auf Wasserspritzer an den Kacheln. Die hinterlassen hässliche Kalkflecken, wenn sie eingetrocknet sind. Schließlich beschicken Sie das Bad mit neuen Handtüchern, und nach zwanzig Minuten spätestens sind Sie durch. Das ist für eine Frau und Mutter wie sie ja auch keine ernsthafte Belastung sondern eher eine Art Trainingseinheit für zu Hause. War ein kleiner Scherz am Rande.«

Herr Poppe öffnete die Tür zu einem Verschlag.

»Sehen Sie. Das hier ist unsere Wäschekammer. Hier wird gebügelt. Nein, die Bettwäsche und Handtücher aus den Zimmern, wären nicht Ihr Part … Das möchte ich Ihnen nicht gleich zumuten wollen; dafür ist die Hausdame zuständig. Ich meine die Tischdecken aus dem Restaurant und das Kleinzeug eben. Wir sind eine kleine Pension, und da rechnet es sich für uns nicht, Mietwäsche kommen zu lassen. Wir waschen selber, und folglich wird hier auch gebügelt. Wenn die Gäste gegen zehn das Restaurant verlassen haben, gehen Sie immer mal hier hoch, und schon sind wieder ein paar Decken einsatzbereit. Übrigens haben wir durchaus nichts dagegen, wenn Sie ausnahmsweise auch mal Ihre Bügelwäsche von zu Hause mitbringen. Ja, Sie dürfen bei uns durchaus das Nützliche mit dem Unangenehmen verbinden, was übrigens auch nur als launige Bemerkung verstanden werden sollte. Auf alle Fälle – immer das Nützliche zuerst! Haha. Nach elf haben Sie ja bis siebzehn Uhr genug Zeit dafür. Und wenn Sie dann abends in den Feierabend gehen, ist Ihre Hausarbeit auch schon getan. An welchem Arbeitsplatz wäre das wohl sonst möglich? Richtig gut haben Sie es hier bei uns im Team. Und dazu werden Sie dann obendrein noch bezahlt.

Fast fünfhundert Euro bekommen Sie bei mir im Monat. Das wären über tausend DeMark oder fast zwölftausend im Jahr, wenn man sich das mal nach alter Gewohnheit vergegenwärtigt. Aber einstweilen darf ich Ihnen wegen der leidigen Gesetzeslage ja nur eine Perspektive von kaum vier Monaten bieten. Doch ich habe noch einen Trumpf in der Hinterhand. Es gibt für Sie auch noch ein Sahnehäubchen oben drauf. Die Gäste verabschieden sich zumeist mit einer kleinen finanziellen Zugabe, einem Bonus, den nehme ich entgegen und teile den Betrag durch fünf, damit alle etwas davon haben. Da achte ich schon auf Fairness, darauf können Sie sich verlassen. Natürlich durch fünf, denn das Dankeschön geht auf die Hausdame, die Köchin, meine Frau an der Rezeption, Sie und mich. Es ist ja nicht so, dass ich Ihnen kein Trinkgeld gönnen würde, gute Frau, aber der Gesetzgeber meint, dass Sonderzahlungen zum Wegfall der Pauschalisierungsmöglichkeit führen können und damit würde Ihr ganzes schönes Beschäftigungsverhältnis bei uns auf der Kippe stehen. Deshalb muss ich das unter Kontrolle haben, nicht dass Sie vielleicht noch über die erlaubten 520 Euros hinaus kämen.«

»Ich verstehe das nicht«, empörte sich Herr Poppe gegenüber dem Berater von der Arbeitsagentur. »Man bietet diesen Menschen einen Broterwerb, alles nur leichte Handreichungen, und die schimpfen mich zum Dank auch noch einen Ausbeuter. Ist das nicht unverschämt? Dass die Frau früh halb Sechs aus dem Hause müsste und abends erst nach Zehn wieder zurück wäre. Ja kann denn ich was dafür, dass sie eine halbe Stunde entfernt wohnt und mit dem Fahrrad kommen muss? Warum hat sie auch kein Auto? Das ist doch nicht meine Schuld! Und überhaupt bei weniger als zwanzig Tagen im Monat, nur von Freitag bis zum Montag arbeiten, da ist das doch wohl kein Thema. Da kann man doch nicht von Ausbeutung sprechen. Dafür hätte sie jeden Dienstag, Mittwoch und Donnerstag frei gehabt. Nichts als Freizeit und zudem noch sechs freie Stunden an jedem Arbeitstag. Ich hätte diese Dame sozusagen für Freizeit bezahlt. Aber nein, sie nennt das auch noch Ausbeutung. Ha! Ausbeutung war früher vielleicht mal. Knochenarbeit und Schinderei. Das kann man doch gar nicht mit den Anforderungen bei uns vergleichen. Was habe ich denn schon verlangt? Und was habe ich dagegen nicht alles an Vergünstigungen geboten?

Armes Deutschland, und das sage ich hier ganz ausdrücklich: Den Menschen geht es einfach viel zu gut.«

49. Zollinspektor Niemand und der Weihnachtsmann

Ja, Kinder, das zieht sich heute mal wieder hin bis zur Bescherung. Wir sitzen hier rum und werden einfach nicht in die gute Stube gerufen. Das dauert und dauert. Voriges Jahr war es ja auch so schlimm. Noch viel schlimmer eigentlich …

Könnt ihr euch noch daran erinnern? Vor einem Jahr kam der Weihnachtsmann wirklich spät. Da mussten wir den halben Abend hier im Kinderzimmer warten und glaubten schon, das Fest wäre ausgefallen. Ein langer Winterabend, alles dunkel und dann liegt nicht mal etwas unterm Tannenbaum, kein einziges Paket, für niemanden von uns. Na das wäre vielleicht eine schöne Bescherung geworden, gänzlich ohne Geschenke. Zum Glück hatte aber der Herr Zollinspektor Niemand am Ende alles auf seine Kappe genommen. Im wahrsten Sinne des Wortes sogar. Ohne ihn wären wir wohl glatt bis Ostern im Kinderzimmer sitzen geblieben.

Was guckst du mich so an? Kannst du dich denn nicht mehr daran erinnern? Vorige Weihnacht? Genau heute vor einem Jahr war das, als der Weihnachtsmann im Hafen an der Ostsee festsaß. Vielleicht ist ihm heute Abend erneut irgendein Missgeschick passiert. Da können wir nur hoffen, dass er wieder an solch einen hilfsbereiten Menschen wie den Herrn Zollinspektor Niemand geraten ist.

Wie bitte, du fragst, wer Zollinspektor Niemand ist? Ja, ist das denn die Möglichkeit? Du hast noch nie von Zollinspektor Niemand gehört? Ich merke schon, euch scheint die ganze Geschichte völlig unbekannt zu sein. Aber gut, wenn du mich nun einmal so artig bittest, da erzähle ich sie euch eben. Wir haben ja scheint's auch noch ein bisschen Zeit.

Also, wie ihr wisst, bringt uns der Weihnachtsmann jedes Jahr am vierundzwanzigsten Dezember die lang ersehnten Geschenke. Der Weihnachtstag, das könnt ihr euch ganz leicht merken, ist immer der Tag, an dem das letzte Fenster im Adventskalender geöffnet wird. Solch einen

Kalender haben alle Kinder zu Hause, und jeden Morgen nach dem Wachwerden klappen sie ein Fensterchen auf. Seht ihr, und das macht der Weihnachtsmann auch. Der aber wohnt in einem Haus, das ist so groß wie eine Fabrik und dieses Gebäude hat genau vierundzwanzig Fenster. Wenn es Winter wird, zieht der Weihnachtsmann die Vorhänge überall zu, damit niemand schmulen kann und ihn und seine Helfer, die Wichtel, beobachtet, wie sie die Geschenke für die Kinder in aller Welt basteln. Aber vom ersten Dezember an öffnet er die Vorhänge wieder, Fenster für Fenster. Jeden Tag eines. Immer für den Raum, wo alle Geschenke schon eingepackt und mit Namen versehen sind. Da könnte man von draußen egal nicht viel erkennen. Doch wenn er endlich den letzten Vorhang beiseite zieht, dann sieht er auf dem Hof seinen Schlitten fix und fertig beladen stehen. Dann weiß er: »Jetzt geht's los. Heute Abend muss ich bei den Kindern sein.«

Der Weihnachtsmann wohnt übrigens ganz weit weg von hier im hohen Norden. Wo genau, weiß keiner richtig zu sagen. Jedenfalls steht sein Fabrik-Haus mit den vierundzwanzig Fenstern weit hinter dem Polarkreis. Dort ist es jetzt im Winter immerzu dunkel, den ganzen Tag über, selbst mittags. Kalt ist es auch, und es liegt ganz viel Schnee. Eigentlich könnte man es gar nicht zu dieser Jahreszeit dort aushalten, kein Mensch und kein Tier. Aber der Weihnachtsmann ist nun mal ein ganz besonders kluger und geschickter Mann. Er heizt sein Haus mit Erdwärme. Man muss nur tief genug bohren, wisst ihr? Das will ich euch hier mal verraten, so nebenbei, da lernt ihr bei der Gelegenheit gleich noch was. Je höher man kommt in den Bergen, umso kälter wird die Luft und umgekehrt gilt das auch: Je tiefer man in die Erde gräbt, umso wärmer wird einem. Ganz einfach. Könnt ihr eure Lehrer fragen oder eure Eltern. Das ist so. Na, werde ich euch etwa was erzählen, das nicht stimmt?

Mit dieser Erdwärme nun betreibt der Weihnachtsmann übrigens auch ein Gewächshaus. Da wachsen das ganze Jahr über Äpfel und Apfelsinen und gerade jetzt zum Fest sind auch Nüsse, Feigen und Mandarinen reif. Dank der Erdwärme kommt der Weihnachtsmann im hohen Norden ganz gut zurecht. Er hat sogar ausreichend Vitamine und Frühstücks-Zerealien.

Was dieses Wort kennst du nicht? Ja siehst du denn gar keine Fernseh-Werbung? Wer weiß, was Zerealien sind? Keiner! Da kann man mal sehen, wozu Werbung gut ist, nicht mal das Nützliche und Brauchbare bleibt hängen.

Also manche Erwachsene müssen immerzu damit angeben, was sie mal gelernt haben, und diese Leute nennen die Körner im Müsli eben Zerealien, weil das so vornehm klingt. Es sind aber trotzdem nur Körner. Letztere löffelt der Weihnachtsmann nun aber nicht allein aus seiner Schüssel. Er teilt auch mit anderen. Und zwar verfüttert er sie jeden Morgen an seine Rentiere. Davon hat er übrigens neun. Eines ist Rudolf mit der roten Nase ... Wie die anderen heißen, das spielt hier keine Rolle ...

Aber, dass diese neun Rentiere ganz allein den Schlitten des Weihnachtsmannes zum Fest ziehen – mitsamt allen Geschenken für alle Kinder auf der Welt drauf, das ist wirklich eine tolle Leistung. Diese Rentiere sind so stark, die haben gar keine Pferdestärken, die haben Rentierstärken. Die heißen auch nicht umsonst »Rentier«, denn die können rennen, ganz irre schnell. Doch das ist kein Wunder, schließlich bekommen sie jeden Morgen vom Weihnachtsmann ihre Frühstücks-Zerealien, das ganze Jahr hindurch. Am Morgen des vierundzwanzigsten Dezember sind sie dann richtig fit, da starten sie wie die Formel-1- Rennwagen, nur eben nicht einer am anderen vorbei, sondern alle zusammen vor dem Schlitten des Weihnachtsmannes, immer in Dreierreihen. So war das im vorigen Jahr auch.

Doch, da hatte sich unser Mäxchen seinen Modellbaukasten zu spät gewünscht. Mutti hatte ihn ja immer wieder gedrängt: »Mäxchen, dein Wunschzettel ist noch nicht fertig. Alle haben schon aufgeschrieben, was sie sich wünschen, sogar der Vati, nur der kleine Max noch nicht.« Ihr kennt ja unser Mäxchen, jeden Tag muss er so viel erleben, da findet er keine Ruhe zum Wunschzettel-Malen, obwohl er sich doch einen

Baukasten wünschte. Also schob Max jeden Tag den Brief an den Weihnachtsmann vor sich her. Erst am Vierten Advent fiel ihm wieder ein, dass er sich doch einen Baukasten wünschen wollte.

In der Zwischenzeit ging der Weihnachtsmann noch einmal seine große Liste durch; für die Routenplanung, wisst ihr. Er muss sich das ja genau einteilen. Wann ist hier bei uns Bescherung, wann bei unseren Nachbarn gegenüber, und wann bei euren Freunden aus dem Kindergarten. Überall soll der Weihnachtsmann rechtzeitig erscheinen und die richtigen Geschenke verteilen. Nichts darf er durcheinander bringen. Das ist vielleicht eine knifflige Aufgabe, sage ich euch; das muss der Weihnachtsmann jedes Jahr ganz exakt vorbereiten. Und nun stellte er aber bei der Gelegenheit fest: »Hey, das Mäxchen hat sich ja noch gar nichts gewünscht. Das kann doch wohl nicht wahr sein! Alle bekommen was zum Fest, nur der kleine Max geht leer aus.« Na, das war vielleicht ein Stress, sage ich euch. Erst musste der Weihnachtsmann herausfinden, was sich unser Mäxchen eigentlich gewünscht hätte, wenn er denn seinen Wunschzettel geschrieben hätte, und als er das schließlich wusste, dann musste der Baukasten ja auch noch verpackt werden. Das braucht alles seine Zeit. Jedenfalls kamen die Wichtel, die technischen Helfer des Weihnachtsmannes, mächtig unter Zeitdruck, und am Morgen des Reisetages verstauten sie Mäxchens Paket nicht ganz genau im Schwerpunkt des Schlittens. So geschah Folgendes: Am vierundzwanzigsten Dezember trat der Weihnachtsmann auf den Hof, spannte seine Rentiere vor sein Gefährt, verabschiedete sich von seiner Wichtelmannschaft und nahm auf dem Kutschbock Platz. Bis dahin lief alles wie immer, von außen sah man es der Fuhre ja nicht an, dass sie nicht so stabil und rutschfest beladen war. Die Rentiere tänzelten aufgeregt im Joch hin und her. Gleich sollte es losgehen. Ein Jahr hatten sie nur trainiert, jetzt konnten sie endlich mal wieder zeigen, was sie drauf hatten. Dann schnalzte der Weihnachtsmann mit der Zunge, rief ganz laut: »Hüh!« und los ging die wilde Fahrt.

Streng genommen fährt der Schlitten des Weihnachtsmannes gar nicht. Jedenfalls nicht weit, denn wenn die Rentiere erst einmal eine bestimmte Geschwindigkeit erreicht haben, dann erhebt sich der Schlitten einfach in die Luft, so schwer er wegen der vielen Geschenke auch immer sein mag. Dann fliegt er wie ein Flugzeug.

Bei schönem, klaren Winterwetter wäre auch zum vergangenen Fest wie immer alles glatt gegangen, doch auf seinem Weg vom hohen Norden zu uns kam der Weihnachtsmann über der Ostsee in ein Sturmtief, mit viel Schnee und Wind. Es ging auf und ab da oben in der Luft. Turbulenzen nennt man das. Dem Weihnachtsmann selbst macht das nichts aus, weil nun aber der Schlitten nicht genau auf den Schwerpunkt hin beladen war, verrutschte erst Mäxchens Baukasten und dann begann die ganze Fracht nach rechts wegzukippen. Der Schlitten kam ins Trudeln. Nun ist der Weihnachtsmann ein sehr erfahrener Kutscher und Pilot, den kann so schnell nichts aus der Ruhe bringen. Aber in der Situation hatte er doch alle Hände voll zu tun. Je mehr die Last nach rechts zog, umso stärker musste er links gegensteuern. Damit bremste er aber seine Rentiere ab, ihr Tempo wurde geringer, der Schlitten verlor an Höhe – und das über der Ostsee, mitten drin im Schneesturm. Nicht auszudenken, wenn er abgestürzt wäre, ins eisige Wasser hinein! Aber der Weihnachtsmann hatte Glück. Durch den Flockenwirbel hindurch entdeckte er das Licht eines Leuchtturmes, und da wusste er, dass die Küste nicht mehr weit entfernt sein konnte. Er nahm also Kurs auf die Lichtquelle und flog direkt auf einen Hafen zu. Der Weihnachtsmann musste dort landen, um die Ladung auf seinem Schlitten neu zu verzurren. Weiter kam er mit der Fuhre beim besten Willen nicht mehr.

Als er ein weiteres Stück näher dran war, schaute der Weihnachtsmann hinunter und sah hinter dem Leuchtturm die Hafenanlagen, er sah Schiffe am Kai neben den Kränen fest vertäut und dahinter wiederum große Lagerhallen. Der ganze Hafen war mit Containern voll gestellt. Der Weihnachtsmann suchte dort nach einer geeigneten Landebahn. Neben einer Halle meinte er, ausreichend Platz zum Landen zu haben. Also schwenkte er in fünfhundert Meter Höhe ein und ging dann steil runter. Jetzt müsst ihr euch das so vorstellen, es stürmte, es schneite, der Weihnachtsmann hatte keine Sicht, und er war mit einem voll beladenen Schlitten im Landeanflug. In demselben Moment, als er aufsetzte, zog er die Bremse – doch oh Schreck – es half alles nichts. Frischer Schnee ist glatt, wie ihr wisst. Die Rentiere stemmten instinktiv ihre Füße nach vorn. Das bremst normalerweise ziemlich heftig, aber auf Schnee und Eis bewirken Hufe genau das Gleiche wie Schlittschuhe. Sie rutschen halt darüber hinweg. Die Fuhre rumpelte über die Hafenanlage, geradewegs auf eine große Halle zu. Noch hundert Meter, noch fünfzig, im nächsten Augenblick wäre der Weihnachtsmann gegen das Tor gekracht …

Und jetzt muss ich euch den Herrn Zollinspektor Niemand vorstellen. Der Zollinspektor war voriges Jahr noch ungefähr so alt wie ich, aber er war nicht verheiratet und hatte auch keine Kinder zu Hause. Er war mal wieder am Heiligen Abend zum Dienst eingeteilt worden, weil die anderen Zöllner daheim mit ihren Familien feiern wollten.

Du fragst, was Zöllner für Menschen sind und was die machen. Nun, Zöllner zu sein, das ist erst einmal ein Beruf genau wie Lehrer oder Koch, wie Busfahrer oder Programmierer. Während es aber die Computerexperten erst gibt, seit die Computer erfunden sind, brauchte man Zöllner schon viel, viel früher. Als sich der allererste König mit einer Krone und Zepter auf seinen Thron setzte, war das erste, was er seinen Untertanen verkündete, dass er Leute in Berufen einstellen wolle, die er unbedingt brauchte, um Ordnung in seinem Land und Geld in seiner Schatzkammer zu haben. Das waren damals der Polizist, der Richter, der Soldat und der Zöllner.

Die Zöllner waren also von Anfang an dabei. Sie waren Diener ihrer Könige. Sie dienten aber nicht im Königspalast, sondern wurden weit weg geschickt, dorthin, wo das eine Königreich an ein anderes grenzte. Die Zöllner bekamen dicke Bücher mit an die Grenze in ihre Zollhäuser, und da stand alles drin, was die Wanderer, wenn sie das Land verließen, mitnehmen durften, und was sie, wenn sie ins Land hinein wollten, mitbringen durften und was überhaupt nicht. Noch heute gibt es Länder, da darf man keinen Glühwein mitbringen, oder nur ein Fläschchen; hat man aber zwei dabei, dann muss man dem Zöllner für das zweite Strafe zahlen. Allerdings heißt die nicht Strafe, sondern Zoll und danach ist der Beruf des Zöllners benannt. Alles Geld, das die Zöllner so einkassieren, der ganze Zoll, den bekam ihr König für seine Schatzkammer. Davon wurde dann der Zöllner bezahlt und der Polizist auch. Die Polizisten hatten dafür zu sorgen, dass alle Händler und Wanderer im Lande unterwegs sein konnten, ohne Angst vor Straßenräubern zu haben. Wenn nun irgendein Wandersmann von einem Königreich zum anderen unterwegs war, dann brauchten die Zöllner nicht viel zu kontrollieren. Aber wenn Kaufleute kamen mit ihren Wagen voller Waren, da wurde gehörig Zoll fällig. Die Händler wussten das natürlich und hatten sich genug Geld für die Zöllner mitgenommen. Sie verkauften ihre Dinge dann in dem fremden Königreich ein bisschen teurer als bei sich zu Hause, und so lohnte sich die weite Reise trotzdem für sie. Wenn die Kaufleute sich in dem fremden Königreich nun jene Güter beschafft hatten, die sie bei sich daheim verkaufen wollten, dann durchsuchte der Zöllner des fremden Königs an der Grenze ihren Tross, ob auch alles, was sie bei sich hatten, erlaubt wäre, wieder auszuführen. In der Regel erhob er darauf einen Ausfuhrzoll. Hatten sie den bezahlt, dann durften sie weiterziehen, über die Grenze hinweg, raus aus dem Land. Aber auf der anderen Seite, nur wenige Meter weiter, dort, wo sie nun zuhause waren, da mussten die Kaufleute dem Zöllner ihres eigenen Königreiches für die gleichen Dinge außerdem noch einen Einfuhrzoll bezahlen. So hatten beide Könige was an der Reise der Kaufleute verdient. Dazu also waren die Zöllner da.

Heutzutage müssen sie noch auf anderes schauen. Zum Beispiel sehen sie sich Spielzeug an, das die Kaufleute aus anderen Ländern mit sich führen, um es hier bei uns zu verkaufen. Die Zöllner achten darauf, dass sich kein Kind beim Spielen daran verletzen kann. Wenn es gefährlich wäre, dann darf solch ein Spielzeug gar nicht in unser Land gebracht werden – selbst dann nicht, wenn der Händler einen Zoll bezahlen würde. Oder sie prüfen, ob Fleisch aus einem anderen Land verdorben ist. Das kriegen Zöllner mit. Und wenn nicht, dann haben sie immer noch Hunde mit ganz feinen Nasen, die schnuppern alles. Außerdem haben sich die Zöllner eine ganz ausgefeilte Technik zugelegt. Sie können sogar in Koffer reingucken, die zugeschlossen sind. Und dann sagen sie euch, was darin verpackt ist, ob es erlaubt ist, das alles mitzunehmen, und wie viel Zoll eure Eltern dafür zu bezahlen haben.

Ihr könnt euch denken, dass in einem Hafen an der Küste des Meeres Unmengen von Waren aus fernen Ländern eintreffen, und die Zöllner dort viel zu tun haben. Da können sie viel Geld für ihren König einnehmen. Das gilt auch heute noch, obwohl wir keinen König mehr haben. Aber Zöllner haben wir immer noch, und die dienen dem Finanzminister aus der Regierung. Für die großen Lastwagen, die mit den Fährschiffen ankommen, gibt es in den Häfen spezielle Hallen, da fahren die Trucks rein, und dann können die Zöllner sie von oben und unten, von überall untersuchen. Das nennt sich »Abfertigen«. Dazu lesen sie, was der Lastwagenfahrer in einer Liste aufgeschrieben hat. Darin steht, was er an Ladung bringt, von welchem Betrieb das kommt und in welchem Unternehmen oder Kaufhaus er alles wieder abladen soll, wie viel er davon bei hat und welchen Wert seine Ladung – in Geld umgerechnet – entspricht. Der Zöllner schaut sich das manchmal sogar an – stichprobenartig. Wenn die Überprüfung ergibt, dass alles in Ordnung ist, dann kann der Lastwagen wieder raus fahren aus dem Tor auf der anderen Seite der Halle und rein ins Land.

Wenn der Zöllner aber feststellt, dass die Liste nicht mit dem übereinstimmt, was der Fahrer tatsächlich geladen hat, wenn der vielleicht Verbotenes transportiert, Waffen zum Beispiel, und das nicht angegeben hat, so geht sofort ein Alarm bei den Zöllnern los. Dann untersuchen sie alles ganz, ganz genau. Sie vermuten dann nämlich, keinen ehrlichen Händler vor sich zu haben, sondern einen Schmuggler, der etwas aus einem Land ins andere verkaufen will, ohne Zoll zu zahlen.

Die Zöllner haben sich über die Jahrhunderte hinweg übrigens auch eine eigene Sprache zugelegt, die nur sie verstehen können. Das ist bei den Seeleuten ebenso, und bei den Jägern genau wie bei den Ärzten.

Zum »Schmuggeln« sagen die Zöllner zum Beispiel nicht »Schmuggeln«, sondern »Vorschriftswidriges Verbringen«. Das hättet Ihr jetzt nicht vermutet, was?

So wie der Polizist immer auf der Jagd nach dem Räuber ist, so verfolgt der Zöllner den Schmuggler. Das ist spannend, denn jedes Mal, wenn Besucher und Händler über die Grenze kommen und gehen, müssen die Zöllner gehörig aufpassen. Nun sind die Grenzen aber Tag und Nacht geöffnet; auch zu Weihnachten, auch jetzt, und auch im vorigen Jahr zu der Zeit, als Zollinspektor Niemand im Hafen seinen Dienst tat.

Es war am späten Nachmittag des Weihnachtstages. Draußen stürmte es und schneite. Der Wind rüttelte gewaltig an dem Tor der Abfertigungshalle. Die stand zu der Zeit gerade leer. Zollinspektor Niemand hatte den letzten Lastwagen am frühen Nachmittag abgefertigt. Seitdem kam keiner mehr, denn es lief auch kein Schiff mehr ein. Alle hatten rechtzeitig vor den Feiertagen im Hafen festgemacht, und das war auch gut so, denn bei dem Sturm, der da draußen tobte, wäre womöglich noch ein Schiff in Seenot geraten. Der Inspektor genoss die seltene Ruhe in der Halle. Er stand am Tor und schaute durch das Fenster hinaus in das Schneetreiben. »Ach ja, hier drinnen ist es so schön trocken und warm«, dachte er. »Bei dem Wetter traut sich ja kein Hund vor die Hütte. Da würde ich nicht draußen unterwegs sein wollen.«

Plötzlich stutzte er, denn er bemerkte, dass im Fenster rechts schräg oben ein rotes Licht aufblitzte. »Tja, was ist denn das?«, wunderte sich der Inspektor. »Aus der Richtung kann doch gar nichts leuchten. Der nächste Kran steht fünfhundert Meter weg.« Aber bevor er noch mit seinen Vermutungen zu einem Ende gekommen wäre, senkte sich das Licht in einem steil nach unten führenden Bogen und setzte alsbald auf dem Boden auf, dass der Schnee nur so beiseite stiebte. Doch damit nicht genug, das rote Licht kam direkt auf das Zollgebäude zugerast. Es sah aus, als wollte ein Lastauto mit großem Tempo rückwärts in die Abfertigungshalle reinfahren. Instinktiv drückte der Inspektor den Hebel für das Hallentor, und das ging auch sofort auf.

Das Tor hätte auch keine Sekunde später geöffnet werden dürfen, denn was kam da hereingerauscht? Genau ... der Weihnachtsmann mit seinem Schlitten. Vorne in der Mitte Rudolf – das rote Licht, das der Zollinspektor gesehen hatte, war übrigens Rudolfs Nase gewesen, und wie die leuchtet, das wissen wir ja aus dem schönen Lied. Die Rentiere waren draußen im Hafengelände nach der Landung nur geschlittert, aber sowie sie in die Halle reinrutschten, da stob nun kein Schnee mehr von ihren Hufen hoch sondern Funken und die Rentiere bremsten bei knapp zehn Metern auf Null runter. Wegen des hohen Tempos, das sie bei der Landung drauf hatten, quietschte es gehörig; wie im Bahnhof, wenn ein Zug am Bahnsteig einrollt. Der Weihnachtsmann war zum Glück angeschnallt. Bei diesem scharfen Bremsmanöver wäre er sonst wahrscheinlich vom Kutschbock geflogen. Aber die Fracht, die Geschenke, die schon im Flug verrutscht waren, nun kam alles vollends durcheinander. Der große Sack hinter dem Weihnachtsmann auf dem Schlitten, der Sack, in dem die Geschenke verstaut waren, neigte sich ganz bedenklich vor, als der Schlitten zum Stillstand kam. Dann federte er wieder zurück. Der Weihnachtsmann atmete erleichtert auf. Doch da schwankte der Sack noch einmal nach vorn, und diesmal hielten die Taue, mit denen die Wichtel den Sack verzurrt hatten, nicht länger. Der Sack knickte zu Seite weg, und ein Paket nach dem anderen purzelte heraus, dem Zollinspektor Niemand direkt vor die Füße.

Der Inspektor aber nahm das Tohuwabohu gar nicht recht wahr, denn als sich das Tor geöffnet hatte, war zusammen mit dem Weihnachtsmann-Schlitten eine solch heftige Sturmböe in die Halle hineingeweht, dass Inspektor Niemand vor Schreck den rechten Arm hochgerissen und sich dabei die Brille von der Nase gewedelt hatte. Er bekam allerdings schemenhaft mit, dass ein Fahrzeug in der Halle zum Stehen gekommen war. So schloss er erst einmal sicherheitshalber das Tor. Dann kniete er sich nieder und tastete den Hallenboden nach der Brille ab.

»Hohohoooo!«, stöhnte der Weihnachtsmann und kletterte vom Kutschbock, um sich die Bescherung anzusehen. Zollinspektor Niemand rutschte indes auf Knien am Hallentor herum, um seine Brille wieder zu finden. Er fand sie jedoch nicht. Aber der Weihnachtsmann entdeckte sie. Er hob die Brille auf, tippte Zollinspektor Niemand auf die Schulter und reichte diesem die Brille. »Bitteschön«, sagte er dabei. »Ich wünsche Ihnen ein frohes Fest.«

Inspektor Niemand bedankte sich, setzte die Brille auf und machte große Augen. Ein bärtiger alter Mann mit roter Zipfelmütze stand vor ihm und lächelte ihn an. Zöllner werden oft argwöhnisch angeblickt, oder skeptisch gemustert, aber dass ihn einer anlächelt, und zwar so freundlich und zutraulich wie dieser Alte, das war ihm in all den Jahren seines Dienstes noch nicht passiert. Das machte den Mann für Zollinspektor Niemand schon mal sympathisch; allein die seltsame Bekleidung des Alten wirkte eigentümlich. Doch darüber konnte er hinwegsehen, immerhin steckte er selbst auch in einer Uniform. Er legte also die rechte Hand an seinen Mützenschirm und sagte: »Guten Tag. Zollinspektor Niemand. Haben Sie etwas zu verzollen?«

»Nein«, antwortete darauf der Weihnachtsmann. »Ich habe nur etwas zum Verzurren. Mir ist bei dem Sturm die Fracht durcheinander geraten, wissen Sie. Das muss ich nun erst einmal richten. Gut, dass Sie mich dazu in ihre warme Halle eingelassen haben. Aber ich will Ihnen weiter keine Umstände machen. Sie haben sicherlich genug zu tun.«

Jetzt erst nahm Inspektor Niemand wahr, was da in seiner Halle eingeparkt hatte. Er nahm seine Brille gleich wieder ab und rieb sich ungläubig die Augen. Dann setzte er die Brille erneut auf. Doch was er eben zuvor gesehen hatte, das stand noch immer da. Solch eine Fuhre war ihm noch nie zur Abfertigung untergekommen. So viel war dem Inspektor klar, an diesem Abend wartete viel Arbeit auf ihn. Hier war er als Amtsperson gefordert.

Er ließ den Weihnachtsmann erst einmal stehen und trat auf den Schlitten zu. »Oh Mann!«, rief er voller Verwunderung. «Was fahren Sie denn hier? Waren Sie denn damit überhaupt schon mal beim TÜV?«

»Ich fahre damit nicht«, erklärte der Weihnachtsmann. »Ich fliege.«

»Was?«, entfuhr es jetzt dem Inspektor. »Das ist ja nicht zu fassen! Das soll ein Flugzeug sein …? Sie wollen mir doch wohl nicht weismachen, diese Kiste fliegt? Ganz ohne Tragflächen? Ha? Wie viele Triebwerke hat Ihr Flugschlitten eigentlich?«

»Neun«, antwortete der Weihnachtsmann und wies auf die Rentiere. Die erholten sich von dem beschwerlichen Flug und der strapaziösen Landung und schnauften schwer durch die Nasen.

»Ein Wahnsinn«, entfuhr es Zollinspektor Niemand. Beinahe hätte er den Worten des Alten Glauben geschenkt, aber dann fiel ihm ein, dass jener Mann mitsamt Bart, Schlitten und Rentieren möglicherweise zu einem Aufnahmeteam der Fernseh-Sendung »Versteckte Kamera« gehören könnte. Das würde natürlich alles erklären. Man filmte ihn gerade. Millionen Menschen würden zuschauen, wenn die Szene gesendet wird. Vielleicht sogar zu Silvester, und dann lachte am Ende das ganze Land über ihn, den Zollinspektor. Nein, nein, Gefahr erkannt, Gefahr gebannt. Der Weihnachtsmann mit seinem fliegenden Schlitten … auf diesen Spaß würde er doch nicht hineinfallen. Ein Zollinspektor lässt sich von niemandem einen Bären aufbinden. Da mochte kommen, wer wollte. Vielmehr würde er dem Publikum vor den Fernsehapparaten mal zeigen, wie eine vorschriftsgemäße Abfertigung abläuft. Also fragte er streng: »Auch dafür brauchen Sie eine Zulassung. Wo sind Sie denn gemeldet?«

Der Weihnachtsmann lächelte zutraulich. »Ich bin heute überall angemeldet, denn ich muss allerorten den Kindern ihre Geschenke bringen, und den Erwachsenen ebenso.«

»Nein, nein. Wo Sie hinfahren, das klären wir nachher. Erst einmal möchte ich wissen, wo Sie herkommen.«

Darauf hob der Weihnachtsmann den Zeigefinger seiner rechten Hand, zwinkerte und drohte dem Zollinspektor verschmitzt. Dann legte er sich den Finger auf die Lippen: »Psst. Das wollen wie doch niemanden verraten.«

»Guter Mann«, entrüstete sich nun Zollinspektor Niemand. »Ich muss doch ihr Herkunftsland wissen. Davon hängt schließlich ab, ob es sich um Gemeinschaftsware handelt, die Sie hier einführen wollen oder nicht.«

Der Weihnachtsmann trat an Zollinspektor Niemand heran und legte ihm begütigend beide Hände auf die Schultern.

»Ja«, sprach er auf ihn ein. »Alles, was ich bringe, ist für wahre Gemeinschaften. Aber es spielt überhaupt keine Rolle, wo es herkommt, glauben Sie mir, denn alles, alles kommt von Herzen.«

Bei jedem anderen hätte sich der Zollinspektor ein solches Verhalten verbeten, doch da er meinte, gerade gefilmt zu werden, machte er gute Miene zum Spiel. Dem Schauspieler des Weihnachtsmannes waren ganz offensichtlich die Gesetzeslage und die Spielregeln im internationalen Warenverkehr nicht bewusst. Deshalb entschloss sich Inspektor Niemand zu einem Fachvortrag. So etwas würde dem Publikum an den Fernsehapparaten sicherlich imponieren. Er ergriff also die Hände des Weihnachtsmannes auf seiner Schulter, löste sich sacht und fragte den Weihnachtsmann: »Sie kommen zum ersten Mal zu uns?«

»In diesem Jahr, ja«, antwortete der Weihnachtsmann treuherzig.

»Nun, ich muss zugeben. Es sind im Laufe des Jahres einige neue Durchführungsbestimmungen in Kraft getreten, aber prinzipiell gilt der Zollkodex der Gemeinschaft ja weiter. Sie sind der Frachtführer. Haben sie ein Carnet vorbereitet?«, fragte der Inspektor nach. Der Weihnachtsmann zuckte mit den Schultern.

»Nun dann eben das Einheitspapier, bitte.« Der Inspektor war jetzt ganz Amtsperson.

»Hohoho«, lachte der Weihnachtsmann verlegen. »Ich verheize doch kein Papier!«

»Das ist nicht komisch. Die Zollabfertigung ist eine ernsthafte Angelegenheit«, wies ihn der Inspektor zurecht. »Was soll ich denn mit Ihnen anfangen? Für Ihren Schlitten würde ich nie und nimmer eine Unbedenklichkeitsbescheinigung ausstellen. Vielmehr bin ich wohl gezwungen, Ihr Transportmittel erst einmal in Verwahrung nehmen und die Güter einzeln zum Versand bringen. Dann müssten wir aber hierfür ein T-Zwei aufmachen.« Er hatte sich gebückt und ein Paket aufgehoben, das er nun dem Weihnachtsmann unter den Bart hielt. Der Herr Zollinspektor meinte mit dem T-Zwei ein spezielles Versandpapier, einen Vordruck in vielfacher Ausfertigung, in den jedes einzelne Paket zu vermerken und je nach Inhalt mit einer achtstelligen Nummer gemäß dem harmonisierten System der internationalen Zöllnerschaft einzutragen wäre. Das hätte vielleicht gedauert … bei der Menge der Geschenke auf dem Schlitten des Weihnachtsmannes gewiss bis weit in den Sommer hinein. Aber der Weihnachtsmann verstand nicht, wovon der Inspektor da in seinem Zöllner-Deutsch sprach.

»Tee für zwei. Ach nein«, antwortete er. »Danke für Ihre Freundlichkeit, aber dafür habe ich heute keine Zeit. Und Aufmachen, Aufmachen … Das wollen wir doch lieber den Kindern überlassen. Meine Wichtel haben sich auch so viel Mühe gegeben beim Einpacken.«

Damit nahm er dem Inspektor das Päckchen ab, das ihm dieser vor das Gesicht gehalten hatte. »Aber wenn ich Sie um etwas bitten dürfte, dann helfen Sie mir, das alles hier wieder ordentlich zu verstauen.«

Zollinspektor Niemand war gut erzogen, und was würde seine Mutter wohl sagen, sollte sie in wenigen Tagen bei der Sendung mit der Versteckten Kamera mit ansehen müssen, wie ihr Sohn den alten Mann in seinem dicken Wintermantel die auf dem Hallenboden verstreut liegenden Pakete alleine aufsammeln ließe. Da egal die Ordnung in seinem Zollbereich wieder hergestellt werden musste, ließ er sich auch nicht lange bitten. Er reichte dem Weihnachtsmann die Pakete, aber dabei redete er weiter auf den Alten ein.

»Verstehen Sie mich bitte recht. Ich kann Sie hier mit Ihrer Ladung nicht passieren lassen. Die Waren, die Sie bei sich führen, müssen abgefertigt werden. Ansonsten kommen Sie unter gar keinen Umständen durch das Tor da drüben, das ins Land hineinführt. Es wäre gegen die Vorschrift. Selbst wenn wir gestützt auf die Zollbefreiungs-Vau-O für einige Ihrer Pakete Befreiungstatbestände anerkennen wollten, so wird doch für alles EUST fällig.«

Liebe Kinder, ich will euch mit diesen Worten aus der Zöllnersprache nicht allzu sehr langweilen. Ich höre auch schon damit auf. Der Weihnachtsmann hatte ebenfalls nichts verstanden, doch er merkte wohl, dass sein Erscheinen den Inspektor in gewisse Schwierigkeiten gebracht hatte. Der Zöllner konnte den Weihnachtsmann auch gar nicht abfertigen, weil so ein Fall in seiner Dienstvorschrift nicht vorgesehen war. Das ist aber die größte anzunehmende Unstimmigkeit für einen Zöllner, denn seine Dienstvorschriften müssen für alle denkbaren Fälle gelten.

Als nun alle Geschenke wieder auf dem Schlitten des Weihnachtsmannes verstaut waren, war es für diesen höchste Zeit, weiterzufahren. Allerdings muss sich auch ein Weihnachtsmann an die Gesetze halten, und er darf es sich nicht mit einem Zöllner verderben, erst recht nicht, wenn dieser so freundlich und hilfsbereit ist, wie Inspektor Niemand. Deshalb sprach er ihn ernsthaft an:

»Lieber Herr Zoll. Sie sagten, dass sie mich nicht durch das Tor hier gegenüber ins Land ließen.«

»Erst wenn Ihre Ladung in den zollrechtlich freien Verkehr überführt ist«, bestätigte Inspektor Niemand entschlossen. »Wer durch dieses Tor fährt, der ist von mir vorschriftsmäßig abgefertigt.« Allein für diesen Satz hätte er sich eine Beförderung verdient, wenn seine Vorgesetzten die Sendung mit der versteckten Kamera sehen würden.

»Aber aus dem Tor, durch das ich hier reinkam, da könnte ich wieder raus, und auf den Hof fahren?«

»Da müssten Sie Ihren Transportschlitten wohl sowieso abstellen, wenn der nächste Lastwagen zur Abfertigung kommt. Sie blockieren hier ja nur alles.«

»Und wenn ich da draußen nicht stehen bleibe, sondern mit meinen Rentieren durchstarte und in einer Kurve über das Dach dennoch ins Land fliege.«

Zollinspektor Niemand winkte lächelnd ab. »Das wollen sie alle. Es geht aber nicht, und zwar wegen der Physik. Und auch Ihre Geschichte habe ich längst durchschaut. Über's Dach fliegen … Ha,Ha. Wo steht eigentlich ihre Kamera?«

Wiederum verstand der Weihnachtsmann nicht, wovon Inspektor Niemand sprach. Deshalb bat er ihn lediglich, behilflich zu sein, den Schlitten in der Halle zu wenden. Die Rentiere mussten ihn ja wieder in der Richtung rausziehen, aus der sie vorhin hineingeschlittert waren, denn Zollinspektor Niemand ließ sie nicht in Fahrtrichtung ins Land hinein. Den Schlitten auf der Stelle zu drehen, war ziemlich umständlich, denn der hatte keine Räder. Er musste also Zentimeter für Zentimeter über den Hallenboden geschurrt werden Der Weihnachtsmann zog vorn die Rentiere am Halfter und Zollinspektor Niemand drückte von hinten gegen. Dabei sollten wir noch bedenken, dass mitten durch die Zollabfertigungshalle ein tiefer ausgemauerter Graben verlief. Der war üblicherweise dazu da, dass die Zöllner auch unter einem Fahrzeug entlang gehen können, wenn sie es kontrollieren. Da durfte der Schlitten ja nicht hinunter- und hineinkippen. Die beiden Männer kamen bei der Arbeit gehörig in Schwitzen. Der Weihnachtsmann legte Mantel und Mütze ab, auch Zollinspektor Niemand hatte seine Mütze abgesetzt und die Jacke aufgeknöpft. So sehr mühten sie sich ab.

Schließlich stand der Schlitten ausfahrbereit vor dem Tor, durch das er vorhin reingerutscht war.

»Gut. Das hätten wir geschafft«, meinte der Inspektor und atmete tief. »Warum haben eigentlich die Leute aus Ihrem Aufnahmeteam hier nicht mit angefasst? Na ja, Künstler halt. Aber von mir aus, sollen doch alle mal sehen, dass wir Zöllner fest anpacken können, wenn Not am Mann ist.« Dann wies er den Weihnachtsmann an: »Sie fahren jetzt raus aus der Halle und stellen sich mit Ihrem Schlitten vor die Sattelauflieger. Da sind die Rentiere etwas windgeschützt. Dann kommen Sie zurück und wir werten die Szene hier aus.«

»Herr Zoll. Ich werde bestimmt zurückkommen«, antwortete der Weihnachtsmann. »Auf alle Fälle im nächsten Jahr. Aber entschuldigen Sie mich jetzt bitte. Es geht nicht anders. Ich muss einfach weiter. Bleiben Sie gesund und danke für ihre Hilfe. Frohes Fest!«

Der Weihnachtsmann hatte sich bei diesen Worten seinen Mantel wieder übergezogen und die Mütze aufgesetzt. Er griff jedoch daneben, und hatte somit die Zöllnermütze über den Ohren. Ob das mit Absicht geschah, weiß ich nicht zu sagen, jedenfalls waren die Kopfbedeckungen der beiden vertauscht. Inspektor Niemand bekam das allerdings nicht mit, denn er drehte sich etwas zur Seite, als er den Hebel zur Öffnung des Hallentores drückte.

Das Tor ging auf, der Weihnachtsmann schnalzte mit der Zunge, rief »Hüh«, die Rentiere fassten Tritt und hast du nicht gesehen war die ganze Fuhre schräg nach oben im Flockentreiben verschwunden. Zollinspektor Niemand schaute mit offenem Mund dem Weihnachtsmannschlitten hinterdrein. Ihm kam in diesem Moment gar nicht in den Sinn, dass er da keinen ausgesprochen vorteilhaften Anblick geboten hätte, wenn tatsächlich eine Kamera auf ihn gerichtet gewesen wäre. Dann fiel ihm wieder ein, dass er vielleicht doch in der Sendung mit der Versteckten Kamera zu sehen wäre und setzte sich die Mütze auf. Es war aber nicht seine Dienstmütze, sondern die rote Bommelmütze des Weihnachtsmannes. Und das sah erst putzig aus! Aber es hat ja niemand je den Inspektor Niemand so zu Gesicht bekommen, denn es gab – wie ihr jetzt wisst – gar keine Kamera in der Halle der Zollabfertigung.

Wenn ihr liebe Kinder aber irgendwann einmal auf dem Flugplatz oder im Hafen oder wo immer auch an der Grenze einen Zöllner trefft mit einer roten Zipfelmütze auf dem Kopf und einer weißer Bommel dran – dann wisst ihr, das ist niemand anders als der freundliche Zollinspektor Niemand. Dem haben wir es alle zu verdanken, dass der Weihnachtsmann zum vorigen Fest dann doch noch zu uns gelangte und unser Mäxchen seinen Baukasten bekam.

Woher ich das alles weiß? Na vom Weihnachtsmann natürlich. Ich habe ihn doch reingelassen vor einem Jahr, als er an unsere Wohnungstür geklopft hatte. Und weil er so spät dran war, fragte ich ihn gleich zur Begrüßung: »Weihnachtsmann. Da bist du ja endlich. Wer hat dich denn so lange aufgehalten?«

Er aber hatte geantwortet. »Ach frage nicht … Das war Niemand. Wegen dem hat es etwas länger gedauert. Aber immerhin hat mir auch Niemand geholfen, die verrutschte Ladung auf meinem Schlitten wieder festzuzurren.«

Das war vielleicht eine wunderliche Auskunft. Doch damit nicht genug, sah der Weihnachtsmann ganz seltsam aus. Irgendwas war anders an ihm als in all den anderen Jahren. Und da fiel es mir auf. Er hatte eine Zöllnermütze auf. Also fragte ich ihn, wo er die denn wohl herhabe. Er nahm die Mütze ab, betrachtete sie, schüttelte den Kopf und dann murmelte er lächelnd. »Da habe ich doch tatsächlich Niemand die Mütze weggenommen.«

Und was soll ich euch sagen? Genau so war es.

Hört ihr? Jetzt klopft es an der Tür. Da wollen wir doch mal schauen, ob der Weihnachtsmann in diesem Jahr wieder bei Inspektor Niemand war, um mit dem die Mützen zu tauschen.

Na dann …
Lassen wir uns überraschen!
Ein frohes Fest Euch allen!